世界银行营商环境评估

方法·规则·案例

罗培新 著

译林出版社

图书在版编目（CIP）数据

世界银行营商环境评估：方法 · 规则 · 案例 / 罗培新著 . —南京：译林出版社，2024.1
ISBN 978-7-5447-6467-4

Ⅰ. ①世…　Ⅱ. ①罗…　Ⅲ. ①投资环境 – 评价 – 研究 – 世界　Ⅳ. ①F112

中国国家版本馆 CIP 数据核字（2023）第 233230 号

世界银行营商环境评估：方法 · 规则 · 案例　罗培新 / 著

责任编辑　黄　洁
特约编辑　王心悦
装帧设计　田　松
校　　对　蒋　燕
责任印制　单　莉

出版发行　译林出版社
地　　址　南京市湖南路 1 号 A 楼
邮　　箱　yilin@yilin.com
网　　址　www.yilin.com
市场热线　025-86633278
排　　版　南京展望文化发展有限公司
印　　刷　苏州市越洋印刷有限公司
开　　本　718 毫米 ×1000 毫米　1/16
印　　张　34
插　　页　6
版　　次　2024 年 1 月第 1 版
印　　次　2024 年 1 月第 1 次印刷
书　　号　ISBN 978-7-5447-6467-4
定　　价　89.00 元

2018年6月,世界银行华盛顿总部磋商期间,作者向时任世界银行首席执行官、现任国际货币基金组织总裁克里斯塔利娜·格奥尔基耶娃赠书并亲切交流。

2019年6月,在世界银行华盛顿总部磋商期间,时任世界银行首席执行官、现任国际货币基金组织总裁克里斯塔利娜·格奥尔基耶娃在会见中国代表团时与作者合影。

2018年6月，世界银行华盛顿总部，就“保护少数投资者”指标进行磋商。该项指标中国从2018年全球第119名跃升至2020年全球第28名。

2019年6月，上海代表团在世界银行华盛顿总部前合影。

谨以此书，献给母亲大人林碧群女士！2017年平安夜，她带着对家庭的无限眷恋，永远离开了我们！

母亲几乎不识字，终生未能走出大山，自然不知何为“营商环境”。然而，母亲以一辈子的温润与善良，教给我一个朴素的道理：正心诚意，正道而行，就是一个人最好的“营商环境”！

我们用母亲遗留的财产，设了一个小小的奖学金。本书的稿费，悉数捐给母亲生前所在的那片土地上的教育事业。母亲幼时家贫，未能接受基本的教育。希望这微薄的努力，能够给山里的孩子，带去一丝温暖！

目 录

代前言 法治，是最好的营商环境 001

第一章 开办企业

第一节 世界银行方法论 019

一、总体描述 019

二、公共利益理论与公共选择理论 020

三、数据采集与分析 023

第二节 世界银行评估标准的定义与假设 028

一、关于企业和所有者的假设 030

二、关于程序的假设 030

三、关于时间的假设 032

四、关于成本的假设 032

第三节 中国的改革及成效 035

一、中国排名显著提升 035

二、DB2019 中国指标城市评估结果 038

三、中国指标城市的改革措施 044

四、下一步的改革方向 047

第二章 办理建筑许可

第一节 世界银行评估标准的定义与假设 059

一、关于企业（建筑公司）的假设 059

二、关于仓库的假设 060

三、关于接通公用设施的假设 061

第二节 世界银行评估的指标 062

一、程序 062

二、时间 063

三、成本 063

四、建筑质量控制 064

第三节　中国的改革及成效 069

一、中国排名显著提升 069

二、DB2019 与 DB2020 北京与上海的对比 071

三、DB2019 中国指标城市评估结果 073

四、中国优化“办理建筑许可”的改革进展 086

第四节　施工图审查制度比较研究 092

一、前言 092

二、美国施工图审查制度 093

三、英国施工图审查制度 094

四、中国香港地区施工图审查制度 096

五、德国施工图审查制度 098

六、新加坡施工图审查制度 098

七、新西兰施工图审查制度 100

第五节　优化“办理建筑许可”的改革方向 101

一、世界银行的建议 101

二、下一步的改革措施 102

第三章　获得电力

第一节　世界银行方法论 115

一、总体描述 115

二、数据 119

三、结果分析 124

第二节　世界银行评估标准的定义与假设 130

一、排名的构成 130

二、对仓库的假设 131

三、对通电线路的假设 131

四、对 3 月份用电量的假设 132

第三节　世界银行评估的指标 133
一、程序 133
二、时间 134
三、成本 134
四、供电可靠性和电费透明度 135
第四节　中国的改革及成效 138
一、中国排名大幅跃升 138
二、DB2019 与 DB2020 中国指标城市评估结果 140
三、中国的改革措施 147
四、下一步的改革方向 149

第四章　登记财产

第一节　世界银行评估标准的定义与假设 155
一、关于案例的假设 156
二、关于买方和卖方的假设 156
三、关于财产的假设 157
第二节　世界银行评估的指标 158
一、程序 159
二、时间 159
三、成本 159
四、土地管理质量 160
第三节　中国的改革及成效 165
一、中国排名明显提升 165
二、DB2019 与 DB2020 中国指标城市评估结果 167
三、下一步的改革方向 184

第五章　获得信贷

第一节　世界银行方法论 191
一、理论假设 191

二、数据采集 194
三、数据分析 199
第二节 世界银行评估标准的定义与假设 203
一、关于指标的假设 203
二、关于担保债务人和担保债权人的假设 204
三、关于两个情景案例的假设 204
第三节 世界银行评估的指标 205
一、合法权利力度指数 205
二、信贷信息深度指数 207
三、信用服务机构覆盖面指数 207
四、信贷登记处覆盖面指数 208
第四节 中国的改革及成效 210
一、中国排名不进则退 210
二、DB2019 与 DB2020 中国指标城市评估结果 211
第五节 完善法律制度，提升中国排名 218
一、世界银行关于“获得信贷”指标的规则体系 219
二、世界银行关于担保形式的规定 221
三、世界银行关于“登记对抗”的规则 223
四、世界银行关于“担保物描述”的规则 226
五、世界银行关于“担保利益”范围的规则 228
六、世界银行关于“担保权益”行使的规则 231
七、世界银行关于“登记机构和登记系统”的规则 233

第六章 保护少数投资者

第一节 世界银行方法论 240
一、问题的提出 240
二、防范自我交易指数的构建 241
三、反自我交易指数的变量及赋值 244
第二节 世界银行评估标准的定义与假设 248
一、“纠纷调解指数”对企业的假设 248

二、“纠纷调解指数”对交易的假设 249
三、“股东治理指数”对企业的假设 249
第三节 世界银行评估的指标 250
一、“保护少数投资者”的二级指标 250
二、“保护少数投资者”指标的分值 251
第四节 中国的改革及成效 255
一、中国排名迅速提升 255
二、DB2019 和 DB2020 中国指标城市评估结果 256
第五节 “纠纷调解指数”之中国得分评析 261
一、披露程度指数 261
二、董事责任程度指数 264
三、股东诉讼便利度指数 272
第六节 “股东治理指数”之中国得分评析 277
一、股东权利指数 277
二、所有权和管理控制指数 281
三、公司透明度指数 286
第七节 完善法律制度，提升中国排名 294
一、系统解读规则，降低受访者正确作答的时间成本 294
二、对《公司法》实行简易修订，以直接提升得分 295
三、明晰规则，妥当配置控股股东、董事及高管的法律责任 295
四、顺应世界银行方法论，调整优化法律相关表述 296
五、深入研究相关问题，进而决定是否修法 297

第七章 跨境贸易

第一节 世界银行方法论 301
一、发货延迟相当于距离增加 301
二、交易量影响贸易成本 302
三、数据采集与数据分析 303
第二节 世界银行评估标准的定义与假设 307
一、关于时间和成本的假设 307

二、关于货物和交易的假设 307
三、关于费用和运输方式的假设 308
第三节 世界银行评估的指标 309
一、时间 310
二、成本 310
三、单证合规 310
四、边界合规 311
第四节 中国的改革及成效 314
一、中国排名显著提升 314
二、DB2019 和 DB2020 中国指标城市评估结果 315
三、中国优化口岸营商环境的工作方案 321
四、上海下一步的改革方向 326
附录 上海口岸深化跨境贸易营商环境改革若干措施 330

第八章 缴纳税费

第一节 世界银行方法论 337
一、研究路径与研究方法 337
二、数据采集与数据分析 339
三、研究结论 349
第二节 世界银行评估标准的定义与假设 350
一、关于企业的假设 350
二、关于税项和派款的假设 351
三、关于增值税退税过程的假设 352
四、关于企业所得税审核过程假设 352
第三节 世界银行评估的指标 353
一、次数 353
二、时间 354
三、税项和派款总额 354
四、报税后程序 355

第四节　中国的改革及成效 359
一、中国排名明显提升 359
二、DB2019 与 DB2020 中国指标城市评估结果 360
三、国家和上海的改革措施 368

第九章　执行合同

第一节　世界银行方法论 375
一、激励、发展与程式主义理论 375
二、数据采集的考量因素 378
三、变量的描述 382
第二节　世界银行评估标准的定义与假设 389
一、关于法院的假设 389
二、关于案件的假设 390
第三节　世界银行评估的指标 392
一、时间 392
二、成本 393
三、司法程序质量 394
第四节　中国的改革及成效 399
一、中国排名居于高位 399
二、DB2019 与 DB2020 中国指标城市评估结果 401
三、上海法院的改革措施 409
四、上海“执行合同”DB2018 的得分情况 434
五、下一步的改革方向 438

第十章　办理破产

第一节　世界银行方法论 445
一、问题的提出 446
二、案例的描述 447
三、研究结论 454

第二节　世界银行评估标准的定义与假设 464

一、关于企业的假设 464

二、关于案例的假设 465

三、关于其他相关方的假设 465

第三节　世界银行评估的指标 467

一、时间 467

二、成本 468

三、回收率 468

四、破产框架力度 468

第四节　中国的改革及成效 471

一、中国排名上下波动 471

二、DB2019 与 DB2020 中国指标城市评估结果 472

三、上海“办理破产”DB2018 的得分情况 481

四、下一步的改革方向 483

代后记　春种一粒粟，秋收万颗子 489

代前言

法治，是最好的营商环境

营商环境，像空气一样重要

营商环境，已然成为时下热词。2019年11月5日，习近平总书记在第二届中国国际进口博览会上明确指示“继续优化营商环境”。事实上，自2018年以来，从中央到地方，从北上广深到塞外边陲，一项项意在优化营商环境、激发市场主体活力的改革举措陆续推出。国务院成立了推进政府职能转变和“放管服”改革协调小组，并下设优化营商环境专题组。国务院办公厅出台了《关于部分地方优化营商环境典型做法的通报》《关于聚焦企业关切进一步推动优化营商环境政策落实的通知》等一系列政策措施，对优化营商环境做出了具体部署。

2019年3月5日，李克强总理在政府工作报告中指出，“激发市场活力，着力优化营商环境”是今年政府工作的重要任务之一。2019年10月，国务院通过《优化营商环境条例》，并将于2020年1月1日起实施。营商环境，几乎成为时下各级政府文件与会议的标配语汇。

在这一浪高过一浪的热度的背后，一个最深层的问题是，什么是营商环境？

“营商环境”一词，源于世界银行集团国际金融公司（International Finance Corporation，简称IFC）的“Doing Business”项目调查，该项目调查始于2002年，旨在对各国中小企业进行考察，并对在企业存在周期内所适用的法规进

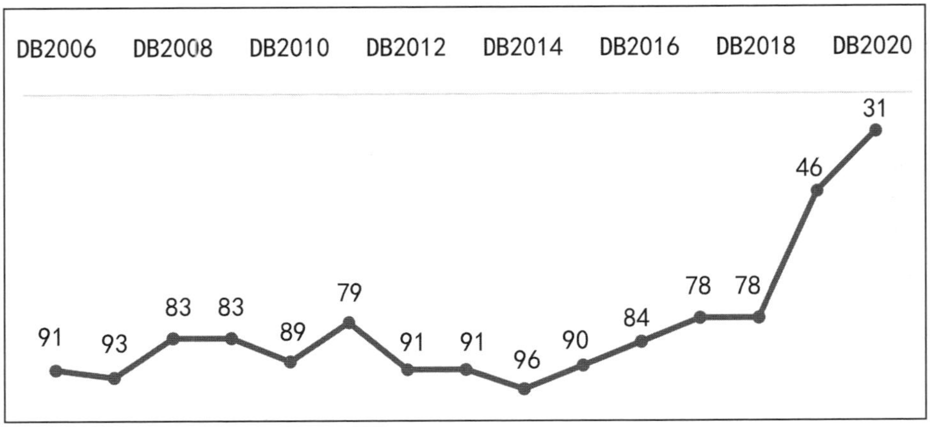

图 0-1　世界银行营商环境评估 2006—2020 年中国的排名

表 0-1　我国 DB2020 与 DB2019 的得分变化

项目	DB2020 排名	DB2020 分数	DB2019 分数	分数变化（百分点）
总体	31	77.9	74.0	↑ 3.9
开办企业	27	94.1	93.4	↑ 0.7
办理建筑许可	33	77.3	65.2	↑ 12.1
获得电力	12	95.4	92.0	↑ 3.4
登记财产	28	81.0	80.8	↑ 0.2
获得信贷	80	60.0	60.0	
保护少数投资者	28	72.0	62.0	↑ 10
缴纳税费	105	70.1	67.9	↑ 2.2
跨境贸易	56	86.5	83.4	↑ 3.1
执行合同	5	80.9	79.0	↑ 1.9
办理破产	51	62.1	55.8	↑ 6.3

行评估，通过收集并分析全面的定量数据，对各经济体在不同时期的商业监管环境进行比较，并发布《营商环境报告》(DB Report)，供学术界、记者、私营部门研究人员和关注各国商业环境的其他人士参考。首份《营商环境报告》于2003年发布，其包括5套指标，涉及133个经济体。而今，该报告包括10套指标，涉及190个经济体。

我国的此项排名，多年来曲折前行。2018年大幅攀升，一举跃升32位，名列全球第46名，首次跻身全球前50强。我国也成为当年进步最快的经济体之一。

2019年，我国的全球排名继续提升，位列第31名，首次进入全球前40名，表现堪称优良。

在国内，曾有人说，营商环境，就是政府给足优惠补贴，企业纷至沓来的一场政企狂欢。的确，曾经有一段时间，为招商引资，祖国各地，八仙过海，各显神通，纷纷比拼土地优惠、税收减免……但此种模式，终究不可持续，特别是在税权收归国家、土地资源禀赋行将用尽之时，更是如此。对企业来说，政府的种种优惠补贴，固然能够惠及一时，但真正起决定作用的，却是公平高效的制度环境。它像空气一样不可或缺，弥漫于企业的周遭，平时势难察觉，一旦遭受污染，有毒有害的空气所侵蚀的，远远不仅是少数企业，而是整个生态系统。特殊照顾与额外补贴，而不是普遍降税减费，其戕害的，恰恰是市场化、国际化与法治化的营商环境。

正因为如此，习近平总书记指出，营商环境就像空气，只有空气清新了才能吸引更多投资。2019年2月25日，习总书记在中央全面依法治国委员会第二次会议上强调，法治是最好的营商环境。

文明新旧能相益，心理东西本自同。习总书记的这一重要论断，与新制度经济学关于"制度极端重要"的论说，可谓一脉相承。

"制度是极其重要的"

新制度经济学家、诺贝尔奖获得者道格拉斯·诺斯（Douglass North）等人在《西方世界的兴起》《经济史中的结构与变迁》等著作中提出了"制度是极其重要的"这一命题，他们甚至从一种禀赋的视角，来理解法律制度：法律被视同高速公路或者水坝——经济腾飞之前的一项固定资产投资，它决定了经济的发展路径，但其自身却不会变动不居。

此种观点可追溯至马克斯·韦伯。他运用法律来解释西欧资本主义的兴起，得出了一项著名的论断，即"理性的"法律通过对市场交易提供预期和合法性而支撑着经济活动的发展。一个世纪之后，道格拉斯·诺斯部分援引了韦伯的观点，并将其运用于具体制度领域中。诺斯声称，决定一国是富还是穷的，是制度的质量。在诺斯看来，富国成功地形成了可靠的、低成本的制度，保护了产权，确保了合约的履行。相反，穷国则缺乏这些孕育着市场交易的制度安排。由于制度变迁存在路径依赖，那些禀赋孱弱的国家想变更其基础以赢得未来的经济增长，就相当困难。

他们的论证过程，可以简单地抽象为以下等式：良性法律+良性执法=良好的经济绩效。

将制度优劣与国家贫富联系在一起，已经获得了广泛的认可。

美国麻省理工学院的德隆·阿西莫格鲁（Daron Acemoglu）教授和哈佛大学的詹姆斯·A. 罗宾逊（James A. Robinson）教授在合著的《国家为什么会失败：权力、繁荣与贫困的起源》（2012）一书中，提出了以下问题：

放眼全球，为什么有的国家蒸蒸日上，人民富足，而有的国家却陷入长期的贫困？为什么有些国家保持经济持续增长，而有些国家虽然实现了高速增长，却如昙花一现？为什么有些国家的贫富差距较小，而有些国家的贫富差距越拉越大？

对于这些问题，他们给出的答案是：制度。

纵观世界，各国的经济和社会制度姿态万千，秉性各有不同，但仍然可以大致分为两类，即包容型（inclusive）和汲取型（extractive）。在包容型经济和社会制度中，市场主体享有广泛的权利，强调自由进入和竞争，任何人都没有通过垄断或者市场控制获得超额利润的机会，市场主体可以获得全部或者绝大部分生产性收益，生产性激励非常充分。欧美发达国家以及世界银行营商环境排名居前的经济体，例如新西兰、新加坡、中国香港等，均属此类。

相反，汲取型是指市场主体缺乏普遍的权利，权力要么源于世袭，要么通过革命由军阀控制，精英人物或者既得利益者在制度选择中起到关键作用。市场垄断横行，生产者只能够获得极少部分甚至无法获得任何生产性收益，生产性激励极度匮乏。历史上欧洲殖民者对南美洲秘鲁、巴西和北美洲墨西哥等的殖民，欧洲殖民者从非洲大量贩运奴隶到美洲、亚洲等国家或地区，在奴役他们的基础上建立起来的制度，即为典型的汲取型制度。

这两种制度是如何形成的？

很有意思的是，阿西莫格鲁和罗宾逊认为，许多国家建立起包容型制度并非必然，而是偶然事件起作用的结果，他们甚至运用“制度漂移”（institutions drift）这一术语来加以解释。制度的发展变化就像浮在水面上的冰块的漂移，两块本来在一起的冰，可能会因偶然因素而逐渐漂离，渐行渐远，甚至成了完全不同的模样。例如，北美洲和南美洲曾经同为欧洲人的殖民地，在欧洲殖民之前，这些地区并无本质差别。但是，西班牙人最先到达了南美洲，迅速开启了掠夺性殖民的过程，遍地搜刮黄金、白银及其他贵重物品，西班牙人迅速致富，进而建立了汲取型制度。当英国殖民者到达北美洲时，也试图学习西班牙人在南美的殖民模式，但由于资源和人口分布的差异，没能够学成，不得不在北美发展生产，通过生产获得可以攫取的资源。这使得北美洲能够发展出生产活动、先进的技术等，进而建立起了包容型制度。

就短期而言，汲取型制度也能够实现经济增长，因为攫取者也需要攫取的资源。但此种经济增长不可持续，其原因在于：其一，攫取者的行为是短期的。统治者或者当权者都有生命或任职期限，他们会在其任职期限内尽全力攫取，而绝不可能“风物长宜放眼量”。其二，生产者激励不足。生产者或者劳动者并非出于自愿而是被迫努力劳作，对于他们而言，偷懒才是最大的福利。其三，攫取者之间恶性冲突。攫取者之间会为获得有利的攫取条件而爆发冲突。例如，垄断者为保持垄断地位而无所不用其极，只要脑补一下黑帮火并的场景就会明白，此种以黑吃黑、以暴制暴的模式，势必恶化社会秩序，降低生产激励，阻碍经济的长期增长。

相反，包容型制度可以实现长期的经济增长。其原因在于：其一，生产者拥有正向激励。由于有着稳定的回报预期，生产者拥有充分的内生激励，去从事生产活动，由此生生不息，代代相传。其二，不存在攫取者任期约束下的巧取豪夺，保护了创造者的收益。其三，避免了攫取者之间的暴力冲突，社会秩序安定，市场主体主要通过发明和新技术的运用，获得有利的生产条件。

发端于2003年的世界银行营商环境评估，以降低制度性交易成本为主线，以更美好的制度构造更美好的生活，其方法论即源于此。而何为“制度性交易成本”？在这里，有必要讲透彻，说明白。

20世纪30年代，诺贝尔经济学奖得主罗纳德·科斯率先在“生产成本”之外提出“交易成本”的概念。他发现，运用价格机制来配置资源，并非毫无成本，产权保护、谈判签订合同、监督合同执行等等，都存在着交易成本。沉寂多年之后，“交易成本”终于引发了高度关注，并获得了进一步的阐释。1972年获得诺贝尔经济学奖的经济学家肯尼斯·阿罗提出，科斯提出的交易成本实际上就是“一个经济体系运行的成本”，而不是单纯的商业成本。

无独有偶，与科斯同时代、当时也很年轻的中国经济学家张培刚在20世纪

30年代从事研究时发现，当时湖南、江西等地的中国农民很穷，生产粮食的成本极低，但在沿海城市（例如宁波）的粮食市场上，他们的大米却竞争不过远道而来的泰国大米。经过调查，张培刚发现，地方割据、关卡敲诈等大大降低了内地大米的竞争力。这种成本即世界银行所称的制度性成本，即无论市场主体如何努力，如何聪慧，都必须承担的成本，这也正是世界银行评估着力于削减的。

“所测即所得”

2019年10月24日，世界银行发布《2020年营商环境报告》（以下简称DB2020），该报告是系列年度营商环境报告的第17期。从2003年起，世界银行即开始发布营商环境年度报告，面向从阿富汗到津巴布韦的190个经济体，采集其最大的二商业城市（对于人口超过1亿的11个经济体，还采集第二大工商业城市）的数据，运用“开办企业、办理许可、获得电力、登记财产、获得信贷、保护少数投资者、跨境贸易、缴纳税费、执行合同、办理破产”等10项指标（有时还包括劳动力市场监管）进行评估，从而得出该经济体的商业监管规则的优劣等级，并进行横向与纵向排名。

中国在世界银行的数据及排名，由两个城市构成。其中，上海占比55%，北京占比45%。

2018年，在DB2019的序言里，时任世界银行行长金墉先生称，“所测即所得。在过去的16年里，没有任何报告比《营商环境报告》更好地阐述了这句格言”。

的确，世界银行《营商环境报告》素以严谨著称，几乎每项指标，都以一篇经典文献作为方法论基础，并设计了周密的二级、三级指标，采集并分析10个商业监管领域的详细而客观的数据，以帮助各经济体发现并纠正问题，并引入具有可竞争性、可比较性、可量化性以及可改革性的指标来衡量监管过程。

世界银行《营商环境报告》激发研究者在同行评议期刊上发表了数千篇文章，为经济发展的监管及制度框架提供了一个可供讨论的平台。众多机构将《营商环境报告》中的指标纳入相关衡量标准中，从而引发了更多关于“最佳营商环境”的讨论，推动了全球具有包容性、可持续性的经济增长。

自2003年首次发布以来，世界银行《营商环境报告》在其衡量的10个商业监管领域内已经触发了3 500余项改革。而在2018年，世界范围内的改革活动达到高峰——仅2017/2018年度，128个经济体就进行了314项改革。2006年，在全球范围内，注册一家企业平均需要47天，注册成本占人均收入的76%。而如今平均仅需20天，成本也只占人均收入的23%，在中国，时间为8.6天，成本为0。在开办企业最低实缴资本方面的数据更具有说服力：相比2006年人均收入的145%，如今最低实缴资本平均仅需要人均收入的6%。此外，全球经济体在申报税款和纳税方面所需的平均时间也已从2005年的324小时降至2017年的237小时。

每一个被测量的商业监管领域对初创企业和现有企业都是重要的。然而，正如《营商环境报告》数据所显示的，在不同的经济体中，创建和经营企业的中小企业所有者，面临的是截然不同的现实。例如，乌干达的一位企业家需要花费近1个月的时间，通过13道程序才能建立一个新公司，随后需要与不同的机构进行18次接触，并等待额外的4个月来获得施工许可证。一旦仓库建设完成，企业家将需要再等2个月，花费人均收入的7 513.6%，以获得与电网的连接。相比之下，丹麦企业家可以在预期的短短3.5天内就注册一家新企业，在2个多月的时间里通过7个步骤就可以完成建造仓库所需的所有法律程序。

另外，世界银行《营商环境报告》显示，自2012年以来，撒哈拉以南的非洲地区，每年都是进行改革最多的地区。DB2019记录了该地区40个经济体的107项改革，他们的私营部门也确切感受到了这些改革带来的影响。例如，注册企业的平均时间和成本从2006年的59天和人均收入的192%，下降到如今的23天和人均收入的40%。此外，平均最低实缴资本已从人均收入的212%同期下降到人均收入的11%。

DB2019显示，改革效果最大的10个经济体分布于5个不同地区，它们的经济规模、贫富状况各不相同。这种多样性表明，无论背景如何，只要决策者意志坚定，任何经济体都能够改善营商环境。中国和印度作为全球两大经济体，共进行了13项改革，成为这10个经济体中的佼佼者。

鉴于世界各地纷繁多样，以一套评价标准来衡量190个经济体，是否科学？2018年3月28日，上海召开“优化营商环境的国际经验及对中国的启示”会议，来自保加利亚的世界银行首席执行官克里斯塔利娜·格奥尔基耶娃(Kristalina Georgieva)说，每当有人问我这个问题，我总是回答说，在奥运赛场上，体育健儿来自五湖四海，他们可以在同一个舞台上竞技，接受同一套规则的评价，为什么我们不能用同样的标准来衡量各经济体的营商环境？

这样的底气，源于世界银行营商环境评估团队对其价值观与方法论的高度自信。就价值观而言，世界银行始终致力于推进改革，降低制度性交易成本，促进世界共同繁荣。尽管世界银行每年营商环境报告的主题词各不相同，但“更美好的制度，更美好的生活”始终是其不变的追求。

就方法论而言，世界银行确立的指标体系，具有可竞争性、可比较性、可量化性以及可改革性，前三者保证了评价的科学性，最后一点，即“可改革性”，则为每一经济体留下了发展完善的空间。而且，更为难能可贵的是，世界银行每年会根据评估情形，动态优化调整指标体系，使其臻于完善。

以下这则小故事，或者可以从一个侧面反映世界银行指标的严谨。2018年5月22日，完成与世界银行营商环境评估专家的一场磋商，在赶往下一场的中巴车上，我问马尔钦博士，“开办企业”这项指标，在衡量所用的时间时，为什么必须区分男人与女人？马尔钦博士很认真地说，因为在南亚和非洲一些国家，女人开办企业，必须征得其丈夫的许可，因此可能会增加一个环节。严谨如斯，笔者只能拜服。

大数据与真问题

世界银行《营商环境报告》包括11个指标集（DB2019和DB2020均启用了其中的10个指标），用来衡量对于中小企业和国家竞争力至关重要的商业监管领域，这些指标的相关性和重要性，已经为大量的经济文献所证明。

以“开办企业”（Starting a business）为例，自2003年以来，100家顶级学术期刊发表了300多篇论文，评估了市场准入的监管环境如何影响生产效率、经济增长、就业等领域。例如，更少的程序及更低的实缴资本要求，对于开办企业的流程有着积极而显著的影响。在程序相对复杂或模糊的地方，腐败的可能性更高。另有研究表明，正式注册会给公司带来显而易见的好处，例如更容易获得新的设备开展规模更大的运营，从而提高竞争力和生产效率。

因而，世界银行营商环境评估指标中的第一项“开办企业”，即以西梅昂·詹科夫（Simeon Djankov）、拉斐尔·拉波塔尔（Rafael La Porta）、弗洛伦西奥·洛佩-德-西拉内斯（Florencio Lopez-de-Silanes）、安德烈·施莱费尔（Andrei Shleifer）等四名学者共同撰写的题为“准入监管”（The Regulation of Entry）的著名文献作为理论依据。该文描述了85个经济体准入监管的必要程序，以及完成这些程序所花费的时间和费用。文章关注的焦点是，企业正式营业之前为了满足法律要求所需要承担的成本，以及在政府毫不拖延情况下所需的最短时间。数据采集结果显示，在莫桑比克，为了达到政府成立公司的要求，企业家必须经过19道程序，花费至少149个工作日，缴纳256美元的费用。而在意大利，为了同等目的而获得必要许可，企业家需要经过16道程序，缴纳3 946美元的费用，等待至少62个工作日。相比之下，在加拿大，企业家能够在2天之内通过缴纳280的美元费用，仅仅经过2道程序就能完成企业设立。在这些国家中，官员贪腐程度与企业设立的繁杂程度成正比。DB2019显示，中国在不懈努力之后，“开办企业”仅需4个环节9天400元，从上一年度的全球第93名，大幅攀升至第28名，DB2020表明，中国又提升了一名，上升至全球第27名。

再以“获得电力”(Getting electricity) 这项指标为例。该指标极为突出地显示了研究文献，特别是大数据对世界银行指标的极大影响，甚至是发挥了决定性作用。这项指标的方法论基础是《183个国家的电力连接及企业绩效》(“Electricity Connections and Firm Performance in 183 Countries”) 一文，作者为卡罗琳·格吉纳特(Carolin Geginat) 和丽塔·拉马略(Rita Ramalho)，而丽塔是全球营商环境评估的总负责人。作者提供了183个经济体中为配电设施获取电力的数据，详细说明了所需的相关流程及其时间和成本。作者从每个经济体的主要商业城市的配电公司，电工、电气工程师等独立专业人士以及建筑公

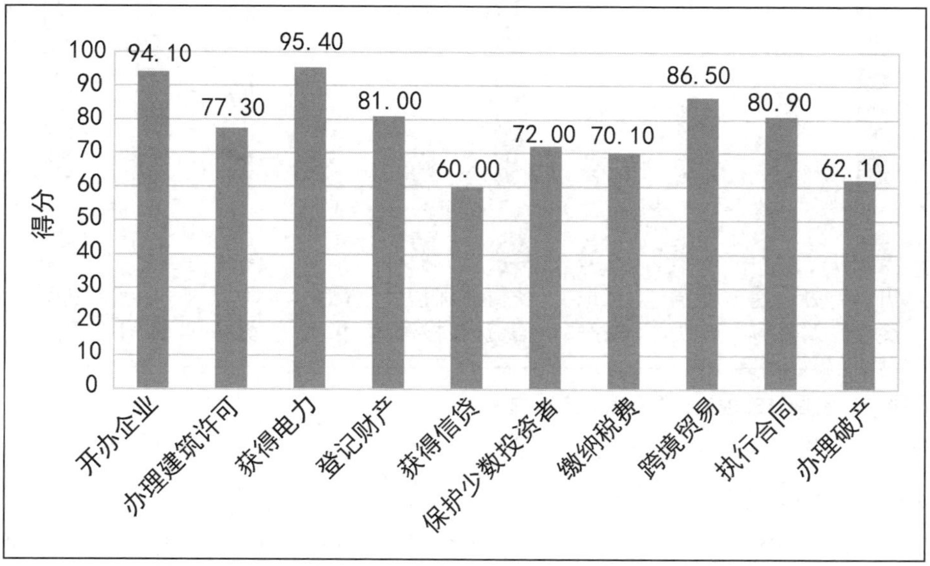

图0-2　中国DB2020分项指标的得分

司处收集数据，共有近600名受访者对183个经济体的数据做出了贡献。作者调查的经济体跨越了不同的收入水平和地理区域：样本包括了47个高收入经济体、50个中高收入经济体、54个中低收入经济体和32个低收入经济体。根据世界银行的地域分类，这些数据涵盖了撒哈拉以南非洲的46个经济体、中东和北非地区的18个经济体、东亚和太平洋地区的24个经济体、南亚的8个经济体、拉丁美洲和加勒比地区的32个经济体、欧洲和中亚的24个经济体以及31个经合组织高收入经济体。这样的样本，可谓相当宽泛了。研究数据表明，较高的电力成本往往会对企业产生不利影响。随着电力价格上涨，企业会将注意力转向电力密集度较低的生产过程，导致产量和生产效率下降。此外，供电连接的可靠性同样重要。在中国，国家电网通过不懈努力，特别是在北京、上海两地重点开展了小微企业供电服务质量提升专项行动，压环节、压时间、降成本，大幅度缩减小微企业办电时间，提高供电服务水平，中国在这项指标上从上一年度的全球第98名，大幅提升至第14名，在各项指标中进步最为显著。

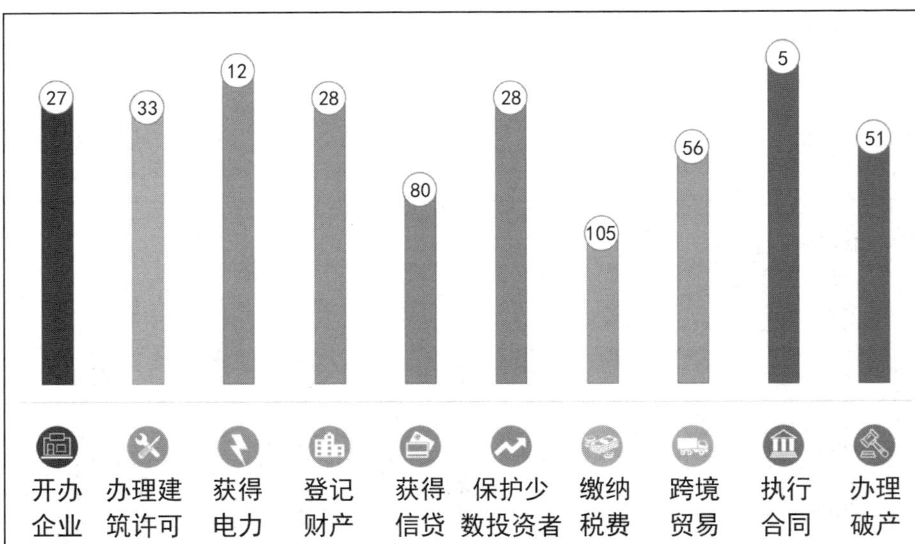

图0-3　我国DB2020分项指标的全球排名

以法治引领和保障改革

自DB2019开始，世界银行已将“营商环境前沿距离”（Doing Business distance to frontier）这一名称改为“营商环境便利度分数”（ease of Doing Business score），以更好

地反映衡量标准的主要理念——表明一个经济体相对于最佳监管实践的位置。

当然，我们也应当看到，世界银行《营商环境报告》有其局限性。它并不要求涵盖与私营部门发展和成长有关的所有领域，例如，它并没有评估市场规模、金融市场的稳健性和深度、宏观经济状况、外国投资的安全或政治稳定性等。但一年一度的营商环境排名，仍然有助于领导者获取信息，使其正视改革的紧迫性，并认识到，健全、有效的商业监管对鼓励创业和推动经济发展至关重要。

世界银行研究报告指出，改革的内驱力极端重要。越是富裕的国家，推出的改革措施越多，这与越是贫穷的国家越要改革以追上富裕国家的观点是相悖的。而如何推进改革？世界银行方法论最大的教益是，商业监管规则必须有效且易于遵循和理解。要推动经济增长、减少腐败和促进中小企业繁荣，就必须消除不必要的繁文缛节。

关于消除不必要的监管，美国的做法颇值借鉴。2018年1月26日，达沃斯论坛进入最后一天。美国总统特朗普发表闭幕演讲，他说："美国不是废2立1，而是先解除22个繁重的监管负担，以此来换取树立一个新的监管规定……美国要消除一切无益的监管，让商界和员工能自由发展，繁荣发展……"

环球同此凉热。我国政府近年来大力推进的"放管服"，其用意也在于释放市场创新创业活力，打造良好的营商环境。上海和北京作为指标城市，更应当以时代的使命感和改革的担当精神，全力推进营商环境优化工作！

在这一过程中，必须高度重视法律的作用。无论是为了提升世界银行评估的全球排名，还是更为广义的营商环境的优化，概莫能外。就提升排名而言，我们必须高度重视法律规则，世界银行专家对10个领域的打分，均采取"问"与"查"的方式来进行。"问"是指向中小企业、律师事务所、会计师事务所、建筑师事务所和报关公司等营商人士发放问卷；"查"是指查阅每一个问题对应的法律法规或规范性文件，以确保被测评经济体的相关举措具有拘束力，可以普遍适用和反复适用。因此，运用法律手段来提升排名，符合世界银行的价值观与方法论。世界银行报告显示，自2003年首次发布以来，世界银行《营商环境报告》在其衡量的10个商业监管领域内已经触发了3 500余项改革。而在2018年，世界范围内的改革活动达到高峰——仅2017/2018年度，128个经济体就进行了314项改革。而所有的这些改革，均须通过法律的"立改废释"来完成。

世界银行《营商环境报告》，忠实地记载着中国2008年以来的制度变迁：

表 0-2　中国在营商环境方面的改革（2008—2019）

年份	改革内容
DB2020	**开办企业：**将公司印章发放完全纳入企业注册登记一站式服务。 **办理建筑许可：**简化对低风险工程建设项目的施工许可证要求，缩短供排水接入时间。 **获得电力：**精简办理接电流程，提高电费透明度。 **保护少数投资者：**通过要求控股股东对不公平关联方交易承担连带责任，明晰所有权和控制结构，加强了对少数投资者的保护。 **缴纳税费：**对小企业实行企业所得税优惠政策，降低某些行业的增值税税率，加强电子化纳税申报和缴纳系统。 **跨境贸易：**通过实行进出口货物提前申报、升级港口基础设施、优化海关行政管理和公布收费标准等措施，简化进出口程序。 **执行合同：**通过规定可给予的合同延期次数上限和将延期限于不可预见和例外情况，提升执行合同的便利度。 **办理破产：**通过规定破产程序启动后的债权优先规则和提升债权人在破产程序中的参与程度，提高办理破产的便利度。
DB2019	**开办企业：**中国推出了公司在线注册服务，简化了社保参保登记程序，提升了开办企业的便利度。北京和上海都实施了这项改革。 **办理建筑许可：**中国简化了施工许可证、竣工证明以及在房地产登记局登记新建房地产的办理流程。中国还对建筑行业专业人士提出了更严格的资格要求，改善了公众获取信息的渠道，从而加强了对建筑工程的质量控制。北京和上海都实施了这项改革。 **获得电力：**中国通过扩充网络容量，改善了北京和上海的电力供应。如今，160千瓦或更低功率的设备可以直接免费连接到公用低压电网。另外，政府推出了新的移动应用程序，居民开通电力供应的时间也得以大幅缩短。 **登记财产：**中国通过简化办理程序，提高土地管理系统的可靠性和透明度，提高了登记财产的便利度。北京和上海都实施了这项改革。 **保护少数投资者：**中国通过增加股东在重大公司决策中的权利和作用，澄清所有权和控制结构，要求公司偿还股东所产生的法律费用，加强了对少数股权投资者的保护。 **缴纳税费：**中国通过取消营业税，允许所有印花税联合申报和缴纳，并通过实施多项行政管理改革缩短纳税合规时间，提高了纳税便利度。北京和上海都实施了这项改革。北京市还通过降低企业住房公积金缴存比例，减轻了企业税负。 **跨境贸易：**中国开设了单一窗口，减少了行政成本，提高了透明度，鼓励竞争，减少了进出口货物的办理时间和成本。北京和上海都实施了这项改革。
DB2018	**开办企业：**中国通过简化登记程序，提高了开办企业的便利度。北京和上海都实施了这项改革。 **缴纳税费：**中国采取了多项措施来减轻企业纳税合规负担，提高了纳税便利度。

（续表）

年份	改革内容
DB2017	**开办企业：**中国实施了工商营业执照、组织机构代码证和税务登记证“三证合一”改革，提高了开办企业的便利度。北京和上海都实施了这项改革。 **获得信贷：**中国开始报告公用事业缴费记录，向银行和金融机构提供信用评分，改善了信用信息的获取渠道。北京和上海都实施了这项改革。 **执行合同：**中国推出了一个允许律师在线管理案件的平台，提高了执行合同的便利度。北京实施了这项改革。
DB2016	**缴纳税费：**中国降低了企业社保缴纳比例，降低了上海公司的纳税成本。
DB2015	**开办企业：**中国取消了最低资本要求，以及从审计公司获得验资报告的要求，提高了开办企业的便利度。北京和上海都实施了这项改革。 **缴纳税费：**中国通过改进纳税申报电子系统，在纳税人服务工作中采用新的沟通渠道，提高了纳税便利度。（北京和上海均实施了这项改革）此外，中国降低了企业社保缴纳比例，降低了上海公司的纳税成本。
DB2014	**获得信贷：**中国颁布了信用信息行业法规，改进了信用信息系统，保证了借款人查看个人数据的权利。 **执行合同：**中国修改了民事诉讼法，简化和加快了法院审判流程，提高了执行合同的便利度。
DB2013	**开办企业：**从2012年1月至2014年12月，中国免除小微企业产生的多项行政费用，降低了开办企业的成本。 **办理建筑许可：**中国对施工前批准申请进行了简化和集中处理，简化了施工许可证办理流程。
DB2011	**缴纳税费：**中国的最新企业所得税法统一了内外资企业所得税税制，明确了企业所得税的应纳税所得额的计算方法。
DB2010	**跨境贸易：**中国放宽了贸易信贷限制，提高了跨境贸易的便利度。
DB2009	**获得信贷：**中国颁布了新物权法，扩大了可以设定抵押的抵押物范围，新增了应收账款和浮动资产池，完善了担保交易制度。 **缴纳税费：**中国统一了税收减免标准与会计准则，降低了企业所得税税率，提高了企业纳税便利度和纳税成本。 **执行合同：**中国收紧了判决执行规则，加强了合同执行制度，限制债务人隐藏资产和规避执行的渠道和途径。
DB2008	**办理建筑许可：**中国实施了建筑工程施工许可电子审批流程，允许建筑公司在线申请安全证书，减少了建筑工程施工许可办理的延迟情况。 **获得信贷：**中国推出了一项新法律，赋予有担保债权人优先付款权，完善了担保交易制度。 **办理破产：**中国推出新企业破产法，引入了重整程序，允许组建债权人委员会，授予有担保债权人权利，设立了专业破产管理人员职位，完善了破产程序。

注：2012年度中国未进行相应的制度变革，故当年度空缺。

有鉴于此，各国高度重视，纷纷通过修订法律，来提升全球排名。例如，2012年，俄罗斯全球排名第124位，普京签署总统令，要求迅速启动大面积的法律法规修订，5年内跻身全球20强。2018年，俄罗斯迅速上升至全球第31名。新加坡、新西兰等全球排名领先的经济体，无不紧盯世界银行指标，动态修订法律。我国也应以世界银行评估为契机，在不伤害其他法益价值的情况下，启用法律简易修订程序，保持法律的市场适应性。

而在世界银行评估之外，我国自主优化营商环境，更要发挥法治的引领与保障作用。2019年4月23日，第十三届全国人民代表大会常务委员会第十次会议通过了8部法律的修订，分别是《中华人民共和国建筑法》《中华人民共和国消防法》《中华人民共和国电子签名法》《中华人民共和国城乡规划法》《中华人民共和国车船税法》《中华人民共和国商标法》《中华人民共和国反不正当竞争法》《中华人民共和国行政许可法》，涉及数十个条款的修订。另外，国务院近期也修订了《中华人民共和国注册建筑师条例》《建设工程质量管理条例》《不动产登记暂行条例》等三部行政法规，最高人民法院也先后发布了《最高人民法院关于适用〈中华人民共和国企业破产法〉若干问题的规定（三）》《最高人民法院关于适用〈中华人民共和国公司法〉若干问题的规定（五）》，与此同时，中国证监会发布了《关于修改〈上市公司章程指引〉的决定》，上海证券交易所分别修订了《上海证券交易所股票上市规则》和《上海证券交易所科创板股票上市规则》……这些规则的修订，正是因应世界银行评估而做出的制度性变革。

近年来，上海锐意改革，推行了证照分离、一网通办、告知承诺、轻微免罚等诸多改革，大大激发了市场活力。凡此种种，无不是规则先行，改革与法治携手共进。

最后，法律与政策的知晓度，非常重要。

印度著名诗人泰戈尔写道：世界上最遥远的距离，是我站在你面前，而你却不知道我爱你……此句用于解读政府政策与民众感受度之间的关系，同样生动贴切。法律法规千条万条，老百姓不理解不明白，相当于打了白条！要赢得民众真切的感受，除了措施本身切中肯綮之外，去繁就简，以接地气的方式解读和宣讲政策，同样非常重要。

在迎接世界银行评估时，以诚信不欺、实事求是的态度，真诚地与世界银行沟通，尽力取得他们的信任、理解与支持，避免误判，应当成为我们的工作方式。

营商环境，没有最好，只有更好；优化营商环境，永远在路上！

（DB2020问卷［英文版］，可从以下网址获取：http://xinzhi.yilin.com/more/101.html。）

第一章　开办企业

第一节　世界银行方法论

一、总体描述

“开办企业”是世界银行营商环境评估指标中的第一项。该项指标以西梅昂·詹科夫、拉斐尔·拉波塔尔、弗洛伦西奥·洛佩-德-西拉内斯、安德烈·施莱费尔等四名学者共同撰写的题为“准入监管”的著名文献作为理论依据。[1]这篇2002年发表于《经济学季刊》的文章，以实证研究的方法，描述了85个经济体准入监管的必要程序，以及完成这些程序所花费的时间和费用。文章关注的焦点是，企业能够正式营业之前为了满足法律要求所需要承担的成本（体现为时间和费用），以及在政府毫不拖延情况下所需的最短时间。该文的研究进路是，提出关于“准入监管”的两种截然相反的观点，然后以大量的实证数据来证成或证伪。简单地说，由于这方面的理论总是含糊不清，作者倾向于运用经验证据来形成结论。[2]

在该文中，作者给出了85个国家的公司准入管制规则。这些数据涵盖了一家成立阶段的公司在合法运营之前必须承担的程序数量、官方时间和官方成本。在许多国家，公司成立的官方成本都非常高。公司的准入管制越严

1　Simeon Djankov, Rafael La Porta, Florencio Lopez-de-Silanes, Andrei Shleifer, “The Regulation of Entry”, *The Quarterly Journal of Economics*, February 2002.

2　本章方法论部分的初译由华东政法大学国际金融法律学院研究生林佳颖同学完成，本书作者进行了选编与校译。

的国家，往往贪腐更严重，地下经济更庞大，而且缺少高质量的公共及私人商品。反之，国家越民主，越限制政府权力，对于公司准入管制也就越轻。这一现象与管制的公共利益理论并不相符，却符合为政治家和官僚阶层带来好处的公共选择观点。

该文献阐释了关于开办企业的两个观点，其一为公共利益理论。该理论赞成加强市场准入监管，因为不受规制的市场会由于其自然垄断或外部性而经常失灵，政府应当加强准入监管来实现保护公众的目的。其二为公共选择理论。该理论又细分为“捕获理论”和“收费亭理论”。前者认为，更严格的准入规则提升了准入门槛，阻止了竞争者的进入，从而形成了行业从业者更强的市场支配力，而不是更大的消费者利益。后者认为，行政许可和管制存在的重要原因是为了授予官员拒绝的权力来收受贿赂，从而作为提供许可的回报。因而，严格市场准入是低效的，不足取的。世界银行营商环境评估认可了后者的观点，并聚焦企业设立的程序、时间和费用三个维度，来评估其便利度。而且，每一个指标都有着细密严谨的逻辑。就企业设立的“程序”而言，只有一项单独的活动需要企业的创办人与外部互动时才能成为“程序”，它不包括股东会决议、章程拟订等内部程序，也不包括创办人自主实施的非法定程序。只有满足了“外部性”、“强制性”及“主体独立性”特征和要求，才能成为营商环境评估的一项“程序”。中国的营商环境变革，正行走在正确的方法论轨道上，有望获得较为理想的结果。

二、公共利益理论与公共选择理论

赞成加强市场准入监管的观点，以庇古（Pigou，1938）的公共利益理论为基础。该理论指出，不受规制的市场会由于其自然垄断或外部性而出现经常性失灵。一个追求社会效率的政府，应当通过监管来对抗这种市场失灵，从而达到保护公众的目的。[1]这一理论适用到准入上，认为政府应当筛选出进入者，以保证消费者能够从“理想的”卖家手中买到高质量的产品。这种管制能够减少不可靠的商家提供的低质量产品，还能够降低乃至减少污染等外部

---

1 关于庇古的“公共利益理论”，可参考其代表性著作：Pigou, Arthur C., *The Economics of Welfare* (4th ed.), Macmillan and Co.,1938。

性因素造成的市场失灵。通过注册，新公司获得了官方批准，从而取得足够的声誉与其他企业及社会公众进行交易。[1]公共利益理论预测，越严厉的准入监管规则（特别是更多的程序）能够造就更为良好的社会效果。[2]

然而，与该理论相反，公共选择理论认为，政府并非良性，而且，政府管制效率低下。这一理论有两种形态，其一为乔治·J. 斯蒂格勒的“捕获理论”。该理论认为，“规制是因行业而形成的，其设计和运作都是为了提高行业的收益。更严格的准入规则提升了准入门槛，阻止了竞争者的进入，从而提升了行业从业者的利益。但其结果是形成了行业从业者更强的市场支配力，而不是更大的消费者利益”。[3]其二为“收费亭理论”（新规制经济理论）。该理论认为，行政许可和管制存在的一个重要原因是为了授予官员拒绝的权力来收受贿赂，以作为提供许可的回报。[4]“捕获理论”和“收费亭理论”的共同特点是，它们指出了管制的目的是创造和赚取租金，但对社会整体并无助益。两者的区别在于，“捕获理论”强调行业的既有利益，而“收费亭理论”则强调管制给政治家和官僚阶层带来的利益。

阐释了“公共利益理论”与“公共选择理论”之后，文章经过分析，站在了“公共选择理论”这边。作者认为，管制是无效的，一部分原因在于管制者本身混乱，另一部分原因则在于为了增加腐败寻租而导致的政策扭曲。这方面，“高速收费亭”的类比就非常形象。在理论上，有效的管制可以要求有偿使用道路，并形成资源的最佳配置。但出于自利动机，公路所经过的每一个村镇都可能会设立自己的收费站，甚至封锁其他可行的道路来迫使车辆流向收费道路，因而，收费是无效的……除非申请者付出大笔金钱，否则会被刻意无限期延误或被重复制造障碍……[5]文章认同公共选择理论的以下预测：更严格的管制与不充分竞争和更高程度的腐败紧密相连。

---

1 SRI International, “International Practices and Experiences in Business Startup Procedures”, SRI, 1999, p.14.

2 Simeon Djankov, Rafael La Porta, Florencio Lopez-De-Silanes, Andrei Shleifer, “The Regulation of Entry”, *The Quarterly Journal of Economics*, February 2002.

3 Stigler, George J., “The Theory of Economic Regulation”, *Bell Journal of Economics and Management Science*, II, 1971, pp.3–21.

4 Shleifer, Andrei, and Robert W. Vishny, “Corruption”, *Quarterly Journal of Economics*, CVIII, 1993, p.601.

5 World Bank, “Administrative Barriers to Investment in Africa: The Red Tape Analysis”, FIAS, 1999.

这篇文章的实证研究也证明了这一点。在莫桑比克，为了达到政府成立公司的要求，企业家必须经过19道程序，花费至少149个工作日，缴纳256美元的费用。而在意大利，为了同等目的而获得必要许可，企业家需要经过16道程序，缴纳3 946美元的费用，等待至少62个工作日。相比之下，在加拿大，企业家能够在2天之内通过缴纳280美元的费用，仅仅经过2道程序就能完成企业设立。在这些国家中，官员贪腐程度与其企业设立的繁杂程度成正比。

该文献基于以上理论，对世界范围内的准入管制进行评估，重点关注了以下问题：第一，准入管制的结果如何，尤其需要关注谁获得了租金。如果准入管制服务于公共利益，那么管制就与更高质量的货物、破坏性更少的外部性因素和更加充分的竞争相联系。相比之下，公共选择理论的预测则是，更严格的管制与不充分竞争和更高程度的腐败紧密相连。第二，哪些政府对准入进行了管制？公共利益模型所预测的是，排除其他干扰条件，越与消费者利益紧密相连的政府，也就是代议性和有限性表现得越充分的政府，其准入管制也就越严格。相比之下，公共选择模型预判的是，受公众监督最少的政府，往往追求最严格的管制，以为政府官员自身及其任职的公司谋取利益。

文章对85个国家准入管制的详尽数据进行了分析，得出了如下结论：世界范围内成立一家公司的程序数量平均为10道，最低的为加拿大（2道），最高的为多米尼加共和国（21道）。在假设申请者和管制者都不拖延的情况下，世界平均用时为47个工作日，最少的为澳大利亚（2个工作日），最长的为马达加斯加（152个工作日）。遵循这些程序成立一家简单的公司需要花费的官方成本，世界平均值为人均年收入的47%，幅度从美国的人均国内生产总值的0.5%，到多米尼加共和国的人均国内生产总值的4.6倍。对于一个创业者来说，在大部分国家完成企业开办，无疑是费时费力而且代价高昂的。

在具有代表性的国家当中，作者并没有发现更加严格的准入管制与更高的产品质量、更好的污染治理、更为健康的产品和服务抑或更充分的竞争相联系。然而，更严格的准入管制的确与更严重的腐败和相对更大规模的地下经济相联系。这一证据支持了管制的公共选择理论而不是公共利益理论。

作为回应，主张公共利益的理论家可能会主张，一些国家的严格监管反映了重大的市场失灵和能够解决这些问题的替代机制的缺失，比如良好的法庭和自由媒体。除此之外，腐败和庞大的地下经济也可能是仁善监管的疏忽后果，因此不能当作违反公共利益观点的证据。这些疏忽后果可能是排除劣质进入者的副作用，或者仅仅是富国的法规被善意但误导性地移植到穷国产生的后果。基于此逻辑，哪个国家准入规制更为严格的问题，可能会在概念上更加适合对理论进行区分。

作者发现，即使在控制了人均收入这一变量的情况下，政治权力更为开放、行政权力受到更多限制、政治权利更好的国家，也要比政府代表性较小、行政限制较少、自由度较低的国家对准入管制设置的障碍更少。人均收入的控制对于这一分析而言至关重要。因为如果对此变量不予以控制的话，就会有人主张更为富裕的国家之所以对准入管制拥有更好的管理水平和更低的需求，是因为他们市场失灵的情况更少或者有更好的替代性处理措施。

三、数据采集与分析

（一）数据库的建立

这篇论文建立在一个新数据集的基础上，这一数据集描述了85个国家在1999年设立企业的准入管制。文章记录了官方要求一个企业家为了获得所有必要的许可，以及向所有必要的机构发出通知和申请所要经历的所有程序。我们也计算了通常情况下完成每一程序需要耗费的时间和成本。

论文有一个排除干扰的假设，即假设信息容易获取，所有的政府机构富有效率地运行且没有腐败现象。

在收集数据时，作者从政府公开信息、世界银行、国际开发署等发展机构和政府官网上搜集关于企业设立程序的信息，接着联系相关政府机构来确认这些数据的准确性。最后，针对每一个国家，作者都会委任一家律所出具关于当地准入管制的独立报告，这表明其对营商人士感受度本身的尊重。在没有法律明确定义的情况下，作者会采纳官方报告。如果几个官方数据来源表明，存在着几个不同的企业设立时间和成本，则选取中位数。如果缺乏官方对时间和成本的估测，就采用当地企业律师的估测。如果几个非官方数据来源（比如私人律师）有不同的估测，就取中位数。

报告调查的国家跨越广泛的收入层级和政治体系。样本包括14个非洲国家，9个东亚国家（包括中国和越南），3个南亚国家（印度、巴基斯坦、斯里兰卡），除阿尔巴尼亚和一些南斯拉夫共和国解体后分裂成的国家以外的所有中东欧国家，苏联解体后的8个国家和蒙古，10个拉丁美洲国家，2个加勒比国家（多米尼加共和国和牙买加），6个中东国家（埃及、以色列、约旦、黎巴嫩、摩洛哥和突尼斯）以及所有的发达国家。

作者记录了获得必须的许可和执照的所有程序，以及为了公司合法运营所需要的所有登记、验证和通知程序。当有几种方式开始合法运营时，我们选取时间上最快的方式。在一些国家，企业家可能不会特意遵守官方程序，而是通过行贿或聘用“协助者”的手段来绕过这些程序。例如，格鲁吉亚的企业创立者可以在通过13道程序、经过69个工作日、花费375美元费用后成立一家企业，也可以雇用一家法律咨询公司，花费610美元，在3个工作日内完成设立程序。在数据分析中，作者采用第一组数据，其原因在于，作者主要对官方管制架构感兴趣。

同一个国家内，对创始公司的管制也会因区域、行业和公司规模不同而有所差异。具体来说，我们所关注的标准化的公司应该有如下特征：从事一般的工业或贸易活动；运营地在人口最多的城市；[1]排除行业特殊要求（包括环境型）；不参与对外贸易；不从事受制于消费税的货物贸易（比如酒类、烟草和天然气）；它是国内有限公司；[2]它的资本以现金形式认购（非实物出资）并且资本高于（1）1999年人均国内生产总值的10倍，或（2）特殊行业的最低资本要求；它租赁（也就是说并不拥有）土地和商业场所；它在营业开始后一个月拥有5～50名员工，这些员工都是该国国民；它的营业额是起始资本的10倍，它并非不符合投资激励政策。尽管不同国家采用不同的法律形态来设立公司，但是为了方便对比，我们需要以相同的形态来看待和比较。

作者认为，数据基本上都低估了准入的成本和复杂程度。[3]一般而言，其他省的企业成立程序都比首都烦琐。特殊的行业会被增加额外的程序。另外，外资通营会被要求提供额外的证明，走额外的程序。实物出资通常需要

1 实践中，最大城市基本就是国家的首都，除了澳大利亚（墨尔本）、巴西（圣保罗）、加拿大（多伦多）、德国（法兰克福）、哈萨克斯坦（阿拉木图）、荷兰（阿姆斯特丹）、南非（约翰内斯堡）、土耳其（伊斯坦布尔）和美国（纽约）。

2 如果公司法允许多种形式有限责任的私有企业形式，我们选择该国家小公司中更为流行的企业形式。

3 2001年的世界经济论坛调查了行政管制在多大程度上阻碍了商人们开展新业务。

验资，复杂程度取决于财产的类型。

（二）变量的定义

在完成了数据采集之后，文章进一步明确了“程序”、“时间”和“费用”的认定标准，而这也是世界银行营商环境评估“开办企业”指标的源头。

关于设立程序，文章指出，只有一项单独的活动需要初创企业的企业家与外部进行互动时才能成为“程序”。这些互动包括与国家、当地政府、律师、审计师、公司印章制造商、公证人等等的互动。此种互动强调外部性，比如说，所有的有限责任公司都需要召开首次股东大会来正式通过公司章程，但由于这些活动只包括了企业家，所以不被设定为“程序”。同样地，大多数公司都会雇用律师来起草公司章程，但这也不被认为是程序，除非法律明确要求律师参与。同样地，文章也没有将企业家可以避免的活动列为“程序”(比如在注册完成前，保留提议的企业名称专有权)，也不将在营业开始后进行的活动列为“程序”。最后，如果获得一份文件需要几个涉及不同部门的单独程序，文章则会将每一个程序都列为一项“程序”。比如说，一个保加利亚的企业家从首都索菲亚的公司注册处收到了它的注册证明，然后需要在官方指定的银行支付相关费用。尽管这两个活动都和“获得注册证明”相关，在文章的数据中，它们仍然被认为是两个不同的“程序”。总结而言，程序要满足“外部性”、“强制性”及“主体独立性”。

关于设立时间，文章按照企业设立程序来收集信息，并依据官方数据计算完成每一项程序需要耗费多少个工作日。文章忽略用来收集信息的时间，并且假设所有的程序甫一开始便是已知的。文章同样假设，程序会尽可能同时进行以保证最高效率。由于企业家可能无法在同一天拜访几家不同的机关（特别是在他们来自外地的情况下)，文章把拜访一家机关所需最短时间设置为1天。这样做的另一个理由是，有些机关开放的时间很短，例如，开罗的经济部和司法部开放时间仅在上午11：30到下午14：30。[1]

关于设立费用，文章根据所有可以识别的官方费用来估算准入管制的花

---

1 在计算时间时，如果两个程序能够在同一建筑中同一天完成，则文章将其计为一天而不是两天（在一些国家官员的推动下，一些公共机关坐落在同一幢大楼中)。彼时作者根本无法设想，互联网与信息技术的日新月异，使得政府部门虽然物理上相隔万里，但可以瞬间共享信息，当事人再也不用逐个部门去跑了，当下推行的“互联网+政务服务”即着眼于此。

费：表格、影印件、邮票、法律和公证费用等。所有的费用数据都是官方的，但不包括贿赂，尽管德索托（De Soto）表示，贿赂这一项费用对注册非常重要，[1]但或许由于该项费用很难测度，文章并没有将其纳入费用环节。另外，企业设立的起始资本则为法律明文规定的最低注册资本要求。

按照以上指标体系的描述，以下试以新西兰和法国为例。新西兰是前沿经济体，其企业的创立过程只需要经过3道程序，耗时3天。企业家必须先从公司注册网站处获得公司名称的批准，然后向公司注册处（RNE）和税务机关在线申请注册。与新西兰相比，法国需要经过15道程序，花费53天。最开始，创立者需要在国家工业产权局（INPI）核查所选择的公司名称的唯一性。接下来，创立者需要市长的允许才能将住所作为办公场所（如果办公场所是租用的，创立者必须保证具备经过公证的租赁协议）。然后需要从不同的机关获得以下文件：无犯罪记录、从市政厅处获得的企业家婚姻状况原始摘录以及授权委托书。然后需要将初始资本存入公证银行或者信托局，在提供注册证明之前，这笔资金会被冻结。接着将说明总部办公室的地点的通知，公布在被批准的杂志上。接下来，创始人在当地税务局注册4份公司章程的复印件。之后需要向企业管理中心（CFE）提交注册申请。企业管理中心自动将公司信息输入企业注册处并从该处获得认证序号：SIREN号（企业识别号码）、SIRET号（企业注册号码）和NAF号（产业分类号码）。SIRET号是税务机关使用的。RNE号也在民商事通知的官方媒体上发布了公司信息通知。为了开始合法运营，企业家还需完成其他5个程序：通知企业邮局、指派一名保证人或用现金存款保证支付税款，向银行提交注册证明解锁公司资本（K-bis），签署公司分类账和登记簿，申请社会保障。《企业》杂志评论道："为了确保公司注册表的文件完整，许多发起人使用顾问服务进行审核。在巴黎，这项服务花费200法郎（约合30美元）。但是经常有文件缺失，并且大多数企业最终雇用律师来完成这项程序。"

（三）分析结果

数据分析表明，各国之间的准入管制差距非常大。富国（人均国民生产

1 De Soto, Hernando, *The Other Path*, Harper and Row, 1990.

总值顶层四分位的国家）准入规制相对其他国家要少。原则上这些发现与公共选择理论和公共利益理论都是一致的。在收入稍低于人均国民生产总值第一四分位数的国家，市场失灵可能更普遍，这些国家对良好的管制产生了更为强烈的需求。或者说，收入水平可能代表着政治体系特征，这些特征允许政治家或其任职的公司为了自己的利益而采取监管措施。

文章对85个国家的准入管制分析表明，除了腐败和官僚拖延带来的成本之外，企业准入仍然非常昂贵，尤其是在收入分配前1/4之外的国家。作者发现，更繁重的准入管制通常与更严重的腐败和更大规模的地下经济相关，而不是与更高质量的公共物品或私有物品相关。同时，作者发现，在控制了经济发展水平这一变量的情况下，在民主程度低、权力限制更少的地区，企业开办的管制更多。

这一发现很难用管制的公共利益理论解释，却支持了公共选择理论，特别是收费亭理论。收费亭理论强调政治家的租金榨取。准入在缺乏民主的国家被监管得更加严格，这样的监管并没有产生可见的社会效益，其主要受益者是政治家和官僚阶级自身。另外，作者的一个发现非常值得关注，在一些新兴市场经济体中，良性的政治家心怀善意地模仿富国的监管制度，却因腐败和其他执行失败而受阻。

第二节　世界银行评估标准的定义与假设

基于以上认知，世界银行"开办企业"指标记录而是，一位企业家要开办并正式经营一家工业或商业企业时，**官方正式要求或实践中通常要求办理**的所有**程序**，完成这些程序的**耗时和费用**，以及**最低实缴资本**（图1-1）。这些程序包括当企业家为获得所有必要同意、证照和许可，以及为企业和员工向相关主管机关通知、核实及登记所要经历的程序。开办企业便利度排名由它们前沿距离得分的排序决定。这些分数是其每项指标要件的前沿距离得分的简单平均数（图1-2）。

为了使190个经济体中的数据具有可比性，《营商环境报告》选用了一家

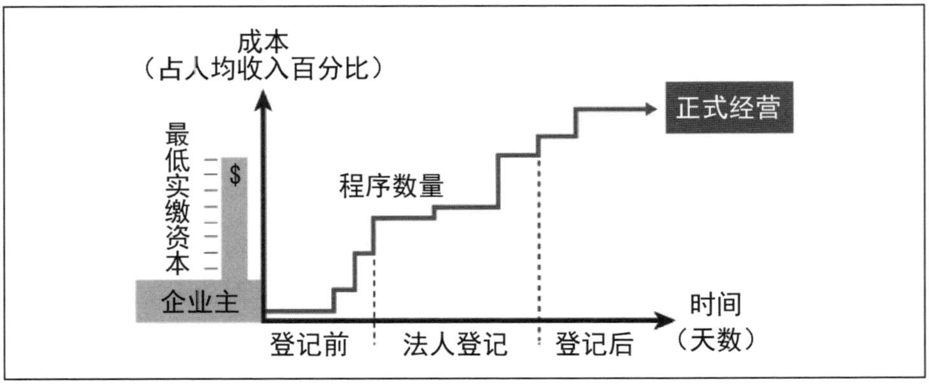

图1-1　设立并经营一家有限责任公司的耗时、成本、最低实缴资本和须办理程序的数量

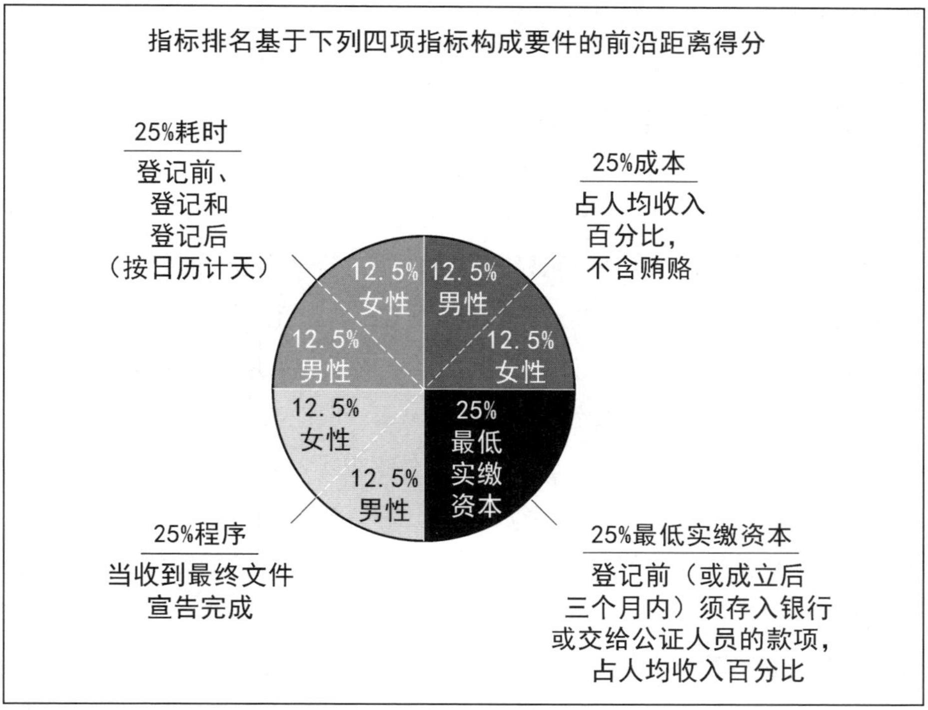

图1–2　开办企业：设立并经营一家有限责任公司

标准化的企业：100%为国内私人所有，启动资金相当于人均收入的10倍，从事一般工业或商业活动，并且自开始运营后一个月内聘请10～50名员工（其中大部分为本国公民）。"开办企业"指标考量在所有方面均一致的两类本地有限责任公司，其中一类公司由5位已婚女士所有，而另一类公司则由5位已婚男士所有。各经济体的开办企业便利度排名由各自开办企业指标得分整理决定。这些得分为各项分指标得分的简单平均值。

经过研究有关企业准入的法律、规章和公开信息，世界银行开发了一个详细的程序清单，同时附上了在一般情况下通过每道程序的耗时、成本及最低实缴资本要求。然后，由当地的创业咨询律师、公证人员与政府官员完成并核实这些数据。

世界银行还收集了有关办理程序的顺序，以及可否数个程序同时办理的信息。世界银行的假设是：任何需要的信息都可便捷获得，且企业家无须贿赂相关官员。若当地专家们的回答有差异，世界银行会继续调查至数据匹配为止。

为使各经济体的数据有可比性，世界银行对企业和相关程序办理设定了几种假设。

一、关于企业和所有者的假设

该企业：1. 是一个有限责任公司（或同等法律实体）。若一经济体中有几种类型的有限责任公司，则选择经济体中企业里最常见的类型。关于最常见的公司类型的信息来自创业咨询律师或统计机构。2. 在经济体最大的商业城市经营。对11个经济体也收集第二大商业城市的数据（在中国，上海为最大，北京为第二大）。3. 是100%国内公司且归5人所有，没有一个所有人是法律实体（即都是自然人）。4. 启动资金是人均收入的10倍。5. 从事一般性工业或商业活动，例如生产或向公众销售产品或服务。企业不从事外贸也不经营须遵守特别税制的产品，如酒精饮料或烟草。没有重污染的生产过程。6. 租赁商业厂房或办公室，不是房地产所有者。7. 办公区域的年租金等于1乘以人均收入。8. 整个办公室的大小大约为929 平方米（10 000平方英尺）。9. 无资格享受投资激励措施或任何特别优惠。10. 经营一个月内，雇员数量至少为10，至多为50，且雇员全部都是本国公民。11. 营业额至少达到人均收入的100倍。12. 有一部10页长的公司章程。

关于该企业的所有者（们）的假设如下：

该所有者（们）：1. 已达法定成人年龄并能像成人一样做决定。若没有法定成人年龄的规定，假定为30岁。2. 是明智的、有能力的、健康的，且无犯罪记录。3. 已婚。婚姻遵照一夫一妻制，且已在政府登记。4. 在一些拥有不同法律系统的地方（在一些法律多元的经济体中）出现答案不同的情况时，使用答案为适用大多数人的法律。

二、关于程序的假设

程序的定义是：企业创办人与外部人员（如政府机构、律师、审计人员或公证人员）之间的任何互动。企业创办人或企业管理人员与员工之间的互动不算程序。在同一个建筑物但在不同办公室或柜台前完成的程序，算不同的程序。若企业创办人须多次访问同一间办公室以办理不同顺序的程序，那么每一次访问都要独立计算。世界银行假设创办人都是自己办理所有的程序，不用中间人、服务商、会计师或律师，除非法律要求必须使用上述第三方或大多数企业家聘用第三方。若需要专业人员服务，则他们代表企业办理的程序要分别独立计算。每个电子程序都要独立计算。官方要求企业家在正式经营一家企业前办理的注册前和注册后程序都会被记录。若法律要求企业家获得配偶对他(她)们开办企业或离家的许可，或若他(她)没有该许可会遭受法律惩罚(如失去经济管理权力)，则该许可将包括在程序之中。有关公司成立和经营、银行开户或得到国民身份证的必要文件或许可若只针对一种性别，则被视作额外程序。只有一方配偶需要而另一方不需要的程序也被考虑在内。

进行法人登记前后的程序，凡官方要求的或在实践中通常需要完成的，保证企业家正式经营所需的程序都会被记录(表1-1)。除了增值税或商品和服务税的缴纳，任何在公司注册3个月之内与外方的互动将被视作一个程序。但当假定的营业额超过了确定的阈值，这两项缴纳程序将被考虑在内。

表1-1 “开办企业”指标测评内容

依法成立和正式经营一家公司所需的程序(数量)
登记前(如对公司名称的核准、预留和公证)
在经济体被调查的商业城市注册登记
登记后(如社保登记、企业公章)
就开办企业、离家办理商事登记或开立银行账户征得配偶同意
为公司注册和经营、国民身份证或开立银行账户而获取任何针对特定性别的文件
完成每项程序所需的时间(以日历天数计)
不含收集办理程序信息的时间
每项程序始于不同日期(两项程序不可于同一天开始)，但可完全在线完成的程序不受此限
一旦收到最终的成立文件或公司可以正式开展业务时，程序视作全部完成
事先并没有和任何办事官员接触联系
完成每项程序所需的成本(占人均收入百分比)
只含官方费用，贿赂不计
不含聘请专业人员费用，除非法律规定和实践普遍要求
最低实缴资本(占人均收入百分比)
登记前(或成立后3个月内)须存入银行或交给公证人员的款项

官方信函或与公共机构往来所要求的程序也被记录。比如，如果文件

（如纳税声明）上要求加盖企业印章，那么获取印章也算作程序。同样，若在缴纳增值税或提供最少实缴资本证明之前企业须开立银行账户，那么办理开户就要算作1项程序而被包括在内。[1]

只有那些所有企业都被要求办理的程序才计算在内。针对个别行业的程序会被排除在外。比如，遵守环保法规的程序，只有在它们适用于所有从事一般性工业或商业活动的企业时才被包括在内。公司办理的接通电、水、气和垃圾处理服务的各种程序，都不包含在内。

三、关于时间的假设

时间用日历天数记录。该指标选取了创业咨询律师们指出的完成一项程序所需时间的中间值。世界银行假设每项程序要求的最短时间是1天，但对于那些可在网上完整完成的程序，要求的最短时间为0.5天。尽管程序可同时发生，但是它们不可能在同一天开始（也就是说，同时进行的程序先后在不同的日期开始）。但对于那些可在网上完整完成的程序，这一假设并不适用。一旦企业收到最终的成立文件或可正式开展业务，程序便算完成。若额外缴费能够加速程序办理且该方案有助于经济体的排名，那就选择最快的程序。当需要配偶的许可时，世界银行假设配偶的许可不需要任何额外的费用，除非需要公证。世界银行假设企业家不会浪费时间，而且在完成程序时不耽误时间。企业家用于搜集信息的时间忽略不计。世界银行假设企业家从一开始就知道所有的准入法规及其先后顺序，但是企业家事先并没有和任何办事官员进行联系。

四、关于成本的假设

在世界银行的问卷中，成本用占经济体人均收入的百分比来记录，包括所有的官方费用，以及法律要求的法律或专业人士服务费。同时，法律要求的购买公司账簿和合法化的费用也计算在内。尽管增值税登记可算作1个单独的程序，但增值税不属于公司成本。公司法、商业规范、具体法规和收费明细表，可当成计算成本的根据。在没有收费明细的情况下，政府官员的估算

1　世界银行问卷认为，只有在满足以下4个条件的情况下，捷径才算在程序之内：合法，普通大众都可用，大多数企业都使用，避而不用这些捷径会造成延误。

被视为一种官方出处。在不存在政府官员估算的情况下，采用创业咨询律师的估算。若几个创业咨询律师提供不同的估算，就采用中间数值。在所有情况下，成本一律不包括贿赂。

最后一点是关于最低实缴资本。最低实缴资本的要求，反映了在登记注册之前和公司成立后3个月内企业家需要存入银行或交给公证人的钱款数，以经济体人均收入的百分比来记录。该款项的数额一般由商业规范或公司法规定。很多经济体都有最低资本金要求，但允许企业在登记注册前只付其中一部分，其余部分可在运营一年后支付。如在土耳其，2015年6月时对有限责任公司的最低资本金要求是10 000土耳其里拉，但在注册前只要支付其中的1/4。因此，土耳其的最低实缴资本就是2 500土耳其里拉或说是人均收入的10.2%。

总之，世界银行问卷把“开办企业”分为三个阶段，即注册前阶段、注册阶段、注册后阶段，每一阶段都分为若干环节，而每一环节又有一定的时间与金钱成本。具体说来，注册前阶段包括名称预核准、公证公司章程、在银行存入最低注册资本、离家开办企业前获得配偶同意；注册阶段包括申请注册、缴纳注册费用、法律规定的其他程序；注册后阶段包括向税务部门申领发票、获得营业执照、通过社保机构招募员工、购买及（或）公司账簿合法化、获得公司印章。必须提及，世界银行将所有这些流程逐一列出，以涵盖全球经济体开办企业方面的所有可能的流程。例如，2018年5月22日，世界银行专家到沪采集数据。笔者与其中的一名专家克劳斯·科赫（Klaus Koch）交流时，表达了对“离家开办企业前获得配偶同意”这一环节的好奇。他很认真地说，在一些国家，夫妻一方，特别是妻子离家开办企业，要获得配偶的许可。如果是这样，该国的营商环境便利度会受影响。因而，开办企业这一环节，还区分男女作了规定。

以上内容，可以用一张表格简单列示如下：

表1–2　世界银行评估“开办企业”指标及案例假设

指标衡量的是什么	案例研究的假设
合法开办和运营公司所需的程序（数量） 预先注册（例如，名称验证或预约、公证） 在经济体最大的商业城市注册	为了使各个经济体的数据具有可比性，这里对企业和相关程序做了若干假设。我们的假设是：可以方便获得任何需要的信息，且企业家无须贿赂相关官员。 **企业：** 是一家有限责任公司（或为与其等同的法律实体）。

（续表）

指标衡量的是什么	案例研究的假设
注册后（例如，社会保险登记、公司印章） 获得配偶的许可开办企业或离家注册企业 获取任何用于公司注册和运营的特定性别文件或国民身份证 **完成每项程序所需的时间（日历天数）** 不包括收集信息的时间 每项程序从单独的日期开始（两项程序不能在同一天开始） 全部在网上完成的程序记为0.5天 收到最终文件即视为程序已完成 未事先与官员接触 **完成每项程序所需的成本（占人均收入百分比）** 仅为官方费用，不包括贿赂 无专业人士服务费，除非法律规定或实践中通常要求 **最低实缴资本（占人均收入百分比）** 在注册前或在注册后3个月内存入银行或第三方的资金	如果某个经济体中有几种类型的有限责任公司，则选择经济体中企业里最常见的一种类型。关于最常见的公司类型的信息来自创业咨询律师或者统计机构。 在经济体最大的商业城市运营。对于收集了第二大商业城市数据的11个经济体： 整个办公室的大小大约为929平方米（10 000平方英尺）。 为百分之百国内私人所有；有5名所有人，但都不是法人实体；启动资本为人均收入的10倍；营业额至少达到人均收入的100倍。 从事一般性工业或商业活动，例如生产或向公众销售产品或提供服务。该企业不从事外贸活动，也不经营须缴纳特殊税费的任何产品，例如烟、酒。没有污染严重的生产过程。 租赁商业厂房或者办公室，不是房地产所有者，且办公区域的年租金等于人均收入。 没有资格享受投资激励措施或者任何特别的优惠。 开始运营以后的1个月内，雇员至少有10个，最多有50个，这些雇员全部都是本国公民。 有一部10页长的公司章程。 **所有者们：** 已经达到了法定成人年龄。如果法定成人年龄不明确，本文假设为30岁。 是理智的、有能力的、健康的，并且没有犯罪记录的。 是已婚的，婚姻遵照一夫一妻制，并且已在政府登记。 如果答案因适用于有关女性或男性的法律制度有所不同（例如在法律多元的经济体中）而出现差异，所使用的答案为适用于大多数人的法律。

第三节　中国的改革及成效

一、中国排名显著提升

在DB2019中，我国在开办企业方面得分93.52，排第28名，与上一年度相比上升65位，取得明显的进步。DB2020中，我国在这项指标上的得分为94.10分，排第27名，与上一年度相比上升1位，进步来之不易。该项指标已经进入先进经济体行列。再把时间轴拉长一些，我国"开办企业"近六年的全球排名与分项指标得分如下：

表1–3　中国"开办企业"分项指标近六年的得分

二级指标	定义	计量方式	中国（2015）	中国（2016）	中国（2017）	中国（2018）	中国（2019）	中国（2020）
开办企业程序——男性	企业登记所需办理的程序总数。程序的定义为企业创办人同外部各方（如政府部门、律师、审计师或公证人员）所进行的任一互动。	个数	9	9	7	7	4	4
开办企业耗时——男性	已婚男性企业登记所需的总天数。该标尺衡量企业律师认为在尽可能少地追问政府部门及无须支付额外费用的情况下完成登记程序所需的中间时长。	天数	29.4	29.4	26.9	22.9	8.6	9.0

（续表）

二级指标	定义	计量方式	中国（2015）	中国（2016）	中国（2017）	中国（2018）	中国（2019）	中国（2020）
开办企业成本——男性	成本以占该经济体人均收入的百分比形式加以记录，包括所有已婚男性需缴的官方费用以及法律或专业服务费用（如法律要求此类服务）。	占人均收入百分比	0.9	0.7	0.7	0.6	0.4	1.1
开办企业程序——女性	企业登记所需办理的程序总数。	个数	9	9	7	7	4	4
开办企业耗时——女性	已婚女性企业登记所需的总天数。	天数	29.4	29.4	26.9	22.9	8.6	9.0
开办企业成本——女性	成本以占该经济体人均收入的百分比形式加以记录，包括所有已婚女性需缴的官方费用以及法律或专业服务费用（如法律要求此类服务）。	占人均收入百分比	0.9	0.7	0.7	0.6	0.4	1.1
最低实缴资本	企业主在企业登记之前必须存入银行或经公证的数额。所存或经公证的款项必须持续保留3个月以下时间，并以占该经济体人均收入的百分比形式加以记录。	占人均收入百分比	0.0	0.0	0.0	0.0	0.0	0.0
“开办企业”排名			**128**	**136**	**127**	**93**	**28**	**27**

下图显示了近六年我国“开办企业”的全球排名：

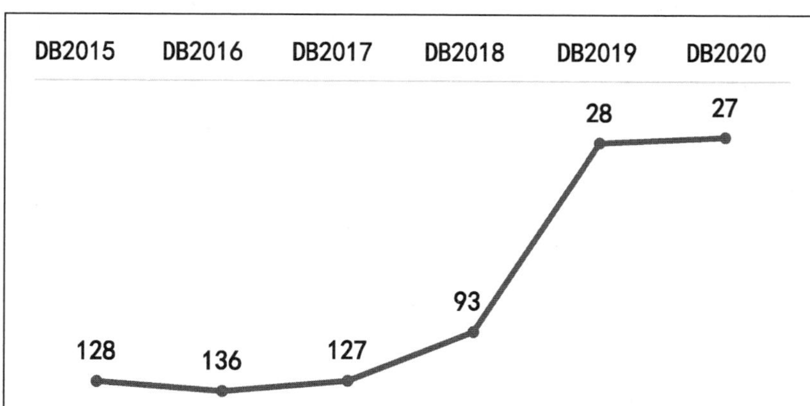

图1-3　中国“开办企业”2015—2020年的全球排名

从2018年与2019年的评估结果看，我国的“开办企业”指标获得了显著的进步，下表展示了这两年的数据比较。

表1-4　中国“开办企业”指标2018年与2019年的对比

二级指标	定义	计量方式	上海(2018)	北京(2018)	中国(2019)
程序	企业与外部人员之间的任何互动	个数	7	7	4
时间	完成一项程序所需的时间	日历天数	22	24	8.6
成本	官方费用，以及法律所要求的法律或专业人士的服务费	占经济体人均收入的百分比	0.60	0.70	0.40
最低实缴资本	企业在登记成立阶段需要存入银行或交给第三方的款数	占经济体人均收入的百分比	0.00	0.00	0.00

2020年营商环境报告显示，中国开办企业的成本上升为1.1%，主要原因是税控盘被计入了成本。

DB2019记录了在北京和上海开办企业的四项程序，参见下表。

表1-5　中国2019年“开办企业”程序

程序		办理机构	完成时间	相关成本
注册公司并申请营业执照		国家工商行政管理总局（SAIC单一窗口）	5天	免费
刻制公司印章*	上海	公章刻制单位	1天	平均400元
	北京	公章刻制单位（单一窗口）	1天	免费
申请打印或购买财务发票的授权	上海	税务机关	2天	免费
	北京	国家税务总局北京市税务局	1～2天	免费
在社会福利保险中心进行员工登记		社会福利保险中心	1天	免费

* 与前面的程序同时进行。

简化一下指标的描述，从近五年的情况看，我国的“开办企业”指标排名呈现稳步上升的趋势。

表1-6　2016—2020年中国“开办企业”各项指标的纵向比较

	2016年	2017年	2018年	2019年	2020年
所需程序（个数）	11	9	7	4	4
所需时间（天数）	31.4	28.9	22.9	8.6	9.0
所需成本（占人均收入百分比）	0.7	0.7	0.6	0.4	1.1
最低实缴资本（占人均收入百分比）	0.0	0.0	0.0	0.0	0.0
总得分	77.46	81.02	85.47	93.52	94.10
排名	136	127	93	28	27

从上表可以看出，我国“开办企业”所需程序、所需时间和所需成本这三项指标逐年改善，“开办企业”的排名也在不断攀升。尤其是在2019年，所需程序和时间得到了大幅度改进，改进幅度分别是42.9%和62.4%。DB2019显示，我国“开办企业”共需4个环节、9天、400元（办理执照5天、刻制公章1天400元、申领发票2天、就业参保登记1天），我国该项指标的总得分和排名大幅提升。作为两大指标城市，上海得分93.37分，共需4个环节、9天、400元，北京则得分93.70分，需4个环节、8天、0元。区别在于，北京实行免费刻章，公章和执照“一窗发放”，故开办企业总耗时比上海少1天，成本少400元。

二、DB2019中国指标城市评估结果

DB2019针对上海与北京详细列明了结果（DB2020尚未发布中文版）：

（一）上海DB2019评估结果

表1-7　上海DB2019分项指标与前沿经济体的比较

<table>
<tr><td colspan="3">法律形式</td><td colspan="2">有限责任公司</td></tr>
<tr><td colspan="3">最低实缴资本要求</td><td colspan="2">0元</td></tr>
<tr><td colspan="3">覆盖城市</td><td colspan="2">上海</td></tr>
<tr><td>指标</td><td>上海</td><td>东亚及太平洋地区</td><td>经合组织高收入经济体</td><td>最佳监管表现</td></tr>
<tr><td>程序——男性（个数）</td><td>4</td><td>6.8</td><td>4.9</td><td>1（新西兰）</td></tr>
<tr><td>时间——男性（天数）</td><td>9</td><td>25.9</td><td>9.3</td><td>0.5（新西兰）</td></tr>
</table>

（续表）

指标	上海	东亚及太平洋地区	经合组织高收入经济体	最佳监管表现
成本——男性（占人均收入百分比）	0.7	17.8	3.1	0.0（斯洛文尼亚）
程序——女性（个数）	4	6.9	4.9	1（新西兰）
时间——女性（天数）	9	26.0	9.3	0.5（新西兰）
成本——女性（占人均收入百分比）	0.7	17.8	3.1	0.0（斯洛文尼亚）
最低实缴资本（占人均收入百分比）	0.0	4.0	8.6	0.0（117个经济体）

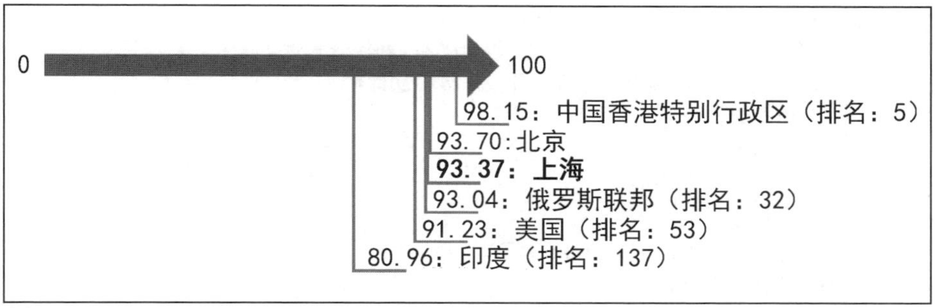

图1-4　上海和可比经济体“开办企业”：排名与得分

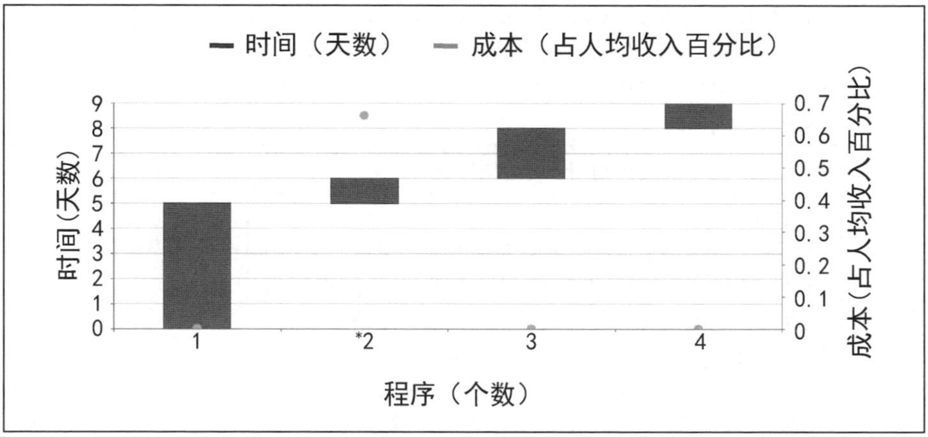

图1-5　上海“开办企业”：程序、时间与成本

*该符号在与前一项程序同时发生的程序数量旁显示。

注：在计算总时间时，网上办理程序记为**0.5**天。对于针对男性和女性适用不同程序清单的经济体，该图表显示了女性所需的时间。

表1-8　上海“开办企业”：程序、时间与成本（详细信息）

编号	程序	完成时间	相关成本
1	**注册公司并申请营业执照**	5天	免费
	机构：国家工商行政管理总局（单一窗口） 为了开办和运营一家新企业，企业家必须在国家工商行政管理总局上海市工商行政管理局进行注册并获得工商营业执照。申请人必须在上海市工商行政管理局官网在线准备并提交申请（http://yct.sh.gov.cn/portal_yct/webportal/portal）。公司名称的可用性可在申请表的递交过程中进行验证。 此前，开办企业还需要其他5项证照，即营业执照、组织机构代码证、税务登记、统计登记和社会福利保险登记。这些证照已经合并为一项证照。在收到申请后，国家工商行政管理总局将把申请材料送交上述有关部门进行备案。在递交申请后，企业家必须到国家工商行政管理总局的单一窗口领取营业执照并出示以下文件： （1）申请表； （2）公司章程； （3）股东个人身份证； （4）授权委托书； （5）办公室房地产证书复印件（由业主签字）； （6）补充信息登记表。		
2	**制作公司印章**	1天	平均400元
	机构：印章制造单位 为了制作公司印章，公司须指定一家公司专门负责办理《上海市特种行业许可证》公章刻制业务。该程序的成本为300～1 000元，主要取决于印章的设计和质量要求。		
3	**申请关于打印或购买财务发票的授权**	2天	免费
	机构：税务机关 公司必须获得关于打印或购买财务发票的批准。公司必须向相关税务机关（即国家和地方机关）提交申请，获得购买和签发财务发票或收据的批准。申请必须在线提交（https://www.tax.sh.gov.cn/xbwt/）。税务机关同意授予公司该资格的，将签发发票购买书。申请人必须前往国家税务总局上海市税务局领取批准文件，并出示下列文件： （1）税务登记证（1份副本）； （2）税务人员身份证（1份副本）； （3）申请表；		

（续表）

编号	程序	完成时间	相关成本
	(4) 发票盖章模型； (5) 公司印章。 上海市国家税务局和上海市地方税务局于2012年2月8日联合发出一份通知，要求税务部门免收小型微型企业领购发票的工本费。		
4	**社会福利保险中心登记公司员工**	1天	免费
	机构：社会福利保险中心 公司必须在招聘员工后的30天内，向人力资源和社会保障部在上海下设的地方社会保险办事机构——上海市人力资源和社会保障局进行登记。登记目的是确立员工社会保险的支付义务。公司必须申请为符合条件的员工办理就业登记和社会保险参保登记。相关申请表可从网上下载电子版或从当地办事处索取，这些文件通过以下网站进行备案和提交：https://zzjb.12333sh.gov.cn/zzjbdl/jsp/login.jsp。如果公司已经从人力资源管理部门获得代码，则可以在网上注册。公司必须在提出申请后，向有关部门提交补充文件。 在收到公司员工登记申请后，有关部门将发出一份关于为公司开设社会保险账户的通知。然后，公司必须在指定的银行申请开立专用账户或使用现有账户。当地社会保险办事机构将在收到银行账户开立通知后，向公司发放社会保险登记卡，使公司能够为其员工支付社会保险费用。		

⇉ **与前一项程序同时进行。**

(二) 北京DB2019评估结果

表1–9　北京DB2019分项指标与前沿经济体的比较

法律形式				有限责任公司
最低实缴资本要求				0元人民币
覆盖城市				北京
指标	北京	东亚及太平洋地区	经合组织高收入经济体	最佳监管表现
程序——男性（个数）	4	6.8	4.9	1（新西兰）
时间——男性（天数）	8	25.9	9.3	0.5（新西兰）

（续表）

指标	北京	东亚及太平洋地区	经合组织高收入经济体	最佳监管表现
成本——男性（占人均收入百分比）	0.0	17.8	3.1	0.0（斯洛文尼亚）
程序——女性（个数）	4	6.9	4.9	1（新西兰）
时间——女性（天数）	8	26.0	9.3	0.5（新西兰）
成本——女性（占人均收入百分比）	0.0	17.8	3.1	0.0（斯洛文尼亚）
最低实缴资本（占人均收入百分比）	0.0	4.0	8.6	0.0（117个经济体）

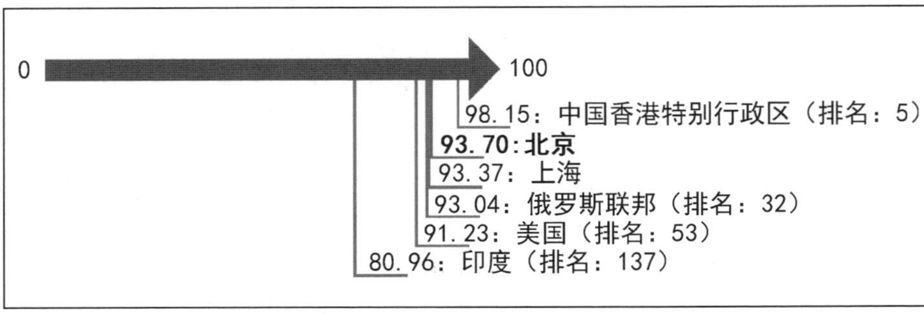

图1-6　北京和可比经济体“开办企业”：排名与得分

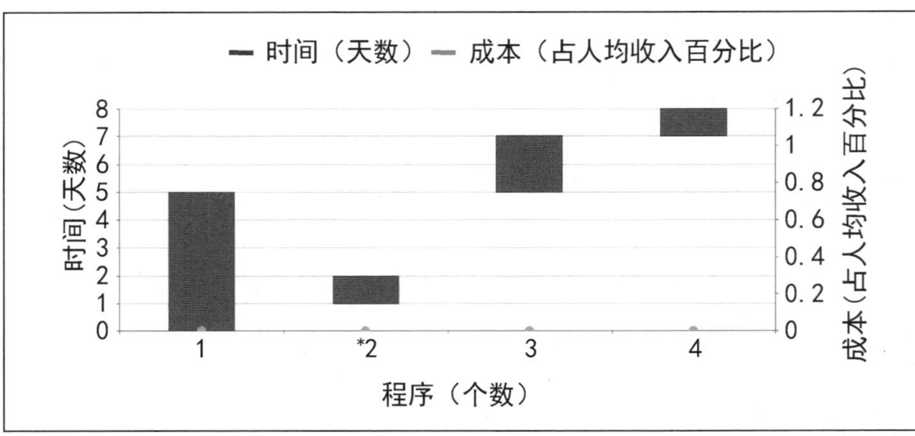

图1-7　北京“开办企业”：程序、时间与成本

* 该符号在与前一项程序同时发生的程序数量旁显示。

注：在计算总时间时，网上办理程序记为0.5天。对于针对男性和女性适用不同程序清单的经济体，该图表显示了女性所需的时间。

表1-10　北京"开办企业"：程序、时间与成本（详细信息）

编号	程序	完成时间	相关成本
1	**注册公司并申请营业执照**	5天	免费
	机构：国家工商行政管理总局（单一窗口） 要开办和运营一家企业，企业家必须在国家工商行政管理总局北京市工商行政管理局进行注册并获得工商营业执照。申请人必须在北京市工商行政管理局官网在线准备并提交申请（http://ect.baic.gov.cn）。公司名称的可用性可在申请表的递交过程中进行验证。 此前，开办企业还需要其他5项证照，即营业执照、组织机构代码证、税务登记、统计登记和社会福利保险登记。 这些证照已经合并为一项证照。在收到申请后，国家工商行政管理总局将把申请材料送交上述有关部门进行备案。在递交申请后，企业家必须到国家工商行政管理总局的单一窗口领取营业执照并出示以下文件： （1）申请表； （2）公司章程； （3）股东个人身份证； （4）授权委托书； （5）办公室房地产证书复印件（由业主签字）； （6）补充信息登记表。 申请人还可通过北京市工商行政管理局提供的同一在线平台申请公司印章。在国家工商行政管理总局的单一窗口，申请人还可网上申请发票审批，并连同印章和营业执照一并领取。		
2	**申请公司印章**	1天	免费
	机构：印章制造单位（通过国家工商行政管理总局单一窗口） 申请人可通过北京市工商行政管理局提供的在线平台免费申请公司印章（http://ect.baic.gov.cn）。在线申请印章之后，可在国家工商行政管理总局单一窗口一并领取公司印章和营业执照。 企业家还可选择直接在印章制造单位制作印章，平均费用为200～500元。		
3	**申请关于打印或购买财务发票的授权**	1～2天	免费
	机构：国家税务总局北京市税务局 财务发票必须获得批准。企业家可通过国家税务局		

（续表）

编号	程序	完成时间	相关成本
	下设的北京市税务局在线申请批准（http://www.bjsat.gov.cn）。发票领购簿可在国家工商行政管理总局单一窗口或国家税务总局的办事机构，连同营业执照一并领取。		
4	**社会福利保险中心登记公司员工**	1天	免费
	机构：社会福利保险中心 公司必须在招聘员工后的30天内，在人力资源和社会保障部下设的地方社会保险办事机构进行登记，以缴纳员工社会保险。公司必须申请为符合条件的员工办理就业登记和社会保险参保登记。公司可在北京市社会保险网上服务平台（http://www.bjrbj.gov.cn/csibiz/home/index.html）或北京市工商行政管理局提供的初创企业在线服务平台（http://ect.baic.gov.cn），在线完成员工登记。然后，公司必须向有关部门提交支持文件。 在收到公司员工登记申请后，有关部门将发出一份关于为公司开设社会保险账户的通知。然后，公司必须在指定的银行申请开立专用账户或使用现有账户。当地社会保险办事机构将在收到银行账户开立通知后，向公司发放社会保险登记卡，使公司能够为其员工支付社会保险费用。		

⇄ 与前一项程序同时进行。

三、中国指标城市的改革措施

为改善营商环境，提升我国全球排名，北京和上海市政府都非常努力。2018年6月19日到23日，笔者随团赴世界银行华盛顿总部，全程参与了世界银行营商环境磋商。在“开办企业”这项指标上，北京、上海及国家市场监管总局分别汇报了改革进展。从汇报及随后的问答环节看，我国很好地把握了世界银行的方法论，在阐释我国开办企业程序的减少时，严格遵循了程序的“外部性”、“强制性”及“主体独立性”的判断标准，取得了良好的沟通效果。

例如，北京从原来的7个环节减为2个环节（当然，世界银行未全面认可），从24天减至3～5天（当然，最终世界银行未完全认可）。具体来说，是将工商登记所需“名称预先核准”和“申请营业执照”合并为“申请营业执照”

这一环节。另外，企业在领取纸质营业执照的时候，将获取1个印章，不需要和公安部门及印章刻制部门进行互动，故省去了这个环节。因而，加上领取发票，一共是2个环节。

值得注意的是，开办企业本来有刻制印章环节，而且会发生200～250元的刻制印章费用。现在北京的做法是，由企业在网上选定印章的形式与枚数，政府为其刻制印章，统一向刻字社拨付费用。而上海的做法有所差异，认为这是企业应当承担的成本，故政府未承担刻章费用。

无论是北京还是上海，大幅削减程序、缩短办理时间，其中的一大利器是政府部门的数据互联互通与共享应用。上海市颁布了《关于加快企业登记流程再造 推行开办企业“一窗通”服务平台的意见》，并且于2018年3月31日起实施。类似地，北京工商行政管理局于同年4月26日正式推行“e窗通”服务平台。

以上海为例，“一窗通”服务平台实施后，开办企业仅仅需要进行以下环节：第一步，工商企业登记，耗时3天；第二步，刻章企业刻制公章，耗时1天；第三步，税务发放发票，耗时1天，可与第二步同时办理。至此，创办人已经完成开办企业全部必备程序。企业设立后，当招收员工需要办理就业参保登记时，企业可通过“一窗通”服务平台在线一步办结，无须现场提交或领取任何纸质文书。

此番改革力度之大，用企业创办人的话来说，“幸福来得太突然”，而参与磋商的世界银行专家，也对中国的改革赞叹不已！这次改革中，“一窗通”服务平台作为上海市努力改善营商环境和提升便利度的重要载体，其功能定位体现在以下三个方面：

一是平台集成填写。“一窗通”服务平台整合了原先各部门的网上系统，申请人在“一窗通”这一个网上平台即可获知并填写开办企业所需全部数据。申请人可以通过平台申请设立所有类型的企业和分支机构，包括有限责任公司、股份有限公司、非公司企业法人、合伙企业、个人独资企业以及上述企业的分支机构。申请人通过平台开办企业时，可以在线办理申报新设企业工商营业执照、公安公章刻制备案、税务涉税事项、银行预约开户、社保用工自助办理服务等事宜。

申请人在开办企业前先登录平台，按照系统提示填写企业名称和注册登记相关信息，提交预审。预审通过后，申请人打印系统自动生成的表格和文书，并按要求签署，然后线下递交正式申请。2018年6月22日，在世界银行华盛顿总部的磋商问答环节，世界银行专家非常关心这些文本能否进行个性化的订制，能否修改，中国方面回应说，完全可以。

申请案核准的登记信息反馈至平台供其他部门共享。对符合条件的新办企业，税务机关可在受理当天办结全部10个税务初始化事项。

简而言之，"一窗通"服务平台将工商部门原先的企业名称预先核准程序和企业设立登记程序合并为一个程序，企业可以同步向工商部门申请。将申请人需按先后顺序现场向各部门提交有关申请材料的传统办证流程，再造为申请人通过开办企业平台一表填写、一次提交数据、各部门数据同步采集、业务同步办理、结果实时共享的并联办理流程。申请人通过该平台开办企业，最快3天领取营业执照，刻章备案1天可办结，税务事项1天可办结。由原来的22个工作日，缩短到最快5个工作日。不仅简化了开办企业所需的程序，而且大大节省了申请人的时间，这两项正好是营商环境报告中"开办企业"评分的重要指标。

二是流程公开透明。"一窗通"服务平台以图表的方式实时展示开办企业的流程进度。申请人在平台提交企业开办信息后，可以登录平台进行办事进度查询。每个环节办理结束后，都会有相应的短信发到指定人员的手机，申请人可以通过短信确定办事进度。申请人既可以登录平台随时了解进展，也能收到各部门办理进程的短信或电话通知。这些功能设计有助于企业创办人高效查询、准确获知企业开办流程。

三是政府信息共享。通过"一窗通"服务平台的信息共享，实现了原有办事流程从串联向并联的转变，企业创办人在"一窗通"服务平台填报数据后，各部门即可获得拟开办企业的数据，用于审查的准备。一旦工商部门核准，核准的结果信息即同步推送至公安和税务部门，企业可以同步办理公安和税务事项。依托电子政务云等技术，创办人与登记机关间的信息交互，政府部门间的信息共享均可以在十几分钟内实现。

近年来，上海的企业设立便利度一直在提升。2014年商事制度改革以来，市场准入门槛大幅降低，创新创业热情高涨，企业数量较快增长，市场活力持续增强。2015—2017年，上海每年新设企业数量分别为25.5万户、29.5

万户、29.2万户。截至2018年5月底，上海共有各类市场主体242.8万户，其中企业196.1万户。与2013年底相比，分别增长59.3%和54.5%。就密度而言，目前上海每千人拥有企业77户，居中国省级行政区划第一。在国家层面，营商环境的改革全面推进。李克强总理于2018年6月28日在全国深化“放管服”改革转变政府职能电视电话会议上指出，要进一步推进简政放权，放出活力和动力。总理要求，5年内要实现以下目标：企业开办时间从目前平均20个工作日压缩到5个工作日以内；商标注册审查时间从目前8个月压缩到4个月以内；发明专利审查周期压减1/3，其中高价值专利审查周期压减1/2；工程建设项目从立项到竣工验收全流程审批时间压减1/2；进出口通关时间再压减1/2；不动产登记时间和电力用户办电时间均压缩2/3以上……[1]

从DB2019来看，上海得分为93.37分，比北京低0.33分，主要因为北京实行刻章免费，公章和执照“一窗发放”，总耗时少1天，成本少400元。在去年世界银行测评过程中，虽然北京实施了刻章免费，但由于流程不完善，世界银行并未认可其可以减少1个环节，只是认可了费用为0元。上海目前的改革措施是，申请人通过“一窗通”查询全市刻章网点并进行选择，公章价格在“一窗通”一目了然，系统自动按公章价格由低到高进行排序，形成刻章市场良性竞争，营造薄利多销的市场环境，力争通过市场化手段，合理引导公章价格，做到开办企业费用稳中有降。

四、下一步的改革方向

基于现状及进行之中的改革，对于我国的“开办企业”指标，有如下数方面的预测：

(一) 最低实缴资本已达最高水平，没有改革空间

在“开办企业”的四项分项指标中，最低实缴资本这项指标上我国已经达到最高水平，占人均收入百分比为0。其原因在于，我国于2014年即已完成注册资本登记制度改革。2014年2月7日，国务院以国发〔2014〕7号文印发

1 见http://www.xinhuanet.com/politics/2018-06/28/c-1123051832.htm，2018年7月1日访问。

了《注册资本登记制度改革方案》，改革公司注册资本及其他登记事项，进一步放松了市场主体的准入管制。随后，我国《公司法》于2014年完成了修订，取消有限责任公司最低注册资本3万元、一人有限责任公司最低注册资本10万元、股份有限公司最低注册资本500万元的限制，法律、行政法规以及国务院决定对特定行业注册资本最低限额另有规定的除外。今后也不再限制公司设立时全体股东（发起人）的首次出资比例，不再限制公司全体股东（发起人）的货币出资金额占注册资本的比例，不再规定公司股东（发起人）缴足出资的期限，不再将公司实收资本作为工商登记事项。也就是说，法律上对于一般企业的最低实缴资本已没有硬性要求，即便是出资1元钱甚至是1分钱，在我国都可以注册开办企业。

因而，在“开办企业”的“最低实缴资本”这项指标上，我国已经没有进一步改善的空间。

（二）未来改革应着力的方向

未来的改革，应聚焦于“所需程序”“所需时间”“所需成本”这三项指标，借鉴排名靠前经济体的经验与做法。下表显示了亚太地区五个主要经济体的得分及排名情况。

表1-11　2019年亚太主要经济体“开办企业”指标得分

	中国	日本	韩国	新加坡	中国香港	中国台湾
所需程序（个数）	4	8	2	2	2	3
所需时间（天数）	8.6	11.2	4	1.5	1.5	10
所需成本（占人均收入百分比）	0.4	7.5	14.6	0.4	1.1	1.9
最低实缴资本（占人均收入百分比）	0.0	0.0	0.0	0.0	0.0	0.0
总得分	93.52	86.10	95.83	98.23	98.15	94.43
排名	28	93	11	3	5	20

从上表数据可以看出，除日本外，我国“开办企业”指标得分和排名仍低于韩国、新加坡等经济体。其中，所需成本这一指标我国与其他经济体的差距最小，占人均收入0.4%，与全球排名第3位的新加坡持平，领先于韩国等经

济体。最主要的差距还是在所需程序和所需时间这两项指标上。

在所需程序方面，我国是4个，而其他领先经济体都是2～3个。在所需时间方面，我国是8.6天，而韩国为4天，新加坡达到了1.5天。由于上海“一窗通”和北京“e窗通”服务平台的开通，两地开办企业所需程序已由原先的5个减少至4个，工商登记环节缩短至3个工作日，完成所需程序最快5个工作日，而世界银行认定的是8.6个工作日，这方面存在时间差。主要原因在于，这两个服务平台的开通时间分别是2018年3月31日和4月26日，而DB2019的统计截止时间是2018年5月31日，改革的成果尚未完全反映在指标得分中。无论是当事人使用服务平台开办企业的数量和比例，还是工商、公安、税务等部门的工作人员使用服务平台办理程序的熟练程度，都需要一定的时间才能够充分体现，换言之，改革给企业带来的感受度，仍未完全显现出来。

理论上说，随着这些改革成果的落地，市场主体感受度将进一步提升，在DB2020中，我国“开办企业”指标的得分和排名获得了进一步的提升。如果所需程序减少至3个（接下来讨论消灭刻制公章环节的可能性），所需时间缩短至5天，排名有望进入全球前20名。如果想进入全球前10名，我国仍需要进一步深化改革，将所需程序减少至2个，所需时间缩短到3天以内。

表1-12　日本、韩国、新加坡、中国香港和中国台湾“开办企业”的分项指标排名及得分

日本		韩国	
营商环境便利度排名（1～190）	39	营商环境便利度排名（1～190）	5
开办企业（排名）	93	开办企业（排名）	11
开办企业分数（0～100）	86.10	开办企业分数（0～100）	95.83
程序（个数）	8	程序（个数）	2
时间（天数）	11.2	时间（天数）	4
成本（占人均收入百分比）	7.5	成本（占人均收入百分比）	14.6
最低实缴资本（占人均收入百分比）	0.0	最低实缴资本（占人均收入百分比）	0.0

（续表）

新加坡	
营商环境便利度排名（1～190）	2
开办企业（排名）	3
开办企业分数（0～100）	98.23
程序（个数）	2
时间（天数）	1.5
成本（占人均收入百分比）	0.4
最低实缴资本（占人均收入百分比）	0.0

中国香港	
营商环境便利度排名（1～190）	4
开办企业（排名）	5
开办企业分数（0～100）	98.15
程序（个数）	2
时间（天数）	1.5
成本（占人均收入百分比）	1.1
最低实缴资本（占人均收入百分比）	0.0

中国台湾	
营商环境便利度排名（1～190）	13
开办企业（排名）	20
开办企业分数（0～100）	94.43
程序（个数）	3
时间（天数）	10
成本（占人均收入百分比）	1.9
最低实缴资本（占人均收入百分比）	0.0

1. 确定形式审查为主、实质审查为辅的审查标准。 市场监管局的工商登记环节之所以用时仍嫌过长，与其长期以来奉行的审查标准有关系。虽然在改革之后，企业名称预核准环节取消，并入了领取营业执照环节，名称作为登记的一个事项而非一个环节，[1]但整体而言，登记部门仍然需要对申请人提交的材料进行实质审查，影响了效率。[2]

而之所以要做实质审查，与企业设立的法律性质认定有关。目前仍然将企业设立视为行政认可，当然要审查企业设立的章程、股东会决议等内容。建议将目前对企业设立的行政许可转变为行政确认，同时明确登记部门以形式审查

---

1 凡事利弊俱存。原来是窗口办理，可以当面咨询，现在则推行电子化流程，无法当面咨询，企业的感受度或许将受影响。最理想的做法，是同时保留若干窗口，供市场主体咨询。

2 《中国（上海）自由贸易试验区临港新片区管理办法》于2019年8月20日起实施，规定了商事主体设立登记采取形式审查。

为主、实质审查为辅的审查标准。其实，在实践中，公司发生争议，法院事后审查章程、股东会决议等，拥有3个月的审理期限，但市场监管局的登记部门往往只有数十分钟用于审查，本来也无法做到实质审查。我国《行政许可法》第12条规定，企业或其他组织的设立等，需要确立主体资格的事项，可以设定行政许可。从字面意思，如果通过其他方式也可以实现法益，也就可以不设行政许可。

2. 强化“一窗通”（北京称为“e窗通”）服务功能。在原来的基础上，可以考虑推行以下措施：(1) 在现有企业开办“一窗通”服务平台的基础上，开发营业执照无纸化、全程电子化登记模块，实现办理执照“零见面”；(2) 将就业参保登记和公积金两项信息填报整合入“一窗通”平台，实现全流程“一次填报”；(3) 税务部门发票申领窗口进驻区行政服务中心，实现开办企业一窗式服务；(4) 申领发票环节不再需要CA证书（法人一证通）。

3. 优化公章刻制，全面引入电子印章。目前，我国企业开办还存在刻制公章这一程序，和400元左右的刻制成本。按照世界银行评价标准，若刻制实体印章是开办企业的必需环节，即使免费刻章，仍无法减少开办企业环节。参照世界先进水平，只有实行以电子公章为主，按需刻制实体公章的印章管理制度，才能继续有效减少开办企业环节，提高得分。另外，电子公章不应是实体公章的简单数字图形，而应该按照《中华人民共和国电子签名法》有关要求，具备数字签名等功能，实现在政务与商务等领域的普遍应用。

建议出台针对电子公章的专门法规，明确以下事项：其一，电子公章具备与实体公章相同的法律效力。其二，公安部门根据公章有关管理办法，在企业设立时免费为企业生成并发放电子公章。企业在经营中，可按需凭电子公章刻制实体公章，实体公章应以公安部门电子公章对应的公章图形样式为准。其三，制定电子公章加密解密等技术标准规范。

在实行电子公章之前，为优化营商环境，2019年4月30日，上海发布《关于本市提供免费公章刻制服务的公告》，明确将向新设企业提供一次免费公章刻制服务，企业可免费领取一套公章（4枚）。尽管政府无此义务，但此举可以理解为政府为市场主体主动提供服务，这样一来，上海市开办企业的成本有望从DB2019的400元，降为DB2020的0元。然而，由于税控盘被计入开办企业的成本，上海的数据不降反升。

4. 压缩开办企业所需时间。在“开办企业”指标中，我国还存在社保登记环节。除如上所述，将就业参保登记和公积金两项信息填报整合入“一窗通”平台，实现全流程“一次填报”之外，为压缩开办企业的时间，建议将《社会保险法》第8条“社会保险经办机构提供社会保险服务，负责社会保险登记、个人权益记录、社会保险待遇支付等工作”的规定，修改为“由社会保险费征收机构负责社会保险登记，社会保险经办机构负责社会保险个人权益记录、社会保险待遇支付等工作”。其理由是，在社会保险费征收工作中，核定工作为前置环节，且核定工作与社会保险登记同步完成。如将社会保险登记与征收工作分为两个部门管理，不利于达到“一网、一门、一次”的政务服务目标，也无法实现缴费服务便民、征收管理高效的目标。因此，建议由社会保险费征管部门（税务部门）负责社会保险登记、核定、征收工作，社会保险经办机构（人力与社会保障部门）负责个人权益记录、社会保险待遇支付等工作，这样更有利于社会保险费统征统管、同征同查。

5. *着力解决以下技术问题*：(1) 在现有企业开办“一窗通”服务平台的基础上，进一步优化网上预审服务，开发营业执照无纸化全程电子化登记模块，依托“一窗通”系统和自然人身份多源认证、电子营业执照等现有电子政务基础设施建设成果，开发具备投资人等主要成员身份认证、电子签名、电子执照发放、电子材料归档等功能的无纸化全程电子化登记模块，并将其与“一窗通”现有功能模块无缝对接，实现网上申请、网上受理、网上核准、网上发照、网上归档，实现办理执照“零见面”。加大无纸化全程电子化登记宣传力度，鼓励引导申请人采用全程线上方式办理营业执照。对申请人自愿到行政服务中心柜台办理开办企业业务的，做到“最多跑一次”。(2) 将就业参保登记信息填报整合入“一窗通”平台，实现全流程“一次填报”。(3) 引入电子发票，特别是将电子发票的覆盖范围扩大到增值税专用发票。税务部门发票申领窗口进驻各区行政服务中心，实现开办企业“一站式”服务。(4) 将公安部门印章刻制系统纳入“一窗通”系统，实现“一窗通”一表填报，后台数据同步共享，企业无须另向公安部门办理任何程序。(5) 明确在申领发票环节不再需要申请人使用CA证书（法人一证通）。

(三) 上海的改革措施及预期效果

2019年3月4日，上海市市场监督管理局、上海市公安局、国家税务总局上海市税务局、上海市人力资源和社会保障局、上海市公积金管理中心联合发布《进一步推进开办企业便利化改革的意见》(沪市监规范〔2019〕2号)，提出上海开办企业实现“统一提交，一天批准，当天领取”。

根据前述意见及在实践中推进的改革，上海已经完成了以下工作：

1. 申领营业执照方面的改革措施

一是推出无纸全程电子化登记系统。开办企业现在可以在“一窗通”上选择以无纸全程电子化的方式提交申请，相关人员线上认证后进行电子签名，在线提交电子文档，登记机关工作人员线上核准。选择这一方式申请的企业无须前往登记机关现场，也无须提交任何纸质材料。

二是全面发放电子营业执照。登记机关核准登记，即对所有市场主体发放与纸质营业执照具有同等效力的电子营业执照。企业可以随时登录手机端程序下载，在电子政务和电子商务的领域中使用电子营业执照。结合无纸全程电子化登记系统，可以实现办理营业执照全流程线上办结。

三是大幅缩短登记机关审批时间。2019年，上海市市场监管部门对外承诺营业执照1天批准。为此，上海合理调配服务资源，提升服务效能，将企业设立“一审一核”模式改为“独任审核”模式，一个工作人员即可办结企业设立登记。根据上海2019年3月4日到4月30日由自然人设立的22 957户有限公司的统计，92.7%的申请案均在当日完成审核，平均审核时间不到1小时。基于上述政策，可以认为，如果只计算办理营业执照的时间，上海已经由2018年的平均5天缩短到2019年的1天，其中以无纸全程电子化方式办理，且不领取纸质营业执照的，执照办理时间可以缩短为0.5天。但是，由于上海已经建立了开办企业“一窗通”服务专区，实现“一窗领取、一窗发放”，这一环节已经与其他环节合并为一个开办企业环节，不单独计算时间。

2. 刻制公章的改革措施

2018年，上海已经取消了公章备案环节，并且实现了在线选择公章种类、材质和刻制点，申请人可前往刻制点，当天领取公章。

2019年，如上所述，上海新增了免费公章刻制服务，由政府为企业免费提供一套公章(4枚)。企业只需选择各区提供的免费公章刻制服务，并在开办企业“一窗通”服务专区“一窗领取”公章。基于上述政策，这一环节已经与其他环节合并为一个开办企业环节，不单独计算时间，费用降低为0元。

3. 申领发票的改革举措

2018年，上海已经率先将税务发票的申报整合在“一窗通”中，申请人只需登录一个网站，即可在申报企业设立信息的同时，一表填报税务发票申领信息，并在企业设立后前往税务部门当场领取税务发票。

2019年，上海又在全市范围内实现了税务发票发放进驻行政服务中心，由此将发票由原先在税务部门窗口发放，进一步调整为在线下“一窗通”服务专区“一窗发放”。同时，取消了领取发票需要提交的材料，税务申请表、税务登记证（2015年“三证合一”时已取消）、印章、印模均不再需要。基于上述政策，这一环节已经与其他环节合并为一个开办企业环节，不单独计算时间。

4. 就业参保的改革举措

2018年，上海已经将整个就业参保登记整合为一个环节，并且可以全程网上办理。据统计，自2018年4月1日至2019年3月31日，上海市网上在线办理就业参保登记程序的共计420万人次，占全部就业参保登记业务量的94%。另外，自2016年10月1日“五证合一、一照一码”登记制度改革实施之后，上海市企业办理工商登记程序时，同步完成社会保险登记，实现零次跑、免材料。企业无须向社保部门申办社保登记证或“社会保险登记卡”，不存在指定银行或开户通知。

2019年，上海市进一步将员工就业参保登记整合入“一窗通”平台，实现一表填报，原先在办照后方可采集的员工就业参保信息，提前到与办照信息一并采集。登记机关核准企业设立，人社部门共享数据，即可同步办结员工就业参保登记，申请人无须另行提交纸质材料，办结后，也无须领取书面凭证。

基于上述政策，申请人在办理员工就业参保登记时无须与社保部门或其他部门进行互动，这一环节已经取消。

上海上述改革措施的推出是基于平台融合、信息融合和技术融合，从以人工手动为中心的系统向以数据为中心的系统过渡，实现了开办企业效能的提升：一是融合国际先进经验以及世界银行建议，引入自动数据匹配推送功能，减少人工干预与审批环节，如员工就业参保环节已整合到企业设立中，企业成立同时办结。二是融合先进电子技术，引入安全数字认证系统，推出无纸全程电子化登记系统，实现电子签名、线上核准、发放电子营业执照全流程线上运行模式。三是融合各行政部门职能于统一平台，引入线下“一窗通”

服务专区，实现一窗申报企业设立、公章刻制、涉税事项、职工就业参保等事项，一窗领取营业执照、公章以及发票。四是融合线上线下服务能力，通过服务大厅的自助服务区、代理帮办服务，提高申请材料的智能化、规范化，引导申请人使用线上电子化服务，充分享受改革红利。

具体而言，上海2019年在环节、时间、成本三个二级指标项上均有改革，实现了更少的环节、更短的时间、更低的成本。环节上，上海市开办企业环节为1个。上海实现了“一窗申报、一窗领取”，申请人原先与多个部门窗口的互动，转变为只需与一个窗口的互动。时间上，上海市对外承诺两天完成。根据对2019年3月4日到4月30日上海市由自然人设立的22 957户有限公司的统计，所有申请均在承诺时间内完成，其中74.4%的新设企业所需证件实现申报当天“一窗领取”，平均耗时6小时9分钟，耗时中位数3小时45分钟。成本上，政府提供了免费公章刻制服务，免费提供一套基础材质的公章，含法定名称章、财务专用章、发票专用章、法定代表人章共4枚，刻章费用由政府与刻章点结算。

据统计，自2018年3月31日“一窗通”上线以来，截至2019年12月26日，申请人通过“一窗通”按需申请，市场监管局已经为申请人核发营业执照52.33万户，占同期新设企业数量的90%以上。

当然，上述改革措施的推出，需要经过较长时间的实践，使市场主体充分感受到，最终才会获得世界银行的认可。世界银行DB2020的排名，也反映了这种时滞。我们应当坚定信心，全力推进改革。

第二章　办理建筑许可

关于“办理建筑许可”(Dealing with construction permits)这项指标，世界银行的官网并没有指定一篇论文作为方法论。但常理常识以及参与评估的经验告诉我们，建筑工程事关公共安全，人命关天，效率与便捷绝对不是该指标的唯一追求，甚至不能成为主要的价值。世界银行新增的“建筑质量控制指数”，即着眼于评估建筑的安全性与可靠性。企业与政府互动的环节、时间、成本和质量控制指数之间，存在怎样的逻辑关系，必须在数理和精算分析方面，获得强有力的支撑。

第一节　世界银行评估标准的定义与假设

世界银行营商环境评估的“办理建筑许可”指标（以下简称“办理建筑许可”），记录的是建筑行业的企业建设一个仓库所需经历的所有程序，以及各项程序所需的时间和费用。

“办理建筑许可”指标把建造一个仓库的过程分成明确具体的程序，并发放问卷收集数据，用以计算完成每个程序所需的时间和成本。“办理建筑许可”的排名，由它们的前沿距离分数的排序决定。这些分数是其各个分指标前沿距离分数的简单平均值。从2018年开始，《营商环境报告》增添了一项新的指数——建筑质量控制指数，评估建筑规章的质量以及质量控制与安全机制、责任与保险制度和执业资格要求的力度。世界银行问卷的发放对象包括建筑师、土木工程师、建筑咨询律师、建筑公司、公用事业服务提供商以及办理建筑法规相关程序（包括审批、颁发许可和检查）的政府官员。

一、关于企业（建筑公司）的假设

“办理建筑许可”指标对企业（建筑公司）的假设如下：

1. 企业是一家有限责任公司（或与其具有同等法律地位的主体）；

2. 企业在受访经济体的最大商业城市运营，对于11个经济体也收集第二大商业城市的数据；

3. 企业100%为国内私人所有；

4. 企业拥有5个所有者，都不是法律实体；

5. 企业获得了充分的许可和保险以实施项目，比如建造仓库；

6. 企业拥有60名施工人员和其他雇员，都是本国公民，都具有获得建筑许可和审批所需的技术专业能力和职业经验；

7. 企业有一个雇员是持证建筑师或工程师，并在当地建筑师或工程师协会注册（如适用）。其他建筑公司雇员都不是任何技术或者持证专家，比如地质或者地形专家；

8. 企业已经缴纳所有税款，并获得所有必需的适用于公司一般业务活动的保险（比如建筑工人意外保险和第三方责任保险）；

9. 企业拥有将建造仓库的土地并且在建成后出售。

二、关于仓库的假设

“办理建筑许可”指标对仓库的假设如下：

1. 仓库将被用于一般的贮存活动，比如书籍或文具的贮存。不用于贮存任何需要特殊条件的货物，比如食品、化学品或医药品；

2. 仓库将有两层，都在地上，建筑面积约1 300.6平方米，每层高3米；

3. 仓库将有道路可通，位于经济体最大的商业城市市区周围（即在该城市的边缘，但仍处于其正式边界以内）。对于11个经济体也收集第二大商业城市的数据；

4. 仓库将不在特别经济或工业区内；

5. 仓库将占地929平方米（10 000平方英尺）。如果存在土地的永久所有权，且仓库所占地块100%属于上述建筑公司，则按照所有权所在地的籍簿在国土登记机关准确注册。然而，如果土地由政府所有而由上述建筑公司所租用，则建筑公司会在仓库完工时，按照相关地籍簿规定在国土登记机关注册；

6. 仓库估价为人均收入的50倍；

7. 仓库将是一个新建项目（之前这块土地上没有建筑），该土地没有树木、水资源、自然保护区及任何历史纪念物；

8. 该项目将拥有由一名持证建筑师和一名持证工程师制定的完整的建筑和技术图纸。如果准备计划需要进一步获得资料，或需外部机构事先批准，这些都算作程序；

9. 该项目将拥有一切必需的技术设备，以便能全面运作；

10. 仓库将花费30周时间建设（不包括因行政和监管要求而发生的所有延误）。

三、关于接通公用设施的假设

“办理建筑许可”指标对接通公用设施的假设如下：

1. 连接了供水和排水；

2. 离现有水源和下水道接口150米远。如果经济体没有供水设施，将挖出一个深井；如果没有污水处理设施，将建成一个最小尺寸的化粪池；

3. 不要求消防用水，而是使用灭火系统（干式）。若法律要求建立湿式消防系统，则假设以下规定的用水需求也包含消防用水；

4. 日平均用水量将为662公升，日平均污水流量为568公升。最高峰日用水量将达到1 325公升，最高峰日污水流量达到1 136公升；

5. 常年拥有持续稳定的用水量和污水流量；

6. 供水连接管直径将为2.54厘米（1英寸），排污连接管直径将为10.16厘米（4英寸）。

以上假设的技术性非常强，但只是辅助评估指标设定的前提假设，最为重要的还是世界银行营商环境评估的“办理建筑许可”指标。

第二节　世界银行评估的指标

世界银行的“办理建筑许可”评估体系，由4个二级指标构成，参见下表。

表2-1　“办理建筑许可”二级指标

二级指标	定义	计量方式
程序	新建仓库所需办理的程序总数。程序的定义为企业雇员或管理人员同外部各方所进行的任一互动。	个数
时间	新建仓库所需的总天数。该标尺衡量当地专家认为完成建设工作所需时间的中值。	天数
成本	为完成与依法建设仓库有关的所有程序而支付的全部费用，仅记录官方成本。	占人均收入百分比
建筑质量控制	基于其他6个指数：建筑法规质量、施工前质量控制、施工中质量控制、施工后质量控制、责任和保险制度以及专业认证的指数。	0～15

一、程序

程序是指企业员工、管理人员或企业代表与外部人员之间的一切互动。外部人员包括政府机构、公证人员、土地登记部门、地籍管理机关、公用设施公司、公共检查人员。程序也包括在所需的地方聘请除企业内部的建筑师和工程师以外的私营检查人员和技术专家。企业员工之间的互动，例如，仓库施工图纸的设计和内部工程师所做的检查，都不算作程序。但是，企业内部的建筑师为了准备计划及图纸而与外部人员的互动（比如获得地质或者地形考察结果），以及企业获得外部单位批准或者盖章这样的互动，都会被计为程序。企业为仓库接通水和排水而经历的程序也包括在内。所有法律上要求和实践中为大部分企业所采用的、以建造仓库为目标的程序都计算在内，即便在个别情况下可以避免也不例外。如果取得电力技术条件或清理电力规划需要提前得到建筑许可，这些程序也将被计算在内。

二、时间

时间是指按照日历天数记录的天数。该指标采用了当地专家所指认的实际上走完程序所需时间的中值。问卷假设每个程序所需的最少时间为1天。但对于那些完全可以在网上完成的程序，要求的最短时间为0.5天。尽管程序可以同时发生，但是它们不可能在同一天开始，也就是说，同时进行的程序被假定为先后在不同日期开始。然而，对于那些可以完全在网上完成的程序，这一假设并不适用。

如果额外缴费就能够合法加速程序的进行，且该方案有助于经济体的前沿距离分数，并被大多数公司采用，那就选择最快的程序。问卷假设建筑公司不会浪费时间，而且在完成接下来每一个程序时都不会耽误时间。建筑公司用于搜集信息的时间忽略不计。问卷假设，建筑公司遵循从一开始就知道的所有建筑要求及其顺序。

三、成本

成本是按照占仓库价值（假设为人均收入的50倍）的百分比记录的，只记录正式费用。为完成仓库建设所有程序而支付的费用均要记录，包括获得土地使用审批和施工前设计许可的费用，施工前、施工时和竣工后接受检查的费用，接通公用设施的费用以及在财产注册处登记仓库财产的费用。完成仓库建设项目所需的非经常性税收也要记录下来。但销售税（例如增值税）或者资本收益税，还有预先支付后来退还的保证金，都不会被算在成本之内。

在计算成本时，具有拘束力的所有规范、当地专家提供的信息以及收费明细，均被用作信息来源。如果当地几个专家提供的估算不同，则采用中间数值。

四、建筑质量控制

建筑质量控制指数由6个三级指数构成，即建筑法规质量、施工前质量控制、施工中质量控制、施工后质量控制、责任和保险制度以及专业认证的指数。

1. 建筑法规质量指数。该指数评估的是：(1) 建筑法规获取是否无障碍。若建筑法规（包括建筑标准）或涉及建筑许可的任何规定，可以在网站上获取，且这个网站会随着新法规的通过随时更新，则打1分；若建筑法规可以在相关的许可发放机构免费获取（或只是象征性地收费），则打0.5分；若建筑法规必须通过购买才能获取或者在任何地方都不容易获取，则打0分。(2) 对获得建筑许可的要求说明是否清楚。若建筑法规（包括建筑标准）或任何开放的网站、说明书或手册，对需要提交的文件清单、需要支付的费用以及所有需要得到相关机构预先批准的图纸（例如电力、水和污水处理、环境）或规划，有清楚的说明，则打1分；若这些来源都没有对上述要求加以说明或仅说明了不到3个要求事项，则打0分。

2. 施工前质量控制指数。该指数评估的是法律是否规定，审查和批准建筑许可申请的委员会或团队的成员，必须为持有执照的建筑师或工程师。另外，若这个计划不符合规定，该成员是否有权拒绝。如果全国性建筑师或工程师协会（或同等机构）必须对建筑设计图进行审查，或持有建筑师或工程师执照的独立事务所或专家必须对建筑设计图进行审查，或绘制建筑设计图的建筑师或工程师必须向发放许可的管理部门提交声明，保证建筑设计图符合建筑法规的要求，或者持有执照的建筑师或工程师为相关许可发放部门负责批准建筑设计图的委员会或团队的成员，则打1分；若没有持有执照的建筑师或工程师参与建筑设计图的审查以确保其符合建筑法规的要求，则打0分。

3. 施工中质量控制指数。该指数评估的是法律是否要求在施工过程中进行检查。若 (1) 法律要求有1个政府机构在整个施工过程中进行分阶段的技术检查，或者法律要求有1名内部工程师（即建筑公司的1名雇员）、1名外部监理工程师或1家外部审查事务所在整个施工过程中进行分阶段的技术检查，并在完工时提交1份详细的检查报告，并且 (2) 法律要求进行基于风险的检查，则打2分。若法律仅要求有1个政府机构在整个施工过程中进行分阶段的技术检查，或者如果法律仅要求有1名内部工程师（即建筑公司的1名雇员）、1名外部监理工程师或一家外部审查事务所在整个施工过程中进行分阶段的技术检查，并在完工时提交1份详细的检查报告，则打1分。若法律只要求有1个政府机构进行不定期的检查或法律不要求技术检查，则打0分。

另外，评估还包括施工期间的检查在实践中是否得到落实。若法律要求施工期间的检查在实践中每次都得以落实（例如，必须聘用监理工程师或事务所），则打1分；若法律要求的检查在实践中没有落实，或检查多数时候得到落实但不是每次都得以落实，或法律没有要求检查在实践中得到落实，则打0分。

4. 施工后质量控制指数。该指数评估的是法律是否要求进行最终检查，以确认建筑是按照得到批准的设计图和现有的建筑法规建设的。若法律要求有1名内部监理工程师（即建筑公司的雇员）、1名外部监理工程师或1家外部审查事务所负责确认建筑是按照得到批准的设计图和现有建筑法规建设的，或者法律要求有1个政府机构在建设完成后进行最终的检查，则打2分；若法律不要求进行施工后的最终检查，而且也不要求第三方负责确认建筑是按照获得批准的设计图和现有建筑法规建设的，则打0分。

另外，评估还包括最终检查在实践中是否得以落实。若法律要求的施工后最终检查在实践中每次都得到落实，或者监理工程师或事务所确认，建筑是按照获得批准的设计图和现有建筑法规建设的，则打1分；若法律要求的最终检查在实践中没有得以落实，或法律要求的最终检查多数时候，但不是每次都得以落实，或者法律没有要求最终检查得到落实，则打0分。

5. 责任和保险制度指数。该指数评估的是参与施工过程的各方在法律上是否应对建筑投入使用后的潜在缺陷（例如结构缺陷或问题）负责。若设计建筑图的建筑师或工程师、负责监理施工的专业人员、实施检查的专业人员或机构、建筑公司中至少有两方在法律上应对建筑投入使用后的结构缺陷或问题负责，则打1分；若有一方在法律上应对建筑投入使用后的结构缺陷或问题负责，则打0.5分；若没有任何一方在法律上应对建筑投入使用后的结构缺陷或问题负责，或者项目业主或投资者是唯一负责方，或责任必须由法院来确定，或责任必须由合同来规定，则打0分。

法律是否要求参与施工过程的各方为建筑投入使用后可能出现的结构缺陷和问题进行投保。若法律要求设计建筑图的建筑师或工程师、监理施工的专业人员、实施检查的专业人员或事务所、建筑公司或者项目业主或投资者，为建筑投入使用后可能出现的结构缺陷或问题投十年责任保险或者结构缺陷责任保险，或者即使法律未做要求但上述各方中的大多数主体在实践中通常也会投保，则打1分。若法律不要求任何一方持有十年责任保险或者潜在缺陷责任保险，且任何一方在实践中通常也不进行投保，或投保的要求是由合同而非法律规定，或任何一方必须在施工期间为工人的安全或其他缺陷购买专业保险或者综合保险但无须为建筑投入使用后的缺陷投十年责任保险或者潜在缺陷责任保险，或者要求任何一方不必投保而是自己赔偿发生的任何损失，则打0分。

6. 专业认证指数。该指数评估的是负责验证建筑设计图或图纸是否符合建筑法规的专业人员的资质要求。若国家或当地的法律要求该专业人员必须具备最低年限的实践经验，必须拥有建筑或工程方面的大学学历（最低为学士学位），必须是国家建筑师或工程师协会的注册会员或通过某项资格考试，则打2分。若国家或当地法律要求该专业人员必须拥有建筑或工程方面的大学学历（最低为学士学位），且必须具备最低年限的实践经验，或是国家建筑师或工程师协会的注册会员，或通过某项资格考试，则打1分。若国家或当地法律只要求该专业人员满足上述要求中的一项，或要求该专业人员满足上述要求中的两项但这两项都不是对大学学历的要求，或者国家或当地法律对该专业人员没有资质要求，则打0分。

另外，该指标还评估对施工过程中实行技术检查的专业人员的资质要求。如果国家或当地法律要求该专业人员必须具备最低年限的实践经验，必须拥有工程方面的大学学历（最低为学士学位），必须是国家工程师协会的注册会员或通过某项资格考试，则打2分。如果国家或当地法律要求该专业人员必须拥有工程方面的大学学历（最低为学士学位），且必须具备最低年限的实践经验，或是国家工程师协会的注册会员，或通过某项资格考试，则打1分。如果国家或当地法律只要求该专业人员满足上述要求中的一项，或要求该专业人员满足上述要求中的两项但这两项都不是对大学学历的要求，或者国家或当地法律对该专业人员没有资质要求，则打0分。

建筑质量控制指数是建筑法规质量、施工前质量控制、施工中质量控制、施工后质量控制、责任和保险制度以及专业认证等指数之和。该指数范围为0～15分，分值越高，则建筑许可制度方面的质量控制和安全机制越出色。

如果某个经济体没有发放建筑许可证，**或者该经济体适用的建筑法律未得到执行，则该经济体在程序、时间和成本指数上都会得到“无实践”的标注**。此外，即使其法律框架中包含与建筑质量控制和安全机制相关的条款，被标注了“无实践”的经济体在建筑质量控制指数上的得分仍然为0。

以上评估与假设，可以简要图示如下：

表2-2　世界银行评估“办理建筑许可”指标及案例假设

指标衡量的是什么	案例研究的假设
依法建设仓库的相关程序（数量） 提交所有相关文件，并获取所有必要的批文、执照、许可证和证书 提交所有必要的通知，并接受所有必要的检查 获得供水和排污的公用事业设施连接 在仓库竣工后进行登记和销售 **完成每项程序所需的时间（日历天数）** 不包括收集信息的时间 每项程序从单独的日期开始，全部在网上完成的程序例外 收到最终文件即视为程序已完成 未事先与官员接触 **完成每项程序所需的成本（占人均收入百分比）** 仅为官方费用，不包括贿赂 **建筑质量控制指数（0～15）** 建筑法规质量（0～2） 施工前质量控制（0～1） 施工中质量控制（0～3） 施工后质量控制（0～3） 责任和保险制度（0～2） 专业认证（0～4）	为了使各个经济体的数据具有可比性，这里对建筑公司、仓库项目和公用事业设施连接进行了若干假设。 **建筑公司：** 是一家有限责任公司（或为与其等同的法律实体），并在经济体最大的商业城市运营。对于收集了第二大商业城市数据的11个经济体： 为100%的国内私人所有；有5名所有人，但都不是法人实体。拥有1名注册建筑师和1名注册工程师，且均在当地建筑师或工程师协会注册登记。假设建筑公司没有聘请任何其他技术或注册专家，例如地质或地形学专家。 拥有用于建设仓库的土地，且将在仓库建设竣工后对其进行销售。 **仓库：** 将用于进行一般的存放活动，如存放图书或文具等。 将建成两层，均在地上，总建筑面积大概为1 300.6平方米（14 000平方英尺）。每层将为3米（9英尺10英寸）高，将位于一块100%由建筑公司所有的约929平方米（10 000平方英尺）的地块上，且仓库的价值约为人均收入的50倍。 将由1名注册建筑师编制完整的建筑和技术计划。如果此类计划的编制要求获取更多的文档资料或获得外部机构的实现批准等步骤，那么这些步骤将被视为程序。 施工周期将为30周（不包括因行政和监管要求而造成的所有延误）。

（续表）

指标衡量的是什么	案例研究的假设
	供水及排污系统连接： 距离现有的水源和下水道接口将为150米（492英尺）。如果该经济体没有供水基础设施，那么将挖一个水井。如果没有污水收集基础设施，那么将安装或建造一个体积尽量最小的化粪池。 平均每天用水量将为662升（175加仑），平均每天产生的废水量将为568升（150加仑）。平均每天最大用水量将为1 325升（350加仑），平均每天产生的最大废水量将为1 136升（300加仑）。 全年将有固定的用水量和废水排放量；供水连接管直径将为2.54厘米（1英寸），污水连接管的直径将为10.16厘米（4英寸）。

第三节　中国的改革及成效

一、中国排名显著提升

世界银行《营商环境报告》显示，我国近年来的“办理建筑许可”在全球一直徘徊于几乎垫底的水平，在190个经济体中排名170名开外，巨大的进步源于DB2019，从上一年度的第172名，跃升至第121名，大幅提升了51名。

2019年10月24日，DB2020发布，中国此项指标在全球的得分与排名，再次得到了显著提升，其中，得分从65.16分提升至77.3分，分值上升了12.14分；指标的全球排名位数从第121位提升至第33位，名次上升了88位，均位列我国今年世界银行营商环境10项测评指标的榜首。排名的大幅提升更是创下世界银行测评历史上单一指标年度最大升幅纪录。

另外，与世界先进经济体横向比较：中国“办理建筑许可”指标已超越法国（52位）、加拿大（64位）、西班牙（79位）、以色列（35位）、瑞士（71位）等西方发达国家，平均办理时限111个自然日和质量控制指数15分（满分）也高于东亚及太平洋地区132天和9.4分的平均水平。尤其是在质量控制指数方面，在世界银行测评的190个经济体中仅有6个经济体取得满分的成绩，而中国就占有一席之地。

表 2-3　中国“办理建筑许可”分级指标近六年的得分

二级指标	定义	计量方式	中国(2015)	中国(2016)	中国(2017)	中国(2018)	中国(2019)	中国(2020)
程序	新建仓库所需办理的程序总数。程序的定义为企业雇员或管理人员同外部各方所进行的任一互动。	个数	28.6	28.6	28.6	28	20.4	18.0
时间	新建仓库所需的总天数。该标尺衡量当地专家认为完成建设工作所需时间的中值。	天数	265.9	265.9	265.9	261.8	155.1	111.0
成本	为完成与依法建设仓库有关的所有程序而支付的全部费用，仅记录官方成本。	占人均收入百分比	8.9	8.4	8.2	7.8	2.9	2.8
建筑质量控制	基于其他6个指数：建筑法规质量、施工前质量控制、施工中质量控制、施工后质量控制、责任和保险制度以及专业认证的指数。	0～15	9.0	9.6	9.6	9.6	11.1	15.0
“办理建筑许可”排名			**179**	**176**	**177**	**172**	**121**	**33**

近六年的排名，可以图示如下：

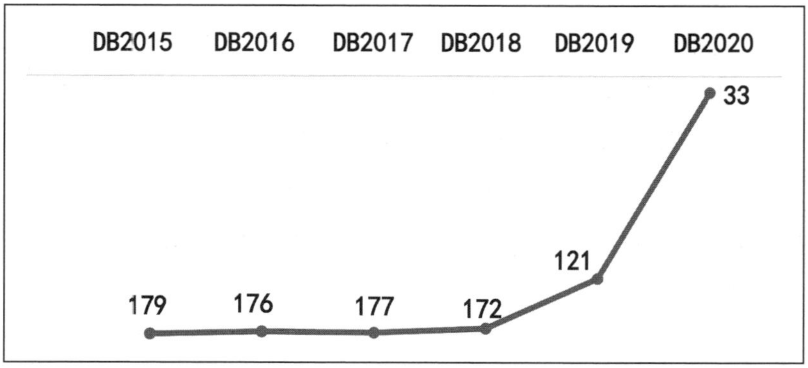

图 2-1　中国“办理建筑许可”指标 2015—2020 年的全球排名

根据近两年的对比分析可知，DB2019我国得分67.71分（19个环节，169.5天，成本2.4%，质量控制指数12.0），DB2020我国得分77.3分（18个环节，111天，成本2.8%，质量控制指数15.0）。

二、DB2019与DB2020北京与上海的对比

根据世界银行2019年评估结果，上海与北京作为两大指标城市，其“办理建筑许可”所需的程序和时间、成本如下：

表2-4 “办理建筑许可”2019年与2020年分项指标上海与北京评估结果

二级指标	定义	计量方式	上海（2019）	北京（2019）	上海（2020）	北京（2020）
程序	企业与外部人员之间的任何互动	个数	19	22	18	18
时间	完成1项程序所需的时间	日历天数	169.5	137.5	125.5	93.0
成本	官方费用，以及法律所要求的法律或专业人士的服务费	占仓库价值百分比	2.40%	3.70%	2.30%	3.50%
建筑质量控制	包含6项子指数	判断题	10	10	15	15

在DB2019中，上海“办理建筑许可”的程序、时间及成本如下（DB2020尚未发布中文版）：

表2-5 上海“办理建筑许可”：程序、时间及成本

编号	程序	时间（天）	成本（元）
1	在上海市发展和改革委员会注册建设项目	1	0
2	填写在线环境影响登记表	0.5	0
3	获得地质技术研究、土壤测试	30	25 000
4	申请由上海市建设工程设计文件审查管理事务中心（建设委员会）授权的建筑审图员审图	20	0
5	申请并获得建设工程规划许可证	17	0
6	聘请有资质的监理机构	1	44 649

（续表）

编号	程序	时间（天）	成本（元）
7	申请并获得建筑许可证	2	0
8	接受上海市建设工程安全质量监督总站的定期检查	1	0
9	接受上海市建设工程安全质量监督总站的随机检查（一）	1	0
10	接受上海市建设工程安全质量监督总站的随机检查（二）	1	0
11	接水前期征询程序及申请连接供水和污水管道	7	0
12	接受供水和排污验收	1	0
13	竣工后接受消防部门的验收	15	0
14	接受“四方”验收	1	0
15	接受上海市规划和国土资源管理局的竣工验收	21	0
16	获得上海市城乡建设和交通委员会的竣工备案	1	0
17	获得上海市城乡建设和交通委员会的竣工证书和最终验收证书	21	0
18	连接供水和排污服务	49	0
19	向房地产交易中心登记房屋	5	550
	总计：19项程序	**169.5**	**2.4%**

在DB2019中，北京“办理建筑许可”的程序、时间及成本如下（DB2020尚未发布中文版）：

表2-6　北京“办理建筑许可”的程序、时间及成本

编号	程序	时间（天）	成本（元）
1	申请并获得土地利用及各类规划条件审批	14	0
2	在北京市发展和改革委员会注册建设项目	1	0
3	填写在线环境影响登记表	0.5	0
4	获得地质技术研究/土壤测试	11	32 500
5	申请由北京市建设工程设计文件审查管理事务中心（建设委员会）授权的建筑审图员审图，并取得通知函	20	0
6	申请并获得建设工程规划许可证	20	0
7	聘请有资质的监理机构	1	74 415

（续表）

编号	程序	时间（天）	成本（元）
8	设计和施工直接承包登记	1	1 678.7
9	将承包商信息在北京市住房和城乡建设委员会备案并公示	1	0
10	申请并获得建筑许可证	14	0
11	接受北京市建设工程安全质量监督总站的定期检查	1	0
12	接受北京市建设工程安全质量监督总站的随机检查（一）	1	0
13	接受北京市建设工程安全质量监督总站的随机检查（二）	1	0
14	接水前期征询程序及申请连接供水和污水管道	7	0
15	接受供水和排污验收	1	0
16	竣工后申请并接受消防部门的验收	9	0
17	接受北京市规划和国土资源管理委员会的竣工验收	10	0
18	接受“四方”验收	1	0
19	申请并接受北京市住房和城乡建设委员会的竣工验收	1	0
20	申请并获得北京市住房和城乡建设委员会的竣工证书和最终验收证书	5	0
21	连接供水和排污服务	49	0
22	向房地产交易中心登记房屋	5	550
	总计：22项程序	**174.5**	**3.7%**

由上分析可知，DB2019中，上海得分67.71分（19个环节，169.5天，成本2.4%，质量控制指数12.0），而北京得分62.05分（22个环节、174.5天、成本3.7%、质量控制指数10.0）。在环节数量、成本、质量控制等方面，上海均优于北京，仅在审批时间上落后于北京，反映在得分上，上海“办理建筑许可”指标得分超出北京5.66分。

对于上海而言，“办理建筑许可”方面可谓进步巨大。以下内容为世界银行披露的针对中国的详细评估报告。

三、DB2019中国指标城市评估结果

DB2019针对上海与北京详细列明了结果（DB2020尚未发布中文版）：

(一) 上海DB2019评估结果

表2-7　上海DB2019分项指标与前沿经济体的比较

仓库估值		2 976 602.60元		
覆盖城市		上海		
指标	上海	东亚及太平洋地区	经合组织高收入经济体	最佳监管表现
程序(个数)	19	15.1	12.7	2017/2018年无数据
时间(天数)	169.5	133.5	153.1	2017/2018年无数据
成本(占仓库价值百分比)	2.4	1.9	1.5	2017/2018年无数据
建筑质量控制(0～15)	12.0	9.1	11.5	15.0(3个经济体)

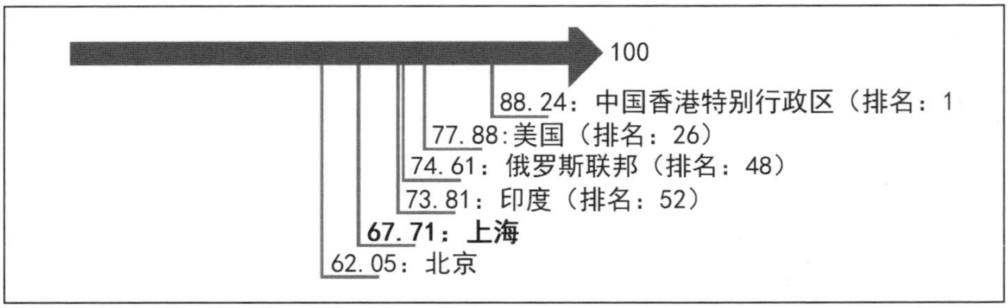

图2-2　上海和可比经济体"办理建筑许可"：排名与得分

注：各经济体的"办理建筑许可"便利度排名由各自"办理建筑许可"指标得分整理决定。这些得分为各分项指标得分的简单平均值。

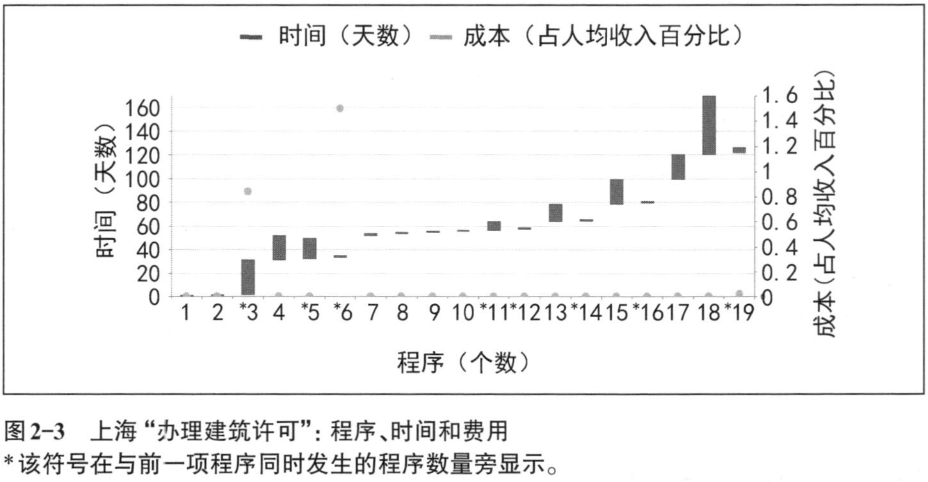

图2-3　上海"办理建筑许可"：程序、时间和费用

*该符号在与前一项程序同时发生的程序数量旁显示。

注：在计算总时间时，网上办理程序记为**0.5**天。对于针对男性和女性适用不同程序清单的经济体，该图表显示了女性所需的时间。

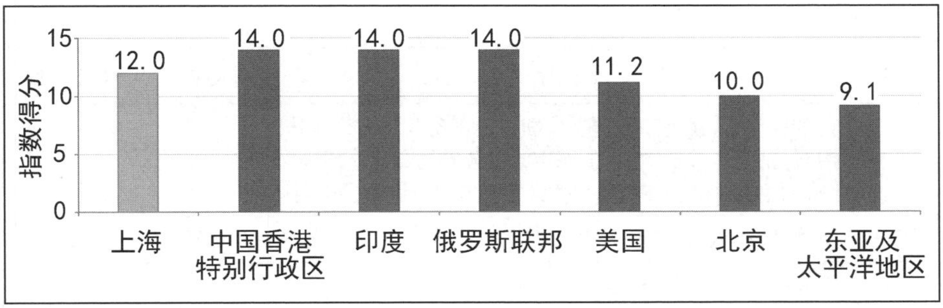

图2-4　上海和可比经济体“办理建筑许可”：水平评估

表2-8　上海“办理建筑许可”：程序、时间和费用（详细信息）

编号	程序	完成时间	相关成本
1	**上海市发展和改革委员会建设项目登记**	1天	免费
	机构：上海市发展和改革委员会 所有建设项目必须向上海市发展和改革委员会登记。申请时需提交下列文件： (1) 项目登记申请表； (2) 土地使用权证明； (3) 项目建议书； (4) 项目建设投资估算； (5) 项目地形图； (6) 相关职能部门的意见； (7) 银行提供的资金证明； (8) 企业法人营业执照的复印件。		
2	**完成网上环境影响登记**	半天	免费
	机构：上海市生态环境局 建筑公司必须通过上海市环境保护局的官网提交一份报告，并提交关于建设项目环境影响的相关信息。		
⇉ **3**	**获得岩土工程研究、土壤试验报告**	30天	25 000元
	机构：私营企业 建筑公司被要求进行土壤试验，以便对地基进行机构计算。对于案例分析中所描述的仓库，由于仓库不是很复杂的项目，因此很可能进行标准渗透试验（这是此类研究的一个简化程序）。土壤试验有助于确定因地而异的土壤性质，确定土地的承载能力，这反过来又将有助于确定地基的承载能力、类型和深度，从而确保选择合适的施工技术。		
4	**获得经上海建设项目文档评审中心（建设委员会）授权的建筑图纸检查员出具的建筑图纸审查报告**	20天	免费
	机构：上海市建设项目文档评审中心		

（续表）

编号	程序	完成时间	相关成本
	自2012年起，上海市区建委受理了建筑图纸，并对不同机构（包括上海市消防局、上海市区级公安局交通警察区大队和上海市绿化和市容管理局）之间的审查进行了协调。		
⇉ 5	**申请并获得建设工程规划许可证**	17天	免费
	机构：上海市规划和自然资源局 申请在自有土地上进行建设所需的文件包括： （1）申请表； （2）建设项目承诺书； （3）1∶500或1∶1 000总平面图和1∶500或1∶1 000（郊区为1∶2 000）地形图； （4）工作图； （5）分层面积表； （6）基础施工平面图、基础详图和打桩平面图； （7）公共用途平面草图； （8）施工预算计划； （9）经批准的初步设计文件； （10）对规划设计方案和所附图纸的答复； （11）关于设计文件审查和上报的意见以及图纸审查接收函。		
⇉ 6	**聘请经认可的监理机构**	1天	44 649元
	机构：获授权监督机构 建设部第86号令规定，聘请一家获授权的监督机构对价值3 000万元以上的项目施工进行检查。对于较小规模的项目，即使没有法律强制要求，但为了遵守所有相关的标准和法规，这也是常见的做法。		
7	**申请并获得建筑工程施工许可证**	2天	免费
	机构：上海市住房和城乡管理委员会 一旦上海市住房和城乡管理委员会审核通过申请，便可获得施工许可证。上海市住房和城乡管理委员会还将在当地的上海市建设工程安全质量监督总站对项目进行登记。		
8	**接受上海市建设工程安全质量监督总站的定期检查**	1天	免费
	机构：上海市建设工程安全质量监督总站 上海市建设工程安全质量监督总站在项目登记后不久便进行第一次检查，以确定施工场地的情况以及是否符合相关规定。		
9	**接受上海市建设工程安全质量监督总站的随机检查（一）**	1天	免费
	机构：上海市建设工程安全质量监督总站 在施工过程中，安全质量监督总站进行多次未事先通知的现场检查。		

（续表）

编号	程序	完成时间	相关成本
10	**接受上海市建设工程安全质量监督总站的随机检查（二）**	1天	免费
	机构：上海市建设工程安全质量监督总站 在施工过程中，安全质量监督总站进行多次未事先通知的现场检查。		
⇉ **11**	**获取供水连接调查并申请供水与污水连接**	7天	免费
	机构：上海市水务局 建筑公司必须在市税务局申请办理接水前期征询程序，市税务局将于收到所需文件后7天内对申请做出批复。随后，建筑公司可申请接水。		
⇉ **12**	**接受供水与污水检查**	1天	免费
	机构：上海市水务局 收到供水申请后，市水务局在7天内开展现场调查。供水工程完工情况取决于施工条件。对于排污许可证申请，市水务局需要在建筑公司提交项目批复和关于污水设施设计的其他文件后的20天内开展初步检查。检查和试运行完成后，该局需要20天时间来检查设施的效果，并根据效果予以批准。下列程序考虑了上述时间期限。		
13	**在建筑竣工后，接受消防部门的检查**	15天	免费
	机构：上海市消防部门 申请可直接向当前正在对所有检查进行协调的上海市相应区建委提交。但是，检查仍由各机构各自进行。		
⇉ **14**	**接受"四方"验收**	1天	免费
	机构：勘察单位、设计单位、施工单位和监理单位 该项程序被称为"四方"验收。四方包括勘察单位、设计单位、施工单位和监理单位。		
15	**接受上海市规划和自然资源局对已竣工工程的检查**	21天	免费
	机构：上海市规划和自然资源局 为了请求最终检查，建筑公司必须提交以下文件： （1）建设工程竣工测量成果报告书； （2）建筑工程规划许可证和随附图纸（平面图、俯视图和剖面图）； （3）建设项目档案验收合格证； （4）人防工程验收合格证。 然而，该申请可直接向现在对所有检查进行协调的上海市相应区建委提交。但是，检查仍由各机构各自进行。		
⇉ **16**	**获得上海市住房和城乡管理委员会的竣工备案**	1天	免费
	机构：上海市住房和城乡管理委员会 这项程序必须在申请当日完成，但提交所需的文件必须齐全。这项程序不收取任何费用。		

（续表）

编号	程序	完成时间	相关成本
17	**获得上海市住房和城乡管理委员会的竣工证书和最终验收证书**	21天	免费
	机构：上海市住房和城乡管理委员会 建筑验收后的15天内，建筑公司必须向上海市住房和城乡管理委员会备案下列文件： （1）竣工验收报告； （2）规划局的确认书或授权书； （3）消防验收合格证或者验收意见； （4）生态环境局的确认书； （5）城市建设档案部门的确认书； （6）上海市防雷中心签发的防雷施工项目验收意见； （7）工程部门付款证明； （8）民防工程竣工验收意见。		
18	**获得供水与污水连接服务**	49天	免费
	机构：上海市水务局		
⇉ **19**	**在房地产登记处对建筑物进行登记**	5天	550元
	机构：上海市区级房地产登记处 此处所考虑的仓库应属非住宅物业类别，在这种情况下，登记注册程序将在登记处收到申请后约5个工作日内完成。根据《上海市物价局、上海市财政局关于规范本市房屋登记费计费方式和收费标准等有关问题的通知》(2008年4月25日生效)，非住宅房地产的登记费用为550元。在出售建筑物之前，必须进行产权登记并获得证明书。		

⇉ 与前一项程序同时进行。

表2-9　上海“办理建筑许可”：水平评估（详细信息）

	答案	得分
建筑质量控制指数（0～15）		**12.0**
建筑法规质量指数（0～2）		**2.0**
查阅您所在经济体的建筑法律法规的便利程度如何？（0～1）	可在线查阅；免费。	1.0
建筑法规或可访问的网站、可查阅的手册或宣传册中明确规定您获得建筑许可证需满足哪些要求？（0～1）	要求提交的文件清单；应缴纳的费用；规定获得的事先批准。	1.0
施工前质量控制指数（0～1）		**1.0**

（续表）

	答案	得分
法律要求哪些第三方实体核实建筑图则符合现行建筑法规？（0～1）	持证建筑师。	1.0
施工中质量控制指数（0～3）		**2.0**
法律要求施工中应进行何种类型的检查（如有）？（0～2）	外部工程师或事务所进行的检查；各个工程施工阶段的检查。	1.0
施工中实际上进行了法律强制要求的检查吗？（0～1）	实际上总是完成强制检查。	1.0
施工后质量控制指数（0～3）		**3.0**
法律是否要求进行最终检查，以核实建筑是否按照已批准的图纸和法规建造？（0～2）	是的，最终检查由政府机构完成。	2.0
实际上进行了法律强制要求的检查吗？（0～1）	实际上总是进行最终检查。	1.0
责任和保险制度指数（0～2）		**2.0**
对于投入使用的建筑的结构性缺陷或问题，法律会追究哪些方面的责任（潜在缺陷责任或十年期责任）？（0～1）	建筑师或工程师；监理负责人；建筑公司。	1.0
法律要求哪些方面（如有）购买保险，以保障建筑投入使用后可能的结构性缺陷或问题（潜在缺陷责任保险或十年期保险）？（0～1）	法律未要求任何一方购买保险；建筑公司。	1.0
专业认证指数（0～4）		**2.0**
对于负责核实建筑平面图或图纸是否符合现行建筑法规的专业人员，有何资格要求？（0～2）	最低经验年限；建筑学或工程学大学学历；属于注册建筑师或工程师。	2.0
对于监督现场施工的专业人员，有何资格要求？（0～2）	最低经验年限；通过认证考试。	0.0

（二）北京DB2019评估结果

表2-10　北京DB2019分项指标与前沿经济体的比较

仓库估值	2 976 602.60元人民币			
覆盖城市	北京			
指标	北京	东亚及太平洋地区	经合组织高收入经济体	最佳监管表现
程序（个数）	22	15.1	12.7	2017/2018年无数据

（续表）

指标	北京	东亚及太平洋地区	经合组织高收入经济体	最佳监管表现
时间（天数）	137.5	133.5	153.1	2017/2018年无数据
成本（占仓库价值百分比）	3.7	1.9	1.5	2017/2018年无数据
建筑质量控制（0～15）	10.0	9.1	11.5	15.0（3个经济体）

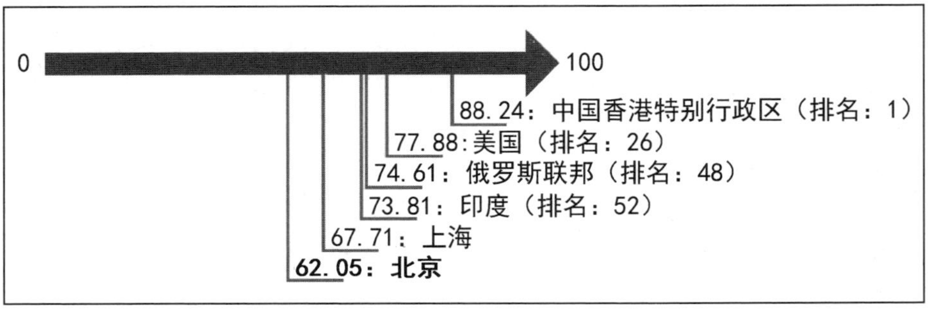

图2-5　北京和可比经济体“办理建筑许可”：排名与得分

注：各经济体的“办理建筑许可”便利度排名由各自“办理建筑许可”指标得分整理决定。这些得分为各项分指标得分的简单平均值。

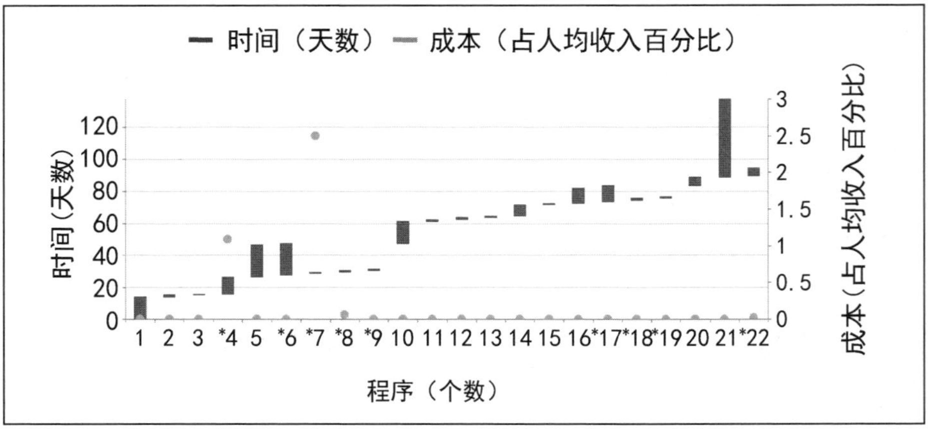

图2-6　北京“办理建筑许可”：程序、时间和费用

*该符号在与前一项程序同时发生的程序数量旁显示。

注：在计算总时间时，网上办理程序记为0.5天。对于针对男性和女性适用不同程序清单的经济体，该图表显示了女性所需的时间。

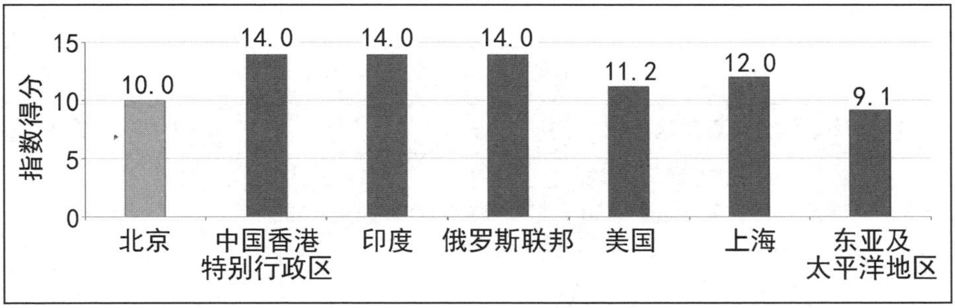

图2-7　北京和可比经济体“办理建筑许可”：水平评估

表2-11　北京“办理建筑许可”：程序、时间和费用（详细信息）

编号	程序	完成时间	相关成本
1	**申请并获得土地利用及各类规划条件审批**	14天	免费
	机构：北京市住房和城乡建设委员会 自2011年起，北京市住房和城乡建设委员会代表申请人，获得了对项目方案、项目规划与设计的批复、设计方案审查通告以及两份土地使用规划许可。 为申请上述批复，需提交下列文件： （1）建设工程规划（建筑）设计方案审批申请表； （2）地形图； （3）平面图； （4）方案图和建筑说明； （5）分层面积表； （6）可行性研究报告批复或其他相关批复； （7）建设工程规划设计要求通知单； （8）建设工程规划设计要求通知单规定的其他相关文件和图纸。		
2	**北京市发展和改革委员会建设项目登记**	1天	免费
	机构：北京市发展和改革委员会 所有建设项目必须在北京市发展和改革委员会登记。必须提交下列文件： （1）项目登记申请表； （2）土地使用权证明； （3）项目建议书； （4）项目建设投资估算； （5）项目地形图； （6）相关职能部门的意见； （7）银行提供的资金证明； （8）企业法人营业执照的复印件。		

（续表）

编号	程序	完成时间	相关成本
3	**完成网上环境影响登记**	0.5天	免费
	机构：北京市生态环境局 建筑公司必须通过北京市生态环境局的官网提交一份报告，并提交关于建设项目环境影响的相关信息。		
⇄ 4	**获得地质技术研究/土壤测试**	11天	32 500元
	机构：私营企业 建筑公司被要求进行土壤试验，以便对地基进行结构计算。		
5	**获得经北京建设项目文档评审中心（建设委员会）授权的建筑图纸检查员出具的建筑图纸报告**	20天	免费
	机构：北京市建设项目文档评审中心 自2012年起，北京市区建委受理了建筑图纸，并对不同机构（包括北京市消防局、北京市区级公安局交通警察区大队和北京市城市管理委员会）之间的审查进行了协调。		
⇄ 6	**申请并取得建设工程规划许可证**	20天	免费
	机构：北京市规划和自然资源委员会 在自有土地上建设所需文件包括： （1）申请表； （2）建设项目承诺书； （3）1∶500或1∶1 000总平面图以及1∶500或1∶1 000（郊区为1∶2 000）地形图； （4）工作图； （5）分层面积表； （6）基础施工平面图、基础详图和打桩平面图； （7）公共用途平面草图； （8）施工预算计划； （9）经批准的初步设计文件； （10）对规划设计方案和所附图纸的答复； （11）关于设计文件审查和上报的意见以及图纸审查接收函。		
⇄ 7	**聘请经认可的监理机构**	1天	74 415元
	机构：获授权监督机构 建设部第86号令规定，聘请一家获授权的监督机构对价值3 000万元以上的项目施工进行检查。对于较小规模的项目，即使没有法律强制要求，但为了遵守所有相关的标准和法规，这也是常见的做法。		

（续表）

编号	程序	完成时间	相关成本
⇉ **8**	**设计和施工直接承包登记**	1天	1 678.7元
	机构：北京市各区建设工程招标投标管理办公室		
⇉ **9**	**向北京城市建设和交通委员会备案和公布承包商信息**	1天	免费
	机构：北京市住房和城乡建设委员会		
10	**申请获得建筑许可证**	14天	免费
	机构：北京市住房和城乡建设委员会为申请建筑许可证，建筑公司必须以电子方式提交下列文件： (1) 建筑工程施工许可证申请表； (2) 建筑工程规划许可证； (3) 建设用地规划许可证或土地或房屋所有权证书； (4) 承包商施工合同以及（如适用）委托书； (5) 法定代表人承诺书，其中包含关于图纸审查的承诺以及建设单位对政府的安全生产承诺。 北京市住房和城乡建设委员会将代表建筑公司进行质量监督登记和安全措施备案，并发出通知。		
11	**接受北京建设工程安全质量监督总站的定期检查**	1天	免费
	机构：北京市建设工程安全质量监督总站 安全和质量控制站在施工期间开展多次检查，此前这些检查并不为世界银行所认可，但是按照DCP方法论，必须登记为独立且截然不同的检查。		
12	**接受北京市建设工程安全质量监督总站的随机检查（一）**	1天	免费
	机构：北京市建设工程安全质量监督总站 北京市建设工程安全质量监督总站根据《北京市建设工程质量管理监督办法》（1992年1月1日生效）的强制要求，在施工期间开展多次检查。		
13	**接受北京市建设工程安全质量监督总站的随机检查（二）**	1天	免费
	机构：北京市建设工程安全质量监督总站		
14	**获取供水连接调查并申请供水与污水连接**	7天	免费
	机构：北京市水务局 建筑公司必须在市税务局申请办理接水前期征询程序，市税务局将于收到所需文件后7天内对申请做出批复。随后，建筑公司可申请接水。		
15	**接受供水与污水检查**	1天	免费
	机构：北京市水务局 收到供水申请后，水务工作人员在7天内开展现场调查。		

（续表）

编号	程序	完成时间	相关成本
	供水工程完工情况取决于施工条件。对于排污许可证申请，市水务局需要在建筑公司提交项目批复和关于污水设施设计的其他文件后的20天内开展初步检查。检查和试运行完成后，该局需要20天时间来检查设施的效果，并根据效果予以批准。下列程序考虑了上述时间期限。		
16	**建筑竣工后申请并接受消防部门的检查**	9天	免费
	机构：北京市消防部门 申请可直接向现在对所有检查进行协调的北京市相应区建委提交，但是，检查仍由各机构各自进行。		
⇉ **17**	**接受北京市规划和自然资源委员会对已竣工工程的检查**	10天	免费
	机构：北京市规划和自然资源委员会 为了请求最终检查，建筑公司必须提交以下文件： （1）建设工程竣工测量成果报告书； （2）建筑工程规划许可证以及随附图纸（平面图、俯视图和剖面图）； （3）建设项目档案验收合格证； （4）人防工程验收合格证。 然而，可直接向负责协调各项验收工作的北京市各区建委提交申请，但是，具体验收工作仍由各相关机构负责执行。		
⇉ **18**	**接受“四方”验收**	1天	免费
	机构：勘察单位、设计单位、施工单位和监理单位 该项程序被称为“四方”验收。四方包括勘察单位、设计单位、施工单位和监理单位。		
⇉ **19**	**申请并接受北京市住房和城乡建设委员会的施工竣工验收**	1天	免费
	机构：北京市住房和城乡建设委员会 这项程序必须在申请当日完成，但提交所需的文件必须齐全。这项程序不收取任何费用。		
20	**申请并获得北京市城市建设与交通委员会竣工证明书和最终验收证明书**	5天	免费
	机构：北京市住房和城乡建设委员会 建筑验收后的15天内，建筑公司必须向北京市城市建设与交通委员会备案下列文件： （1）竣工验收报告； （2）规划和自然资源委员会的确认书或授权书； （3）城市建设档案部门的确认书。		

（续表）

编号	程序	完成时间	相关成本
21	**获得供水与污水连接服务**	49天	免费
	机构：北京市水务局 申请人应提交： （1）服务申请表； （2）行政许可申请表； （3）专用检查井、污水排放口的位置和尺寸的图纸与说明； （4）规定的污水处理设施相关材料； （5）水质、水量检验报告； （6）申请人的营业执照、法定代表人身份证明书、授权委托书或房屋所有权证书； （7）水费缴费证明； （8）水务机关要求的其他文件。		
⇉ **22**	**在房地产登记处对建筑物进行登记**	5天	550元
	机构：北京市区级不动产登记中心 此处所考虑的仓库应属非住宅不动产类别，在这种情况下，登记程序将在收到申请之日起的5个工作日内完成。根据北京市发展和改革委员会、北京市财政局《关于房屋登记费计费方式和收费标准的函》，非住宅不动产的登记费用为550元。在出售建筑物之前，必须对不动产进行登记并获得证书。		

⇉ **与前一项程序同时进行。**

表2-12　北京“办理建筑许可”：水平评估（详细信息）

	答案	得分
建筑质量控制指数（0～15）		**10.0**
建筑法规质量指数（0～2）		**2.0**
查阅您所在经济体的建筑法律法规的便利程度如何？（0～1）	可在线查阅；免费。	1.0
建筑法规或可访问的网站、可查阅的手册或宣传册中明确规定您获得建筑许可证的哪些要求？（0～1）	要求提交的文件清单；应缴纳的费用；规定获得的事先批准。	1.0
施工前质量控制指数（0～1）		**1.0**
法律要求哪些第三方实体核实建筑图则符合现行建筑法规？（0～1）	持证建筑师。	1.0

（续表）

	答案	得分
施工中质量控制指数（0～3）		**2.0**
法律要求施工中应进行何种类型的检查（如有）？（0～2）	外部工程师或事务所进行的检查；各个工程施工阶段的检查。	1.0
施工中实际上进行了法律强制要求的检查吗？（0～1）	实际上总是完成强制检查。	1.0
施工后质量控制指数（0～3）		**3.0**
法律是否要求进行最终检查，以核实建筑是按照已批准的图则和法规建造？（0～2）	是的，最终检查由政府机构完成。	2.0
实际上进行了法律强制要求的检查吗？（0～1）	实际上总是进行最终检查。	1.0
责任和保险制度指数（0～2）		**2.0**
对于投入使用的建筑的结构性缺陷或问题，法律会追究哪些方面的责任（潜在缺陷责任或十年期责任）？（0～1）	建筑师或工程师；监理负责人；建筑公司。	1.0
法律要求哪些方面（如有）购买保险，以保障建筑投入使用后可能的结构性缺陷或问题（潜在缺陷责任保险或十年期保险）？（0～1）	法律未要求任何方面购买保险；建筑公司。	1.0
专业认证指数（0～4）		**0.0**
对于负责核实建筑平面图或图纸是否符合现行建筑法规的专业人员，有何资格要求？（0～2）	属于注册建筑师或工程师。	0.0
对于监督现场施工的专业人员，有何资格要求？（0～2）	最低经验年限；通过认证考试。	0.0

四、中国优化“办理建筑许可”的改革进展

“办理建筑许可”是营商环境综合考量的一项重要指标，近年来，上海和北京作为指标城市，以制度创新作为主攻方向，充分吸收世界银行提出的短期和中长期改革建议，通过采取“流程再造、分类审批、多评合一、多图联审、合并验收、限时办结”等举措，尽最大可能减少环节、减少时间、减少成本，提升质量。

接下来，本部分以上海为例进行阐释。为保持表述的客观，本部分的描述基于以下内容：其一，上海市世界银行营商环境评估团队的材料；其二，上海市赴世界银行总部答辩的相关内容；其三，上海市住房和城乡建设管理委员会近期改革的描述。

(一) 上海市工程建设审批制度改革的进展

总体而言，针对世界银行《营商环境报告》中“办理建筑许可”指标所反映出的项目审批“部门多、环节多、要求多、时间长”等问题，通过对标世界银行指标深化改革，针对重点环节完善政策，持续加大推进力度，持续提升建筑许可办理便利化水平。

1. 针对2019年世界银行测评报告中反映的竣工验收、供排水接入等企业感受度不高的环节，出台了《关于进一步简化本市小型建筑工程竣工验收工作的通知》《关于进一步优化本市小型建筑工程质量安全管理的通知》《关于进一步优化营商环境深化供排水接入改革的意见》《上海市不纳入建设项目环评管理的项目类型（2019年版）》等10余个政策文件。明确了对环境影响小的标准厂房、普通仓库等项目免于环境影响评价；明确压缩地质勘察包括土壤检测的时间，对风险可控的社会投资小型项目，在7个自然日之内完成地质勘察服务工作；明确建立基于不同项目类型、不同风险等级的差异化现场质量监管体系，对风险可控的小型标准厂房、普通仓库，通过联审平台告知监督要求、注意事项和风险等级，并取消首次监督会议和检查；明确本市申请新装、扩容等服务的小型项目供排水接入依托一网通办、信息共享，实现流程优化、环节精简，由供排水部门提供一站式、全流程代办服务，不收取任何服务费用；明确在验收环节，对社会投资、风险可控的小型项目，取消消防部门的验收事项，整合建设单位组织的“四方”验收、建设管理部门的“四方”验收现场监督，以及规划和自然资源部门的规划、土地竣工验收，实施一次性“六方”验收。取消竣工备案，竣工验收通过的，审批管理系统当即出具由建设管理部门统一核发的综合竣工验收合格通知书（附规划土地验收意见），建设单位可自行下载。凭综合竣工验收合格通知书等材料即可直接办理不动产登记程序。同时，就提高注册监理工程师和注册建筑师的执业资格考试报名条件、调整建设部门的竣工验收备案证书申请方式等内容，向住建部提请获得开展先行先试的支持。通过上述举措，着力为企业解决一批实际问题、难点痛点问题。

2. 启动工程建设项目审批制度改革试点。根据国务院办公厅印发的《关于开展工程建设项目审批制度改革试点的通知》、国家发展改革委《关于印发

〈中国营商环境评价实施方案（试行）〉的通知》等文件精神，上海市自2018年6月起全面启动了全流程、全覆盖的工程建设项目审批制度改革试点工作。具体措施如下：一是再造审批流程。进一步明确项目审批四阶段的功能特点，即立项用地规划许可阶段立足于“做全”规划设计条件，工程建设许可阶段立足于“做深”设计方案，办理建筑许可阶段立足于“做细”施工方案，竣工验收阶段立足于“做优”工程质量，并将审批全过程所涉及的行政审批、涉及安全的强制性评估、中介服务、市政公用服务以及备案等全部事项纳入相关阶段办理或者并联推进。二是科学分类监管。改变原有“一刀切”的审批模式，根据资金来源、土地获得方式、工程类别、技术难度和风险控制等因素，将项目类型划分为两大类八小类，分别设定不同的审批流程、审批时限和审批方式，实现精细化、差别化管理。三是注重前期服务。聚焦行政审批的堵点、痛点，探索采用程序性审批和技术性审查相分离的审批方式。在不突破法律、法规和行政规章设定的审批程序关系的前提下，政府主动自觉、跨前服务、主动作为，在项目策划生成的前期提出“两库”“一平台”的创新概念，明确政府投资项目在正式审批前，在“两库”内明确建设边界、条件和规模，提前开展规划土地等程序办理的准备工作，提升项目策划生成的质量和效率。对于所有投资项目，在正式启动审批之前，依托“多规合一”业务协同平台，完成技术性审查，提前排除否定性因素，从而实现“审批时限缩减、审批质量不减”的改革目标。

3. 简化流程，权力瘦身。以“减、并、调、放、转”五策并举，进行政府权力“瘦身”和“塑形”：一是“应减尽减”，精简审批程序。共取消14项行政审批事项、11项审批前置条件。二是“该并当并”，合并审批事项。通过“多图联审、多测合一、多验合一”改革将26项审批事项整合为3项；此外，将36项审批事项整合为14项，对于政府投资项目，整合工程可行性研究和初步设计文件，按照初步设计深度编制工程可行性研究报告；对于划拨土地项目，整合选址意见书和用地预审，合并为规划土地意见书。三是“可调须调”，调整审批时序。调整优化12项事项办理的前后关系。四是“能放必放”，进一步下放。共下放审批权限3项，鼓励有条件的审批事项实行同级化办理。五是“可转速转”，转变管理方式。推进转变管理方式13项，推行告知承诺制8项。

4. 简化审批，事中事后强化监管。对于能够通过事中事后监管纠正且风险可控的审批事项，可以采用建设单位事前承诺、审批部门免于事前审批的方式，着重建立以诚信体系建设为基础的事中事后监管模式。按照“谁主管谁负责”的原则，全面推行“双随机、一公开”的监管机制。进一步明确落实建设各方的主体责任，加强各审批监管部门信用信息的互联共享，建立健全覆盖建设单位、工程勘察、设计、施工、监理、检测等各类企业和从业人员信用档案，完善信用信息的记录、公开、评价和应用制度。强化守信激励和失信惩戒措施，加大跨部门的失信联合惩戒，增加违规和失信成本。建立“黑名单”管理制度，对存在承诺不履行、弄虚作假等不良行为且情节严重的，列入名单，直至清除出本市建设市场。

5. 依托“一网通办”，打造高效政务。《上海市公共数据和一网通办管理办法》发布后，在此基础上，以电子签名、电子印章技术为突破口，陆续发布了电子证照、电子印章、电子档案管理等三个配套文件，实现了向社会提供高效优质、规范透明、全方位无纸化的电子政务服务“通办”机制。在此基础上，按照“项目全覆盖、审批全流程、事项全包括”和“两库四阶段”的目标和要求进行建设打造，相继完成了改革四阶段审批功能的开发。同步，由市规划自然资源部门牵头的多规合一协同平台和用地规划许可审批模块也在有序推进过程中，最终实现“对外由审批系统统一受理，对内与发改委在线投资审批系统、规划全覆盖系统、地理信息系统等各部门审批系统互联互通”的目标。

当前，上海已开始推进建筑师负责制改革，政府做减法，市场做加法，由建筑师负责对设计图纸进行审核。上海市出台了《关于进一步优化营商环境提升建筑工程质量管控水平的通知》(沪建建管〔2019〕182号)，明确承接本市社会投资项目的设计单位，其担任项目设计负责人的要求，除需符合国家注册建筑师、注册监理工程师及最低从业年限以外，同时应满足本科及以上学历要求。

(二) 中国在世界银行总部关于“办理建筑许可”的交流

1. 北京方面

以下是2018年6月21日，在世界银行华盛顿总部，北京方面对“办理建筑许可”的部分汇报内容：

北京市实行多图联审，通过摇号选定一家审图机构，审图机构与设计单位当面沟通，邮件反馈，复审无误之后向北京主管部门备案。申请办理建筑许可证，全程网上办理，8天内就可以网上打印证照，时间减少了6天。验收阶段，重点突出由住建委牵头，将竣工环节的各部门验收统一的联合验收（all-in-one acceptance）。登录完毕，即可在平台上显示，不同的部门在同一平台上显示他们的验收结果，一个平台上可以查看，最后出具一份联合验收通知书。目前有9个项目（截至答辩当日）通过了联合验收。下一个阶段是排水阶段，把所有公共设施信息接入市政大厅，实现并联办理。确保竣工验收之后的12天内可以办理排水接入，时间减少47天。最后一个阶段是不动产登记阶段，推行一窗式办理，让不动产登记、交易与纳税在一个窗口完成服务。同时推行互联网服务。原来是30天，现在压缩到1～5天。

总之，北京通过改革，从23个环节减少到13个环节，从208天变为42天（28个是工作日）。从成本看，对价值3 000万以下投资的项目取消了监理，社会投资项目也不需要招投标。地勘与土壤检测不是官方环节，因此付出的费用不算官方费用，只收取不动产登记费用550元（当然，从世界银行评估结果看，DB2019并没有完全认可）。

2. 上海方面

以下内容为2018年6月21日，在世界银行华盛顿总部，上海方面对办理建筑许可环节做完汇报之后，专家的问答环节：

贾亚什里（世界银行专家）：第一，我们营商环境的方法论，程序不仅限于官方程序，即使公共部门不要求，但在实践中采取的流程也算程序；第二，你们采取的改革措施，是最近才采取的，而我们营商报告所认可的改革措施，是已经采取的，并且已经为私营部门所认可的。接下来，有几个具体的问题：

其一，土壤和地质的勘探，如果项目公司和建设单位仍然在做，我们仍然会把它们计入环节之中。（上海方面回答：我们也注意到，全球很多地方都有地质勘察环节，我们是建议世界银行不纳入该环节，并不是说这个环节不需要。）

其二，施工过程中部分小型项目的强制监理，是否都取消了？（上海方面回答：我们非常重视工程质量的全过程管理。工业项目和小型项目，并不要求聘请监理，但这并不意味着我们放弃了对它们的要求。我们要求企业从内部加强管理，政府质量安全监督机构，同样是基于风险进行监督与检查。）

其三，成立了检查部门，是进行随机的抽查吗？（上海方面回答：是的，我们有工程质量安全监督的机构，基于公共安全的考虑，会有不同的监督与检查的层次。我们会有两个层次，其一是地方层次，也就是区政府；其二，市一级层次，我们还有监督与检查。）

其四，你们有督查站，原来在企业取得建筑许可证之前，要到督查站去备案，然后才能有监督与检查。（上海方面回答：备案的要求，在2010年上一轮的改革中已经取消了，政府通过信息的共享推送解决以上问题。）

其五，是进行实地检查，还是通过图纸来检查？（上海方面回答：仍然要到现场检查，根据项目的不同类型，采取不同的检查要求，包括不同的检查频次。）

其六，项目的三种分类中，工业项目与小型项目的不同是什么？世界银行报告里的小型仓库，既可以称为工业项目，也可以称为小型项目。（上海方面回答：按照上海市分类改革的要求，我们主要按照风险管理、建设规模与建筑类别来分类，这些项目确实既是工业项目，也是小型项目。我们实践操作中按照最优的审批时限来处理。小型项目中除了小型工业项目之外，还有小型民用项目。）

其七，多图联审之后的民防备案是否需要单独到民防局办理？（上海方面回答：信息直接推送给民防局，不需要单独到民防局去备案了。）

上海方面最后总结：第一，地质勘探和土壤检测，是设计单位出于设计需要，而由一个私人单位对另一个私人单位提的要求；第二，工程质量的控制，中国有一套成型的法律和法规，要落实建设各方的责任，业主、设计方、监理方、政府方等所有各方的责任，都要落实。下一步是要加强这方面责任的落实，主要是加强事中事后的监管。包括要实行“双随机、一公开”：随机选取抽查对象，随机选取检查人员，所有检查结果都必须向社会公开。所有重要节点，都要到现场去检查，政府必须代表公共利益，履行监管责任。

第四节　施工图审查制度比较研究

一、前言

施工图审查是工程建设的重要组成部分，也是办理建筑许可环节的重要内容。本部分对美国、新加坡、澳大利亚、新西兰、英国、德国、中国香港等七个国家和地区的施工图设计审查制度进行比较研究，希望为改进我国上海市施工图设计审查制度提供借鉴。

在目前查询到的案例中，只有澳大利亚取消了施工图审查制度。澳大利亚是联邦制国家，根据国家宪法，建筑法规由六个州和两个领地自行制定，各州和地区可建立其管辖范围内的建筑技术法规及监管体系。在澳大利亚的许多州，如新南威尔士州，1999年前实行施工图审查制度，但由于程序复杂、耗时长、费用高，2000年起取消了施工图审查。他们认为，经过政府考试合格，并领到澳大利亚工程师学院颁发的执业注册资格证书，就有能力对工程技术负责，而且必须对工程负完全的技术责任，因此，有资质的工程师出具的图纸就是合格的图纸。澳大利亚取消审图制度有其存在的客观制度条件：一是建设市场比较规范，参与工程建设活动的各方主体法律意识较强；二是个人执业制度比较完善，执业资格管理非常严格，注册人员对工程质量的责任十分明确；三是有成熟的职业保险制度，分担了部分工程质量风险。澳大利亚多数州取消施工图审查制度简化了审批环节，缩短了建设周期，节约了建设资金，并且减少了政府的责任。[1]

除澳大利亚外，美国、英国、新西兰、新加坡、德国、中国香港等国家和地区都有施工图审查制度，也都把施工图审查合格作为获得建设工程建筑许可的前置条件，只是施工图审查制度具体运行的机制不尽相同。就审图机构而言，美国、新加坡、中国香港由政府主管部门下设的机构来承担，德国由取得资格认证的社会机构或个人来承担，英国由政府机构或取得资格认证的社会机构来协同承担。施工图审查的费用大都由建设方承担，费用额度一般为工程造价的0.5%～1%。主要有以下三种模式：一是建设方把费用支付给政府，政府把相应费用给予下属机构或支付给其委托的承担相应工作的社会机构和个人；二是建设方直接委托给政府许可的社会机构或个人，由建设方按相应规定直接支付给其委托的机构或个人相应的费用；三是由政府承担施工图审查费用，政府负担下属机构的开支或负担其委托社会机构和个人的相应费用。对于责任承担问题，各国家和地区规定也各不相同。德国对图纸设计质量实行个人负责制，美国的设计审查责任在审查机构而不在个人，同时，美国要求建筑单位为设计师设立赔偿准备金。谈到其他可以借鉴的制度，英国的“认可审查员”制度中的“建设告知”制度类似于“告知承诺办法”，我国香港地区的“认可人士”制度、新加坡的认可审核工程师审查制可以有效地保证设计审查的质量，确保建筑设计的安全。

二、美国施工图审查制度

美国对建筑工程产品，特别是事关社会公众利益和公共安全的建设工程，采取直接监管的方式。美国的《国际建筑规范》(International Building Code，简称IBC) 明确规定建筑工程实行规划许可、建筑许可、使用许可制度，施工图审查是颁发建筑许可证、使用许可证的必备条件。美国各州州法规定，地方政府(市或县) 必须设置建管局(或类似机构)，建立完善的审查制度，明确审查权限，配备符合规定的审查员(plans examiner) 来执行施工图审查，建管局与消防局、规划局、公务局等部门协同进行审查工作。

1　参见沈小克：《澳大利亚勘察设计单位考察情况》，《岩土工程界》2004年第4期。

美国施工图审查的范围包括厂房、住宅、化工、医药等各类工业与民用建筑，审查的内容包括结构设计、建筑构造设计、防火安全与灭火、紧急逃生与预警、无障碍设计、节能设计、机械设计和电气设计等。审图工作的重点内容是保证工程施工的统一性，通过定期召开专业研讨会，制定法规政策，成立法规专题委员会来保证审图质量。

美国施工图审查是非营利性质的政府行为，审图机构隶属于政府部门，具有执法权。审图机构的组织包含许可证中心、审图中心、施工检查部、行政辅助及人员配备等。审图机构有权发放营建许可证、验收合格证及使用证，对审图与施工情况进行检查，以及签发与吊销许可证。审查员需具有工程经历、培训经历、土木工程师资格。[1]

审查机构收取相当于工程造价0.5%～1%的审查费。工程的设计质量仍由设计单位负责，但要求建筑单位为设计师设立赔偿准备金。突发性保留款（contingency reserve）规定，建设单位需要设立一笔约为总金额5%的款项，用来当作建设单位支付承包商发生一些小的设计与施工错误的赔偿金，而建设单位也可与设计工程师合议，将此保留款作为建设单位支付赔偿金的上限，如果设计工程师发生的错误超过此金额，建设单位将不再支付任何多余金额。在审图机构责任方面，美国加州的施工图审查处把审图机构承担质量责任的原因分为经验不足、疏忽和渎职三种，责任包括民事责任和刑事责任，但因为政府拥有强大的律师团，除非有明显渎职行为，业主一般不愿提起诉讼，避免了滥讼情况，因此少有承担民事、刑事责任的案例。当发生经验不足或疏忽等质量责任时，一般不会追究审查员个人民事和刑事责任，个人仅承担名誉损失，民事责任由审查机构承担。[2]

三、英国施工图审查制度

英国将建设工程设计审查、施工监管和竣工验收统称为建筑控制。英国已形成了比较完善的设计审查质量保障体系，为约束建筑控制主体行为，英国建设主管部门颁布《建筑控制行为标准》，所有提供建筑控制服务的机构和

1 参见余宏亮：《国内外建设工程施工图审查制度比较研究》，《建筑经济》2011年第9期。

2 参见井润霞、毛龙泉：《美国建筑工程设计和施工图审查质量的法律责任探析》，《质量管理》2010年第9期。

个人都必须严格遵守。

英国对建设工程质量采取更灵活的监管方式。英国的设计文件审查是“建设控制服务体系”(Building Control Service) 中的一部分，并有两种服务类型供业主选择。一种是“当地主管部门建设控制服务”(Local Authority Building Control Service，以下简称“政府服务”)，政府向业主收取一定的服务费用，为业主提供的设计文件进行审查服务；一种是“认可检查员建设控制服务”(Approved Inspectors Building Control Service，以下简称“私人服务”)，政府不再对工程进行监管，“认可检查员”作为设计审查的专业人士为业主提供市场化的审图服务，并对该建设工程负责。英国建筑行业协会制定认可检查员制度和注册制度，包括行为准则和惩戒制度，规定认可检查员必须履行的责任、对其失职的惩戒程序及处罚形式。业主可根据需求自主选择建筑控制机构，由建筑控制主体全权负责设计审查、施工监督、竣工验收和证书颁发等一系列质量安全监管工作，责任的连贯性得到保证使得其服务质量和效率不断提升。

地方政府和认可检查员的建筑控制服务内容是一致的，但设计审查程序不同。当选择地方政府时，业主还可根据项目类别及自身需求，选择“完整设计文件”(full plans) 或“建设告知”(building notice) 的审查方式。业主若选择认可检查员服务，只需向地方政府递交“初始告知”(initial notice) 文件，由地方政府确认项目、项目负责人、认可检查员的基本信息（资格证明、职业责任险证明等)，时限为五天；之后认可检查员将完全接替政府部门进行工程项目的质量安全监督工作，认可检查员仅需向政府部门备案审查报告、证书等相关信息；政府部门只在需要强制执行建设法规的情况下才介入。另外，业主可要求认可检查员在审查合格后颁发“设计证书”，该证书是追溯责任的依据，与批准开工无关。审查费用、时限和阶段完全由业主和认可检查员协商确定。业主若选择地方政府部门的“完整设计文件”程序，则需要向地方政府部门递交全套图纸、计算书及其他相关资料，设计审查由地方建筑控制部门完成。而业主若选择“建设告知”程序，只需将工程的基本信息告知地方政府即可，无须递交设计图纸资料。[1]

---

1 参见孙继德、王钰冰：《英国建设工程设计审查制度探析》，《建筑经济》2013年第1期。

表 2-13　英国“建筑许可”审查内容与方式

内容	“完整设计文件”方式	“建设告知”方式
审查时限	一般五周内完成，特殊情况下获得业主同意后可延至两个月。	递交“建设告知”后即可开始施工。
地方政府部门权限	设计审查合格后，需向业主颁发“许可通知”，获得此通知的工程项目，地方政府无权对工程项目进行强制修正，如发现违规情况，只能对业主进行限额罚款或上诉法院。	在监管过程中，可要求业主提供相关设计资料，如发现违规情况，既可对业主进行罚款，亦有权对工程进行强制修正。
业主权限	有权要求地方政府在工程竣工后颁发“竣工证书”；如不认同地方政府的判定结果，有权向上一级政府部门请求裁决。	无权要求地方政府颁发任何证书，即使不认同地方政府的判定结果也无权向上一级政府部门请求裁决。

英国建筑控制主体在设计审查或施工监管中因疏忽未能及时发现缺陷而造成业主损失，要承担检查责任。建筑控制主体的检查不能替代承包商、设计师自身的核查，也不免除其质量责任，如设计、施工原因导致质量事故或缺陷，仍由设计和施工单位承担具体的民事或刑事责任。但如果建筑控制主体在重要问题上故意犯错，则需承担相应的民事或刑事责任。但是在英国，工程保险业务开展非常普遍，建设项目无论大小，均可通过投保工程保险来降低工程建设中的各种风险。[1]

四、中国香港地区施工图审查制度

在中国香港地区，建筑工程根据投资主体的不同可划分为公共工程和私人工程，对不同工程实行差异化管理模式。其中，房屋及规划局下属的屋宇署，是特区政府管理工程建设行业的部门。屋宇署作为私人工程的直接主管部门，依据《建筑物条例》对私人工程实施管理，一般采取不干预政策，业主对自己的投资承建活动，诸如材料的采用、投资额度、中标方式、中标价格、承建商选择等都有很大的自主权。

屋宇署对承接私人工程的承建商并不实行资质管理，只要该承建商经建

1　参见任树本等：《工程保险建设项目的风险保障——英国工程保险制度借鉴》，《中国投资》2002年第7期。

造商会或一名“认可人士”的推荐即可向屋宇署注册，并承揽工程。屋宇署管理的重点在于工程的标准及认可专业人员的执业资格，取得执业资格的结构工程师、建筑师、机电工程师、测量工程师等专业技术人员是政府进行工程建设管理的基础。认可人士及注册人士在香港建筑工程领域扮演行政审批中介的角色，为政府审批提供相关中介服务。个人资质体制下，行政审批中介无须满足注册资本、办公场所面积等要求，只要个人专业能力、经验满足要求即可获得资质。任何人士如有意进行建筑工程，必须委聘认可人士负责统筹工程。在建设工程全过程各关键节点，认可人士须制备或监督制备政府要求的审批文件，并以其专业知识证明或确保文件内容符合法例要求。认可人士须对工程进行定期监督和检查，在建设工程所涉及的行政审批流程中的多个环节，认可人士须在提供给政府审批部门的文件上签名并对其负责。注册人士包括注册结构工程师、注册岩土工程师、注册检验人士、注册承建商等。如工程需要，还需按规定另聘请注册结构工程师、注册岩土工程师和注册承建商等。根据工程需求，注册人士可能须对工程某方面或阶段性质量负责。由于认可人士及结构工程师在建筑活动中的重要性，为防止其渎职或过失，《建筑物条例》具体规定了对认可人士、结构工程师纪律处分的组织机构和程序。认可人士和注册人士负责拟定图则，同时需要向屋宇署提交设计图纸。图纸一式八份，屋宇署收到图纸后，要分送土地（地政）、规划、环保、排水（渠务）、消防、道路（路政）、山体斜坡（土木工程）等部门征求意见，并在60天内做出答复。[1]

香港法例保证了政府对行政审批中介的管理权。政府拥有为行政审批中介资质的管理权，各类认可人士、注册人士的名册由政府主管部门首长即屋宇署署长保管。政府主管部门根据法例要求设立各类注册事务委员会，有权提名委员会成员，并作为成员参与部分委员会。政府是中介资质的审批主体，法定机构的资质审查意见对政府审批起协助作用。政府有权依法取消或拒绝延续行政审批中介人士的资格。[2]

1　参见柯洪、吴启明等编：《香港工程建设管理》，天津大学出版社2005年版。

2　参见张楠迪扬：《行政审批中介管理制度：建设工程领域内地与香港的比较研究》，《中国行政管理》2017年第2期。

五、德国施工图审查制度

在德国，为保证公正、客观，审核机构不是政府部门，而是以审核校对师为主体的事务所，其依据《建筑产品法》代表政府行使监管权力。所有工程项目均由审校师负责审核，建设主管部门无须另外审核。取得审校师资格必须经过严格的考试，并由州建设主管部门批准。审校师可以成立事务所，并可以聘请设计师、工程师为其工作，但最后签字必须是审校师个人。德国的审查业务原来全部由政府委托，近年来改变为部分审查业务可由业主直接委托熟悉的审校师来完成，并报政府主管部门备案。德国对于设计队伍无资质分级标准，对设计师无特殊执业资格要求，以结构工程师为例，结构专业人员在完成规定学业并毕业后，申请加入工程师协会，每年交一份协会会员费，即可获得工程师协会给予的工程师资格。取得工程师资格后就可以个人名义成立事务所，承接工程设计工作。审校师审核并不是对施工图质量的保证，“谁设计谁负责，谁施工谁负责”是德国建筑业管理的基本宗旨。审查通过的项目如因设计质量出现事故，则不会对审校师个人进行行政处罚，经济处罚一般由建设项目投保的保险公司承担，德国各州建筑技术条例中规定审校师必须缴纳职业责任险，以保证其具备相应的经济赔偿能力。在德国高诚信、高素质的大环境下，对图纸设计质量实行个人负责制，设计人员诚信度和专业性都非常强。[1]

无论是政府委托，还是业主直接委托，审查费用都由业主直接向审校师支付。收费按政府规定的标准执行。即使是业主直接委托，也未发生弄虚作假的事件，也未出现多收费或压价竞争的情况。审查收费标准由政府制定，以土建费为基价，不能议价，收费标准每年均缓慢上升；同时可根据审图次数进行多次收费，费用由业主直接付给审校师。[2]

六、新加坡施工图审查制度

新加坡建设局（Building and Construction Authority，简称BCA）是新加

1　参见蔡亮：《德国建设工程设计的审查监管》，《建筑》2017年第20期。

2　参见蔡亮、张文玉、孟岚：《德国建设工程设计审查监管情况介绍与启示》，《建设监理》2017年第9期。

坡建筑设计审查管理的主体，该局的主要职能就是通过建立严谨、周密的建筑管理制度，为新加坡营造一个安全、高质量、友好并可持续的建造环境。其设计行政审批制度以《建筑控制法》为依据，建筑管理署是《建筑控制法》的实际执行者，由建设局局长委任的建筑管制专员（Commissioner of Building Control，简称CBC）统筹具体的图纸审核工作。新加坡建筑设计审查的内容涉及建筑设计的多个方面，包括防火安全、环境保护、道路规划、车位规划以及无障碍设计等。建筑管制专员直接对局长负责，其职责是对施工图纸做符合性审查；而对图纸的技术性审查则由认可审核工程师或审核机构以及相关的政府技术部门负责。在政府进行设计审查前，业主需指定一名取得注册资质的人员负责工程设计。在设计工作开始前，资质人员须先获得城市重建局（Urban Redevelopment Authority，简称URA）颁发的书面许可。设计完成后，资质人员须向 BCA 提交建筑设计图纸，由BCA对建筑设计图纸进行审查。[1]

新加坡政府建立了以资质人员为核心的设计负责制度。所谓资质人员，是已经在新加坡注册为建筑师或专业工程师的人员（如注册结构工程师、注册造价工程师等）。资质人员是新加坡设计审查制度的被审查主体。业主委任资质人员对项目进行监督和管理是项目开工许可的一个必要条件。业主方的设计负责人应是符合要求的资质人员（Qualified Person，简称QP），他需要对所有图纸进行常规性的复核，并全程负责图纸的提交和修改工作。此外，业主还要委托认可审核工程师（Accredited Checker，简称AC）对结构设计图进行二次复核。建设局主要通过建立认可审核工程师审查制和资质人员设计负责制确保设计审查的质量及建筑设计的安全。如资质人员违反上述规定，则将面临惩罚。资质人员在设计审查申请中居于核心的位置，其权力与责任都很大，需要同时对业主、政府以及认可审核工程师负责，因此对资质人员的专业知识、协调能力、责任心、耐心等都有极高的要求。这种机制为确保工程设计质量提供了有效的保障，也明确了设计审查的责任主体，避免出现为建筑设计问题而互相推诿的现象。[2]

---

1 参见杨扬、吕文学：《新加坡建筑业管理体制分析》，《国际经济合作》2009年第2期。

2 参见孙继德、周舜尧：《新加坡建筑设计审查制度分析及启示》，《建筑经济》2013年第2期。

七、新西兰施工图审查制度

新西兰《建筑法》第40条规定，在建筑施工之前，必须经过建筑审批(Building Consent)，审图则在建筑审批阶段进行。申请人应当向建筑审批机构(Building Consent Authority)提交申请表，并附上建筑设计图纸最终稿与必要说明供审批机构审查，其中设计图纸应当包含编号和标题、设计师及相关人士的姓名与工作地址，图纸尺寸可以在A0到A4中进行选择。

建筑审批机构会对设计图是否符合建筑法规的要求进行审查，但因资源和时间有限，有时会将这一工作交由外包商(external contractor)以审批部门的名义负责，当然这一情况会及时告知申请人。

《建筑法》附录一规定了无须审批即可实施的建筑项目类别，如以保护生命、防止重要财产损害为目的，但无法提前获得批准的建筑项目则属于此类。无论项目是否需要审批，都必须遵守建筑法案和其他法律的规定。附录一还规定，当申请人有其他需要时，申请人可向审批机构申请此类豁免。限制建筑工程(Restricted Building)是指对建筑支撑结构和风雨防范设施进行改造的对公民生活至关重要的建筑工程，因此《建筑法》第84条规定，对于限制建筑工程，申请人必须委托持证建筑工程师(Licensed Building Practitioner)来设计或监督建筑进程。申请人必须向审批机构提交持证建筑工程师的个人信息，每个持证建筑工程师在根据建筑物审批执行建筑项目或监督限制建筑工程实施时，需在完工时向指定的人员提供工作记录，对被许可的建筑项目进行情况说明。

建筑许可费用由申请人支付，具体金额由审批机构根据项目的复杂程度等因素决定。此外，还可能需要支付政府税费，具体数额取决于项目的价值。若审批机构认为需要进一步调查所申报的项目，或者申请中未能包含所需信息，申请人需要提供相关补充信息并支付额外费用。在获得建筑许可后修改建筑方案，也需要支付额外的费用供审批机构审查修改后的方案。原则上审查机构的审查时限为20个工作日，但可视项目的复杂程度、申报项目信息的完整程度、申报项目信息的准确程度等因素进行调整。申报项目中涉及的连接供水和排污管道等部分将分送给其他政府专门部门进行审查。

第五节　优化“办理建筑许可”的改革方向

一、世界银行的建议

世界银行根据DB2019评估结果，对我国的“办理建筑许可”指标提出了以下建议：

（一）短期改革建议

1. 取消在消防部门亲自盖印防火证的需要；

2. 取消出示银行开具的资金证据的要求；

3. 缩短在房地产交易中心登记建筑的时间；

4. 进一步缩短连接供水和排污管道所需的时间；

5. 在城市建设与交通局网站上发布与建筑许可证申请受理量和受理时间有关的详细信息，提升透明度；

6. 减少建筑规划各阶段和许可证办理过程中要求的文档数量；

7. 为建筑行业的专业人士和投资者提供清晰、可操作的指导方针和清单，并将其与机构条例和适用法规一起提供给公众；

8. 在中国开展同行学习活动和实地考察；

9. 针对所有改革举措开展有针对性的交流和传播活动。

(二) 中长期的建议

1. 考虑由住房和城乡建设管理委员会、消防部门、生态环境局和参与该过程的任何其他机构引入一份预申请在线审查的图纸;

2. 考虑修改电子签名法,允许在与土地有关的事务中使用电子签名;

3. 巩固和简化建筑与设计规范;

4. 改善机构间协作,扩大用户对地籍图和地理信息系统(GIS)的访问权限,由规划和自然资源局主导;

5. 引入一个单独的在线窗口,用于建筑许可证的在线申请和批准;

6. 审查建筑物的分类,并依据建筑物的内在特征和预期用途引入基于风险的分类;

7. 审查当前检查制度,并引入基于风险的检查。

二、下一步的改革措施

上海市根据营商环境改革"思想不松、目标不变、标准不降、力度不减"的要求,努力推行以下改革措施:

(一) 对接世界银行指标的改革措施

1. 上海市于2019年2月11日发布了《2019年上海市优化施工许可营商环境总体安排》(沪建审改〔2019〕1号),针对低风险项目,依托上海市工程建设项目审批管理系统实现"一网通办",实现数据共享,无须企业单独去发展改革部门办理项目在线投资备案。

2. 上海市生态环境局于2019年2月21日发布了《上海市不纳入建设项目环评管理的项目类型(2019年版)》(沪环规〔2019〕3号),针对低风险项目,免予环境影响评价。

3. 上海市于2019年4月23日发布了《关于本市社会投资小型工业项目减免相关费用和取消施工图设计文件审查的通知》(沪建审改办〔2019〕1号),针对低风险项目,地质勘察采用政府购买服务的方式,由项目所在地的政府相关部门在土地出让前完成,勘察报告随土地合同一并发放给企业,企业不再需要办理这项环节;采用政府购买服务的方式,由项目所在地的建设管理部门委托聘请监理机构对现场进行工程监理,企业不再需要聘请监理机构并承担相关费用，取消此环节；取消施工图设计文件审查环节，此类项目不再由建设单位委托施工图审查机构进行施工图审查，进一步强化建筑师、工程师的执业责任，在施工图设计文件中签字并加盖执业证章，作为向政府的承诺和保证。

4. 上海市于2019年3月28日和2019年4月23日分别发布了《关于成立上海市社会投资项目审批审查中心的通知》(沪建审改〔2019〕2号)和《关于印发〈关于提升本市社会投资低风险项目审批服务质量实施细则〉的通知》(沪建审改办〔2019〕2号)，依托上海市工程建设项目审批管理系统，针对低风险项目，在建筑许可阶段实行一站式申请建筑许可，一次打包在线核发工程规划许可证、施工许可证。

5. 上海市住建委于2019年2月22日和2019年3月1日发布了《关于进一步优化本市小型建筑工程质量安全管理的通知》(沪建建管〔2019〕131号)和《关于进一步优化营商环境提升建筑工程质量管控水平的通知》(沪建建管〔2019〕182号)，针对低风险项目，在主体结构封顶后、装饰装修工程施工前实施一次监督检查，且无须建设单位到场。

6. 上海市住建委于2019年2月15日发布了《关于进一步简化本市小型建筑工程竣工验收工作的通知》(沪建建管联〔2019〕118号)，针对低风险项目，本市取消消防部门的竣工验收，整合建设单位组织的"四方"验收、建设管理部门的"四方"验收现场监督以及规划和自然资源部门的规划竣工验收，并将消防事后抽查纳入"六方"验收流程中，由建设管理部门实施。

7. 根据2019年4月23日新修订的《中华人民共和国消防法》，建设工程消防验收由住房和城乡建设部门负责，除特殊类项目外，取消消防验收，改为事后抽查。

8. 上海市于2019年1月30日和2019年4月3日发布了《关于进一步优化营商环境深化供排水接入改革的意见》的通知(沪水务〔2019〕139号)和《进一步优化营商环境深化供排水接入改革的实施办法》的通知(沪建审改〔2019〕3号)。建设单位可通过上海市工程建设项目审批管理系统在线向上海市社会投资项目审批审查中心一站式申请并获得建筑许可(包括工程规划许可证、施工许可证)后，网上同步推送供排水接入申请，取消"申请供排水接入"环节。由供排水接入部门为建设单位提供一站式、全流程代办服务，建设单位不再需要单独办理行政许可。

根据前述改革措施，上海有望将DB2019确认的19个环节，减少为6个：1. 一站式申请并获得建筑许可（9天）；2. 接受质量监督机构的一次检查（1天）；3. 接受自来水和污水处理检查（4天）；4. 一站式申请并完成"六方"验收（7天）；5. 获得自来水和污水处理服务（7天）；6. 不动产登记（5天）。而且，不动产登记这一环节，可与前序环节并联办理。

另外，根据前述改革措施，上海的"办理建筑许可"，直接取消8个环节，按照世界银行评估确定的环节序号，取消的环节依次为：1. 在上海市发改委登记建设项目；2. 完成网上环境影响登记；3. 地质勘察和土壤检测；4. 施工图联合审查；6. 聘请委托监理机构；8. 质量监督机构首次监督会议；11. 获得查询并申请供排水接入；13. 消防部门进行竣工验收。

最后，通过前述改革措施，上海以合并的方式，减少了5个环节，按照世界银行评估确定的环节序号，依次为：5. 获得建设工程规划许可证；10. 接受质量监督机构的随机检查（二）；15. 在规划和自然资源局进行竣工验收；16. 在住建委进行竣工备案；17. 从住建委获得竣工备案证书。

（二）对标世界银行指标，争取国家修订法律

"办理建筑许可"指标的优化往往涉及国家上位法的修订，例如：1. 取消社会投资项目的备案要求，涉及修改《企业投资项目核准和备案管理条例》第3条、《企业投资项目核准和备案管理办法》第4条。2. 修改工程报监制度，不作为发放建筑许可证的条件，涉及修改《建设工程质量管理条例》第13条、国家人民防空办公室《关于颁发〈人民防空工程质量监督管理规定〉的通知》第9条。3. 修改民防工程审图制度，改由第三方机构负责审图，涉及修改《人民防空工程施工图设计文件审查管理办法》第4、10条。

具体来说，北京和上海作为指标城市，通过研判，提出了如下修法建议：

> 1. 原条文：《城乡规划法》第38条，以出让方式取得国有土地使用权的建设项目，在签订国有土地使用权出让合同后，建设单位应当持建设项目的批准、核准、备案文件和国有土地使用权出让合同，向城市、县人民政府城乡规划主管部门领取建设用地规划许可证。

建议修改为：以出让方式提供国有土地使用权的建设项目，在签订国有土地使用权出让合同后，建设单位应当持测绘单位按照规划要求确定的建设用地范围成果，和依成果绘制的规定比例尺地形图领取建设用地规划许可证。

理由：依照《企业投资项目核准和备案管理条例》（国务院令第673号）的规定，企业投资项目除关系国家安全、涉及全国重大生产力布局、战略性资源开发和重大公共利益等实行核准管理外，其他项目实行备案管理，企业在开工建设前将相关信息告知备案机关即可，因此建议对企业投资项目涉及土地出让的，不再将建设项目备案文件作为企业申请建设用地规划许可的前置材料。另外，鉴于国土资源和城乡规划机构职权整合，国有土地使用权出让合同证明事项可以通过政府内部协作解决，建议不再将其作为企业申请建设用地规划许可的前置材料。

2. 原条文：《噪声污染防治法》第14条，建设项目在投入生产或者使用之前，其环境噪声污染防治设施必须经原审批环境影响报告书的环境保护行政主管部门验收。

建议修改为：删除该项内容。

理由：2014年修订的《中华人民共和国环境保护法》以及2015年修订的《中华人民共和国大气污染防治法》取消了原法中关于"环保竣工验收行政许可"的规定。2017年修订的《建设项目环境保护管理条例》第17.1条规定，对于噪声污染防治设施、固体废物污染防治等设施，应当由建设单位进行自主验收。但由于《中华人民共和国噪声污染防治法》《中华人民共和国固体废物污染环境防治法》还保留了相关规定，噪声污染防治设施和固体废物污染环境防治设施的环保验收仍由环保部门进行许可。删除上述规定，既符合法制统一的原则，也有利于提高办理建筑许可的审批效率。

3. 原条文：《固体废物污染环境防治法》第14条，固体废物污染环境防治设施必须经原审批环境影响评价文件的环境保护行政主管部门验收合格后，该建设项目方可投入生产或者使用。

建议修改为：删除该项内容。

理由：同第2条理由。

4. 原条文:《建筑法》第8条,申请领取施工许可证,应当具备下列条件:(二)在城市规划区的建筑工程,已经取得规划许可证;(七)建设资金已经落实;(八)法律、行政法规规定的其他条件。

建议修改为:将第(二)项修改为"在城市、镇规划区的建筑工程,依法应办理规划许可证的,已经取得规划许可证";删除第(七)项建设资金已经落实,第(八)项法律、行政法规规定的其他条件。

理由:随着2018年《城乡规划法》的颁布实施,上海市规划区已扩展至乡镇,因此第(二)项"在城市规划区的建筑工程,已经取得规划许可证"应进行相应调整。第(七)项"建设资金已经落实":在实操中由建设单位提交银行存款证明等材料,但并未设置资金冻结等限制条件,相关证明材料无法保证资金确实用于建设工程项目。工程款支付属于民事合同调整范畴,可通过合同支付履约条款进行羁束。2018年6月6日,李克强总理主持召开国务院常务会议,部署全面清理各类证明事项,明确要求年底前先行取消申请施工许可证时需提交的资金到位证明等一批证明事项,全国正在加紧贯彻落实。第(八)项"法律、行政法规规定的其他条件"为兜底条款,不利于营商环境改革和"放管服"政策落实,建议删除。

5. 原条文:《档案法》第2条,本法所称的档案,是指过去和现在的国家机构、社会组织以及个人从事政治、军事、经济、科学、技术、文化、宗教等活动直接形成的对国家和社会有保存价值的各种文字、图表、声像等不同形式的历史记录。

建议修改为:增加"档案的主要载体形式包括:纸质档案、音像档案、电子档案及实物档案"。

理由:按照《国务院办公厅关于印发进一步深化"互联网+政务服务"推进政务服务"一网、一门、一次"改革实施方案的通知》(国办发〔2018〕45号)精神,以及《上海市公共数据和一网通办管理办法》,结合上海市优化营商环境,创新服务方式,切实提高政府审批和服务效能,当前国家档案管理法律法规并未对电子文档法律效力进行明确,结合管理实际,建议修改。

6. 原条文:《消防法》第10、11、12、13、14、34、56、58、71条等规定。

建议修改为：删除上述条款中涉及由消防部门实施的消防设计审核及备案相关规定，改为由综合审查机构负责实施。

理由："将建设工程竣工验收由原多个管理部门各自独立实施的专项竣工验收模式，转变为同一平台、信息共享、集中验收、限时办结、统一确认的五位一体验收模式，联验之外再无核验"与国务院简政放权、放管结合、优化服务精神相一致，将消防防设计审核、消防验收及备案纳入"多审合一""联合验收"，可以有效提升审批速度，因此消防部门不再承担建设工程消防设计审核及备案的相关工作，验收可选择联合验收。此项改革涉及消防部门的职责调整，需修法予以明确。

7. 原条文：《人民防空法》第22条，城市新建民用建筑，按照国家有关规定修建战时可用于防空的地下室。

建议修改为：改变该事项审批方式（采取政府部门告知标准要求+申请人书面承诺+政府相关职能部门事中事后监管）。

理由：改变审批方式，将社会投资建设项目修建人防工程标准审查行政许可事项，实行"多规合一"，将面向建设单位行政许可审批方式改革为政府部门间协同办理。具体为由规划自然资源部门归口受理并将有关资料推送给民防部门，实施并联审批，民防部门提出意见并反馈，由规划自然资源部门统一向建设单位出具综合规划意见，民防部门不再面向建设单位单独办理许可。加强事中事后监管，实行"多审合一"，将规划自然资源、消防、人防等单独审查施工图纸的方式，改革为统一委托具有资质的机构综合审查，结果互认。加大行政执法力度，完善信用管理体系。申请通过修订《人民防空法》的方式，加大处罚力度，增加违法成本，同时健全信用管理体系。

8. 原条文：《人民防空法》第48条，城市新建民用建筑，违反国家有关规定不修建战时可用于防空的地下室的，由县级以上人民政府人民防空主管部门对当事人给予警告，并责令限期修建，可以并处十万元以下的罚款。

建议修改为：城市新建民用建筑，违反国家有关规定不修建战时可用于防空的地下室的，由县级以上人民政府人民防空主管部门对当事人给予警告，并责令限期修建，并处建设工程造价百分之五以上百分之十以下的罚款；确实无法限期修建的，按照应配建人防工程实际造价进行补偿。

理由：加大行政执法力度，完善信用管理体系。通过加大处罚力度，增加违法成本，同时健全信用管理体系。加强事中事后监管，实行"多审合一"，将规划自然资源、消防、人防等单独审查施工图纸的方式，改革为统一委托具有资质的机构综合审查，结果互认。

9. 原条文：《环境影响评价法》第16、31条，建设项目环境影响评价实施主体是建设单位，承担法律责任主体也是建设单位。

建议修改为：增加土地所有权人或土地摘牌方开展环境影响评价的要求。在不发生重大变动前提下，二级开发可不再重复进行评价。

理由：由于环境影响评价阶段提前至土地出让之前，可能无法确定项目建设单位。由于环境影响评价的实施主体可能不再是建设单位，目前的法律规定不适应未来的改革方向。

10. 原条文：《环境影响评价法》第18条，已经进行了环境影响评价的规划包含具体建设项目的，规划的环境影响评价结论应当作为建设项目环境影响评价的重要依据，建设项目环境影响评价的内容应当根据规划的环境影响评价审查意见予以简化。

建议修改为：建议明确建设项目环评简化细则。

理由：该项规定较为原则，虽规定了"建设项目环境影响评价的内容应当根据规划的环境影响评价审查意见予以简化"，但未明确具体的工作规则，缺乏支撑规划环评与项目环评联动的可操作性条款。

以上修法动议，系北京和上海向国家提出的建议。

根据以上建议，2019年4月23日，第十三届全国人民代表大会常务委员会第十次会议通过了八部法律的修订，分别是《中华人民共和国建筑法》《中华人民共和国消防法》《中华人民共和国电子签名法》《中华人民共和国城乡规划法》《中华人民共和国车船税法》《中华人民共和国商标法》《中华人民共和国反不正当竞争法》《中华人民共和国行政许可法》，涉及数十个条款的修订。同日，国务院公布第714号令，修订了《中华人民共和国注册建筑师条例》《建设工程质量管理条例》《不动产登记暂行条例》等三部行政法规，在很大程度上回应了两个指标城市提出的修法动议。

（三）非世界银行指标的上海自主改革措施

1. 推进工程建设项目审批制度“全覆盖、全流程、全方位”改革。出台实施《上海市工程建设项目审批制度改革试点实施方案》《实施细则》。（1）简化审批事项和条件。取消建设工程报建、总体设计文件审查、建筑节能设计审查备案等15个行政审批事项；取消建设单位建设资金落实情况审核等20个审批前置条件；取消企业投资备案类项目中工业及小型项目的10类评估评审事项；通过各审批部门的数据交换，精简各类报审材料70余件。（2）合并审批事项。将16个审批事项合并为5个事项。对于政府投资项目，整合工程可行性研究和初步设计文件，按照初步设计深度编制工程可行性研究报告。对于土地储备项目，选址意见书和用地规划许可合并办理；对于划拨土地项目，选址意见书和用地预审合并办理。（3）转变管理方式。对于能够通过事中事后监管纠正且风险可控的审批事项，推行告知承诺制，依托建设市场诚信体系可直接作出审批决定。（4）下放审批权限。鼓励有条件的审批事项实行同级化办理。（5）调整审批时序。调整优化24个事项办理的前后关系，如建设单位可以在项目正式立项前开始勘察、设计招标活动；供排水、供电、燃气等市政公用设施，可在施工许可证核发后办理报装程序，竣工验收后直接办理接入。

2. 进一步优化联审平台功能，实现项目审批一网通办。在现有联审平台基础上搭建全流程审批平台，重点实现和优化竣工验收、市政设施接入、事中事后监管等功能模块，实现项目审批一网通办。

3. 加强信息平台共享互通。推进各部门审批管理系统信息共享，做到“横向到底、纵向到边”，重点实现投资立项和规划土地部门全覆盖系统与联审平台的共享互通，从用户角度实现只入一口、一网通办。

4. 推进审批全流程网上无纸化、零窗口办理。以行政审批电子证照和电子归档为重点，推行审批事项全程网上无纸化、零窗口办理。推进各审批事项所涉及的法律法规、标准规范、办事指南、操作说明和企业申请登录统一在“联审平台”公开和设置。

5. 完成供排水等市政接入服务领域改革。由市住建委牵头统筹协调供排水、供电、燃气等市政公用设施接入服务统一纳入上海市建设工程联审平台管理。对标国内先进水平，以企业实际感受度为依据，确保供排水等市政公用设施接入进一步优化环节，压缩时间措施落地。

6. 将装饰装修工程审批时限，尽力压缩至20个工作日以内。建筑许可改革，无论在减程序、压时间与降成本方面如何着力，都不能伤害安全这一底线价值。就此而言，从成功的经济体经验看，新西兰与奥地利的分类监管思路值得借鉴。

新西兰（1991—2012）的流程如下：

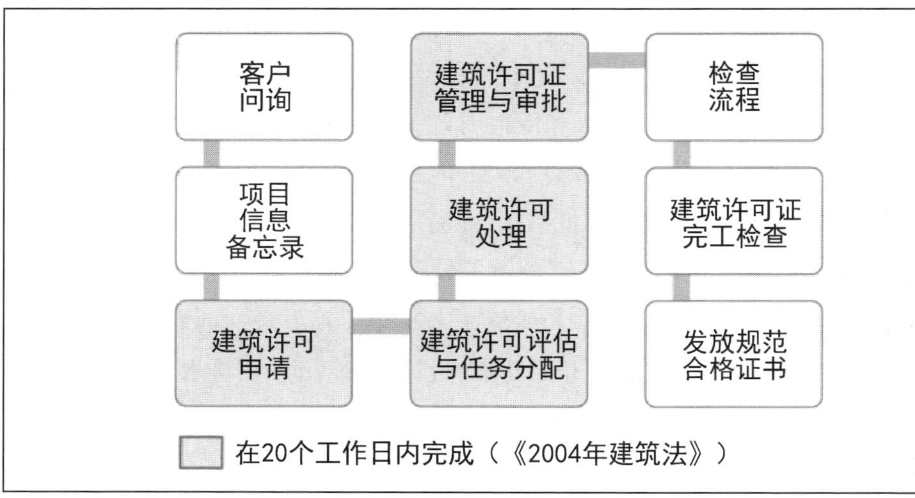

图2-8　新西兰建筑许可流程

表2-14　新西兰基于风险的审批流程(《2012年建筑法修正案》)

许可类型（风险类别）	许可机制	时间限制	检查机制
标准建筑许可	申请已完成 执照的建筑从业者正在开展建设工作 不存在应付给当地政府的余款	在建筑许可机构收到申请后20个工作日	根据时间表进行检查
低风险的建筑许可	申请已完成 执照的建筑从业者正在开展建设工作 不存在应付给当地政府的余款	在建筑许可机构收到申请后5个工作日	在签发针对该建设工作的经许可的完工证明前，不要求对建筑物进行检查

（续表）

许可类型（风险类别）	许可机制	时间限制	检查机制
简易住宅建筑许可	申请已完成 根据建筑许可机构进行适当检查 执照的建筑从业者正在开展建设工作 不存在应付给当地政府的余款	在建筑许可机构收到申请后5个工作日	根据时间表进行检查
商业建筑许可	申请已完成 建筑许可机构已承担了一项安全系统调试审查 已根据时间表开展检查 不存在应付给当地政府的余款	在建筑许可机构收到申请后20个工作日	根据时间表进行检查

奥地利的做法与此类似。

表2-15　奥地利风险分类

建筑等级	地上楼层最大层数	安全出口的最高级别	最大建筑面积	公寓和商用单元的最大数量	其他要求
1类建筑	3	7米	400平方米	2栋公寓或1个商用单元	外部可进入的消防平台，至少在自有土地的3面，或从车辆行驶区域和人行区域进入
2a类建筑	3	7米	400平方米	—	—
2b类建筑			400平方米	—	带阳台的房屋，每个单元的最大建筑面积
2c类建筑			800平方米	—	仅可用于住宅，外部可进入的消防平台，至少在自有土地的3面，或从车辆行驶区域和人行区域进入
3类建筑	3	7米	—	—	—
4类建筑	4	11米	—	—	每栋公寓或商用单元的最大建筑面积为400平方米，除非只有1个独立的公寓或商用单元
5类建筑	—	22米	—	—	
高层建筑	—	大于22米	—	—	

借鉴分类管理的思路，上海市住建委于2019年2月22日发布了《关于进一步优化本市小型建筑工程质量安全管理的通知》（沪建建管〔2019〕131号），明确建立基于不同项目类型、不同风险等级的差异化监管检查体系。

另外，上海市住建委于2019年3月1日发布了《关于进一步优化营商环境提升建筑工程质量管控水平的通知》（沪建建管〔2019〕182号），国务院2019年4月29日发布《关于修改部分行政法规的决定》（国令第714号），住房和城乡建设管理委员会于2019年4月30日发布《关于同意上海市开展提高注册监理工程师执业资格考试报名条件试点的复函》（建办市函〔2019〕283号），明确（1）提升上海市施工现场质量监督管理人员的资格要求，需具备最低工作年限、取得经市或区政府统一组织考试后颁发的行政执法证和本科以上学历；（2）提升本市社会投资项目设计负责人和总监理工程师的资格要求，需具备最低工作年限、国家注册资格和本科以上学历；（3）提升注册监理工程师和注册建筑师执业资格考试报名条件，必须具备工程类本科以上学历。据此，我国“办理建筑许可”的质量控制指数在DB2020中获得了满分。

根据DB2020，我国被认可的改革措施包括：取消申请获得土地利用及各类规划条件的审批，取消网上环境影响登记环节，取消设计和施工直接承包登记，建立基于风险类型和等级的检查机制，提高施工图审查人员资质标准，提高监理人员资质标准等。

“办理建筑许可”的营商环境变革永远在路上，根据建筑物的风险程度高低实施分类监管，既属法理正当，又合乎技术理性，而如何衡平法益价值，将是一个永恒的话题。

第三章　获得电力

第一节　世界银行方法论

世界银行营商环境评估指标“获得电力”（Getting Electricity）的方法论，源自世界银行集团发展经济学全球指标团队于2015年10月完成的一份政策研究工作报告。该报告题为“183个国家的电力连接及企业绩效”，作者为卡罗琳·格吉纳特和丽塔·拉马略。[1]值得关注的是，作者之一的丽塔·拉马略是世界银行全球营商环境评估的总负责人。[2]

一、总体描述

作为方法论的论文介绍了183个经济体中企业电力连接的最新数据。[3]

1　2121 Pennsylvania Avenue NW, Washington, DC 20433. 在本章中，作者的致谢如下：如果没有收集关于获取电力流程的新指标数据并对其进行广泛研究的团队，本文是不可能完成的。该研究团队包括Maya Choueiri, Caroline Frontigny, Nadia Ram, Jayashree Srinivasan, Susanne Szymanski和Marina Turlakova, 他们为研究也提供了出色的帮助。每个国家的完整数据集可以在www.doingbusiness.org上查看。作者要感谢Penelope Brook, Sylvia Solf, Jorge Luis Rodriguez Meza, David Francis和Murat Seker的有益讨论。

2　2018年12月25日，圣诞节，笔者收到一封来自丽塔·拉马略女士的感谢信，以及其团队发来的热情洋溢的邮件：亲爱的罗培新先生，营商环境评估小组感谢您为《2019年营商环境报告：为了改革而训练》所做的重要贡献，报告成功启动，获得大量媒体的关注……笔者内心非常温暖，也由衷佩服世界银行团队做事的认真细致。笔者回忆与丽塔女士交往的点滴，她会就一些非常细节的问题，与我们反复讨论确认，笔者送给她著作时，她会问著作讨论的问题是什么。认真细致的工作作风，赢得了我们的一致尊敬。

3　本章方法论部分的初译由华东政法大学国际金融法律学院研究生侯卉程同学完成，本书作者进行了选编与校译。

这些数据涵盖了一个有适度电力需求的中小型企业为获得新电力连接所需经历的流程、投入的时间和成本等信息。研究发现，各国之间获得这种电力连接的时间和成本存在显著差异。例如，在低收入国家，新企业获得电力的平均时间几乎是高收入国家的两倍，而与连接相关的成本则高出70倍。研究还发现，低收入国家的配电设施表现不佳，不能仅仅用收入水平的差异来解释。官僚主义的总体水平似乎是另一个重要因素。此外，研究还发现，数据与电力部门的现行有效措施有关，与获得电力连接相关的障碍反映了该部门的其他问题，例如电力供应质量和贿赂的发生率。最后，研究还发现，电力连接会影响企业绩效。更简单与成本更低的电力连接流程与更好的企业绩效相关，特别是在高电力需求的行业，例如汽车制造业。

文章首先指出，公路、水、电力和电信等基础设施服务对私营企业至关重要。当基础设施服务的质量和可获得性较差时，公司的生产力和成长会受到影响。2006—2010年在108个经济体进行的世界银行企业调查报告显示，全球的管理人员均认为电力是其业务发展中最严重的障碍。[1]此外，不良的电力供应已被证明对公司的生产力和对其生产力的投资产生不利影响，从而阻碍当地经济。[2]例如，有学者利用企业层面的数据估计，在东欧和中亚，消除现有的电力中断可能会使国内生产总值增长0.5%～6%。[3]

考虑到电力供应的质量和企业绩效之间的联系，发展中国家的许多企业依靠发电机的自供电来应对停电问题，这一解决方案已被证明比任何公用事业公司提供的电力要昂贵得多。[4]对于那些自供成本高得令人望而却步的小

---

1 根据世界银行对108个经济体的企业调查数据，22%的管理者认为，电力是其业务开展最严重的制约因素，排在非正规部门竞争（13%）和融资渠道（12%）之前。

2 Calderón, César, and Luis Servén, “The Output Cost of Latin America’s Infrastructure Gap”, in William R. Easterly and Luis Servén, eds., *The Limits of Stabilization: Infrastructure, Public Deficits, and Growth in Latin America*, Washington, D.C.: World Bank, 2003a; Dollar, David, Mary Hallward-Driemeier, and Taye Mengistae, “Investment Climate and Firm Performance in Developing Countries”, in *Economic Development and Cultural Change*, 54:1-31, October 2005; Eifert, Benjamin, *Infrastructure and Market Structure In Least-Developed Countries*, http:// beifert.googlepages.com/, 2007.

3 Iimi, Atsushi, *Effects of Improving Infrastructure Quality on Business Costs: Evidence from Firm-Level Data*, http://papers.ssrn.com/sol3/papers.cfm?abstract_id=1149084, 2008.

4 Foster, Vivien, and Steinbuks Jevgenijs, “Paying the Price for Unreliable Power Supplies: In-House Generation of Electricity by Firms in Africa”, Policy Research Working Paper 4913, World Bank, 2009.

公司来说，情况尤其如此。[1]

这篇论文提供了新数据，以助于理解公用事业公司在帮助企业连接电力时所面临的挑战。更具体地说，作者提供了183个经济体中为配电设施获取电力连接流程的数据，详细说明了所需的相关流程及其时间和成本。新指标采用的方法类似于詹科夫等人（2002年）在关于准入规则的开创性论文中提出的方法，[2]然后将其扩展为世界银行《营商环境报告》中的若干指标，以衡量不同公共服务提供者的效率。

这篇论文除补充了现有电力监管的研究之外，还通过提供新数据以及分析配电设施的服务质量，补充了有关企业绩效和商业监管的文献。近年来，许多研究试图确定不同电力部门改革成功的有效性和决定因素。[3]研究人员和政策制定者格外关注的一个改革方面是，基础设施服务行业的更好表现能否与监管机构的质量挂钩。[4]例如，卡宾（Cubbin）和斯特恩（Stern）（2006）在28个发展中国家收集的样本表明，监管法律的存在和高质量的监管治理与更高的人均发电量有关。[5]而安德烈斯等人（2008年）构建了电力监管治理指数，以说明监管机构的存在和质量如何影响了拉丁美洲公用事业的绩效。[6]此外，作者还提出了一个指标集，用以衡量电力监管在应用于配电设施时的某

---

1 Lee, K.S., Anas, A. and Oh, G.T., “Cost of infrastructure deficiencies in manufacturing in Indonesia, Nigeria and Thailand”, Policy Research Working Paper Series 1604, World Bank, 1996. 这种过高自供成本的后果之一是，在基础设施服务薄弱的国家，新设公司更有可能位于市中心附近，或位于容易获得良好公用设施和其他基本服务的老工业区。

2 Djankov, Simeon, Rafael La Porta, Florencio Lopez-de-Silanes, and Andrei Shleifer, “The Regulation of Entry”, *Quarterly Journal of Economics* 117(1), 2002, pp. 1–37.

3 相关文献综述参见Jamasb, T., R. Mota, D. Newbery, and M. Pollitt, “Electricity Reform in Developing Countries: A Survey of Empirical Evidence on Determinants and Performance”. World Bank Policy Research Working Paper 3549, World Bank, 2005.

4 Kirkpatrick, Colin, Parker, David, and Yin-Fang Zhang, “Electricity Sector Reform in Developing Countries: An Econometric Assessment of the Effects of Privatisation, Competition and Regulation”, Centre on Regulation and Competition (CRC) Working Paper, No. 30593, 2002.

5 Cubbin, John and Jon Stern, “The Impact of Regulatory Governance and Privatization on Electricity Industry Generation Capacity in Developing Economies”, The World Bank Economic Review Advance Access, World Bank, 2006.

6 Andres, Luis, Jose Luis Guasch and Sebastian Lopez Azumendi, “Regulatory Governance and Sector Performance: Methodology and Evaluation for Electricity Distribution in Latin America”, Policy Research Working Paper, 4494, World Bank, 2008.

些方面。一些研究发现，私营电力公司比电力公共事业公司效率更高。[1]作者的数据显示，私营公用事业公司不一定能更快地提供电力连接，但它们的成本比公有公用事业单位要低。

作者的数据每年更新一次，这比其他大多数数据集的更新频率更高。另外，与其他数据不同的是，该方法还可用于对公用事业绩效强弱的驱动力进行深入分析。通过测量获取电力连接所需的不同流程以及相关的延迟和成本，这些指标可以帮助识别个别连接程序中的特定瓶颈和成本驱动因素。这些数据还通过记录流程，对连接流程中的某些监管问题提供了深入的见解。最后，该文形成的数据集成为第一个向各国决策者提供关于电力连接成本的详细可比信息的数据集。

作者根据以下三个问题来审查数据集：

第一，新数据是否可以合理代表不同国家电力部门的整体表现。为了验证这一假设，作者研究了更有效的通电流程是否与更好的电力部门成果相关。作者特别关注的是，各国公司通过世界银行企业调查报告反映的一个国家的电气化率、电力系统的损失、停电所造成的价值损失，以及世界经济论坛通过调查得出的专家报告中反映的供电质量反馈和贿赂公用事业的频率。作者发现，在企业通电流程中增加一个额外的程序，不仅会导致供电质量反馈下降13%，还会使贿赂公用事业的频率上升18%。此外，作者发现，通电成本占人均国民总收入的百分比每增加1%，将导致输配电损失占产量百分比增加3.2%。作者还发现，获得电力指数中某个环节的改善，将使企业因停电而遭受的销售损失下降0.5%。而且，一个国家的人均收入对其电气化率的预测能力大于对通电流程效率的预测能力。

第二，某个经济体的整体官僚环境是否会影响其电力连接流程的效率。为此，作者将新指标与其他衡量政府效率的指标进行了比较，如与创业、登记产权或办理建筑许可相关的流程、时间和成本等。在此基础上，作者在商业

1 Estache, Antonio and Martin Rossi, "Have Consumers Benefited from the Reforms in the Electricity Distribution Sector in Latin America?", Policy Research Working Paper, 3420, World Bank, 2004; Gassner, Katharina, Alexander Popov and Nataliya Pushak, "Does Private Sector Participation Improve Performance in Electricity and Water Distribution?", Trends and Policy Options, No. 6, World Bank, PPIAF, 2009.

监管文献中增添了有关一国整体监管环境是如何与电力服务供应相关的新成果。作者发现，在其他行政流程同样繁重的国家，(电力)连接流程往往更冗长，更麻烦。至于多数公有或多数私有公用事业是否更容易受到整体官僚环境的影响，[1]则尚无定论。

第三，运用企业调查数据集来测试这里制定的措施是否与企业绩效有关。作者发现，在电力连接服务供应更有效的情况下，总销售额与人均销售额更高，这对几个企业和行业特点起到控制性作用。

二、数据

(一) 构建新指标

这篇论文基于一个新数据集展开，该数据集总结了中小型企业2010—2011年在183个经济体中获得电力的流程。[2]作者关心的是企业家为合法获得电力所需经过的所有程序，作者还计算了为完成每个程序所需花费的官方费用及时间。作者从每个经济体的主要商业城市的配电公司，电工、电气工程师等独立专业人士以及建筑公司处收集数据，共有近600名受访者对183个经济体的数据做出了贡献。作者调查的经济体跨越了不同的收入水平和地理区域：样本包括了47个高收入经济体、50个中高收入经济体、54个中低收入经济体和32个低收入经济体。根据世界银行的地域分类，这些数据涵盖了撒哈拉以南非洲的46个经济体、中东和北非地区的18个经济体、东亚和太平洋地区的24个经济体、南亚的8个经济体、拉丁美洲和加勒比地区的32个经济体、欧洲和中亚的24个经济体以及31个经合组织高收入经济体。

为确保数据在各经济体之间具有可比性，作者向183个经济体的受访者提供了标准案例研究。在案例研究的基础上，要求每个经济体主要商业城市的配电公司说明获得电力连接的流程，以及完成这些程序所需的时间和费用。受访对象是服务于商业仓库最常见地区的配电公司，如果需要在几家配

1 在这篇论文的其余部分，“公用事业”是指超过50%的所有权由政府所有，而“私人事业”是指超过50%的所有权由私人所有。

2 观察单位在大多数情况下就是一个国家的领土范围，但是也有一些例外，例如波多黎各和中国香港特别行政区。

电公司中进行选择，则选择客户最多的那个。作者从各公用事业单位的答复中，通过电子邮件和电话采访了电工、电气工程师、电气承包商和建筑公司等独立专业人士，拟定并核实了一份流程清单。在某些情况下，作者还联系了监管机构。

这些数据是通过一个中小型企业的标准化案例研究构建的，该企业正在为其新建的仓库寻求电力连接，以冷藏货物。作者假设该仓库位于该国人口最多的城市，且在官方城市范围内，并位于其他类似仓库的附近。此外，作者假设仓库不在特殊的经济区或投资区内，因此仓库的电力连接不因特别的投资促进政策而得到补贴或更快的服务。如果对于仓库的位置有多种选择，则选择最容易获取电力的位置。

企业的新仓库所需的是三相、四线Y型连接、140千伏安的通电线路，这种电力连接类型代表了电力密集型中小企业的需求。事实上，在一个相对富裕的国家，这种电力需求大约是一个独户家庭的7倍，但远远低于一家大型制造公司或工业公司的需求。电力连接可以通过架空或地下连接完成，这取决于何种方式在该国家或地区更为普遍。作者假设仓库的内部布线（由不属于公共事业的私人电工承担）已经完成，作者只记录与实现电力连接工程的外部部分相关的流程、时间和成本。电力连接工程结束于电表的安装。最后，仓库的月用电量估计为0.07千瓦时。

（二）新的“获得电力”变量

新的“获得电力”指标由三个子指标组成：获取电力连接的流程环节数、时间和费用。文章列出了在每个国家接受调查的供电公司以及它们的所有权结构，并详细说明了每家公司的获电流程、时间和成本指标。

程序的定义是公司雇员或公司的主要电工（即负责内部布线的人），与外部各方（如配电公用事业、供电公用事业、政府机构、其他电工和电气公司等）之间的任何互动，但公司员工之间的互动以及与公司内部电路有关的步骤，例如内部电路安装计划的设计和执行，不计作程序。一项程序必须是在同一公用事业公司中进行的，但如果是在同一公用事业公司的不同部门中进行的，则作为不司的程序计算。本项研究假定，了解这一流程所需的信息是现成的（因此不会造成不必要的拖延），而且不存在为加快这一进程而行贿的行为。如果公司可以（但不做要求）要求专业人士（例如私人公司，而不是负责外部工程的公用事业）提供服务，那么这些程序只有在通常完成的情况下才被记录。对于所有程序，作者只计算一个仓库在获得电力时最可能发生的以及在实践中通常遵循的情况。[1]

记录的时间以日历日为单位。这一测量方法计算了电力公共事业公司和相关领域专家指出的，以最低限度的随访并且不进行贿赂地完成一项程序所需时间的中值，而不是法律所要求的时间，同时还假定完成每个过程所需的最短时间为一天。虽然程序可能可以同时进行，但作者假定它们不能在同一天开始（即本可以同时开始的程序变为在连续的几天先后开始）。在一些极特殊的情况下（如几内亚比绍共和国、利比里亚和马达加斯加），如果通电请求被拒绝，或由于该国只使用发电机而导致事实上无法执行，则需增加至多一年的等待时间。作者假定该公司不浪费时间，并承诺不延误地完成所有剩余的程序。作者忽略公司在采集信息上所花费的时间，并假设公司从一开始就知道所有的电力连接要求及其顺序。

作者将经济体人均收入的百分比记录为成本。作者使用的是2010年国民总收入的数据，用世界银行的阿特拉斯法（Atlas method）将其换算成美元，并根据世界银行的《2011年世界银行发展指标》（World Bank's World Development Indicators 2011），除以年中人口得出。成本不包括增值税，只包括与仓库完成电力连接程序有关的费用，这包括以下方面的费用：从政府机构获得许可、申请通电、接受现场和内部布线检查、采购材料、获得实际连接和支付保证金。[2]成本不包括与电力消耗有关的费用，但包括当地专家的信息费、特定法规和费用表的获取费用。如果几个当地合伙人提供了不同的估计数，则使用报告值的中位数。在任何情况下，费用都不包括贿赂。

86个经济体的成本估计还包括公用事业公司为防范客户可能无法支付消费账单而要求的保证金利息损失的现值。作者没有记录保证金的全部金

1　例如，如果受访者报告说，在所有情况下，50%的必要材料是由公用事业公司提供的，而不是由客户自行购买的，则购买材料的额外过程不会被记录。

2　连接成本大致可分为以下几类：通常，公用事业公司会收取固定连接费，从而将运营配电网的固定成本分散到所有客户；此外，客户还需要为每个连接支付可变成本，包括劳动力和材料成本。有时成本还包括检查费用，这些检查是公用事业公司或外部承包商依法要求进行的。在许多经济体中，成本还包括向其他机构支付许可、检查和批准的费用。

额，而是记录了客户所遭受的利息损失的现值，因为公用事业公司将在很长一段时间内持有保证金，在大多数情况下，这种情况将持续到合同结束（假定是5年后）。[1]为了计算客户所损失的利息收入的现值，作者使用的是国际货币基金组织的国际金融统计数据的2010年底贷款利率。而在附利息返还保证金的情况下，贷款利率与公共事业公司支付的利息之间的差额用于计算现值。

在一些经济体中，保证金可以以债券的形式存在，而公司可以从银行或保险公司获得对其持有的金融机构资产的担保。与客户以现金向公用事业公司支付保证金的情况不同，在这种情况下，公司不会失去对全部金额的控制，并可以继续使用它。作为回报，公司将向银行支付获得债券的佣金，银行所收取的佣金可能因公司的信用状况而异。在任何情况下，作者都假设公司的信用状况是最好的，以保证只收取最低的佣金。在可以发行债券的地方，保证金的价值是每年的佣金乘以假定合同期限为5年的时长。如果两种选项都存在，则记录更便宜的选项。

作者还使用某一国家在获得电力连接过程中的相对等级作为综合指标。为了计算排名，作者将3个子指标——程序数、时间和成本——按照其他营商环境指标的方法进行汇总，而方法是平均各部分指标的百分位数排名。

获得电力连接的过程会因负责配电的公用事业公司是公有还是私营而大不相同，因此作者还从公共渠道收集了数据，例如2011年11月被调查的公用事业公司网站上关于每个公用事业公司的所有权构成的数据。作者为公用事业公司的所有权建立了一个虚拟变量，在超过50%的公用事业公司所有权为政府所有的情况下为0（这包括由例如自治区、市的地方政府拥有的所有权），而在超过50%的所有权为私人所有的情况下则为1。根据这个定义，作者的样本中有133个公用事业公司是政府所有的，50个是私有的。

(三) 其他变量

作者感兴趣的是新的“获得电力”指标与3组变量之间的关系。

首先，作者研究了新指标与电力部门成果变量之间的关系。作为结果变

---

1 在保证金被用来支付第一个月的消费账单的少数情况下，不做记录。

量，作者选取了国际能源机构收集的关于电力接入人数占总人口百分比的数据（即“电气化率”）。作者还审查了国际能源机构从非经合组织国家的能源统计和平衡、经合组织国家的能源统计，以及联合国的能源统计年鉴处收集的电力传输与配电损失占产出百分比的关系。[1]由于技术损耗和非技术损耗（例如窃电），输配电系统中存在大量的能源损耗。此外，系统的停机和故障也会阻止向终端消费者输送能源，造成收入损失。成功的公用事业公司通过尽量减少损耗和最大限度向终端消费者输送能源来管理收入。因此，输电和配电损耗是衡量电力系统技术效率的有效指标。作者还根据世界经济论坛（World Economic Forum）的全球竞争力指标，检验了新数据与“对电力质量的感知”和“向公用事业公司行贿的频率”之间的关系。最后，作者使用来自世界银行企业调查的数据，调查企业管理者报告的停电导致的销售损失百分比。作者还将这些新数据与其他有关基础设施服务监管机构相对实力的数据进行了比较，例如安德烈斯等人（2008 年）构建的“电力监管治理指数”，或卡宾与斯特因（2006）收集的关于不同电力监管机构自治程度的数据。但这两个数据集中可用于观测的数量都极少（“电力监管治理指数”中有19个国家，“监管机构自治程度”数据中有28个国家），因此作者没有在这里列出结果。

其次，作者研究新指标与其他衡量政府官僚作风的指标之间的关系，这些指标反映在1组3项营商时间及行动中：开办企业、登记财产和办理建筑许可的程序、时间和费用。在此分析中，作者使用了2012年《营商环境报告》中所有3个指标的营商环境数据，数据覆盖了183个国家，时间跨度是2010年7月到2011年6月，正如“获得电力”数据一样。“办理建筑许可”指标不仅记录了获得建筑许可证和登记新建筑的过程，而且包括新建筑与水、电信和电力等公用事业公司连接的程序、时间和费用的估算值。为了避免与“获得电力”数据产生多重共线性，作者从原始数据中排除了与公用事业公司连接相关的所有程序、时间和成本估算，从而对“办理建筑许可”指标的数据进行了

---

1 技术损耗是电力系统所固有的，因为所有的电力设备都有一些电阻，所以电流的流动会造成功率损耗。电力系统中的每一个元件（线路或变压器）都会对电流产生阻力，因此，在完成预期任务时会消耗一些能源，而所有这些元件所消耗的累计能源被称为“技术损耗”。技术损耗是由于用于传输、转换、次传输和功率分配的导体和设备的能源耗散造成的，这种损耗发生在配电和输电系统中的许多地方，包括线路、跨中节点和终端变压器、服务电缆和连接等。

调整。

再次，作者检验了新指标与企业绩效的关系。此部分分析的所有数据均来自企业调查数据集，该数据集提供了有关企业特征以及商业环境的若干衡量标准（例如贸易、基础设施和金融）的企业级数据。数据以3年为周期进行收集，这意味着每3年需要访问一次各发展中国家，但周期因国家而异（因此不同国家的数据是在不同的年份进行收集的）。且每个国家只保留了1年的数据（即最近的1年），由于最新的电力数据截至2011年11月，因此没有包括2006年之前的数据。此外，只有108个进行了企业调查的国家与作者的183个经济体的样本相重合。被调查的108个国家中，38个来自撒哈拉以南非洲，30个来自东欧和中亚，25个来自拉丁美洲和加勒比，10个来自东亚及太平洋地区，4个来自南亚，1个来自中东和北非地区（即也门）。企业调查样本中最富有的国家是斯洛文尼亚和巴哈马（按实际人均GDP计算），而收入最低的国家是刚果民主共和国。

作为结果变量，作者使用了总销售额和每位员工的人均销售额，并且使用了世界发展指标数据库中的GDP平减指数来降低名义价值。所有价值均以2000年定值美元表示，汇率取自国际货币基金组织国际金融统计数据库。作者使用了公司过去的销售额、平均劳动力投入（以员工数量来衡量）、资本投入（以投资额为代表）、平均国际贸易参与度（以直接出口至少占其销售额的10%、直接进口至少占其投入的10%，或两者在c国j行业中所占百分比结合进行衡量）、通过银行进行融资的平均情况（以j国j行业中拥有银行贷款的公司所占百分比来衡量）以及一个典型月份公司停电次数的平均值作为因变量。

三、结果分析

接下来，这篇论文运用大量的数据与图表，比较了受访经济体在电力连接的程序数量、获电时间和成本上的巨大差异。限于篇幅，在此删繁就简，仅作简要的结论性阐述。

（一）通电所需程序

各经济体之间存在很大差异。例如，在2010年或2011年，一名乌克兰企业家为了使他的企业通电，必须通过11个不同的程序，这至少需要285天，而电力连接将使他总共花费7 705.5美元（相当于乌克兰人均GDP的275.2%）。而在德国做同样的事情，企业家只需要经过3个程序，历时不到3个星期，连接成本相当于人均GDP的51.9%。

2010—2011年，从德国、日本、瑞典和瑞士的3个程序到乌克兰的11个程序，不同经济体中企业的通电程序数目不等。例如在罗马尼亚，受雇完成连接工程的私人承包商必须为连接所需的配电变压器获得单独的施工许可证；而在塞尔维亚和黑山，同样的建筑许可证可以连同主要的建筑许可证从市政当局处获得。

有些经济体将确保建筑物内部电路安全的责任移交给私人电工，而不是由客户自行通过检查程序。例如在丹麦、德国、日本和毛里求斯，客户的电工必须提交安装配线证书和服务申请；而在乌克兰等其他经济体，客户必须获得不同机构的多次批准，才能遵守相同的安全标准。在将遵守安全的责任移交给私人电工的国家，电工行业通常有良好的规范，设有国家认证制度和电气工程师专业执照。

在有些经济体中，公用事业公司在其库存中有现成的为客户通电的必要材料，因而客户不被要求自行准备必要材料。例如在孟加拉国、贝宁共和国和中非共和国等国，客户就被要求自行提供电线杆、电表盒或变压器等材料，因为公用事业公司没有相关材料的库存。

（二）通电所需时间

数据显示，客户与公用事业和其他机构之间的互动次数显然与更久的连接过程有关。在企业需要经历7～11个程序才能通电的经济体中，这一过程平均需要141天；而在3～6个程序的经济体中，平均只需要104天。在8个经济体中，平均需要66天的时间能通过最少的程序（3个程序）通电，而在7个经济体中（9～11个程序）中则需要185天。从最低收入国家到高收入国家，获得电力连接所需的平均天数显著减少，低收入经济体为163天，中低收入经济体为101天，中上收入经济体为107天，高收入经济体为92天。关键的观察结果也取决于各国的区域分类，但它们不一定反映不同收入群体的意见。例如，在东欧和中亚，尽管该地区国家的居民大多属于中等收入群体，但平均连接延迟时间最长。

此外，各地区之间可能存在显著差异。例如在撒哈拉以南的非洲地区，毛里求斯的企业很容易就能通电，在其首都，企业为通电总共需要3道程序和91天；而在同一地区的马达加斯加和几内亚比绍，通电时间分别为450天和455天。

对于样本中的几个国家而言，连接延迟时间特别长，因为：1. 根本不允许通电；2. 即便被允许通电，也无法保证后续的电力供应。

(三) 通电所需成本

平均连接成本占收入群体人均收入的百分比，显示出成本从低收入国家到高收入国家明显下降的趋势，在低收入国家，通电费用平均为人均收入的7 903%，在中高收入国家为620%，但在高收入国家仅为108%。而收入最低的两个地区，即撒哈拉以南非洲和南亚，同时也是平均连接成本最高的地区，分别是人均收入的6 099%和2 115%。

但不同收入群体之间的通电成本也有很大差异，这就表明成本有降低的空间。在10个成本最低的经济体（除巴拿马以外的所有高收入经济体），连接的平均成本不超过人均收入的8.3%，仅有所有高收入经济体平均水平的1/13。而相比之下，在10个成本最高的经济体（所有低收入经济体），人均收入的平均水平为17 071%，是低收入群体（人均收入的7 903%）的2倍多。

(四) 公用事业公司所有权结构

公用事业公司公有制仍然是全球最普遍的所有制模式。此外，在2011年接受调查的183个国家中，72%的公用配电公司由公众管理。而公用事业公司的私有制在中高收入国家最为普遍。例如，在拉丁美洲和加勒比地区，私有制的比例最高。数据显示，客户完成通电所需的平均程序数、时间和绝对连接成本几乎不会因为公司所有权不同而产生差异。然而，当连接成本以人均平均收入为标准时，大多数公有公用事业公司向客户收取的费用是私有公用事业公司的2倍以上。在公用事业公司私有制的国家，连接成本占人均收入的比例要低得多，且所得结果在控制收入后仍是有效的。该系数表明，当公用事业私有化时，连接成本将会缩减为原来的1/7，人均收入亦然。

最后，作者将对公用事业公司进行贿赂的频率作为因变量，该因素产生了迄今为止最强大的影响。对公用事业公司进行贿赂的频率越高，会导致更多的程序、更长的连接时间和更高的成本，在控制收入因素后，程序和成本的结果仍显示受其影响，而程序数量这一变量受到的影响最为明显。在获电简易程度排名上的10处提升可使行贿频率下降5%，这一发现与詹科夫等人关于开办企业的程序数量和腐败关系的发现是一致的。[1]越复杂的程序，即更浓厚的官僚主义，似乎加剧了腐败问题，至少与之密切相关。

最后，作者研究了获取电力连接所需程序数、时间和成本在多大程度上影响了企业绩效。作者针对衡量企业绩效的主要度量进行了研究，即将销售总额作为企业产出的衡量标准，分别从企业层级和行业层级进行了分析。

作者在企业层级分析中使用的不同研究参数可归纳为以下公式：

$$y_{ijc}=\beta_0+\beta_1 e_c+\beta_2 X_{ijc}+\beta_3 I_j+\beta_5 C_c+\beta_6 I_j*e_c+\varepsilon_{ijc} \tag{1}$$

此处y_{ijc}代表了c国j行业i企业总销售额；e代表了电力连接度量，这是研究中的相关变量，且在国家层面上是不同的。此处作者使用了获取电力连接所需程序数、时间和成本的百分位数平均值得出的总体百分位排名。X_{ijc}代表了如下的企业特征：历史销售额的记录作为企业生产能力的代表、企业劳动力投入（以员工数量计算）、资本投入（由投资额代表）、平均国际贸易参与度（以直接出口至少占其销售额的10%、直接进口至少占其投入的10%，或两者结合进行衡量）、企业通过银行进行融资的情况（以有银行贷款的公司数来衡量）以及一个典型月份企业停电的次数。I_j代表了行业特征，这些特征体现于由2位ISIC代码定义的模型；C_c代表了国家的具体特征，此处由人均收入代表，C_c还代表了国家固定效应，而作者的电力连接度量和人均GDP都被排除在外。然而，为了将收入因素的影响与一般的国家固定效应区分开来，作者运用了4个不同收入群体（低、中低、中高、高）的模型。最后，I_j*e_c代表了不同行业与电力度量之间的相互作用。这些相互作用的系数也是相关变量，用来衡量某些行业的企业绩效是否更受电力连接过程的影响。ε_{ijc}则为剩余项。

企业的产出（此处由销售额代表）是现有生产能力（由历史销售额代表）、

1 Djankov, Simeon, Rafael La Porta, Florencio Lopez-de-Silanes, and Andrei Shleifer, "The Regulation of Entry", *Quarterly Journal of Economics*, 117(1), pp. 1–37.

可变投入（劳动力和资本）以及其他可能影响生产力水平的因素的函数。确定这些决定因素一直是大量文献聚焦的重点。

考虑到作者的相关变量在国家和行业层级有所不同，更合适的规范研究是在行业层级。企业层级回归更有可能产生统计学上的显著结果，但仅仅是因为其观测值数量要大得多。因此，重要的是在行业层级验证数据折叠后的结果仍否成立。

$$y_{jc}=\beta_0+\beta_1 e_c+\beta_2 X_{jc}+\beta_3 I_j+\beta_5 C_c+\beta_6 I_j * e_c+\varepsilon_{jc} \tag{2}$$

此处y_{jc}代表了c国j行业的平均总销售额；而除了X_{jc}现代表平均行业特征外，其他变量仍与（1）式中保持一致：平均历史销售额、平均劳动力投入（以员工人数计算）、资本投入（由投资额代表）、平均国际贸易参与度（以直接出口至少占其销售额的10%、直接进口至少占其投入的10%，或两者在c国j行业中所占百分比结合进行衡量）、通过银行进行融资的平均情况（以j国j行业中有银行贷款的公司所占百分比来衡量）以及一个典型月份公司停电次数的平均值。数据分析表明，在那些更容易获得电力连接的国家，企业也拥有更高的销售额，且这对皮革制造业和汽车制造业的公司而言尤其如此。而在较难获得电力连接的地区，企业的销售额会更低。

表3-1　电力被认为严重阻碍了企业运营的百分比

	阻碍类型	不阻碍	小阻碍	中等阻碍	大阻碍	严重阻碍
你认为……对企业运营造成了多大的阻碍？	电力	28.4	16.5	14.0	19.2	22.0
	非正规部门竞争对手	31.4	17.4	21.2	17.3	12.8
	融资渠道	29.1	18.4	23.1	18.0	11.5
	犯罪和偷窃	33.5	22.2	17.4	15.7	11.3
	教育程度不高的劳动力	31.3	19.7	21.4	18.4	9.2
	运输	38.8	19.9	19.0	13.8	8.5
	获得土地	49.4	14.6	14.6	13.8	7.7
	分区的限制	58.8	12.6	11.7	10.0	7.0
	海关和贸易管制	49.2	17.9	16.5	10.5	5.8
	劳动规则	45.2	20.9	19.8	9.3	4.7

这篇论文介绍了利用183个经济体电力连接过程的新数据集，得出的获取电力连接所需程序数、时间和成本与其他变量之间的基本统计关系。作者发现，在那些通电更容易、成本更低的国家，电力质量更高，且向电力公共事业公司行贿的频率更低。作者还发现，在输配电系统技术及非技术损耗较高的国家，连接成本较高，而私营公用事业公司能以低于公有公用事业公司的成本提供新电力连接。作者的分析还表明，一个国家的总体环境会影响电力连接过程的复杂性。

表3–2　按地区划分，认为电力对企业经营构成阻碍的百分比

	不阻碍	小阻碍	中等阻碍	大阻碍	严重阻碍
撒哈拉以南非洲地区	17.5	15.4	13.6	24.5	29.0
南亚地区	8.1	9.4	16.7	38.4	27.3
拉丁美洲和加勒比地区	29.7	17.9	15.0	15.2	22.3
东欧及中亚地区	39.4	14.9	12.0	14.9	18.8
东亚及太平洋地区	40.7	24.0	14.9	14.4	5.9

第二节　世界银行评估标准的定义与假设

《营商环境报告》记录企业为一个标准化仓库获得永久性电力连接而必须办理的所有程序，包括向电力企业提出申请并签订合同、从电力企业和其他机构办理一切必要的检查和审批程序，以及外部的和最终的连接作业。

一、排名的构成

世界银行评估调查问卷将获得电力细分为具体的步骤，并计算完成每个步骤所需的时间和成本。除了时间与成本外，《营商环境报告》还包括两项指标：供电可靠性和电费透明度指数（涵盖在加总的前沿距离分数及营商便利度排名中），电力价格（未包含在综合排名中）。

供电可靠性和电费透明度指数包含了断电的持续时间和发生频率的量化数据，以及以下方面的信息：监控断电及恢复电力供应的机制；供电系统向主管部门报告断电的报告机制；电费信息的透明度及可获取性，以及供电系统是否面临经济上的阻滞措施，以减少其断电举措（比如当断电超过一定的限度，要求供电系统赔偿消费者或者支付罚款）。

经济体获得电力便利度的排名，由它们前沿距离分数的排序决定。这些分数是每个分指标（除了电力价格）前沿距离分数的简单平均值。

供电可靠性的数据是从公用配电公司或者从管理部门采集的。其他的信息，包括电费透明度指数和获得电力供应的数据，都是从所有的市场参与方采集。这些市场参与方包括电力分配公司，电力管理部门和独立专业人员(例如电气工程师)，电力承包商和施工企业。所调查的公用配电公司就是通常为仓库所在区域提供服务的配电公司。如果有多家配电公司可供选择，则选择客户数量最多的配电公司。

二、对仓库的假设

世界银行“获得电力”评估对仓库的假设如下：

1. 仓库归某位当地企业家所有。

2. 仓库位于经济体最大的商业城市。对11个经济体也收集第二大商业城市的数据。

3. 仓库处于该城市其他类似仓库一般位置的区域。在这个区域内，新电力连接不具备享受特殊招商引资政策的资格(例如，提供补贴或快捷服务)。

4. 仓库所处位置无物理限制，比如，不靠近铁路。

5. 仓库为新建设施，属于首次接通电力。

6. 仓库共有2层，均在地上，总面积约为1 300.6平方米(14 000平方英尺)。仓库占地面积为929平方米(10 000平方英尺)。

7. 仓库用于存放货物。

三、对通电线路的假设

世界银行“获得电力”评估对通电线路的假设如下：

1. 通电线路为永久性连接线路。

2. 通电线路为三相、四线Y型连接、140千伏安(申请的容量)，功率因数为1的电力连接线路。这里假设1千伏安等于1千瓦。

3. 通电线路的连线长为150米。该线路可能连接低压或中压配电网，可能是高架或地下线路，只要是仓库所在经济体和所在区域更为常见的线路形式即可。

4. 通电线路的电线连接作业涉及穿越一条10米宽的道路(进行开挖、高架线路等类似作业)，但是这些工程作业均在公共土地上完成。工程作业不会进入其他所有者的私有财产，因为仓库有道路可通。客户私产范围内的长度可忽略不计。

5. 通电线路不需要安装仓库内部接线的工作。这些工作已经完成，包括客户的维修面板或配电盘以及仪表基座。

四、对3月份用电量的假设

1. 假设仓库运行每天8小时，从9：00到17：00，每个月30天，设备平均利用率为80%，且无断电发生（为计算简便而做的假设）。

2. 月消耗量为26 880千瓦时，每小时消耗112千瓦时（26 880千瓦时/30天/8小时）。如果有多家电力供应商，仓库选用最便宜的供应商。

3. 当年3月的电费将被用于计算仓库的电力价格。3月有31天，为了计算简便，我们只算30天。

第三节　世界银行评估的指标

表3-3　“获得电力”二级指标

二级指标	定义	计量方式
程序	企业的员工或主要电气技师或电气工程师（即可能已经完成内部布线的人员）与电力公共事业公司、供电公司、政府机构、电力承包商和电力公司等外部各方之间的任何互动。	个数
时间	完成一项程序所需时间的中间值，这个时间是电力公用事业公司和专家们指出的实践中在后续工作最少且没有额外付款的情况下需要的时间，而不是法律规定的完成程序的时间。	天数
成本	完成仓库接通电力程序的所有相关成本和费用，包括在政府机构办理审批程序、申请电力连接、接受现场和内部布线检查、采购材料、实施实际接线作业以及缴纳保证金，但不含增值税。	占人均收入百分比
供电可靠性和电费透明度	基于其他6个方面：断电的持续时间和发生频率，监控断电的工具，恢复电力供应的工具，主管部门监管供电机构的表现，对减少断电的财务阻碍举措，以及电费信息的透明度及可获取性。	0～8

一、程序

程序是指企业的员工或主要电气技师或电气工程师（即可能已经完成内部布线的人员）与电力公共事业公司、供电公司、政府机构、电力承包商和电力公司等外部各方之间的任何互动。

公司员工之间的互动以及内部布线的相关步骤，比如内部电气安装计划的设计与执行等，不视为程序。必须在同一个公用事业公司的不同部门完成的程序，被视为不同的程序。

这里假设企业的员工自行完成所有程序，除非强制规定要使用第三方（例如，只允许由在公用事业公司注册的电气技师提交申请）。如果企业可以使用专业人士，但没有被要求使用专业人士来提出申请，那么，只有在这些程序是通行做法的情况下，才要加以记录。

二、时间

时间按日历天数记录。这一指标以完成1项程序所需时间的中间值来计算。该时间是电力公共事业公司和专家们指出的在实际中需要的时间，而不是法律规定的完成程序的时间。这里还假设每项程序所需的时间至少为1天。尽管不同的程序可能会同时办理，但它们不可能在同一天开始（即同时进行的程序，在连续不同的日期开始）。

问卷假设公司不会浪费时间，而且承诺将尽快完成每项剩余程序。公司收集信息所用的时间不计算在内。这里假设公司从一开始便了解接通电力的所有要求和它们的顺序。

三、成本

成本按占经济体人均收入的百分比记录，且记录的成本不含增值税。完成仓库接通电力程序的所有相关成本和费用均记录在内，其中包括在政府机构办理审批程序、申请电力连接、接受现场和内部布线检查、采购材料、实施实际接线作业以及缴纳保证金。

成本的依据是当地专家提供的信息，以及具体的法规和收费明细表。如果当地合作伙伴提供了不同的估算数据，则采用报告值的中值。在任何情况下，贿赂均不含在成本之中。

公用事业公司可能要求支付保证金，以防止出现客户可能无法支付其消费账单的情况。因此，向新客户征收的保证金常常按客户预估消费额的函数计算。

《营商环境报告》不记录保证金的全部金额。如果保证金的数额基于客户的实际消费量，则根据标准化案例中的假设。《营商环境报告》记录客户因公用事业公司长期扣押保证金所遭受的利息收益损失的现值，在大多数情况下保证金会被扣押至合同结束时（这里假设为5年后）。对于用保证金支付第一个月消费账单的情形，不予记录。计算利息收益损失的现值时，采用了国际货币基金组织《国际金融统计》中2016年末的贷款利率。如果保证金带息返还，那就使用贷款利率与公用事业公司所支付的利息之差来计算损失现值。

在某些经济体中，保证金可以债券的形式提供：公司可从银行或保险公司获得以其在该金融机构中所持有的资产为担保的保函。与客户以现金形式向公用事业公司支付保证金的情况不同，以债券形式支付保证金时，公司并不失去对保证金的所有权，并可以继续占有和使用这笔资金。作为回报，公司须向银行支付一笔程序费以获取债券。所收取的程序费可能会根据公司的信用度而有所不同。这里假设公司拥有最佳信用度，因此可能收取的程序费为最低。如果可以提供债券，则记录的保证金价值是年程序费乘以5年的假设合同期限。如果两种情况均存在，则记录两者中较低的一个。

四、供电可靠性和电费透明度

《营商环境报告》用系统平均中断时长指数（SAIDI）和系统平均中断频率指数（SAIFI）来衡量每个经济体最大商业城市停电的时长和频率（对11个经济体还收集了第二大商业城市的数据）。

SAIDI是接受服务的一个客户一年当中停电的平均总时长，而SAIFI是一个客户一年中经历的服务中断的平均次数。有关SAIDI和SAIFI的年度数据（日历年）是从输配电公司和国家监管机构处获取的。SAIDI和SAIFI都应当包含计划内和计划外停电以及甩负荷的数据。

如果一个经济体满足两个条件，则有资格在供电可靠性和电费透明度指数方面获得分数：第一，该经济体的公用事业公司必须收集所有种类的停电数据（衡量对每个客户的平均停电总时长和平均停电次数）；第二，SAIDI值必须低于100小时的阈值，并且SAIFI必须低于100次停电的阈值。

如果停电太频繁或持续时间太长，以至于电力供应无法被视为可靠的，也就是说，如果SAIDI值或SAIFI值超过一定的阈值，则经济体没有资格获得分数。如果没有收集停电数据或者只收集了部分数据（例如SAIDI和SAIFI指数的计算中没有包含计划内停电或者负荷），又如果计算SAIDI和SAIFI指数时所使用的最短停电时间超过5分钟，则经济体也没有资格在该指数上获得分数。

对所有满足《营商环境报告》确定标准的经济体，根据下列6个组成部分计算供电可靠性和电费透明度指数的分数：

1. SAIDI和SAIFI的数值。如果SAIDI和SAIFI小于等于12（相当于每月停电1小时），则打1分。如果SAIDI和 SAIFI小于等于4（相当于每季度停电1小时），则加1分。最后，如果SAIDI和SAIFI小于等于1（相当于每年停电1小时），则再加1分。

2. 输配电公用事业公司用什么工具检测停电。如果公用事业公司用自动化工具，比如停电或事故管理系统（OMS/IMS）或者监控和数据采集（SCADA）系统，则打1分；如果只依赖客户来电人工记录和检测停电，则打0分。

3. 输配电公用事业公司用什么工具恢复电力供应。如果公用事业公司用诸如停电或事故管理系统或者监控和数据采集系统等自动化工具，则打1分；如果只依赖实地工作人员或维护人员等人工资源恢复服务，则打0分。

4. 监管机构（即独立于公用事业公司的实体）是否监督公用事业公司在供电可靠性方面的表现。如果监管机构进行定期或实时的检查，则打1分；如果监管机构对停电不进行监督且不要求公用事业公司就供电可靠性进行报告，则打0分。

5. 是否有财务上的遏制措施来限制停电。如果在停电超过一定限额的情况下公用事业公司需要对客户进行赔偿，或在停电超过一定限额的情况下监管机构将对公用事业公司进行罚款，或者这两个条件都得到了满足，则打1分；如果不存在任何类型的遏制机制，则打0分。

6. 电费是否透明且易于获知。如果有效电费可以在网上查看且电费变化会在下一个结算周期（即一整个月）之前通知客户，则打1分；如果不是，则打0分。

以上指标与假设，可以简明地列示如下：

表3-4　世界银行评估“获得电力”指标及案例假设

指标衡量的是什么	案例研究的假设
获得电力连接的程序(数量) 提交所有相关文件,获得所有必要准许和许可证 完成所有规定通告,并接受所有必要检查 获得外部安装工程,可能还要为这些工程购买材料 订立必要供电合同,获得最终供电 **完成每项程序所需的时间(日历天数)** 是至少1个日历日 每个程序在单独的一天开始 不包括收集信息的时间 反映了实际所用时间,几乎不需要跟进,而且不必事先与官员联络 **完成每项程序所需的成本(占人均收入百分比)** 仅为官方费用,不包括贿赂 不含增值税 **供电可靠性和电费透明度指数(0～8)** 停电的持续时间和频率(0～3) 停电监测工具(0～1) 恢复供电的工具(0～1) 监管部门对供电部门表现的监督(0～1) 限制停机的经济处罚(0～1) 电费透明度和可查性(0～1) **电价(美分/每千瓦时)** 案例研究中,价格根据商用仓库月电费账单确定	为了让数据在不同经济体之间具有可比性,采用了关于仓库、电力连接以及月耗电量的假设。 **仓库:** 为本地企业主所有,用于储存商品。 位于经济体最大的商业城市。对11个经济体也收集第二大商业城市的数据。 所在区域是类似仓库通常所在的不受自然制约的区域。例如,不动产并非在铁路附近。 是新建工程,而且是第一次通电。 共有2层,表面总面积约为1 300.6平方米(14 000平方英尺)。所在地块面积为929平方米(10 000平方英尺)。 **电力连接:** 是一条永久性的三相、四线Y型连接线路,订购容量为140千伏安,功率因数为1,假设1千伏安等于1千瓦。 长度为500米。供电线与低压或中压配电网络相连,为架空或地下线路(以仓库所在区域常见形式为准),需要穿过10米宽的道路(如开挖线路或架空线路),但这些工程作业均在公共用地上完成。因为仓库有道路通向公路,因此不必穿过其他业主的私人不动产。 不需要安装仓库内部接线的工程。供电线已连接至客户的配电盘或开关柜以及电度表底座(含)。 **月耗电量:** 假设仓库每天从9:00运行到17:00,每月30天,设备平均使用率为额定容量的80%,无停电(为计算简便而假设),月耗电量为26 880千瓦时,每小时耗电量为112千瓦时。 如果存在多路供电,就选择最便宜的供电商为仓库供电。 采用当前年度1月起生效的电费标准计算仓库电价。尽管1月有31天,为便于计算,仍然算作30天。

注:“营商指数”评价电价,但电价不包括在营商便利分数中,也不包括在通电便利排名中。

第四节　中国的改革及成效

一、中国排名大幅跃升

DB2019显示，我国“获得电力”这一指标进步极为明显，得分92.01分，较上一年度大幅提高了23.18分，指标排名从上一年度的第98位跃升至第14位。“获得电力”排名提升速度和得分提升速度，在当年营商环境评价体系的全部10个指标中均位居第一。DB2020于2019年10月24日发布，我国此项指标进步2名，提升了3.39分，分数高达95.4分，名列全球第12位。

下表是我国近六年分项指标得分与总排名的情况：

表3-5　我国“获得电力”分项指标近六年的得分

二级指标	定义	计量方式	中国(2015)	中国(2016)	中国(2017)	中国(2018)	中国(2019)	中国(2020)
程序	企业的员工或主要电气技师或电气工程师(即可能已经完成内部布线的人员)与电力公共事业公司、供电公司、政府机构、电力承包商和电力公司等外部各方之间的任何互动。	个数	5.5	5.5	5.5	5.5	3.0	2.0
时间	完成一项程序所需时间的中间值，这个时间是电力公共事业公司和专家们指出	天数	143.2	143.2	143.2	143.2	34.0	32.0

（续表）

二级指标	定义	计量方式	中国(2015)	中国(2016)	中国(2017)	中国(2018)	中国(2019)	中国(2020)
时间	的实践中在后续工作最少且没有额外付款的情况下需要的时间，而不是法律规定的完成程序的时间。	天数	143.2	143.2	143.2	143.2	34.0	32.0
成本	完成仓库接通电力程序的所有相关成本和费用，包括在政府机构办理审批程序、申请电力连接、接受现场和内部布线检查、采购材料、实施实际接线作业以及缴纳保证金，但不含增值税。	占人均收入百分比	459.4	413.3	390.4	356.0	0	0
供电可靠性和电费透明度	基于其他6个方面：断电的持续时间和发生频率，监控断电的工具，恢复电力供应的工具，主管部门监管供电机构的表现，对减少断电的财务阻碍举措，以及电费信息的透明度及可获取性。	0～8	5	5	5	5	6	7
“获得电力”排名			**124**	**92**	**97**	**98**	**14**	**12**

以上排名，可以图示如下：

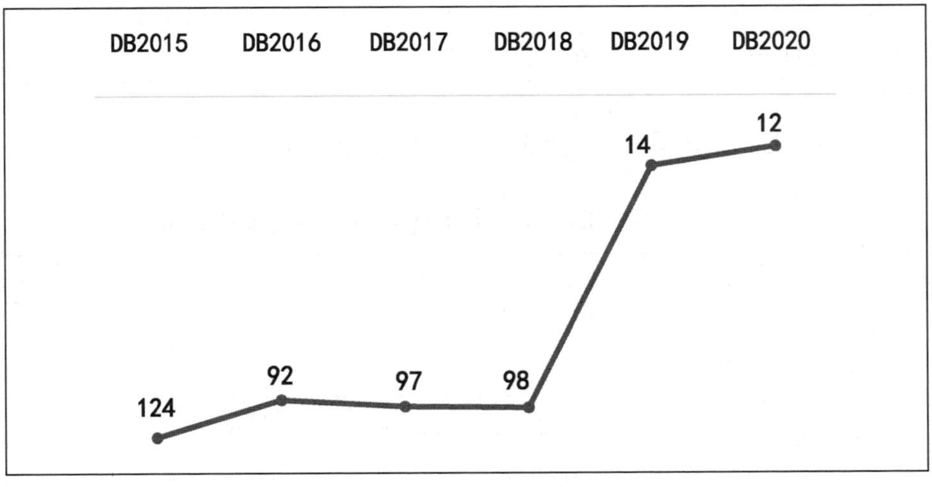

图3-1　中国“获得电力”指标2015—2020年的全球排名

上述图表显示，我国“获得电力”的排名，DB2019显著提升，获92.01分（3个环节34天，成本费用0元），而在此前一年，也就是DB2018中，我国仅得70.51分（5个环节145天，成本费用19.15万元）。两者差异在于，环节由5个减少为3个，达到世界前沿水平，与另外24个经济体并列世界第一。时间由145天减少至34天，优于经合组织高收入国家的平均水平77.2天。费用由国民平均收入的355.8%降至0.0%，该项指标并列世界第一。供电可靠性和电费透明度得分相同。

另外，DB2019中，扣分项为电价调整未提前公告和无停电自动赔偿，DB2018扣分项为平均停电时间和无停电自动赔偿。这一指标北京与上海的得分一致，均为92.01分。

二、DB2019与DB2020中国指标城市评估结果

（一）DB2020上海与北京的评估结果

在DB2020中，上海与北京的评估结果如下表所示：

表3-6　DB2020“获得电力”分项指标评估结果

项目	中国	北京	上海	备注
得分	95.4	95.4	95.4	中国分数上升3.39分，排名提升2位，名列全球第12位。
程序（个数）	2	2	2	
时间（天数）	32	32	32	
成本（占人均收入百分比）	0	0	0	
供电可靠性和电费透明度指数（0～8）	7	7	7	

（二）上海DB2019评估结果（DB2020尚未发布中文版）

表3-7　上海DB2019分项指标与前沿经济体的比较

电价（美分/每千瓦时）	14.0			
供电企业名称	上海市电力公司			
覆盖城市	上海			
指标	上海	东亚及太平洋地区	经合组织高收入经济体	最佳监管表现
程序（个数）	3	4.3	4.5	3（25个经济体）

（续表）

指标	上海	东亚及太平洋地区	经合组织高收入经济体	最佳监管表现
时间（天数）	34	65.0	77.2	18（3个经济体）
成本（占人均收入百分比）	0	625.1	64.2	0.0（3个经济体）
供电可靠性和电费标准透明度指数（0～8）	6	4.0	7.5	8.0（27个经济体）

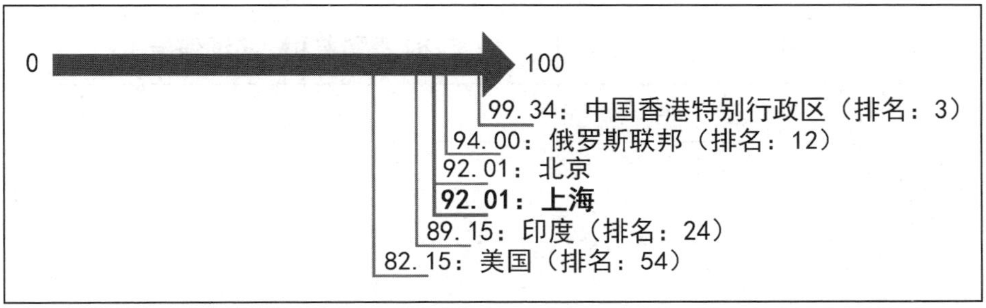

图3–2　上海和可比经济体"获得电力"：排名与得分

注：经济体在通电便利性上的排名按照通电得分排序确定。这些得分是所有成分指标（电价除外）得分的简单平均值。

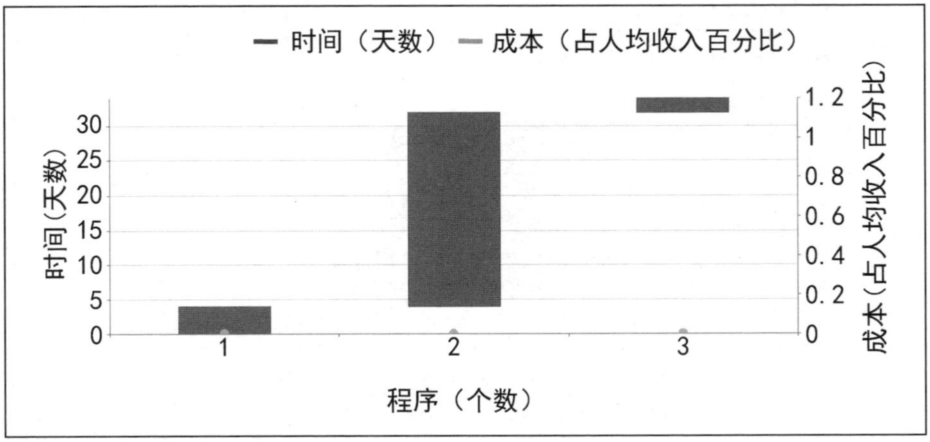

图3–3　在上海获得电力：程序、时间和费用

注：在计算总时间时，网上办理程序记为0.5天。对于针对男性和女性适用不同程序清单的经济体，该图表显示了女性所需的时间。

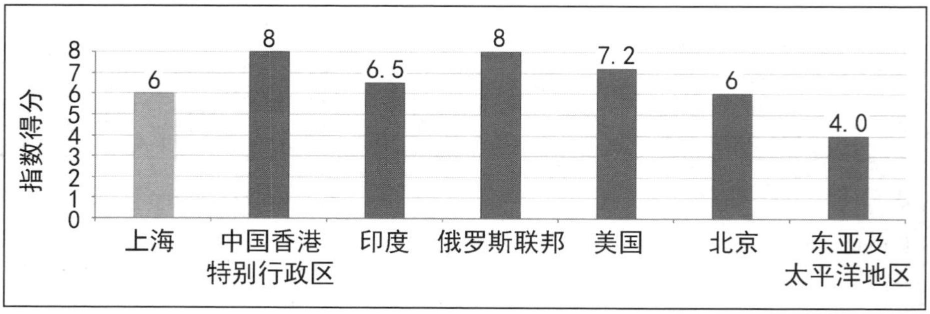

图3-4　上海和可比经济体“获得电力”：水平评估

表3-8　上海“获得电力”：程序、时间和费用（详细信息）

编号	程序	完成时间	相关成本
1	**向供电企业提交申请，等候批准**	4天	免费
	机构：上海市电力公司 客户的第一步是提交新申请。应与申请一并提交的文件包括：营业执照副本，税务登记证，房屋产权证书（需与用电地址相同）。在审查申请后，供电企业工作人员将在不涉及客户的情况下调查场地（即检查在客户经营场所之外进行）以（i）评估连接的可行性，以及（ii）确定连接的具体需求。此后不久，即接受申请并自动通知客户。供电企业随后将开始外部连接工程。 2017年起，可通过上海市电力公司的移动应用程序提交新的连接申请。		
2	**等候外部连接工程和电表安装**	28天	免费
	机构：上海市电力公司 对于低于或等于160千瓦的电力负荷的连接，现在通过低压网络完成——不需要变压器。 对于通过低压网络的商用连接，上海市电力公司通过分包商建设连接并提供经费，其中包括原材料、电表箱和劳动力。分包商将由供电企业通过招标流程选择，供电企业随后将对分包商（即中标者）规定应达到的时间目标。客户不会与分包商实体接洽。 接受申请后，上海市电力公司将通过分包商完成外部连接工程以及电表的安装。在此过程中，供电企业将负责向所有相关机关申请必要许可证，包括开挖许可证。		
3	**签订供电合同，并接受通电**	2天	免费
	机构：上海市电力公司 工程竣工后，客户需要与供电企业签订供电合同。除其他事项外，合同还应规定下列条款： （1）仓库地址以及合同特征（商用vs家用）；		

（续表）

编号	程序	完成时间	相关成本
	(2) 电压等级； (3) 不动产边界； (4) 适用电费标准以及缴费方式。 签订合同是通电的前提条件。合同由客户现场签订，客户服务代表将在电表安装后不久与客户约定时间。签订合同后，仓库即可供电。		

表3–9　上海“获得电力”：水平评估（详细信息）

问题	答案
供电可靠性和电费透明度指数（0～8）	**6**
每个客户每年停电总持续时间以及频率（0～3）	**3**
系统平均停电时长指数（SAIDI）	1.0
系统平均停电频率指数（SAIFI）	0.2
供电企业计算SAIDI/SAIFI时考虑的最低停机时间（单位为分钟）	3.0
监测停机的机制（0～1）	**1**
配电企业采用自动化工具监测停机吗？	是
恢复供电的机制（0～1）	**1**
配电企业采用自动化工具恢复供电吗？	是
监管部门的监督（0～1）	**1**
有监管部门（即独立于供电企业的实体）监督供电企业的供电可靠性表现吗？	是
限制停机的经济处罚（0～1）	**0**
如果停机超过某个上限，供电企业是否应向客户支付赔偿或面临监管部门的罚款（或两者）？	否
电费标准和电费标准变更（0～1）	**0**
现行电费标准是否可在线查询？	是
如果可在线查询，请提供网站链接：	http://www.shdrc.gov.cn/xxgk/cxxxgk/30549.htm
是否会在计费周期之前向客户通知电费标准的变更？	否

注：如果停机的持续时间或频率低于或等于100，经济体有资格在供电可靠性和电费透明度指数上得分。如果停机的持续时间或频率不可用或大于100，经济体无资格在该指数上得分。如果为计算SAIDI/SAIFI考虑的最低停机时间大于5分钟，经济体无资格在该指数上得分。

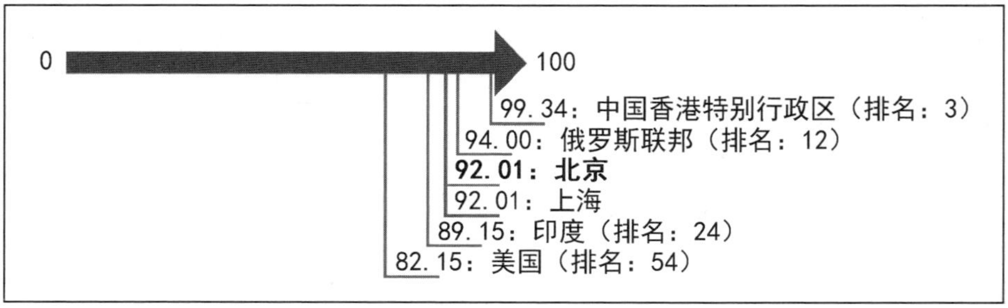

图3–5　北京和可比经济体“获得电力”：排名与得分

注：经济体在通电便利性上的排名按照通电得分排序确定。这些得分是所有成分指标（电价除外）得分的简单平均值。

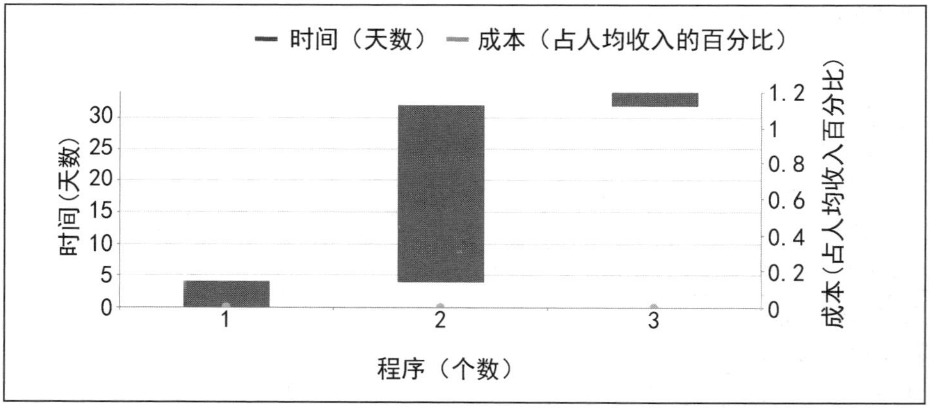

图3–6　北京“获得电力”：程序、时间和费用

注：在计算总时间时，网上办理程序记为0.5天。对于针对男性和女性适用不同程序清单的经济体，该图表显示了女性所需的时间。

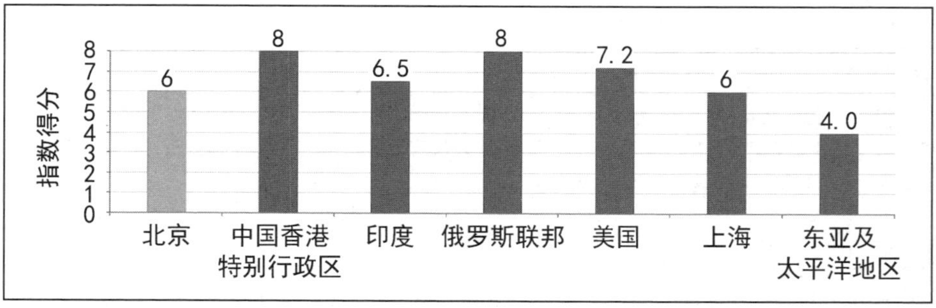

图3–7　北京和可比经济体“获得电力”：水平评估

(三) 北京DB2019评估结果 (DB2020尚未发布中文版)

表3-10　北京DB2019分项指标与前沿经济体的比较

电价（美分/每千瓦时）		17.4		
供电企业名称		国网北京电力公司		
覆盖城市		北京		
指标	北京	东亚及太平洋地区	经合组织高收入经济体	最佳监管表现
程序（个数）	3	4.3	4.5	3（25个经济体）
时间（天数）	34	65.0	77.2	18（3个经济体）
成本（占人均收入百分比）	0	625.1	64.2	0.0（3个经济体）
供电可靠性和电费透明度（0～8分）	6	4.0	7.5	8.0（27个经济体）

表3-11　北京“获得电力”：程序、时间和费用（详细信息）

编号	程序	完成时间	相关成本
1	**向供电企业提交申请，等候批准**	4天	免费
	机构：国网北京电力公司 客户的第一步是提交新申请。应与申请一并提交的文件包括：营业执照副本；税务登记证，房屋产权证书（需与用电地址相同）。在审查申请后，供电企业工作人员将在不涉及客户的情况下调查场地（即检查在客户经营场所之外进行）以（i）评估连接的可行性，以及（ii）确定连接的具体需求。此后不久，即接受申请并自动通知客户。供电企业随后将开始外部连接工程。 2017年起，可通过国网北京电力公司的移动应用程序提交新的连接申请。		
2	**等候外部连接工程和电表安装**	28天	免费
	机构：国网北京电力公司 对于低于或等于160千瓦的电力负荷和连接，现在通过低压网络完成——不需要变压器。 对于通过低压网络的商用连接，国网北京电力公司通过分包商建设连接并提供经费，其中包括原材料、电表箱和劳动力。分包商将由供电企业通过招标流程选择，供电企业随后将对分包商（即中标者）规定应达到的时间目标。客户不会与分包商实体接洽。接受申请后，国网北京电力公司将通过分包商完成外部		

（续表）

编号	程序	完成时间	相关成本
	连接工程以及电表的安装。在此过程中，供电企业将负责向所有相关机关申请必要许可证，包括开挖许可证。		
3	**签订供电合同，并接受通电**	2天	免费
	机构：国网北京电力公司 工程竣工后，客户需要与供电企业签订供电合同。除其他事项外，合同还应规定下列条款： （1）仓库地址以及合同特征（商用vs家用）； （2）电压等级； （3）不动产边界； （4）适用电费标准以及缴费方式。 签订合同是通电的前提条件。合同由客户现场签订；客户服务代表将在电表安装后不久与客户约定时间。签订合同后，仓库即可供电。		

表3-12　北京“获得电力”：水平评估（详细信息）

	答案
供电可靠性和电费标准透明度指数（0～8）	**6**
每个客户每年停电总持续时间以及频率（0～3）	**3**
系统平均停电时长指数（SAIDI）	0.8
系统平均停电频率指数（SAIFI）	0.2
供电企业计算SAIDI、SAIFI时考虑的最低停机时间（单位为分钟）	3.0
监测停机的机制（0～1）	**1**
配电企业采用自动化工具监测停机吗？	是
恢复供电的机制（0～1）	**1**
配电企业采用自动化工具恢复供电吗？	是
监管部门的监督（0～1）	**1**
有监管部门（即独立于供电企业的实体）监督供电企业的供电可靠性表现吗？	是
限制停机的经济处罚（0～1）	**0**
如果停机超过某个上限，供电企业是否应向客户支付赔偿或面临监管部门的罚款（或两者）？	否
电费标准和电费标准变更（0～1）	**0**

（续表）

	答案
现行电费标准是否可在线查询？	是
如果可在线查询，请提供网站链接：	http://www.bj.sgcc.com.cn/html/files/2017-07/28/20170728161138761510095.pdf
是否会在计费周期之前向客户通知电费标准的变更？	否

三、中国的改革措施

这一优良成绩的取得，有赖于我国极其有力的改革举措：

自2018年初开始，国家电网有限公司即开始全面开展优化营商环境提质提效行动，并在北京、上海两地重点开展了小微企业供电服务质量提升专项行动，压环节、压时间、降成本，大幅度缩减小微企业办电时间，提高供电服务水平。

世界银行评估结果表明，在小微企业办电环节方面，中国DB2019环节为3个，少于东亚及太平洋地区的平均4.3个、OECD高收入经济体的平均4.5个，达到了全球最佳水平。而在DB2018中，这个数字是5.5个。

在办电时间方面，中国为34天，同期东亚及太平洋地区平均65天、OECD高收入经济体平均77.2天。而DB2018的数字则是143.2天。

在花费成本一栏，中国小微企业花费为0元，即全过程免费，同期东亚及太平洋地区的平均花费占人均收入比重为625.1%、OECD高收入经济体的平均花费占人均收入比重为64.2%。在这项指标上，全世界除中国外，仅有日本和阿联酋是全免费的国家。

图3–8　中国改善“获得电力”的举措

改革显著地改善了客户体验。[1]“没有电，我这个现代化的民

1　以下数据及例子，源自国家电网。http://www.ln.sgcc.com.cn/html/main/col33/2018-11/02/20181102140236042631305_1.html，2019年2月13日访问。

宿根本无法走向市场。”上海市浦东新区川沙新镇西南的连民村民宿负责人王冠伦称赞电力对民宿改造的帮助。“原来村里基础设施非常落后，我们先去和燃气公司谈，燃气公司表示管道进来要等好几年。后来我们向供电企业申请，只用了1天，他们就解决了问题。”这家民宿拥有全国第1张正式“民宿”特许经营许可证，装修改造了农民自建房屋，建设了特色民宿文化村落。

北京的企业客户也有相似的体验。北京市海淀区五道口的桥咖啡店长谢丽丽说：“我在2018年4月20日上午打电话提出用电申请，当天下午，供电公司人员就来现场勘查，仅用13天就送电了，比我想的快了很多。而且外电源投资全部由供电公司承担，为我们大大节约了资金。”

国家电网有限公司在北京、上海两地实施小微企业供电服务质量提升专项行动以来，截至2018年10月底，两地共完成22 700余户小微企业接电，客户外线接入工程零投资。

“获得电力”指标评价只抽取北京、上海作为样本，但作为全球最大的公用事业企业，国家电网有限公司肩负着向全国人民供电的任务。总结北京、上海经验，向全国范围推广，是全面落实满足人民群众美好生活需要的具体行动。

在DB2018发布之后，国家电网有限公司以“获得电力”指标为抓手，启动一系列“提质提效行动”，在业扩报装接电方面，精简流程环节，加快接电速度，降低接电成本，提高供电可靠性；提高小微企业供电服务质量，以优质服务提升客户满意度和获得感。

在业扩报装接电提质提效行动中，公司重点构建环节少、时间短、造价低、服务优的客户办电新模式：在简化办电收资方面，公司精简、整合用电申请资料，对于没有法律法规依据的证明材料一律取消，普通高低压客户办电收资精简为3项和2项；在精简程序环节方面，公司疏通业务流程“堵点”，压减用电报装办电环节，高低压客户流程环节数分别压减至4个和3个；10千伏、400伏非居民客户平均接电时间分别压缩至80天和30天以内；办电成本进一步降低，取消临时接电费、变电站间隔占用费等服务收费项目……

值得一提的是，“互联网+”营销服务让用电客户使用手机就可以办理诸多用电业务——“掌上电力”App、95598网站等智能互动服务渠道，实现了办电“业务线上申请、信息线上流转、进度线上查询、服务线上评价”；电网企业提供客户经理、项目经理联合上门服务，代替客户办理政府审批程序，由过去的“客户上门”改为现在的“服务上门”，为大幅度缩短办电时间搭建了平台。

四、下一步的改革方向

面对新一轮的营商环境评估，作为指标城市的北京和上海，都在不断努力。上海坚持改革与法治同向而行，强化了制度保障，先后下发《关于印发持续优化“获得电力”营商环境“五降、五减”改革措施的通知》（国网上电司销〔2018〕1838号）、《关于印发持续优化营商环境提升供电服务水平两年行动计划（2019—2020年）的通知》（国网上电司销〔2018〕1839号）、《关于印发持续优化营商环境提升供电服务水平行动方案的通知》（国网上电司销〔2019〕4号）等系列文件，落实了责任部门，明确了工作机制和时限要求。

上海正在推进的改革如下：[1]

（一）对标世界银行指标的上海自主改革措施

对标世界银行指标，上海正在开展以下工作：

1. 压减办电环节至2个。根据DB2019，办电环节已由5个压减至3个，得分与其他24个经济体并列世界第一，但最前沿水平为2个环节，被世界银行列为改革推广示范经验。

国网上海市电力公司借鉴俄罗斯电力的成功改革举措，结合国情，探索线上签订电子供用电合同，合并提交申请和合同签订环节，将客户办电环节压减为“提交申请并合同签订”“装表接电”两个环节。客户通过掌上电力App（中英文版）、95598网站等“互联网+”渠道提交用电申请和接电装表位置等相关材料后，电子供用电合同文本将主动推送至掌电App并短信告知客户。客户在线完成电子合同的签订后，等待装表接电即可。

2. 压缩接电时长至15天内。根据DB2019，接电时长已由145天压缩至34天，前沿距离得分为93.04分，优于全球经济体平均水平，但与世界最前沿的18天接电时长仍有差距。

国网上海市电力公司推进了以下工作：一是压缩办电申请和工程设计时间。通过掌上电力App（中英文版）和95598网站，实现低压用户办电申请

1 以下信息，来自国网上海市电力公司迎接世界银行评估的材料。

全程线上办理；完善基于GIS系统的移动作业终端，精准定位用户，自动搜索电源，编制设计方案；推行勘察设计一体化、典型设计，将客户申请办电到完成外线设计的时长压缩至5天内。二是压缩规划、绿化、占掘路等政府审批时间。落实《上海市进一步优化电力接入营商环境实施办法》（沪发改规范〔2019〕3号）要求的告知承诺审批制度，由公司负责向规划资源、交通、路政、绿化、公安等相关部门提交告知承诺书，各审批部门收到材料并审核后作出行政许可决定，并依法公开告知承诺书，将行政审批环节时长从15天压缩至5天内。三是压缩外线施工建设时间。全面推行标准化物料、构建现代智慧供应链，应用移动作业App实现物资供应、现场交货等全程可视化监控，确保物资及时供应；采用"客户经理+项目经理"双经理负责制，统筹协调跨专业工作，确保责任到人；依托接电工程全流程实时管控平台，实现全流程线上管控、超时预警、限时办结，确保按期接电。

3. 提升供电可靠性和电费透明度。根据DB2019，上海在断电赔偿机制及电价提前公告机制两个子项中各失1分，得分为6.0分，前沿距离得分为75分，落后于经合组织高收入经济体的平均水平7.5分及世界前沿水平8分，仍存在进步空间。

国网上海市电力公司通过强化管理和先进技术应用，不断提高带电作业率，提升供电可靠性；坚持政府主导、电网配合，建立电价调整提前告知制度，有效提高电费透明度。

在提升供电可靠性方面：一是建立停电时户数源头管控机制。强化施工停电管控和不停电作业，在立项阶段，明确不停电作业方案及停电影响时户，对未充分压减停电时户的方案"一票否决"。二是建立停电时户数计划管控机制。在计划安排阶段，对停电时户进行预控，作业方式不满足"能带不停"或实施必要性不充分的，原则上不得安排实施，待方案整改后另外安排实施。三是压缩无效停电时间。落实预到场、预汇报机制，有效压降因人员衔接问题造成的无效停电时间。四是推动复杂作业常态化开展。积极运用负荷转移、旁路带电作业法和应急发电等技术手段，全力缩小停电范围。大力开展带电立杆、带电开分段等作业项目，提升配网转供能力，为分时段、分区域开展不停电作业提供基础。五是不断提升装备配置水平。组织编制配网不停电作业智能技术发展规划方案，运用物联网思维，推动不停电作业装备向智能化发展，降低作业人员劳动强度。在提升电费透明度方面，由国家能源局牵头，经国家发改委、产业部、财政部等六部委共同决策。目前，国家已经决定逐步完善电价调整机制。2019年2月26日，上海市出台《关于本市电价政策信息发布有关事项的通知》（沪发改价管〔2019〕8号），明确电价政策信息变更必须至少提前电费账单周期（一般为一个月）进行公示，建立了电价政策提前一个月发布的工作机制。3月29日印发了降低一般工商业电价的通知，明确自5月1日起执行。

（二）对标世界银行指标，争取国家事权

建议国家发展改革委明确政府调整电价通知的时限规范，至少提前一个月发布电价调整通知，或者在电价通知中明确自发布之日起一个月后实施。

（三）世界银行指标之外的上海自主改革

1. 确保措施固化落地，降低企业接电用电成本。（1）降低办电投资。全面规范电网投资界面，延伸电网投资，固化低压非居民用户“零投资”改革措施。（2）降低配套费用。全部取消临时接电容量费、变电站间隔占用费等费用，规范明晰电网与客户投资界面，推动规范绿化、路面赔偿费用，降低客户投资费用。（3）降低用能成本。持续深化“1+N”综合能源服务，为客户按需提供能效诊断、设备代维、多能互补、以租代售及设备置换等用能增值服务。提高能源利用效率，降低客户用能成本。

2. 推进政企联动，缩短接电时间。（1）降低审批时间。依托政府电子化并联审批平台，推进10千伏高压用户电力接入工程占掘路等行政审批时间按照低压小微企业时限标准执行，优化有效作业时间；推动35千伏高压用户电力接入工程占掘路等行政审批参照执行，进一步优化审批流程，缩短证照办理时间。（2）降低建设时间。进一步压缩业扩报装各环节的完成时限。通过下沉项目实施权限、实现低压物资实物储备全覆盖、推行可研设计一体化，先签后建、合理采用设计采购施工总承包模式等措施，持续压缩建设时间，实现小微企业低压办电时间平均不超过20天，10千伏办电时间平均不超过80天，35千伏办电时间平均不超过180天。

3. 打造网上国网服务平台，压减办电环节。（1）压减办电程序。打造“网上国网”服务平台，对接政府“一网通办”，业务申请在线提交、办电资料在线

传递，服务质量在线评价，实现全业务线上办理、全天候“一站式”服务。优化公司客服系统“易用性”“友好性”，提升客户体验。(2) 压减临柜次数。强化专业协同，构建“内转外不转”服务机制，实现“客户少跑路、信息多跑路”。联动有关部门，全面公开业扩报装各环节和各项审批流程进度信息，实现全环节全流程实时信息在线查询、透明公开。(3) 压减流转资料。共享政企信息数据，通过网上政务服务平台，自动获取客户证照信息，实现客户“一证办理”各类业务。构建企业营业执照申请与用电申请“一网申报、一窗受理”的业务联动模式。

4. 加强技术创新，提升供电品质。(1) 压减停电次数。持续加大智能电网建设，加快新一代配电自动化系统建设，提升配电自动化覆盖率；深化供电服务指挥平台建设应用，提升配网智能化运行水平；全面完成架空线入地工程，提高城市电网电缆化率，减少停电次数，实现SAIFI值同比提高3%。(2) 压减停电时间。执行10千伏及以下停送电计划专项安排，全程跟踪；实现不停电检修作业全覆盖；优化网格化抢修驻点，深化应用移动抢修终端，减少停电时间，实现SAIDI值同比提高3%。

当然，上海推行的改革，未必一定会直接赢得世界银行的得分，提升中国的排名，但从长远来看，一定会降低中国供电的成本，提升供电可靠性和电费透明度，提升我国营商便利度。例如，嘉定区上海协通锦发汽车销售服务有限公司提出从99千瓦增容至160千瓦的供电增容需求。该项目客户于3月14日申请增容至160千瓦，于3月27日完成装表接电，仅经历2个环节、用时14天，实现“零投资”。因项目涉及掘路施工，证照审批流程由原来的规土、路政、绿化、公安等部门限时并行改为告知承诺审批，节省了10天。公司在合同签订、供电方案勘察设计至物资供应各环节，通过实施相应改革措施，第3天即与客户签订电子供用电合同，第14天完成装表接电，节省了6天。该项目较2018年流程累计共节省了16天。不仅是小微企业，大型外企“获得电力”的上海速度也令世界惊叹。2019年1月7日，公司仅用时38天就为上海特斯拉临港超级工厂完成临时施工接电，确保上海这一最大外商投资项目顺利开工。

根据DB2020，我国的以下改革措施获得了认可：签订供电合同与申请报装环节合并，从而减少了1个环节，时间节约了2天；明确提前1个月公布电价变化，电费透明度指数获得提升。

第四章　登记财产

关于“登记财产”(Registering property)这项指标,世界银行官网有关方法论的页面(http://www.doingbusiness.org/en/methodology)并没有提供一篇论文作为方法论。故本章不再单设方法论一节。

第一节　世界银行评估标准的定义与假设

世界银行《营商环境报告》记录以下所有程序：一个企业（买方）从另一个企业（卖方）购买一个财产，并且把此财产的使用权从卖方转移到买方，使买方能使用此财产或者用于扩大自己现有的企业，把此财产作为贷款抵押，在必要的时候把此财产卖掉。该报告也评估完成每一项程序所需的时间和费用。与此同时，《营商环境报告》同时还评估各个经济体的土地行政管理的优劣。

登记财产的便利度排名，由它们前沿距离分数的排序决定。这些分数为其指标的前沿距离分数的平均值。根据《营商环境报告》，转移财产的程序始于获取必要的文件，例如，核实卖方所有权凭证的程序，还包括相关尽职调查的工作。当该项买卖对第三方具有排他效力，买方能够自由使用此项财产并把它作为贷款抵押或者卖掉时，该项买卖方视为完成。法律要求的或者实践当中需要的每一个程序均应包括在内，而且，不论该项程序应由卖方还是买方，或者由第三方代为办理，均计算在内。世界银行向当地的财产律师、公证人和财产登记机构采集信息，以了解完成登记财产的每个程序所需的时间和成本。

与其他问卷相同，世界银行对财产移转便利度的调查，采取的是主观判断的方式。换言之，世界银行要求商业活动的参与者根据自身的主观判断与经营经验，回答登记财产所需的程序、时间与成本。这就可能出现两个偏差：

第一，法律规范确定的便利度与商业活动参与者感受的出现偏差，原因既可能在于一线执法者对法律规范理解不到位或者执行不力，无法将法定的便利度转化为实际的便利度，也有可能在于商业活动参与者对相应的法律规范不熟悉或者对程序不了解，导致程序出现反复，时间延长，成本增加；第二，提升便利度的措施出台时间与商业活动参与者感受出现偏差，后者发生时滞，原因可能在于商业活动参与者在提升便利度的措施出台后，并没有发生财产移转的交易，自然无法实际感受到提升便利度的措施，会按照原本的经验作答。在这种情况下，世界银行向政府核验数据，就显得特别必要。而政府部门以可信的方式，向世界银行提供核验材料，显得极为重要。

一、关于案例的假设

世界银行关于案例的假设如下：

1. 假定被调查者正在帮助客户（一家有限责任公司）购买注册的商业仓库且本次交易是财产移转，而非首次登记财产。

2. 假定交易方是有限责任公司且是100%的国内私人所有，从事一般性商业活动。

3. 假定财产为不动产，由土地和建筑物构成，土地占地面积557.4平方米，总面积929平方米的2层仓库坐落在这块土地上，价值是人均收入的50倍，等于其销售价格；在土地登记机关或地籍簿或两者都有登记注册，而且所有权没有争议，没有抵押权；最近10年内一直属于同一个业主。

4. 假定交易背景为卖方公司已接受买方公司购买该物业的要约，双方已经就财产移转达成合意；当事人将承担在实践中正式要求或需要转移财产所有权的所有程序。

二、关于买方和卖方的假设

世界银行评估对买方和卖方的假设如下：

1. 它们是有限责任公司。

2. 它们位于经济体最大的商业城市边缘地区，对于11个经济体也收集第二大商业城市的数据。

3. 它们100%为国内私人所有。

4. 它们每方拥有50名雇员，全都是本国公民。

5. 它们从事一般性商业活动。

三、关于财产的假设

世界银行评估对财产的假设如下：

1. 财产价值是人均收入的50倍，等于其销售价格。

2. 财产完全为卖方所有。

3. 财产之上未设定抵押权，最近10年内一直属于同一个所有者。

4. 财产在土地登记机关或地籍簿或两者都有登记注册，而且所有权没有争议。

5. 财产位于市区边缘的商业区，没有重新选区的要求。

6. 财产由土地和建筑物构成。土地占地面积557.4平方米（6 000平方英尺）。总面积929平方米（10 000平方英尺）的2层仓库坐落在这块土地上。仓库建成有10年了，处于良好状态，没有供热系统，并符合所有的安全标准、建筑规范和其他法律要求。该财产（包括土地和附着于建筑物的财产）将全部完整转让。

7. 财产购买完成以后将不需要改建或扩建。

8. 没有树木、自然水源、自然保护区或者历史纪念物等需要特别考量的财产。

9. 财产将不被用于特殊目的；没有特殊许可的要求，比如用于居住、工业厂房、废物储存或者某些农业活动。

10. 没有被占用（无论是合法还是非法占用），没有其他方在其中拥有法定权益。

第二节　世界银行评估的指标

世界银行的“登记财产”指标包括以下4个二级指标：程序、时间、成本及土地管理质量。而“土地管理质量”又包括以下5个三级指数：基础设施可靠性指数、信息透明度指数、地理覆盖指数、土地争议解决指数及平等获得财产权指数。

表4–1　“登记财产”二级指标

二级指标	定义	计量方式
程序	买方或者卖方及其代理人（如果法律上或者实际当中要求有代理人的话）与外部当事人之间的任何互动。	个数
时间	财产律师、公证人员或者登记官员指出的完成一个程序所需要时间的中值。	天数
成本	官方费用，包括各种费用、转让税、印花税和任何其他交给财产登记部门、公证人员、公共机构或律师的费用。	财产价值的百分比（假设财产价值为人均收入的50倍）
土地管理质量	各个经济体的土地行政管理的优劣。该指数涵盖了5个方面：基础设施的可靠性、信息的公开程度、地理面积涵盖、土地争议解决和对产权的平等获取机会。	0～30

一、程序

程序是指买方或者卖方以及他们的代理人（如果法律要求或者实际存在代理人的话）与外部当事人之间的任何互动。外部当事人包括政府机构、检查人员、公证人员和律师。公司管理人员和雇员之间的互动不考虑在内。法律或者实际要求的登记财产的所有程序，都被记录，即便这些程序在个别情况下可以避免。

问卷假设，买方会遵循最快、合法且大多数财产所有者都使用的方法。如果额外缴费能够合法加速程序的办理，且该方案有助于经济体的前沿距离分数并被大多数财产所有者使用，那就选择大多数财产所有者使用的最快合法程序。尽管买方在必要时可以在登记过程中雇用律师或者其他专业人士，但问卷假设买方在登记过程中不雇用外部人士，除非法律或者实际上要求这样做。

二、时间

时间用日历天数来记录。该指标采用财产律师、公证员或者登记人员指出的完成一个程序所需要时间的中值（中位数）。问卷假设每个程序要求的最短时间是1天，但对于那些可以在网上完整完成的程序，要求的最短时间为0.5天。尽管程序可以同时发生，但它们不可能在同一天开始。对于那些可以在网上完整完成的程序，这一假设并不适用。

问卷假设买方不会浪费时间，而且在完成待办程序时不会耽误时间。如果额外缴费能够加速程序的办理，那就选择大多数财产所有者使用的最快的合法程序。如果程序能够同时办理，就做如此假设。问卷假设当事各方从一开始就知道所有要求以及它们的先后顺序。用于搜集信息的时间忽略不计。如果各方通过自身信源估算的时间有出入，就使用报告值的中位数。

三、成本

成本以财产价值的百分比来记录，假设为人均收入的50倍。只记录法律要求的官方费用，包括各种费用、转让税、印花税和其他缴纳给财产登记部门、公证人员、公共机构或律师的费用。其他各种税款，比如资本利得税或者增值税，并没有包括在成本之中。成本包括买方和卖方双方承担的费用。假如各方来源估计的成本有出入，就取中位数。

四、土地管理质量

土地管理质量指数由5个指数构成：基础设施可靠性指数、信息透明度指数、地理覆盖指数、土地争议解决指数以及平等获得财产权指数。该指数范围为0～30，分值越高表明土地管理系统质量越好。

(一) 基础设施可靠性指数

基础设施可靠性指数有6个组成部分，该指数范围为0～8。分值越高，表明确保产权和边界的信息可靠性的设施质量越高。

1. 产权在经济体最大的商业城市的登记处如何登记保存。如果大部分产权是全数字化保存的，则打2分；如果大部分是扫描登记保存的，则打1分；如果大部分是以纸质形式登记保存的，则打0分。

2. 是否有电子数据库用以查询所有权的负担。如果有，则打1分；如果没有，则打0分。

3. 地块地图在经济体最大商业城市的地图测绘部门如何保存。如果大部分地图是全数字化保存的，则打2分；如果大部分是扫描录入保存的，则打1分；如果大部分是以纸质形式保存的，则打0分。

4. 是否有地理信息系统，也就是一个记录边界、查阅规划和提供地籍信息的电子数据库。如果有，则打1分；如果没有，则打0分。

5. 土地所有权登记处与地图测绘部门如何挂钩。如果有关土地所有权的信息和地图保存在一个数据库中或者保存在相连的数据库中，则打1分；如果不同数据库之间互不相连，则打0分。

6. 不动产如何标识。如果有唯一的编号用以标识大多数地块的不动产，则打1分；如果有多个标识码，则打0分。

(二) 信息透明度指数

信息透明度指数有10个组成部分，该指数范围为0～6。分值越高，表明土地管理系统透明度越高。

1. 有关土地所有权的信息是否公开。如果任何人都能获取土地所有权的信息，则打1分；如果信息获取受到限制，则打0分。

2. 完成产权交易登记所需文件的清单是否公开。如果文件清单可以从网上或者公告栏中获取，则打0.5分；如果公众无法获取或者只能当面获取该清单，则打0分。

3. 完成产权交易登记的费用表是否公开。如果费用表可以从网上或者公告栏中获取，或者是免费的，则打0.5分；如果公众无法获取或者只能当面获取，则打0分。

4. 负责不动产登记的机构是否承诺在规定时间内提供证明财产所有权的具有法律约束力的文件。如果服务标准可以从网上或公告栏中获取，则打0.5分；如果公众无法获取或者只能当面获取，则打0分。

5. 是否有特定且独立的机制可供人们就负责不动产登记的机构发生的问题提出投诉。如果有可供人们提出投诉的特定且独立的机制，则打1分；如果只有一般性机制或没有机制，则打0分。

6. 是否有追踪不动产登记机构登记的交易数量的官方统计数据，该数据是否公开。如果发布了有关最大商业城市过去一个日历年内产权交易的统计数据，且发布日期最晚在下一年的6月之前，则打0.5分；如果没有这类统计数据公开，则打0分。

7. 地块地图是否公开。如果任何人都能获取地图，则打0.5分；如果获取受到限制，则打0分。

8. 获取地图的费用表是否公开。如果费用表可以从网上或公告栏获取或者是免费的，则打0.5分；如果费用表不公开或者只能当面获取则打0分。

9. 地图测绘部门是否承诺在规定时间内提供最新的地图。如果服务标准可以从网上或公告栏获取，则打0.5分，如果服务标准不公开或者只能当面获取，则打0分。

10. 是否有特定且独立的机制可供人们就地图测绘部门发生的问题提出投诉。如果有可供人们提出投诉的特定且独立的机制，则打0.5分；如果只有一般性机制或没有机制，则打0分。

(三) 地理覆盖指数

地理覆盖指数有4个组成部分，该指数范围为0～8。分值越高，表明土地所有权登记和地籍测绘的地理覆盖面越大。

1. 就最大商业城市而言，土地登记部门覆盖的全面程度。如果城市中所有私人持有的地块都在土地登记机构进行了正式登记，则打2分；如果没有，则打0分。

2. 就经济体而言，土地登记部门覆盖的全面程度。如果经济体中所有私人持有的地块都在土地登记机构进行了正式登记，则打2分；如果没有，则打0分。

3. 就最大商业城市而言，地图测绘部门覆盖的全面程度。如果城市中所有私人持有的地块都进行了测绘，则打2分；如果没有，则打0分。

4. 就经济体而言，地图测绘部门覆盖的全面程度。如果经济体中所有私人持有的地块都进行了测绘，则打2分；如果没有，则打0分。

(四) 土地争议解决指数

土地争议解决指数衡量的是不动产登记的法律框架和争议解决机制的可及度。该指数有8个组成部分，范围为0～8，分值越高，表明针对土地争议实施的保护力度越大。

1. 法律是否要求所有产权交易在不动产登记部门进行登记，以使其能对抗第三方的产权异议。如果是，则打1.5分；如果否，则打0分。

2. 正式的不动产登记制度是否拥有担保。如果法律要求国家或私人对不动产登记提供担保，则打0.5分；如果不做要求，则打0分。

3. 在各方本着诚信进行的产权交易中，因不动产登记部门的错误而发生损失，对此是否有特定的赔偿机制予以弥补。如果有，则打0.5分；如果没有，则打0分。

4. 法律是否要求对产权交易所需文件的法律效力予以核实。如果要求，则打0.5分；如果不做要求，则打0分。

5. 法律是否要求对产权交易各方进行身份核实。如果有身份核实（不论核实是由登记员还是由公证员或律师等专业人员进行），则打0.5分；如果没有，则打0分。

6. 是否有全国性数据库可供核实身份文件的准确性。如果有这样一个全国性数据库，则打1分；如果没有，则打0分。

7. 假设两家本地公司发生土地争议，如果土地所有权价值为人均收入的

50倍，且土地位于最大商业城市，一审法院作出裁判需要多长时间。如果需要的时间不到1年，则打3分；如果需要1～2年，则打2分；如果需要2～3年，则打1分；如果超过3年，则打0分。

8. 有关一审的土地争议数量的统计数据是否公开。如果有关经济体过去1个日历年中土地争议的统计数字得到公布，则打0.5分；如果这样的统计数据没有公布，则打0分。

(五) 平等获得财产权指数

平等获得财产权指数有2个组成部分，该指数范围为−2～0，分值越高，表明包容性越大。

1. 未婚男性和未婚妇女是否平等拥有财产的所有权。如果双方不享有平等的所有权，则打−1分；如果双方平等享有所有权，则打0分。

2. 已婚男性和已婚妇女是否平等拥有财产的所有权。如果双方不享有平等的所有权，则打−1分；如果双方平等享有所有权，则打0分。

3. 所有权包括管理、控制、访问、抵押、接收、处置和转移财产的能力。如果夫妻财产制度对男女权利差别对待，则此报告会把每个方面的限制都考虑在内。对于土著土地的管理制度，报告将假设每个系统都是平等系统，除非有法律条款规定不平等待遇。

如果2017年6月到2018年6月间，经济体私营部门的实体未能登记产权转让，则该经济体在程序、时间和成本指数上都会得到“无实践”的标注。此外，即使其法律框架中包含与土地管理相关的条款，被标注了“无实践”的经济体在土地管理质量指数上的得分仍然为0。

以上指标与假设，可以用表格简述如下：

表4–2　世界银行评估“登记财产”指标及案例假设

指标衡量的是什么	案例研究的假设
不动产物权的合法转让程序（编号） 预登记程序（如留置权审查、买卖协议公证、财产转让税等） 在经济体中最大的商业城市登记	为了使数据在不同经济体之间具有可比性，这里对交易各方、财产和程序进行了若干假设。 **双方（买方和卖方）：** 有限责任公司（或同等法律地位的公司）。

（续表）

指标衡量的是什么	案例研究的假设
登记后的程序（例如，在市政府填写登记产权） **完成每项程序所需的时间（日历天数）** 不包括收集信息的时间 每项程序从单独的日期开始，全部在网上完成的程序例外 一旦收到最终文件，视为程序已完成 未事先与官员接触 **完成每项程序所需的成本（财产价值百分比）** 只收取官方费用（如行政管理费、关税和税费） 不包括增值税、资本收益税和非法支付 **土地管理质量指数（0～30）** 基础设施可靠性指数（0～8） 信息透明度指数（0～6） 地理覆盖指数（0～8） 土地争议解决指数（0～8） 平等获得财产权指数（-2～0）	位于该经济体中最大商业城市的周边地区。对于收集了第二大商业城市数据的11个经济体： 为100%的国内私人所有。 每家公司有50名员工，他们都是本国公民。 进行一般商业活动。 **相关财产（卖方完全所有）：** 价值是人均收入的50倍，等于售价。 为卖方完全所有。 没有抵押贷款，而且在过去10年里一直处于同一所有权之下。 在土地注册处或地籍注册处注册，或在二者同时注册，且无产权纠纷。 位于市郊商业区，不需要重新分区。 由土地和建筑物构成。土地面积557.4平方米（6 000平方英尺），上有总面积929平方米（10 000平方英尺）的2层仓库。仓库有10年的历史，状况良好，没有供暖系统，符合所有安全标准、建筑规范和法律要求。由土地和建筑物组成的该财产将全部被转让。 购买以后将不需要改建或扩建。 没有树木、天然水源、自然保护区，也没有任何形式的历史古迹。 不会用作特别用途，也不需要特别许可证，例如住宅用途、工业厂房、废物贮存或某类农业活动。 没有居住者，也没有其他方在本财产中拥有法律利益。

第三节 中国的改革及成效

一、中国排名明显提升

世界银行《营商环境报告》显示，我国近年来的“登记财产”一直徘徊于全球第40名上下，最大的进步是在DB2019，从上一年度的第41名，跃升至第27名，大幅提升了14名，进步最为明显的是程序和时间指标。程序从原来的5个，减少至3.6个，时间则从原来的23.5天，大幅减少至9天。2019年10月24日发布的DB2020则显示，我国这一指标下滑一位。

表4-3 中国“登记财产”分项指标近六年的得分

二级指标	定义	计量方式	中国(2015)	中国(2016)	中国(2017)	中国(2018)	中国(2019)	中国(2020)
程序	买方或者卖方及其代理人（如果法律上或者实际当中要求有代理人的话）与外部当事人之间的任何互动。	个数	5.0	5.0	5.0	5.0	3.6	4.0
时间	财产律师、公证人员或者登记官员指出的完成一个程序所需时间的中值。	天数	23.5	23.5	23.5	23.5	9.0	9.0

（续表）

二级指标	定义	计量方式	中国(2015)	中国(2016)	中国(2017)	中国(2018)	中国(2019)	中国(2020)
成本	官方费用，包括各种费用、转让税、印花税和任何其他交给财产登记部门、公证人员、公共机构或律师的费用。	财产价值的百分比（假设财产价值为人均收入的50倍）	4.9	4.9	4.9	4.6	4.6	4.6
土地管理质量	土地行政管理的优劣。该指数涵盖了5个方面：基础设施的可靠性、信息公开程度、地理面积涵盖、土地争议解决和对产权的平等机会。	0～30	22.5	22.5	22.5	22.5	23.7	24.0
“登记财产”排名			**37**	**43**	**42**	**41**	**27**	**28**

近六年的排名，可以图示如下：

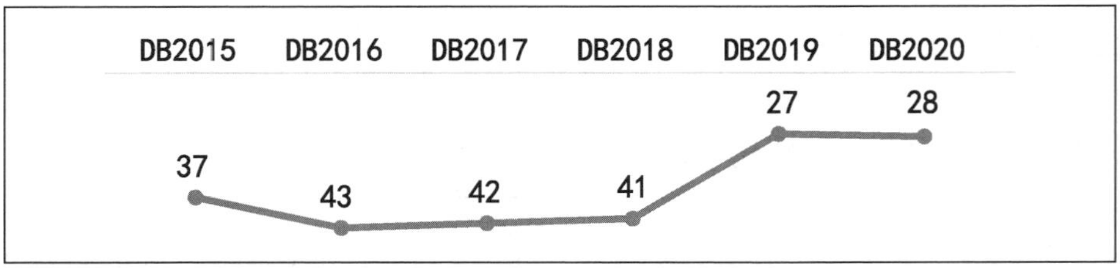

图4-1　中国“登记财产”指标2015—2020年的全球排名

DB2019显示，我国得分79.68分（3.6个环节，9天，费用4.6%，质量指数23.7分），DB2018则显示，我国得分75.32分（4个环节，28天，费用3.6%，质量指数19分）。两相对照，环节数不变，仍为4个，时间从28天减少到9天，费用从3.6%上升到4.6%（减少交易程序费0.5%，但增加了尽职调查费用1.5%），质量指数从19分增加到23.5分（基础设施可靠性增加4分，公开一审数据增加0.5分）。

两个指标城市的表现分别为：上海，79.68分（4个环节、9天、费用4.6%、质量指数23.5分）；北京，82.18分（3个环节、9天、费用4.6%、质量指数24分）。两个城市的对比如下：环节方面，北京比上海少1个（上海为尽职调查、申请不动产登记和缴纳登记费、缴税、获取产权证4个；北京为尽职调查、申请不动产登记和缴税、提交完税凭证和缴纳登记费及获取产权证3个）。质量指数方面，上海比北京低0.5分（上海在更新地图［0.5］和投诉机制［0.5］两项指标上未得分，北京在公开一审数据指标上［0.5］未得分）。

世界银行报告指出，中国“登记财产”指标排名获得大幅提升，得益于上海、北京针对不动产登记推出的一系列改革举措，通过简化管理程序和增强土地管理系统的可靠性和透明度，“登记财产”变得更为便利。具体表现在：一是通过优化登记流程，强化部门间协作沟通，精简了办事环节，大幅压缩了办理时限；二是推出“互联网+政务服务”，加强信息互通，进一步提升审批效率和工作质量，实现“最多跑一次”；三是不断创新便民利民服务举措，在登记大厅配备自助查询终端，针对重点企业和特殊群体开通绿色通道，提高企业和群众的满意度，使改革举措落到实处。

对此，自然资源部自然资源确权登记局负责人表示，为优化营商环境，自2017年5月以来，原国土资源部先后出台一系列制度措施，确保不动产登记规范有序、便民利民，这些措施包括逐步压缩不动产登记办理时限，大力推行“一窗受理、并行办理”，开展“减证便民”服务，拓展网上办理事项，延伸登记服务范围，加快推进政务服务“一网通办”，提供信息共享服务等。截至2018年底，全国所有市县的一般登记、抵押登记业务办理时间分别压缩至15个、7个工作日以内，预计2019年底前，一般登记、抵押登记业务办理时间将分别压缩至10个、5个工作日以内，5年内登记时间压缩2/3以上，压减到5个工作日以内。

DB2019还披露，当前“登记财产”全球最佳实践是新西兰，登记财产仅需查询登记信息、申请登记两个程序，由于没有交易审核、税收等环节以及实行电子签名电子证照等原因耗时仅1天，成本占财产价值的0.1%，土地管理质量指数达到26.5分。俄罗斯、美国分别排名第12位和第38位。

二、DB2019与DB2020中国指标城市评估结果

在DB2020中，上海与北京的评估结果如下表所示：

表 4-4　DB2020 “登记财产” 分项指标评估结果

项目	中国	北京	上海	备注
得分	81.0	82.6	79.7	与上一年度相比，程序指数增加了0.4，土地管理质量指数增加了0.3，总体排名退步一名。
程序（个数）	4	3	4	
时间（天数）	9	9	9	
成本（占财产价值百分比）	4.6	4.6	4.6	
土地管理质量指数（0 ～ 30）	24.0	24.5	23.5	

DB2019针对上海与北京详细列明了结果（DB2020尚未发布中文版）：

(一) 上海DB2019评估结果

表 4-5　上海 DB2019 分项指标与前沿经济体的比较

指标	上海	东亚及太平洋地区	经合组织高收入经济体	最佳监管表现
程序（个数）	4	5.4	4.7	1（4个经济体）
时间（天数）	9	72.6	20.1	1（新西兰）
成本（占财产价值的百分比）	4.6	4.5	4.2	0.0（沙特阿拉伯）
土地管理质量（0～30）	23.5	16.3	23.0	2017/2018年无数据

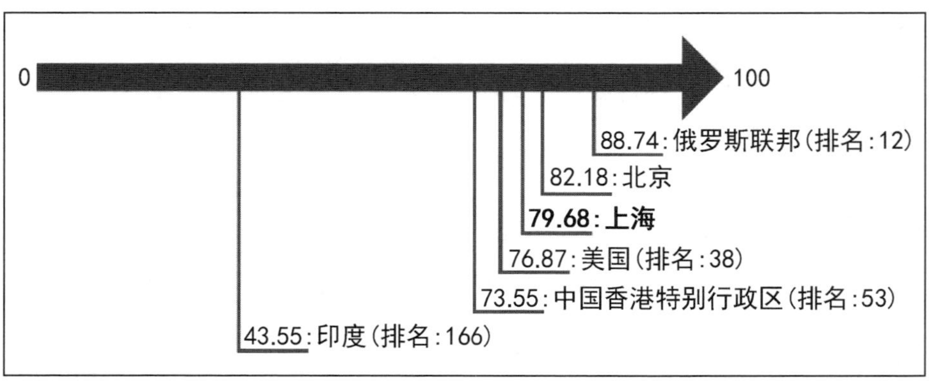

图 4-2　上海和可比经济体 “登记财产”：排名与得分

注：各经济体登记财产便利度排名根据各自登记财产指标得分得出。这些得分为各项分指标得分的简单平均值。

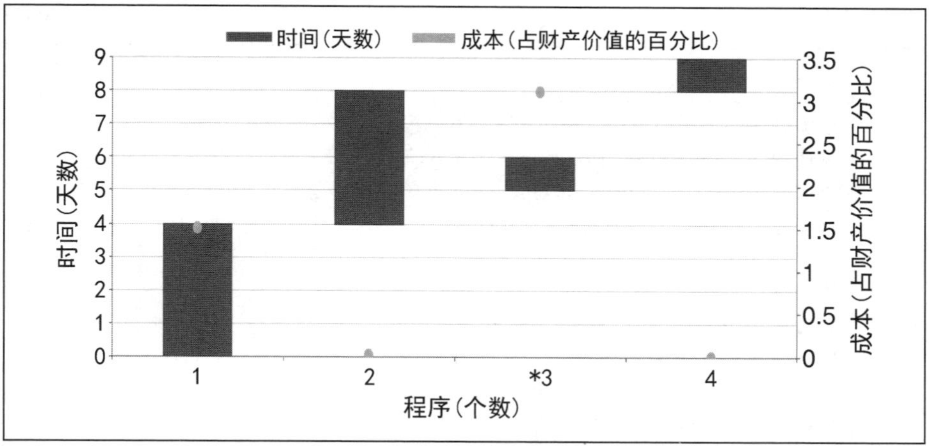

图4-3　在上海登记资产：程序、时间与成本

*该符号在与前一项程序同时发生的程序数量旁显示。

注：在计算总时间时，网上办理程序记为**0.5**天。对于针对男性和女性适用不同程序清单的经济体，该图表显示了女性所需的时间。

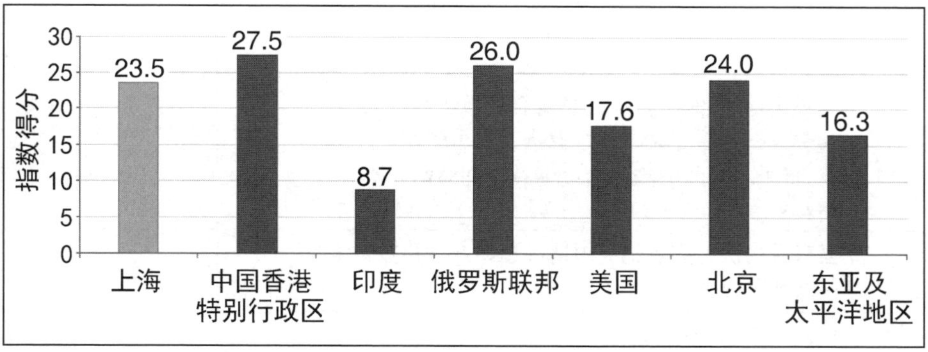

图4-4　上海和可比经济体“登记财产”：水平评估

表4-6　上海“登记财产”：程序、时间与成本(详细信息)

编号	程序	完成时间	相关成本
1	**律师准备买卖协议，并对财产和买卖双方进行尽职调查**	4天	44 649.04元(律师费：财产价值的1%～2%)
	机构：律师事务所 当事人必须准备买卖协议以转让财产。一种常见的做法是，聘请律师进行咨询、尽职调查和准备买卖协议。律师通常会下载上海市住房和城		

（续表）

编号	程序	完成时间	相关成本
	乡建设管理委员会提供的标准模板，然后根据具体情况对一些条款进行修改。一旦双方确认了该房产，并核实了与该房产或买卖双方有关的所有可能的产权负担，便可以签订买卖协议。买卖协议必须提交给房地产中心进行注册，并获得新的所有权证书。 在执行尽职调查阶段，律师通常会： 核实该房产在上海市住房和城乡建设管理委员会的房地产中心是否确无产权负担。完成此环节的时间取决于本次交易的产权对象的复杂性，但通常此流程可以在1天内完成。 核实影响房产的分区规定。这通常是在线检查，因为它是公布在网站（http://www.shgtj.gov.cn/ghsp/）上的公共信息。 核实该房产是否不存在与税务机关的任何未偿清债务，也不存在在公用事业（电费、水费等）上的任何债务。这通常是通过检查卖方最后支付的税收收据来执行的。 核实任何一方是否已经或正在进行破产程序。如果案件被法院受理，信息将会公布在网站上，其中包括是否相关方的营业执照被吊销或业务被撤销：http://pccz.court.gov.cn/pcajxxw/index/xxwsy。		
2	**当事人向房地产登记处申请办理财产过户登记并缴纳登记费**	4天	550元
	机构：房地产登记处 中国不允许私有制，所有的土地都归国家所有或集体所有。但是，私人方有权获得土地使用权。国有土地的土地使用权分为两类：出让土地使用权、划拨土地使用权。二者的不同之处是，出让土地使用权在付款时间上是有限制的，而划拨土地使用权通常是免费的，没有时间限制，但只用于特定目的。私人方也可以将土地使用权出让给其他私人方。划拨土地使用权在转为出让土地使用权之前不得进行商业转让。在这种情况下，土地被用于商业用途。商业用地通常为国家所有，相关土地使用权为国有土地使用权。至于在这种情况下土地使用权的期限，将土地用于商业用途的买方只能获得的使用期限，是40年的初始期限（这是最长时限，除		

（续表）

编号	程序	完成时间	相关成本
	非在40年到期后，通过向国家支付额外的土地价格来延长使用期限）减去从国家授予日期到使用权转移到公司的日期。如果将土地划为工业用地或仓储用地，而非商业用地，那么土地使用权的最高年限应为50年。 买卖协议需在指定打印机打印。这类打印机只存在于持牌地产经纪公司及房产登记处。在上海，产权证和土地使用权证合二为一，被称为“房地产权证”。 房地产登记的工作人员将对合同进行审查，以确保购房价格基本是按照市场价格，同时当事人应当基于上述合同购买价格，在税务局窗口缴税（当地税务机关在上海大多数房地产登记办事处都会有一个办事窗口）。 在线登记合同：上海市现有房地产经纪人合同和转让合同网上登记办法（http://www.fangdi.com.cn/News/ZCFG/200694164606.htm）。 准备的文件应包括： 买卖双方应提交一份房地产买卖合同正本（已由双方正式签署）和一份买卖双方关于产权转让的书面陈述。购房合同没有标准格式（新建商业住宅房产除外），也不需要律师或公证人的参与。 卖方应提交以下文件： (1) 产权证、土地使用权证书和房地产权证原件（卖方已持有）； (2) 营业执照或者组织机构代码证原件； (3) 批准房地产销售的董事会决议原件； (4) 公司区域分支出具的法定代表人授权证明文件及法定代表人身份证（或护照）复印件； (5) 被授权办理实际程序的个人身份证复印件，及授权书原件。 买方应提交下列文件： (1)《房地产权属登记表》； (2) 营业执照或者组织机构代码证原件； (3) 批准购买该房地产的董事会决议原件； (4) 公司区域分支出具的法定代表人授权证明文件及法定代表人身份证（或护照）复印件； 以及 (5) 被授权办理实际程序的个人身份证复印件及授权书原件。 财政部、国家发展和改革委员会于2008年5月		

（续表）

编号	程序	完成时间	相关成本
	1日发布通知，规范了房地产登记注册的费用。一套住宅的登记注册费为80元，一套非住宅的登记注册费为550元。 2018年4月12日，财政部、国家发改委发布《关于停征、免征和调整部分行政事业性收费有关政策的通知》，取消了0.5%的交易程序费。		
二3	**双方缴税情况**	1天	92 274.68元［契税：买方应支付的财产价值的3%；印花税：买卖双方分别支付财产价值的0.05%（合计0.1%）］
	机构：房地产登记处 转让财产时由买卖双方支付的税款。 一、买方应缴纳的税款： 1. 契税：财产价值的3%； 2. 印花税：财产价值的0.05%。 二、卖方应缴纳的税款： 1. 增值税：房屋购买价和销售价差价的11%（不计入成本计算）； 2. 印花税：财产价值的0.05%；由卖方支付额外的营业税： 3. 教育附加税，征收营业税的3%（不计入成本计算）； 4. 地方教育附加税：被征收营业税的2%（不计入成本计算）； 5. 土地增值税：土地增值的30%～60%（视情况而定），或财产价值的3%，以税务局的实际规定为准（不计入成本计算）； 6. 城市维护建设税：被征收营业税的1%～7%（不计入成本计算）； 7. 建筑安装营业税：转让价格的3%（不计入成本计算）； 8. 河道维护费：被征收营业税的1%（不计入成本计算）； 9. 企业所得税：出售房产利润的25%（可能在财政年度末期征收）。 规定卖方和买方应支付的主要税款的立法可参见： (1) 土地增值税：《中华人民共和国土地增值税		

（续表）

编号	程序	完成时间	相关成本
	暂行条例》(http://www.mlr.gov.cn/zwgk/flfg/tdglflfg/200601/t20060119_642173.htm)。 (2) 营业税：《中华人民共和国营业税暂行条例》(http://www.gov.cn/zwgk/2008-11/14/content_1149510.htm)。 (3) 城市维护建设税：《中华人民共和国城市维护建设税暂行条例》(http://www.gov.cn/banshi/2005-08/19/content_24817.htm)； (4) 教育附加税：《中华人民共和国征收教育费附加暂行规定》(http://www.gov.cn/gongbao/content/2011/content_1860811.htm)。 根据《纳税人转让不动产增值税征收管理暂行办法》(自2016年5月1日起施行)，营业税(5%)改为增值税(房产营业面积5%，农村地区房产征收11%)。		
4	**双方获得新的所有权证书**	1天	免费
	机构：房地产登记处 在缴纳相应的税费后，连同发票一起，买方获得新的房地产权证。在上海，产权证和土地使用权证合二为一，被称为“房地产权证”。新房屋产权证签发后，产权转让程序随之完成。		

⇉ **与前一项程序同时进行。**

表4-7　上海“登记财产”：水平评估（详细信息）

	答案	得分
土地管理质量指数（0～30）		**23.5**
基础设施可靠性指数（0～8）		**8.0**
由什么机构负责进行不动产登记？	上海房地产中心（上海市住房和城乡建设管理委员会办公室）。	
在最大的商业城市中，大部分的所有权或契约记录是用什么形式保存的？是纸质的还是电子格式的（扫描的或完全数字化的）？	计算机；完全数字化。	2.0
是否有电子数据库用于检查产权负担（留置权、抵押、交易限制等）？	是。	1.0

（续表）

	答案	得分
在最大商业城市负责规定法律边界的规划的机构：	上海市房地产测绘管理部。	
在最大的商业城市中，大部分的土地分区地图是用什么形式保存的？是纸质的还是电子格式的（扫描的或完全数字化的）？	计算机；完全数字化。	2.0
是否存在用于记录界线、查询计划和提供地籍信息（地理信息系统）的电子数据库？	是。	1.0
不动产登记机构和地籍测绘机构记录的信息是否保存在一个单一的数据库、不同但相互关联的数据库或单独的数据库中？	单一数据库。	1.0
不动产登记机构和地籍或测绘机构是否为房产使用相同的财产识别号？	是。	1.0
信息透明度指数（0～6）		**3.5**
谁能在最大的商业城市负责不动产登记的机构获得关于土地所有权的信息？	只有房产中介和利益相关方。	0.0
要完成任何类型的财产交易都需要公开的文件列表吗？如果是的话，需要怎么做？	是的，在线完成。	0.5
在线获取链接：	http://www.shgtj.gov.cn/gsgg/bdc/ywgz/201803/t20180322_827220.html	
在最大的商业城市，负责不动产登记的机构的任何财产交易的适用费用表是公开提供的吗？如果是，如何获取？	是的，在线完成。	0.5
在线获取链接：	http://www.shgtj.gov.cn/gsgg/bdc/ywgz/201803/t20180322_827220.html	
不动产登记机构是否承诺交付一份具有法律约束力的文件，在特定的时间框架内证明财产所有权？如果是，它如何告知服务标准？	是的，在线完成。	0.5
在线获取链接：	http://www.shgtj.gov.cn/gsgg/bdc/ywlc/201802/t20180206_824656.html	
对于不动产登记处出现的问题，是否有专门且独立的投诉机制？	是。	1.0
联系方式：	通过以下网址链接：http://wbjxf.sh.gov.cn/310000W0016/let.getXZ.do?id=a07934a9-20fc-4bef-a32e-49809f2bdf92&TYPE_FLAG=22 电话热线：86-21-962269	

（续表）

	答案	得分
有否公开官方统计数字，追踪不动产登记处的交易数目？	是。	0.5
2017年中国最大商业城市的房产转让数量：	1 040 345.0平方米。	
谁能查阅最大商业城市的地块图？	只有房产中介和利益相关方。	0.0
查阅地块图的收费表是否公开？如果公开，如何查阅？	是的，在公共板块。	0.5
在线获取链接：		
地籍或测绘机构是否承诺在特定的时间框架内交付更新后的地图？如果是，它如何告知服务标准？	否。	0.0
在线获取链接：		
对于地籍或测绘机构发生的问题，是否有专门的独立投诉机制？	否。	0.0
联系方式：		
地理覆盖指数（0～8）		**4.0**
经济体中的一切私人所有土地是否登记在不动产登记册中？	否。	0.0
最大商业城市中的每一块私人所有土地是否登记在不动产登记册中？	是。	2.0
是否对经济体所有私人持有的地块都进行了测绘？	否。	0.0
是否对最大商业城市中所有私人持有的地块都进行了测绘？	是。	2.0
土地争议解决指数（0～8）		**8.0**
法律是否规定所有出售物业的交易必须在不动产登记处登记，以使其可与第三方进行法律上的对应？	是。	1.5
不动产登记制度是否有国家或私人担保？	是。	0.5
是否有特定的赔偿机制，以弥补因不动产登记处提供的错误资料，而给本着诚信原则进行房产交易的人士造成的损失？	是。	0.5

（续表）

	答案	得分
法律制度是否要求对房产交易所需文件的合法性进行控制（例如，检查合同是否符合法律要求）？	是。	0.5
如果是，由谁负责检查文件的合法性？	登记员。	
法律制度是否要求核实财产交易各方的身份？	是。	0.5
如果是，由谁负责验证双方的身份？	登记员，公证人。	
是否有国家数据库验证身份文件的准确性？	是。	1.0
两家地方企业就一项地产的使用权发生标准的土地纠纷，该房产的价值相当于人均国民收入（GNI）的50倍，而且位于最大的商业城市，那么一审由哪个法院负责？	区级法院。	
就这类案件（无须上诉），平均需要多久才能取得一审法院的裁决？	不到1年。	3.0
关于一审土地纠纷的数目，是否有统计数字？	是。	0.5
2017年最大商业城市土地纠纷数量：	149.0。	
平等获得财产权指数（−2～0）		**0.0**
未婚男性和未婚妇女是否平等拥有财产的所有权？	是。	
已婚男性和已婚妇女是否平等拥有财产的所有权？	是。	0.0

（二）北京DB2019评估结果

表4-8　北京DB2019分项指标与前沿经济体的比较

指标	北京	东亚及太平洋地区	经合组织高收入经济体	最佳监管表现
程序（个数）	3	5.4	4.7	1（4个经济体）
时间（天数）	9	72.6	20.1	1（新西兰）
成本（占财产价值的百分比）	4.6	4.5	4.2	0.0（沙特阿拉伯）
土地管理质量（0～30）	24.0	16.3	23.0	2017/2018年无数据

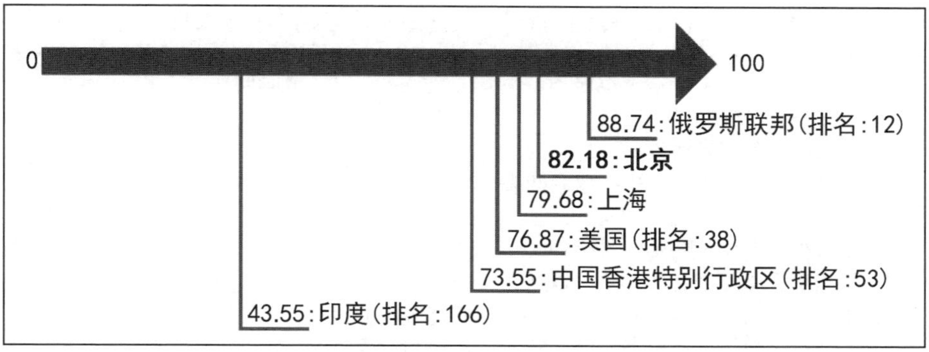

图4-5　北京和可比经济体“登记财产”：排名与得分

注：各经济体登记财产便利度排名根据各自登记财产指标得分得出。这些得分为各项分指标得分的简单平均值。

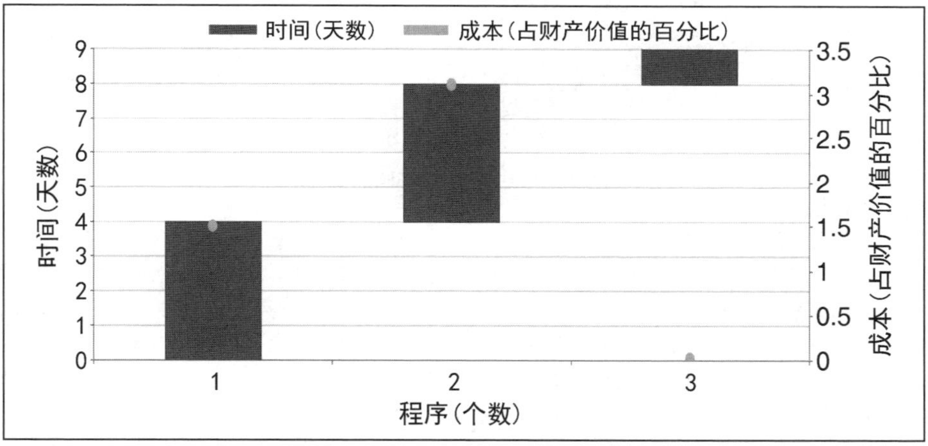

图4-6　北京“登记资产”：程序、时间与成本

注：在计算总时间时，网上办理程序记为**0.5**天。对于针对男性和女性适用不同程序清单的经济体，该图表显示了女性所需的时间。

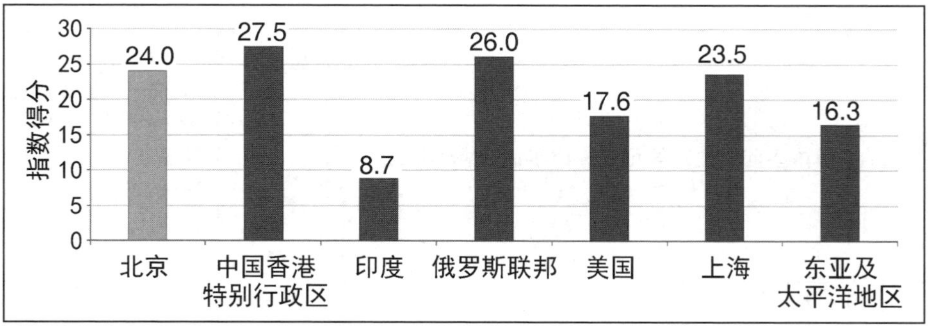

图4-7　北京和可比经济体“登记财产”：水平评估

表4-9 北京"登记财产"：程序、时间与成本（详细信息）

编号	程序	完成时间	相关成本
1	**律师准备买卖协议 并对财产和当事人进行尽职调查**	4天	44 649 04元 （律师费：财产价值的1%至2%）
	机构：律师事务所 当事人必须准备买卖协议以转让财产。一种常见的做法是，聘请律师进行咨询、尽职调查和准备买卖协议。律师通常会下载北京市规划和国土资源管理委员会提供的标准模板，并根据具体情况修改部分条款。一旦双方正确确认了该房产，并核实了与该房产或买卖双方有关的所有可能的产权负担，便可以签订买卖协议。购房合同必须提交给房地产中心进行注册，并获得新的所有权证书。 在执行尽职调查阶段，律师通常会： 向北京市规划和国土资源管理委员会核实该房产是否无产权负担。完成此环节的时间取决于本次交易的产权对象的复杂性，但通常此流程可以在一天内完成。 核实影响房产的分区规定。这通常是在线检查，因为它是公布在网站http://www.shgtj.gov.cn/ghsp/上的公共信息。 核实该房产是否不存在与税务机关的任何未偿清债务，也不存在在公用事业（电费、水费等）上的任何债务。这通常是通过检查卖方最后支付的税收收据来执行的。 核实任何一方是否已经或正在进行破产程序。如果案件被法院受理，信息将会公布在网站上，其中包括是否相关方的营业执照被吊销或业务被撤销：http://pccz.court.gov.cn/pcajxxw/index/xxwsy。		
2	**当事人向房地产登记处提出申请并缴纳税款**	4天	92 274 68元 ［契税：买方应支付的财产价值的3%；印花税：买卖双方分别支付财产价值的0.05%（合计0.1%）］
	机构：房地产登记处 中国不允许私有制，所有的土地都归国家所有		

（续表）

编号	程序	完成时间	相关成本
	或集体所有。但是，私人方有权获得土地使用权。国有土地的土地使用权分为两类：出让土地使用权、划拨土地使用权。二者的不同之处是，出让土地使用权在付款时间上是有限制的，而划拨土地使用权通常是免费的，没有时间限制，但只用于特定目的。私人方也可以将土地使用权出让给其他私人方。划拨土地使用权在转为出让土地使用权之前不得进行商业转让。 在这种情况下，土地被用于商业用途。商业用地一般为国有，土地使用权的性质为国有土地使用权。 至于在这种情况下土地使用权的期限，将土地用于商业用途的买方只能获得的使用期限，是40年的初始期限（这是最长时限，除非在40年到期后，通过向国家支付额外的土地价格来延长使用期限）减去从国家授予日期到使用权转移到公司的日期。如果将土地划为工业用地或仓储用地，而非商业用地，那么土地使用权的最高年限应为50年。 买卖双方在朝阳区过户申请程序的网上预约。这一步被称为网签合同或资格审查。该程序应只在房产中介处处理。有关合约的网上备案可在下列网站办理：http://210.75.213.188/shh/portal/bjjs/index.aspx。 买卖双方应向房地产登记处提交下列文件： (1) 申请表原件； (2) 申请人的身份证明文件（如果申请人为公司，则应提交营业执照）； (3) 房地产证书原件； (4) 房地产买卖合同（正式签署）原件； (5) 两份房地产登记表和平面图； (6) 证明契税已完全缴纳的文件，或证明适用税费减免条件的文件； 以及 (7) 申请所需的其他材料。 房地产登记的工作人员将对合同进行审查，以确保购房价格基本是按照市场价格，同时当事人应当基于上述合同购买价格，在税务局窗口缴税（当地税务机关在上海大多数房地产登记办事处都会有一个办事窗口）。 转让财产时由买卖双方支付的税款。		

（续表）

编号	程序	完成时间	相关成本
	一、买方应缴纳的税款： 1. 契税：财产价值的3%； 2. 印花税：财产价值的0.05%。 二、卖方应缴纳的税款： 1. 增值税：购买价格与销售收入之间差额的5%（不计入成本计算）；自2016年5月1日起，房地产交易营业税改为增值税。此项规定根据财政部和国家税务总局的通知作出； 2. 印花税：财产价值的0.05%；由卖方支付额外的营业税； 3. 教育附加税，征收增值税的3%（不计入成本计算）； 4. 地方教育附加税：征收增值税的2%（不计入成本计算）； 5. 土地增值税：土地增值的30%到60%（视情况而定），或财产价值的3%，以税务局的实际规定为准（不计入成本计算）； 6. 城市维护建设税：被征收增值税的7%（不计入成本计算）； 7. 企业所得税：出售房产利润的25%（可能在财政年度末期征收）。 规定卖方和买方应支付的主要税款的立法可参见： 1. 土地增值税：《中华人民共和国土地增值税暂行条例》（http://www.mlr.gov.cn/zwgk/flfg/tdglflfg/200601/t20060119_642173.htm）； 2. 增值税：《纳税人转让不动产增值税征收管理暂行办法》和《关于全面推开营业税改征增值税试点的通知》（http://www.bjsat.gov.cn/bjsat/bsfw/tzgg/201603/t20160324_252689.html）。		
3	**提交税单、缴纳房产登记费、领取新产权证书**	1天	550元
	机构：房地产登记处 登记费用是在一个独立窗口支付的，购房者在该窗口获取新的产权证。财政部、国家发展和改革委员会于2008年5月1日发布通知，规范了房地产登记注册的费用。一套住宅的登记注册费为80元，一套非住宅的登记注册费为550元。登记费是由登记财产数量决定的，而非财产价值。 在缴纳登记费后，连同发票一起，买方获得新的房地产权证。		

表4-10　北京“登记财产”：水平评估（详细信息）

	答案	得分
土地管理质量指数（0～30）		**24**
基础设施可靠性指数（0～8）		**8.0**
由什么机构负责进行不动产登记？	不动产登记中心（北京市规划和国土资源管理委员会）。	
在最大的商业城市中，大部分的所有权或契约记录是用什么形式保存的？是纸质的还是电子格式的（扫描的或完全数字化的）？	计算机，完全数字化。	2.0
是否有电子数据库用于检查产权负担（留置权、抵押、交易限制等）？	是。	1.0
在最大商业城市负责规定法律边界的规划的机构：	北京市规划和自然资源管理委员会。	
在最大的商业城市中，大部分的土地分区地图是用什么形式保存的？是纸质的还是电子格式的（扫描的或完全数字化的）？	计算机，完全数字化。	2.0
是否存在用于记录界线、查询计划和提供地籍信息（地理信息系统）的电子数据库？	是。	1.0
不动产登记机构和地籍测绘机构记录的信息是否保存在不同但相互关联的数据库或单独的数据库中？	不同但相互连接的数据库。	1.0
不动产登记机构和地籍或测绘机构是否为房产使用相同的财产识别号？	是。	1.0
信息透明度指数（0～6）		**4.5**
谁能在最大的商业城市负责不动产登记的机构获得关于土地所有权的信息？	只有房产中介和利益相关方。	0.0
要完成任何类型的财产交易都需要公开的文件列表吗？如果是的话，需要怎么做？	是的，在线完成。	0.5
在线获取链接：	http://ghgtw.beijing.gov.cn/col/col3189/index.html	
在最大的商业城市，负责不动产登记的机构的任何财产交易的适用费用表是公开提供的吗？如果是，如何获取？	是的，在线完成。	0.5
在线获取链接：	http://ghgtw.beijing.gov.cn/col/col3290/index.html	

（续表）

	答案	得分
不动产登记机构是否承诺交付一份具有法律约束力的文件，在特定的时间框架内证明财产所有权？如果是，它如何告知服务标准？	是的，在线完成。	0.5
在线获取链接：	http://www.bjgtw.gov.cn/web/static/artides/catalog_10/article_402853575f0069b8016237dffeecl83e/402853575f0069b8016237dffeecl83e.html	
对于不动产登记处出现的问题，是否有专门且独立的投诉机制？	是。	1.0
联系方式：	网　址：http://rexian.beijing.gov.cn/default/web/introduce/aspirations_guide.jsp；北京市住房和城乡建设委员会信访接待处电话：59958811-0，59958811-1还可参阅http://ghgtw.beijing.gov.cn/col/col1987/index.html。	
有否公开官方统计数字，追踪不动产登记处的交易数目？	是。	0.5
2017年中国最大商业城市的房产转让数量：	1 539 000平方米。	
谁能查阅最大商业城市的地块图？	只有房产中介和利益相关方。	0.0
查阅地块图的收费表是否公开？如果公开，如何查阅？	是的，在线完成。	0.5
在线获取链接：	http://ghgtw.beijing.gov.cn/col/col1946/index.html	
地籍或测绘机构是否承诺在特定的时间框架内交付更新后的地图？如果是，它如何告知服务标准？	是的，在线完成。	0.5
在线获取链接：	http://ghgtw.beijing.gov.cn/col/col1947/index.html	
对于地籍或测绘机构发生的问题，是否有专门的独立投诉机制？	是。	0.5
联系方式：	http://ghgtw.beijing.gov.cn/col/col1987/index.htmlhttp://rexian.beijing.gov.cn/default/#	

（续表）

	答案	得分
地理覆盖指数（0～8）		**4.0**
经济体中的一切私人所有土地是否登记在不动产登记册中？	否。	0.0
最大商业城市中的每一块私人所有土地是否登记在不动产登记册中？	是。	2.0
是否对经济体所有私人持有的地块都进行了测绘？	否。	0.0
是否对最大商业城市中所有私人持有的地块都进行了测绘？	是。	2.0
土地争议解决指数（0～8）		**7.5**
法律是否规定所有出售物业的交易必须在不动产登记处登记，以使其可与第三方进行法律上的对应？	是。	1.5
不动产登记制度是否有国家或私人担保？	是。	0.5
是否有特定的赔偿机制，以弥补因不动产登记处提供的错误资料，而给本着诚信原则进行房产交易的人士造成的损失？	是。	0.5
法律制度是否要求对房产交易所需文件的合法性进行控制（例如，检查合同是否符合法律要求）？	是。	0.5
如果是，由谁负责检查文件的合法性？	登记员。	
法律制度是否要求核实财产交易各方的身份？	是。	0.5
如果是，由谁负责验证双方的身份？	登记员，公证人。	
是否有国家数据库验证身份文件的准确性？	是。	1.0
两家地方企业就一项地产的使用权发生标准的土地纠纷，该房产的价值相当于人均国民收入（GNI）的50倍，而且位于最大的商业城市，那么一审由哪个法院负责？	区级法院。	
就这类案件（无须上诉），平均需要多久才能取得一审法院的裁决？	不到1年。	3.0
关于一审土地纠纷的数目，是否有统计数字？	否。	0.0
2017年最大商业城市土地纠纷数量：		
平等获得财产权指数（−2～0）		**0.0**

（续表）

	答案	得分
未婚男性和未婚妇女是否平等拥有财产的所有权？	是。	
已婚男性和已婚妇女是否平等拥有财产的所有权？	是。	0.0

三、下一步的改革方向

2019年，上海市根据世界银行的报告和上海优化营商环境的要求，进一步加大改革力度，推出了多项改革措施。

原上海市规划和国土资源管理局更名为上海市规划和自然资源局，原上海市不动产登记局更名为上海市自然资源确权登记局。登记财产的官方网站访问域名也进行了调整，原网页链接中的http://www.shgtj.gov.cn统一调整为http://ghzyj.sh.gov.cn。

(一) 2019年上海市财产登记服务改革基本情况

根据DB2019的改革建议，借鉴新西兰等登记财产排名靠前国家的理念，进一步精简环节，设立工厂、仓库类转移登记专窗，实行一窗受理、当场办结；提供不动产登记资料和地籍图自助查询服务；进一步加强地籍图更新工作；建立完全独立的测绘投诉处理机制等。改革举措推出后，企业和群众办理财产登记的服务体验进一步提升。

(二) "环节、时间和成本"指标的变化情况

上海方面认为，按照世界银行登记财产评价标准，2019年登记财产办理流程应由2018年的律师准备合同和尽职调查、申请不动产登记和缴纳登记费、缴税、获得产权证4个环节调整为"申请不动产登记、缴税、缴纳登记费、获得产权证"1个环节；办理时间由原来的9天调整为1天；办理成本由原来的4.6%下降至3.1%。

其原因在于：2019年3月4日，上海市自然资源确权登记局和国家税务总局上海市税务局联合发布《关于深入开展不动产登记服务改革的通知》(沪自然资源登〔2019〕3号)，明确工厂、仓库类转移登记实行专窗受理、当场办结，

在一个窗口一次性完成受理、缴税、缴纳登记费和发证工作。财产登记的办理环节缩减为1个，时间减少为1天。上海市不动产登记信息系统记录显示，位于徐汇区的面积574.8平方米、价格1 370万元的厂房转让，全部受理、缴税、缴纳登记费和发证工作在63分钟内完成；位于松江区的面积389.5平方米、价格396万元的厂房转让，44分钟就完成了受理、缴税、缴纳登记费和发证工作。经统计，自2019年3月10日新的办理制度实施至4月30日，全市共受理工厂、仓库类转移登记67件，其中当场办结63件，办结率达94%。

对于2018年世界银行认定的律师准备合同和尽职调查这一环节，应当予以调整，在2019年的评估中应该取消该环节的认定，以及由此增加的时间和成本，主要有四个方面的理由：1. 律师准备合同、尽职调查不是不动产登记的前置条件。从《物权法》《不动产登记暂行条例》等法律法规政策规定看，没有对准备合同、尽职调查作出规定，上海市在各类财产登记中没有要求也不会收取律师尽职调查的文件。2. 律师准备合同、尽职调查的信息可以自助免费获取。政府提供规范的交易合同范本，不需要聘请律师另行拟定；对于交易的房地产是否存在负担等情况，企业完全可以通过网上查询、现场查询等多种方式查询不动产登记信息，并且查询信息不收费，不需要专门委托律师进行调查。3. 不动产登记机构对不动产是否符合转让条件依法担责。对于是否符合转让条件、是否有未缴清税费、是否处于被留置（抵押）状态等，都直接在不动产登记机构完成，是不动产登记机构的法定职责，日后可能发现的任何错误，完全是不动产登记机构的责任。4. 实践中绝大多数财产权利主体均直接申请办理登记，上海对2018年5月2日至2019年4月30日间受理的工厂、仓库类转移登记进行了全面回访，共计受理转移登记610件，其中开展律师尽职调查66件，占比仅10.8%，并不具有代表性。同时，就这66件，在与律师座谈交流过程中，律师表示律师准备合同、尽职调查的时间也不会超过1天，成本仅有几千元，与不动产价值大小没有直接的关系。因此，DB2020应取消对该环节的认定，然而，世界银行最终并未认可。

（三）“土地管理质量”指标的变化情况

上海方面认为，通过改革举措，在“信息透明度”指标中4个子项共计2.5分和“地理覆盖”指标中2个子项共计4分，总计6.5分，2019年可以获得。主要理由为：

1.信息透明度

(1) 土地登记信息公开查询。在上海，2018年，只有权利人、利害关系人可以依法查询、复制不动产登记资料，不符合公开查询的标准。2019年3月1日，上海市自然资源确权登记局发布《关于提供不动产登记资料自助查询服务的通知》(沪自然资源登〔2019〕2号)，明确从4月1日起，任何人都可以通过输入不动产坐落的方式，在各区登记受理大厅安放的自助查询设备或者上海市“一网通办”、市自然资源确权登记局官网，查询不动产的用途、面积、是否存在抵押、是否存在限制等登记信息。

(2) 地籍图信息公开查询。2018年没有达到公开查询的标准，2019年，在《关于提供不动产登记资料自助查询服务的通知》(沪自然资源登〔2019〕2号)中，除了明确提供登记资料自助查询服务外，还明确提供地籍图的自助查询服务。自2019年4月1日起，任何人都可以通过各区登记受理大厅放置的自助查询设备或者互联网查询、打印宗地图和房屋平面图。

(3) 地籍测绘机构能否在时限内更新地图。上海从2003年开始就实现了地籍图的实时更新，在全国具有示范和引领作用，但是在2018年的世界银行考核中没有得到认可，主要原因是宣传和运用不够。2019年，上海市自然资源确权登记局下发《关于进一步加强地籍图更新工作的通知》(沪自然资源登〔2019〕1号)，明确全市各地籍测绘机构要优化工作流程、确保更新时效和畅通查阅渠道。在2012年发布的《上海市规划和国土资源成果管理工作程序(试行)》(沪规土资〔2012〕932号)明确规定了地籍测绘的更新时限，全市范围均遵循统一规范的地籍图更新流程，通过申请和受理立项、外业调查和内业处理、数据审核和更新入库等程序实施实时更新。

(4) 独立的地籍测绘投诉处理机制。在2018年的考核中，上海介绍过在上海市任何人都可以通过“12345”市民热线、“962269”房地产交易和登记咨询热线、市自然资源确权登记局官网等途径对地籍测绘问题进行投诉。但是，考核专家认为，上述投诉路径大多是综合投诉处理，而且最终都会转到财产登记主管部门来处理，因此不能认定为独立的投诉处理机制。根据世界银行的考核建议，2019年，上海市规划和自然资源局专门建立了不动产登记和地籍测绘的独立投诉监督机制，设立第三方投诉渠道和开展第三方监督。

2019年3月5日，市规划和自然资源局发布《关于加强上海市不动产登记和地籍测绘投诉工作的通知》(沪规划资源监〔2019〕105号)，设立了“962988”投诉热线，专门负责相关投诉处理。投诉处理和反馈的全部流程由市规划和自然资源局独立完成，市自然资源确权登记局只负责按照市规划和自然资源局的调查结论进行具体登记和地籍测绘事务的落实办理。经统计，2019年3月10日至4月30日，“962988”投诉热线共接到电话6 646件，其中投诉58件，咨询6 588件。

2.地理覆盖

上海认为，从全国范围来看，登记和地籍测绘的覆盖率已经达到了全覆盖的标准，主要理由如下：(1) 按照法律规定，所有的土地，只要权利人提出登记申请，登记机构都会依法办理。截至目前，全国国有土地使用权登记发证9 550多万宗，发证率91%，农村集体土地所有权登记发证808多万宗，发证率96%，个别未发证的主要是因为存在土地权属纠纷，不具备登记发证条件。(2) 根据《土地调查条例》规定，国家根据国民经济和社会发展需要，每10年进行一次全国土地调查；根据土地管理工作的需要，每年进行土地变更调查。按照《国务院关于开展第二次全国土地调查的通知》《第二次全国土地调查实施方案》等文件要求，从2007年7月1日起，开展第二次全国土地调查，逐地块查清全国城乡各类土地的所有权和使用权状况，建立覆盖全国的集影像、图形、地类、面积和权属为一体的地籍数据库，截至2009年底，调查全面完成，实现了全国土地测绘全覆盖。2013年12月30日，国土资源部、国家统计局发布了《关于第二次全国土地调查主要数据成果的公报》。为保持全国地籍数据的时效性，2010年起，全国不间断地每年进行全覆盖遥感监测和变更调查，实现全覆盖地籍数据库的更新。同时，《国务院关于开展第三次全国土地调查的通知》(国发〔2017〕48号)明确，自2017年起开展第三次覆盖全国国土范围的土地测绘调查工作，对第二次全国土地调查成果进行更新。

类似地，北京也推行了登记财产方面的改革。根据DB2020，我国“明确公开土地权属争议案件数量和土地争议审判依据”的改革措施，获得了世界银行的认可。

第五章　获得信贷

“获得信贷”（Getting credit）是世界银行评估十项指标之一。DB2019显示，近三年，在我国绝大多数指标排名提升甚至是显著提升的情况下，作为十大指标之一的“获得信贷”排名不但没有提升，反而一直在下跌，由全球第62名跌至第68名，继而跌至第73名。DB2020显示，该项指标继续下跌，跌至第80名。

2019年2月11日（星期一），新年第一个工作日的上午，上海市委、市政府在展览中心友谊会堂召开进一步优化营商环境工作会议，市委与市政府主要领导明确要求，上海市要研究“获得信贷”指标，找出失分原因，并力争提升排名。尊重并理解世界银行的方法论，细为研判评估指标，正本清源，细说法理，是最为基础的工作，也是唯一的正途。

第一节　世界银行方法论

一、理论假设

世界银行营商环境评估“获得信贷”的方法论，源自西梅昂·詹科夫、卡拉利·麦卡利斯、安德烈·施莱费尔合撰的《129个国家的私人信贷》（“Private Credit in 129 Countries”）[1]一文。在这篇文章中，作者运用了合法债权人权利以及私人和公共信贷登记机构的最新数据，在129个国家间进行了跨国调查，寻找私人信贷的决定性因素。

作者发现，受法律保护的债权人权利和信息共享机制，均与私人信贷和GDP的比率息息相关。当然，其中的关联度有所差别。在更加富裕的国家中，法律保护与信息共享机制相对而言更加重要。一项关于法律改革的分析表明，在完善了债权人权利的法律保护和信息共享机制后，信贷市场随之繁荣起来了。

作者同样发现，债权人权利长期保持稳定，这与法律规则趋向于一致的假设是相反的，法系是债权人权利保护和信息共享机制的一个重要决定因素。

1　这篇文献的前两位作者来自世界银行，第三位作者来自哈佛大学。作者在文章开篇之初，感谢了Thorsten Beck、Marianne Bertrand、Lawrence Katz、Rafael La Porta、Ross Levine、Sendhil Mullainathan、Rita Ramalho、James Stock、Rene Stulz、Luigi Zingales以及一名匿名评判人的建设性意见，另外还对Joanna Kata、Geronimo Frigerio、Ghanem-Redouane Benamadi和Osborne Jackson所做的出色调查研究，致以衷心和诚挚的感谢。

分析表明，在发展中国家，公共信贷登记促进了私人信贷市场的繁荣发展。

以下是该文的基本分析脉络：

文章开篇指出，近年来，针对国家间私人信贷市场发展的多项调查研究表明，诸如投资者保护和信用咨询公司等机制在支持这些市场的发展中扮演着重要的角色。[1]尽管这些研究运用了几项经验性规律，但仍然受制于样本较小、结果说服力较弱以及一些计量经济学的问题。而这篇文章则极大地扩展了有关信贷机构可获得的数据。该文采集的数据横跨129个国家，时间范围达25年。数据的增多在以下5个方面改进了研究：第一，所覆盖的国家范围越广，得出的结论也就更可靠，更具代表性；第二，更大的样本能够让作者发现，是否不同的机构在不同经济发展水平且司法效率迥异的国家更有效率。第三，机构的时间序列数据能够告诉作者，这些机构是否在过去的时间里有所改善，或者在全球范围内趋于一致；第四，新的数据能够让作者分析机构在金融发展改革中产生什么结果，从而避免一些计量经济学上的横断面分析问题；第五，更大的样本能够让作者更好地区分法系和法律文化在塑造信贷机构中所起的不同作用。[2]

私人信贷这套金融系统能够在多大程度上为公司或者个人提供贷款，其决定因素有哪些？对此，在宽泛的意义上，存在着两种观点。第一种观点是"债权人权力"理论，即债权人群体的权力影响着私人信贷市场的发展程度。当出借人能够方便地收回借款或者获得抵押品，甚至能够得到公司的控制权时，他们就更加乐意放贷。该理论由汤森（Townsend，1979）、[3]阿吉翁和博尔顿（Aghion and Bolton，1992），[4]以及哈特和穆尔（Hart and Moore, 1994，

1 Jappelli, Tullio, and Marco Pagano, "Information Sharing, Lending, and Defaults: Cross-country Evidence", *Journal of Banking and Finance* 26, 2002, pp. 2017–2045；La Porta, Rafael, Florencio Lopez-de-Silanes, Andrei Shleifer, and Robert Vishny, "Legal Determinants of External Finance", *Journal of Finance* 52, 1997, pp. 1131–1150.

2 Stulz, Rene, and Rohan Williamson, "Culture, Openness, and Finance", *Journal of Financial Economics* 70, 2003, pp. 313–349.

3 Townsend, Robert, "Optimal Contracts and Competitive Markets with Costly State Verification", *Journal of Economic Theory* 21, 1979, pp. 265–293.

4 Aghion, Philippe, and Patrick Bolton, "An Incomplete Contracts Approach to Corporate Bankruptcy", *Review of Economic Studies* 59, 1992, pp. 473–494.

1998）[1] 正式确立。第二种观点是“信息决定”理论，即影响借贷的是信息。出借人对借款人了解更多，他们就越愿意发放贷款。这种信贷理论的奠基者是施蒂格利茨和韦斯（Stiglitz and Weiss, 1981）。[2]

作者通过使用129个国家的私人信贷机构1978—2003年的最新数据，研究了信贷的“信息决定”理论和“债权人权力”理论的重要性，从而解释了私人信贷市场规模大小的不同。为了评估“债权人权力”理论，作者归集了私人信贷登记的数据，比较了不同法域下债权人对于债务人违约的法律权利。

作者最初的经验策略是，用跨国回归来解释在将债权人权利和信贷登记考虑在内的情况下，私人信贷与GDP的比率如何。作者还充分运用了数据的时间序列维度。第一，作者探寻了信贷机构在过去时间中的稳定度如何，它们是否因国家不同而有差异。第二，通过观察对比债权人权利或者信息机构的变化，判断改革措施是否对私人信贷市场产生了深远影响。

“债权人权力”理论和“信息决定”理论并不是互相排斥的。有些国家重视信息机构，有些国家则重视通过法律系统保障债权人权利。作者进一步细致地考量了其他假设：

第一，发展较落后的国家有着不完备的法律系统，并不能通过事后债权人权利保障救济来维系一个有效的借贷通道，可能还是需要依赖信贷市场运作的信息共享。与之相反的是，较富裕的国家可能会更加注重发展完善破产制度，因而债权人权利在这些国家变得更加重要。作者检验了“信息决定”理论和“债权人权力”理论在不同发达程度国家的相对重要性。

第二，正如詹科夫等人（2003）[3] 以及马利根和施莱费尔（2005）[4] 所主张的那样，不同法系的国家会专门研究关于商事行为的社会控制方法。具体来说，普通法系国家通常依赖私人间的合同自治，而大陆法系国家，尤其是法国

1 Hart, Oliver, and John Moore, “A Theory of Debt Based on the Inalienability of Human Capital”, *Quarterly Journal of Economics* 109, 1994, pp. 841–879.

2 Stiglitz, Joseph, and Andrew Weiss, “Credit Rationing in Markets with Imperfect Information”, *American Economic Review* 71, 1981, pp. 393–410.

3 Djankov, Simeon, Edward Glaeser, Rafael La Porta, Florencio Lopez-de-Silanes, and Andrei Shleifer, “The New Comparative Economics”, *Journal of Comparative Economics* 31, 2003a, pp. 595–619.

4 Mulligan, Casey, and Andrei Shleifer, “The Extent of the Market and the Supply of Regulation”, *Quarterly Journal of Economics* 120, 2005, pp. 1445–1474.

法系国家，则依赖政府管制和政府所有。“债权人权力”理论保护合法的债权人权利和法院的强制执行，“信息决定”理论则将关注的焦点集中于强制性信息披露和政府机构的信息共享。信贷市场能够为前述预测提供一个评估的机会。在此之后，文章还区分了私人和公共信贷登记，并且检验了不同法系国家中债权人权利和信息共享机制在助力信贷市场发展过程中所起的作用。

该文的结论可以概括如下：第一，不同的法系显著影响着信贷市场机构。在债权人权利保护一项，普通法系国家的得分远高于大陆法系国家。相比之下，前者的公共信用登记的发生率比后者低得多。第二，在不同法系的国家之间，债权人权利得分或者信息机构得分几乎没有一致性。至少这些法律机构测量数据的差异，在过去25年间一直存在。第三，贷款人权利得分和私人信贷的登记率，在富裕发达国家更高。第四，在对国家的横断面分析中可以发现，更完善的债权人权利保护和信贷登记机构的存在，与更高的私人信贷和GDP比率息息相关。此外，私人信贷与GDP比率也随着债权人权利保护的强化、信贷登记机构的出现而提升。通过对改革的分析，确认上述这些横截面分析得出的证据，是本篇论文最大的创新之处。第五，就私人信贷而言，在更富裕的国家，债权人权利的保护尤其重要，而贫穷国家更加注重信贷登记。这些结果进一步说明了先前的结论，同样指出了公共信贷登记在法国等大陆法系国家起到了重要的作用，这是一个很罕见的成功的国家干预例子。

下一个部分将呈现作者的数据。第三部分将会展示不同的机构在私人信贷所起的不同效果的初步结论。第四部分将会分析债权人权利改革的效果和对私人信贷的私人、公共登记的基本介绍。第五部分将会研究国家间的这些机构的不同流行普及度。第六部分是总结。

二、数据采集

作者收集了133个国家的数据，每个经济体有超过1 500万人口，除了那些正在经历内战或者在世界银行记录里非常不活跃的成员，例如伊拉克、阿富汗、缅甸、古巴和苏丹等。表5-1描述了所使用的变量及其来源。

这张表呈现了在回归分析中所用到的一些变量。债权人权利变量使得拉波塔尔等人的研究（1998）得到更新，并且改进了收集数据的方法。公共信贷登记处和私人信贷登记局变量是最新收集的数据。信息共享变量是一个具体的变量，它合计了公共信贷登记处和私人信贷登记局变量的数据。私人信贷与GDP的比率来自国际货币基金组织的《国际金融统计》。GDP和通货膨胀说一句来自世界银行。合同执行天数的数据是基于詹科夫等人（2003）的方法得出的。法系这一变量来源于拉波塔尔等人（1999）并且由美国中央情报局出版的《世界概况》（2003）进行更新。宗教这一变量则来自斯图尔兹和威廉森（Stulz and Williamson，2003）并且由《世界概况》（2003）进行更新。从1978年到2003年的每一年，所有的变量都在1月份得出。

表5-1 “获得信贷”的变量及其描述

变量	相关描述
债权人权利	一项计算债权人权利的指数，由拉波塔尔等人（1998）得出。如果法律和法规规定了以下担保债权人的权利，得1分：第一，对债务人申请重组有限制，如债权人同意或偿付最低限度的利息；第二，担保债权人在重组申请获得批准后，可以扣押抵押品，即不存在“自动中止”或“资产冻结”；第三，担保债权人首先从破产公司的清算所得中得到偿付，而不是像政府或工人那样的其他债权人；第四，管理层不保留对其财产的管理权，直到重组决议作出。债权人权利指数分布在0（债权人保护水平较低）到4（债权人权利保护水平较高）。从1978年到2003年的每一年，在1月份得出该变量数据。
公共信贷登记处	如果一个国家存在公共登记，则该变量等于1，没有的话则为0。公共登记是由公共部门（通常是中央银行或银行监管机构）拥有的数据库，它收集金融系统中借款人的信息，并向金融机构提供。从1978年到2003年的每一年，在1月份得出该变量数据。
私人信贷登记局	如果一个国家存在私人信贷登记局并运营，则该变量等于1；没有的话，则为0。私人信贷登记局通常是私人商业公司或非营利组织，负责保存有关借款人在金融系统中的数据库，其主要作用是促进银行和金融机构之间的信息交流。私人信贷在其他几个国家开展业务，报告那些从公共渠道收集的信息。不从银行和金融机构收集信息的公司，但这里不予考虑。从1978年到2003年的每一年，在1月份得出该变量数据。
信息共享	如果一个国家存在公共信贷登记处或者私人信贷登记局并且运营的话，该变量等于1，否则等于0。从1978年到2003年的每一年，在1月份得出该变量数据。

（续表）

变量	相关描述
私人信贷与GDP的比率	从存款中获得的信贷（IFS lines 22d and 42d）占金融机构私人部门GDP（IFS line 99b）的比率以百分比表示。Line 22d是商业银行和其他接受可转移存款（如活期存款）的金融机构对私营部门的请求权。Line 42d是其他金融机构对私营部门提出的请求权，这些机构不接受可转移存款，而是通过接受其他类型的存款或作为存款的密切替代品进行融资中介（例如储蓄和抵押机构、邮政储蓄机构、建筑和贷款协会、某些金融公司、发展银行和离岸银行机构）。来源：*IMF International Financial Statistics September 2004*。
GDP	国民总收入（以美元计算）的对数，2001—2003年的平均值。来源：*World Development Indicators 2004*。
人均GDP	人均国民总收入对数（阿特拉斯法），2003。来源：*World Development Indicators 2004*。
人均GDP增长值	1979—2003年人均国内生产总值年平均增长率。来源：*World Development Indicators 2004*。
通货膨胀	年通货膨胀率，国内生产总值平减指数，1999—2003年平均值。来源：*World Development Indicators 2004*。
合同执行天数	通过法院解决付款纠纷的天数。这些数据基于Djankov and others（2003）得出，但描述了执行一份相当于该国人均国内生产总值50%的未偿债务合同的天数。从1978年到2003年的每一年，在1月份得出该变量数据。
法系	分辨每个国家公司法或商法典的法系的虚拟变量。五个法系分别是英美法系、法国大陆法系、德国大陆法系、斯堪的纳维亚法系和社会主义法系。来源：La Porta and others (1999) and the CIA Factbook 2003。
宗教	确定占确定人口比例最大的宗教信仰，有九种宗教：阿塞德、佛教、天主教、印度教、土著、犹太教、穆斯林、东正教和新教。来源：Stulz and Williamson (2003) and the CIA Factbook 2003。

债权人权利指数源于拉波塔尔等人（1997），[1]该文只是做了小小的调整。这些数据采集于1978年至2003年每一年的1月份，数据的样本容量从一开始的49个国家拓展至133个国家。债权人权利指数衡量担保债权人在破产中的4种权力。第一，是否有严格的限制，例如当债务人申请重整时是否需要债权人的同意。第二，担保债权人在同意申请重整后能否获得抵押品，换句话说，是否

1 La Porta, Rafael, Florencio Lopez-de-Silanes, Andrei Shleifer, and Robert Vishny, Law and Finance, *Journal of Political Economy* 106, 1998, pp. 1113-1155.

不存在法院的“自动冻结”或者“财产冻结”等措施。第三，担保债权人是否能够先从清算破产公司的收益中得到偿付。第四，在重组过程中，是否由破产监护人而不是由公司管理人员负责经营业务。当一个国家的法律法规将这些权力中的每一项赋予担保债权人时，该指数就会增加一个分值。债权人权利指数分布在0（债权人保护水平较低）到4（债权人权利保护水平较高）之间。

2003年，包括贝宁、乍得、哥伦比亚、法国和突尼斯在内的21个国家得分为零。而像肯尼亚、黎巴嫩、新西兰、巴拿马和英国等9个经济体则获得了完美的分数，美国得分第一。他们的共同优势在于，担保债权人能够通过破产程序而首先得到偿付。但同时存在以下问题：启动重整程序没有限制因素，债务人从资产自动留置中获益，管理层在重组过程中仍然经营公司。

作者收集了两个阶段的债权人权利，综合浏览了1978年到2003年间的破产法和与破产相关的法律法规，以及相关的制度革新，并通过调查和咨询当地破产法律师证实上述资料。

作者主要通过网上的法律资源浏览相关破产法律，包括Foreign Law Guide, Lexis-Nexis database，online library of the International Bar Association，European Restructuring and Insolvency Guide和Asia-Pacific Restructuring and Insolvency Guide。[1]除此以外，还有Collier International Business Insolvency Guide and International Insolvency[2]这些资源。在记录破产法的革新措施数目时，文章排除了那些只影响金融机构、国有企业或个人的破产的变化。

作者记录了所有的破产立法变革，也即重组、清算、止赎和担保交易法律。考虑到重大的破产法规并不总是包含在破产法中，文章还跟踪记录了企业法、公司法、商法、民法总则和其他相关的可能会影响破产的法律的革新。以马拉维为例，在2000年通过了就业法案，虽然这部法案看似与破产毫无关系，但它却影响着担保债权人在清算中的求偿权顺序。在改革之前，1984年《公司法》将担保债权人排在第一位。但是，2000年的就业法案使得工资债权提前于担保债

1 Foreign Law Database: http://www.foreignlawguide.com; International Bar Association: http://www.ibanet.org; The Asia-Pacific Restructuring and Insolvency Guide 2003/2004: http://www.asianrestructuring.com; The European Restructuring and Insolvency Guide 2002/20003: http://www.europeanrestructuring.com.

2 Collier International Business Insolvency Guide published by Matthew Bendar and Company Inc., A member of the Lexis-Nexis Group. International Insolvency published by Juris Publishing (2002).

权人的债权而得到受偿。这次改革使得马拉维的债权人权利指数从3下降到2。

作者访问了来自133个国家的总共440位律师，用以核实这项法律审查的结果。从1978年以来，许多国家对其破产法律进行了改革。经过统计，99个国家至少推行了一项革新措施，总计有162项改革获得了推行。作者发现，越是富裕的国家改革越多，这与越是贫穷的国家越要改革以求得追上那些富裕的国家的观点是相悖的。但是，拉波塔尔等人认为，为数不多的改革措施却影响了债权人权利指数。1978年以来，只有25个国家改变了他们的债权人权利指数，这些改变累计32项。

此外，作者通过一项针对银行监管机构的调查，记录了公共和私人信贷登记的现状。公共信贷登记数据库由一个政府机构——通常是中央银行或银行管理者，来运营管理，他们收集有关金融系统中借款人的信息，以便提供给那些现实的和潜在的贷款人。2003年，作者样本中的71个国家运用了此一机制。在一些国家，诸如德国和沙特阿拉伯的信贷登记，对于大额借款人的贷款信息收集有限，他们的重点在银行监管上。其他经济体，诸如比利时、厄瓜多尔和马来西亚收集的信息分布则比较广泛，包括逾期付款和违约、人口数据、信用查询、评级，有时甚至还收集记录公用事业账单的支付情况，公司及其所有者的法庭记录。

私人信贷局是一个私人公司或者非盈利机构，存储着金融系统中借款人的数据信息。其主要作用是促进银行和金融机构之间的信息交流。[1]到2003年，私人信贷局已在55个样本国家中设立并运营，涵盖了法国之外的全部OECD成员国家。与公共信贷登记机构不同，私人信贷登记局通常通过银行之外的贷款人和公共资源来收集信息，数据分布更加广泛，并且为借款人提供了更加广泛的服务。例如新西兰分局会提供信用评分、监督借款人、欺诈检测、债务催收等服务。

除了书本上的法条，法律实施的情况也非常重要。作者通过测量执行一个简单的债务合同所需要的天数，来判断法律实施的情况。数据是通过运用詹科夫等人（2003b）所开发的一项技术而获得的。执行一项相当于该国人

---

1 许多国家都有不直接促进金融机构间信息交换的信用调查局和信用报告公司，但这里不考虑这些机构。

均国内生产总值（GDP）50%的未偿付债务合同的时间。标的总额，美国是18 000美元，法国和德国是12 000美元，韩国是6 000美元，墨西哥是3 000美元。作者将詹科夫等人的数据拓展至133个国家。[1]执行这样一个债务合同在挪威需要48天，新西兰需要50天，新加坡需要69天，日本需要60天，韩国需要75天。相反，在危地马拉则需要1 459天，在塞尔维亚需要1 028天，斯洛文尼亚需要1 003天，意大利需要1 390天。

较大的经济体由于规模经济效应，可能拥有较大的信贷市场，因此作者针对每个国家的GDP总数进行了控制。另外，对于债权人权利和私人信贷而言，国家的法律渊源是一个非常重要的决定因素。根据拉波塔尔等人的分类标准，世界上存在4种主要的法系：英美法系、法国大陆法系、德国大陆法系、斯堪的纳维亚法系。英美法系包含了英格兰及其所殖民的美国、澳大利亚和加拿大地区的普通法。法国大陆法系包含了法国、拿破仑所占领的包含葡萄牙和西班牙在内的国家和他们先前的殖民地的大陆法。德国大陆法系则包含了中欧地区德语系国家，那些翻译德国法的国家的法律。斯堪的纳维亚法则指4个斯堪的纳维亚语国家。作者采纳了以上分类，另外加上了第五类，即社会主义法系（过渡期）。这个类别的国家继承了苏联的法律，包含了12个苏联解体后出现的新国家和蒙古。

最后，有观点认为，宗教对于信贷机构而言也是一项重要的决定因素。[2]根据中央情报局2003年12月网络版的记录，文章记录了人口中所占比例最大的宗教。

三、数据分析

表5-2按法系介绍了世界各地信贷机构的数据，A单元显示的是债权人权利，B单元是公共信贷登记处，C单元则是私人信贷登记局，D单元是综合信息共享变量，如果一个国家有公共或私人信贷登记处，那么就定义为等于1的虚拟值。作者在1978—2003年间，每5年公布一次数据。

这张表格列出了1978—2003年之间每5年的债权人权利、公共信贷登

1　作者的变量与Djankov et al.（2003a）对88个国家的重叠样本进行的测量的相关性为0.84。

2　Stulz, Rene, and Rohan Williamson, Culture, Openness, and Finance, *Journal of Financial Economics* 70, 2003, pp.313–349.

记、私人信贷登记和信息共享这些变量。这些数据按照法系的类别呈现，同时，英美法系国家和法国大陆法系国家不同之处的T-tests也已给出。分析涵盖了129个国家。

表5–2　按法系进行分类的信贷机构情况

A. 债权人权利

法系	1978年	1983年	1988年	1993年	1998年	2003年
英美法系	2.417	2.417	2.444	2.361	2.333	2.278
法国大陆法系	1.311	1.311	1.311	1.328	1.297	1.313
德国大陆法系	2.429	2.429	2.429	2.143	2.333	2.333
斯堪的纳维亚法系	2.250	2.250	2.500	2.000	1.750	1.750
社会主义法系				2.000	2.273	2.182
总计	**1.787**	**1.787**	**1.806**	**1.774**	**1.812**	**1.797**
T-tests 英美法系vs法国大陆法系	4.644 a	4.644 a	4.719 a	4.298 a	4.364 a	4.039 a

B. 公共信贷登记

法系	1978年	1983年	1988年	1993年	1998年	2003年
英美法系	0.028	0.056	0.111	0.222	0.250	0.250
法国大陆法系	0.422	0.469	0.500	0.531	0.719	0.766
德国大陆法系	0.056	0.056	0.111	0.167	0.333	0.611
斯堪的纳维亚法系	0.000	0.000	0.000	0.000	0.000	0.000
社会主义法系	0.000	0.000	0.000	0.000	0.182	0.182
总计	**0.218**	**0.248**	**0.286**	**0.338**	**0.474**	**0.534**
T-tests 英美法系vs法国大陆法系	−4.599 a	−4.650 a	−4.179 a	−3.119 a	−5.020 a	−5.738 a

C. 私人信贷登记

法系	1978年	1983年	1988年	1993年	1998年	2003年
英美法系	0.139	0.222	0.222	0.361	0.417	0.500
法国大陆法系	0.141	0.156	0.188	0.266	0.344	0.359

（续表）

法系	1978年	1983年	1988年	1993年	1998年	2003年
德国大陆法系	0.222	0.278	0.278	0.278	0.389	0.556
斯堪的纳维亚法系	0.750	0.750	1.000	1.000	1.000	1.000
社会主义法系	0.000	0.000	0.000	0.000	0.000	0.000
总计	**0.158**	**0.195**	**0.218**	**0.293**	**0.361**	**0.414**
T-tests 英美法系vs法国大陆法系	−0.024	0.819	0.413	0.995	0.720	1.372

D. 信息共享

法系	1978年	1983年	1988年	1993年	1998年	2003年
英美法系	0.167	0.278	0.333	0.556	0.639	0.694
法国大陆法系	0.531	0.578	0.625	0.688	0.844	0.906
德国大陆法系	0.222	0.278	0.278	0.278	0.556	0.944
斯堪的纳维亚法系	0.750	0.750	1.000	1.000	1.000	1.000
社会主义法系	0.000	0.000	0.000	0.000	0.182	0.182
总计	**0.353**	**0.414**	**0.459**	**0.549**	**0.699**	**0.797**
T-tests 英美法系vs法国大陆法系	−3.786 a	−2.987 a	−2.890 a	−1.318	−2.379 b	−2.783 a

a=在1%的水平上，b=在5%的水平上，c=在10%的水平上

A单元通过更大的国家数据样本，证实了拉波塔尔（1997，1998）的发现，在不同的法系，债权人权利存在着本质性的不同。特别是，普通法国家要高于法国大陆法系国家。这一结果具有高度的统计学意义，而且1978年和2003年同样具有显著性。表格也证实了早先的以下结论："德国大陆法系国家的债权人权利保护强，而斯堪的纳维亚法系国家的保护则较弱，即使没有法国大陆法系国家的那么弱。"

A单元还论证了随着时间的推移，任何法系都没有提高债权人权利保护的趋势，社会主义法系国家可能除外。实际上，在任何法系中，债权人权利的平均分数随着时间的推移并没有变化。这就暗示了在不同的法系中债权人权利不可能趋向一致。法国大陆法系国家和普通法国家在2003年的分离度和在1978年是一样的。债权人权利分数的稳定性，以及不同法系之间债权人权利难以趋向一致，这两点和“特定的投资者保护措施反映了深深植根于国家法系的相对永久的制度环境特征”的观点一脉相承。

B单元展示了公共信贷登记的相关结果。研究表明，相比于斯堪的纳维亚法系国家和普通法系国家，法国和德国大陆法系的国家的公共信贷登记显得更加普遍。在2003年，76.6%的法国大陆法系国家、61.6%的德国大陆法系国家均存在公共信贷登记。但普通法国家只有25%，斯堪的纳维亚法系国家则根本不存在公共信贷登记。2003年，法国大陆法系国家和普通法国家的数据差异巨大。

B单元显示，除斯堪的纳维亚法系国家外，所有法系的国家中公共信贷登记大量增加。1978年，除了法国大陆法系国家外，几乎没有公共信贷登记处；到了2003年，全球超过一半的国家已经存在。A单元和B单元的结果显示，公共信贷登记可以代替债权人权利，至少通过比较普通法国家和法国大陆法系国家来看，可以得到这一结论。

C单元则展示了私人信贷登记的相关结果。在某种程度上，相较法国大陆法系国家，私人信贷登记在普通法国家更加频繁，到了2003年，在斯堪的纳维亚法系国家变得普遍。但法国大陆法系国家和英美法系国家在数据上的差异并不大。像公共信贷登记一样，私人信贷登记局在过去的25年中在全球范围内也变得越来越普遍。

D单元表明了一些信息共享机制（即公共的或私人的）在大陆法系国家比在普通法国家更加普遍。通过B单元和C单元，作者可以发现，这是由公共信贷登记处而不是私人信贷登记局的推动造成的。

法系的不同对债权人权利和公共信贷登记两者有着显著的影响，但影响的方向相反。债权人权利随着时间的推移保持极度稳定，但公共和私人的信息共享机制在1978年到2003年间却变得日益普遍。

第二节　世界银行评估标准的定义与假设

一、关于指标的假设

《营商环境报告》通过两组指标来衡量获得信贷的便利度：通过一组指标来衡量担保交易中借方和贷方的合法权利，通过另一组指标来衡量信贷信息的报送。

第一组指标描述的是担保法和破产法是否具有了某些特点，从而使贷款更加便利。第二组指标衡量通过征信服务提供商（如信用服务机构和信贷登记处）所提供的信贷信息的覆盖面、范围和开放程度。经济体获得信贷的便利度排名，由它们前沿水平距离分数的排序决定。这些分数是合法权利指数和信贷信息深度指数的综合前沿水平距离分数。

合法权利力度指数（后文将有细致描述）衡量担保法和破产法保护借方和贷方权利，也即为借贷提供便利的程度。它首先评估各经济体是否存在一个单一的担保交易制度，然后运用两个情景案例（案例A 和案例B）来确定如何依法设定、公开和行使不转移占有的担保权益。而且，特别应当强调的是抵押登记机构如何工作（假定可以进行担保物权登记）。情景案例包括一个担保债务人，即ABC公司；以及一个担保债权人，即比兹银行（BizBank）。

信贷信息通报的数据是通过两个阶段建立起来的。首先，对银行业监管机构和公共信息来源地进行调查，以核实是否存在征信服务提供商（如信用服务机构或者信贷登记处）。其次，在可行的情况下，就公共或者私营信贷登记机构的结构、相关法律法规的详细调查，由该机构自己进行。通过与调查对象几次后续沟通，也通过联系第三方以及咨询公共信息源，对调查收到的回应进行验证。通过远程电话会议或者实地调查，以确认调查数据。

二、关于担保债务人和担保债权人的假设

关于担保债务人（ABC公司）和担保债权人（比兹银行）的假设如下：

1. ABC是一家国内有限责任公司（或其法律对等组织）。

2. ABC公司有50名员工。

3. ABC公司的总部及唯一经营地，位于经济体最大的商业城市。对于11个人口过亿的经济体也收集了第二大商业城市的数据。

4. ABC公司和比兹银行都是100%的国内企业。

三、关于两个情景案例的假设

世界银行问卷提供了两个情景案例，其假设如下：

1. 案例A中，ABC公司以一项无须转移占有的单一类别流动动产（如该公司的应收款项或存货）向比兹银行设定担保权益。ABC公司保留资产的所有权和占有权。有些经济体的法律不允许存在不转移占有的动产担保权益，在这种情况下，ABC公司和比兹银行就使用一种受托权益转让安排（或者与不转移占有担保权益相类似的一种替代方式）。

2. 案例B中，ABC公司向比兹银行提供商业抵押、企业抵押、浮动抵押或任何其他可以就ABC公司全部动产向比兹银行提供担保权益的抵押。ABC公司保留资产的所有权和占有权。

第三节 世界银行评估的指标

“获得信贷”由4个二级指标构成，分别是：合法权利力度指数（strength of legal rights index）、信贷信息深度指数（depth of credit information index）、信贷登记机构覆盖率（credit registry coverage）以及信用机构覆盖率（credit bureau coverage）。

表5–3 “获得信贷”二级指标

二级指标	定义	计量方式
合法权利力度指数	衡量担保法和破产法对借方和贷方权利的保护，也就是为借贷提供便利的程度。	12分（判断题）
信贷信息深度指数	衡量影响信贷信息覆盖面、范围和开放程度的规则和做法。	8分（判断题）
信贷登记机构覆盖率	记录纳入公共信贷登记部门系统的人数及其近五年来的借款历史信息及信用被查询的记录。	成年人口百分比
信用机构覆盖率	记录纳入私营信用机构的人数及其近五年来的借款记录及信用被查询的记录。	成年人口百分比

一、合法权利力度指数

合法权利力度指数衡量与担保法中的合法权利有关的10个方面，以及与破产法相关的2个方面。指数范围从0到12，得分越高，说明担保法和破产法制定得越好，信贷也更加易于获得，具体解析如下：

1. 经济体存在整合或统一的担保交易法律框架，延伸到4个功能等同于动产担保的权益的创设、公示及执行，也就是具有担保功能的所有权受托转让（在中国语境下，可以理解为让与担保，下文将做详细解析）、融资租赁、应收账款转让与保留所有权等。

2. 法律允许企业转让单一类别动产之上的不转移占有的担保权益（比如应收账款或者库存），而不要求对担保物进行具体描述。

3. 法律允许企业转让所有动产的不转移占有的担保权益，而不要求对担保物进行具体描述。

4. 担保权益可以延伸到将来或以后获得的资产，并可自动延伸到原始资产产生的产品、收益或替代品。

5. 担保协议和登记文件中允许对债务和付款义务进行一般性描述，即各种债务和付款义务都能通过担保协议而获得担保，而且担保协议还可以设定用作担保的资产的最大额度。

6. 有一个正常运营的动产抵押权登记处或登记机构，法人或者非法人主体皆可使用；该登记处的地理位置与资产类别相统一，并拥有一个以担保债务人姓名为索引的电子资料库。

7. 抵押登记机构以通知为基础——登记机构只注册担保物权的存在（而非具体文件），并且不对交易进行法律审查。登记机构也公示与担保权利功能等同的权益。

8. 抵押登记机构具有现代化特征，例如允许担保债权人（或其代表）在线注册、修正、赊销及搜索担保权益。

9. 当债务人在破产程序之外拖欠时，担保债权人首先得到赔付（比如，在税款和雇员要求之前）。

10. 当企业被清算时，担保债权人首先得到赔付（比如，在税款和雇员要求之前）。

11. 当债务人进入由法院监督的重组程序时，担保债权人受自动冻结或延期偿付的限制，但法律规则保护担保债权人的权益，规定担保债权人在特定依据下可免予自动冻结或延期偿付（比如存在损失动产的危险），另外，法律规定了自动冻结的期限。

12. 法律允许双方在担保协议中同意债权人庭外行使其担保权益。法律允许公共和私人拍卖，也允许担保债权人用资产抵债。

二、信贷信息深度指数

信贷信息深度指数衡量那些影响信贷信息覆盖面、范围和开放程度的规则和做法，不论这些信息是由公共信用服务机构提供，还是由信用登记处提供，均为许可。信用服务机构或信用登记处（或两者一起）的以下8个方面，纳入评价范围。该指数范围从0到8，数值越高，说明可以获得的信贷信息越多，不论这些信息是从信用服务机构获得，还是从信用登记处获得，均无不可，均有助于贷款决策。

1. 关于公司的和关于个人的数据都发布。

2. 正面的信贷信息（比如，原贷款额，未偿贷款的数量和准时还款的情况）和负面的信贷信息（比如，拖欠还款与欠款发生的数量和欠款额）都发布。

3. 除了发布来自金融机构的数据，也发布来自零售商和公用事业公司的数据。

4. 发布至少2年的历史数据，发布超过10年的负面信贷信息或者欠款一旦还清信贷登记机构或信用机构就抹去相关信息的，在这个组成部分上得分为0。

5. 发布低于人均收入1%的贷款额数据。

6. 根据法律，借款人有权利获取它们在经济体内的信贷登记机构或最大的私营信用信息机构的数据。如果信用服务机构和信贷登记处要收取借款人1%以上的人均收入作为费用，才能够检查相关数据，则在这个组成部分上得分为0。

7. 银行和其他金融机构可以在线访问借款人的信用信息（例如，通过网上平台、系统之间共享信息等）。

8. 信用服务机构或信贷登记处的信用分数，是一项增值服务，旨在帮助银行和其他金融机构评估借款人的信用。

三、信用服务机构覆盖面指数

信用服务机构覆盖面指数衡量的是信用服务机构在信贷业务中的覆盖

面，也就是，纳入私营信用机构的人数及其近五年来的借款记录及信用被查询的记录。例如，在DB2018中，世界银行报告披露了截至2018年1月1日在信用服务机构登记的个人和公司的数量，并附有他们最近5年的借贷历史信息，以及过去5年虽无借贷历史，但是出借方在2017年1月2日至2018年1月1日间向信用服务机构征询过信贷记录报告的个人和公司的数量。这一数量用占成年人口的百分比来表示。

根据世界银行《世界发展指标》，在DB2018中，成人指的是截至2018年，年龄在15岁及以上的人。信用服务机构的定义是，由公共机构管理的一个数据库（在中国，是指征信数据库），管理机构通常是中央银行或者银行监管机构（在中国，管理机构是央行），此数据库收集金融系统内的借方（个人或公司）的信贷信用信息，并促进贷方的信贷信息交流（信用服务机构的主要目标，是在实践中支持银行和总体金融监管的活动）。不直接帮助银行和其他金融机构进行信息交流的信用调查局不考虑在内。如果没有信用服务机构营业，则这一项的覆盖值为0.0%。

四、信贷登记处覆盖面指数

信贷登记处覆盖面指数，衡量的是纳入公共信贷登记部门系统的人数及其近五年来的借款历史信息及信用被查询的记录。例如，在DB2018中，即记载截至2018年1月1日在信贷登记处登记的个人和公司的数量，并附有他们最近5年的借贷历史信息，以及在过去5年虽无借贷历史，但是出借方在2017年1月2日至2018年1月间向借贷登记处征询过信贷记录报告的个人和公司的数量。数量用占成年人口的百分比来表示。

关于成人的定义如上，关于信贷登记处的定义是：由公共部门（通常由中央银行或银行监管当局）管理的一个数据库（在中国，就是央行直接管理的数据库），该数据库主要协助银行监管，而在同一时间收集金融系统内借方（个人或公司）的信用信息，并促进银行间以及受监管的金融机构间的信贷信息交流。如果没有信贷登记处营业，则这一项的覆盖值为0.0%。

以上指标及假设，可以用表格简述如下：

表5-4　世界银行评估“获得信贷”指标及案例假设

指标衡量的是什么	案例研究的假设
合法权利力度指数（0～12） 抵押法规定的借款人和抵押人的权利（0～10） 破产法对有担保债权人权利的保护（0～2） **信贷信息深度指数（0～8）** 个人征信机构及信贷登记处发放的信贷资料的范围及可及性（0～8） **个人征信机构覆盖面（在成年人口中的比例）** 在最大的个人征信机构登记的个人和公司占成年人口的百分比 **金融征信机构覆盖面（在成年人口中的比例）** 在金融征信机构登记的个人和公司的数量占成年人口的百分比	信贷信息深度指数衡量的是影响通过金融征信机构或个人征信机构获得的信用信息的覆盖面、范围和可及性的规则和惯例。合法权利力度指数衡量的是抵押和破产法在多大程度上保护了借款人和贷款人的权利，从而促进了放贷。对于每个经济体，首先要确定是否存在一个统一的担保交易系统。然后用案例A和案例B两种情形，来确定非占有担保物权是如何依法建立、公开和执行的。需要特别强调抵押物登记处是如何运作的（如果担保物权的登记是可能的）。案例场景涉及担保借款人ABC公司和担保贷款人比兹银行。 在一些经济体中，担保交易的法律框架只允许案例A或案例B适用（不可同时适用）。这两个案例都审查了与动产抵押有关的同一套法律规定。 **本报告使用了关于担保借款人（ABC）和贷款人（比兹银行）的几个假设：** ABC是一家国内的有限责任公司（或为与其等同的法律实体）。 ABC公司有50名员工。 ABC公司在该经济体最大的商业城市设有总部以及其唯一的业务基地。对于收集了第二大商业城市数据的11个经济体： ABC公司和比兹银行都是100%的国内控股。 案例场景还涉及其他假设。在A案例中，作为贷款的抵押品，ABC公司授予比兹银行一种非占有性的担保物权，例如机器或存货。ABC希望同时拥有抵押品的占有权和所有权。在法律不允许在动产中存在非占有担保物权的经济体中，ABC公司和比兹银行使用信托转移所有权安排（或以类似方式，替代非占有担保物权）。 在案例B中，ABC公司授予比兹银行营业费用、企业费用、浮动费用，或任何使比兹银行对ABC的组合资产（或尽可能多的ABC公司的动产）有担保物权的费用。ABC公司保留资产的占有权和所有权。

第四节　中国的改革及成效

一、中国排名不进则退

在世界银行营商环境评估的十项指标中，“获得信贷”是一项很令人担忧的指标，近五年来一直徘徊于第70名上下，而且近四年来呈现逐渐下滑的态势。

表5–5　中国“获得信贷”分项指标近六年的得分

二级指标	定义	计量方式	中国(2015)	中国(2016)	中国(2017)	中国(2018)	中国(2019)	中国(2020)
合法权利力度指数	衡量担保法和破产法对借方和贷方权利的保护，也就是为借贷提供便利的程度。	12分(判断题)	4	4	4	4	4	4
信贷信息深度指数	衡量影响信贷信息覆盖面、范围和开放程度的规则和做法。	8分(判断题)	6	6	8	8	8	8
信贷登记机构覆盖率	记录纳入公共信贷登记部门系统的人数及其近五年来的借款历史信息及信用被查询的记录。	成年人百分比	33.2	89.5	91.1	95.3	98.1	100.0
信用机构覆盖率	记录纳入私营信用机构的人数及其近五年来的借款记录及信用被查询的记录。	成年人百分比	0	0	0	21.4	0	0
“获得信贷”排名			**71**	**79**	**62**	**68**	**73**	**80**

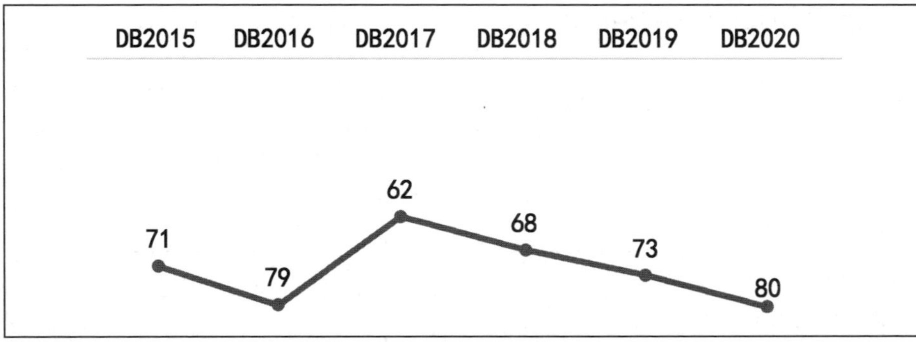

图 5-1　中国"获得信贷"指标 2015—2020 年的全球排名

从近三年的情况看，我国这一指标仅得分60分，并且上海与北京保持一致，但排名下滑。而且，非常诡异的是，"信用机构覆盖率"此项指标，DB2018显示为21.4%，而DB2019与DB2020却为0，明显不符合实际。

二、DB2019与DB2020中国指标城市评估结果

(一) DB2020上海与北京评估结果

在DB2020中，上海与北京的评估结果完全一致，如下表所示：

表 5-6　DB2020"获得信贷"分项指标评估结果

项目	中国	北京	上海	备注
得分	60	60	60	我国此项指标连续四年下跌，上海和北京的评估结果完全一致。
合法权利力度指数（0 ～ 12）	4	4	4	
信贷信息深度指数（0 ～ 8）	8	8	8	
信用局覆盖率（占成年人百分比）	0	0	0	
信贷登记机构覆盖率（占成年人百分比）	100	100	100	

DB2019针对上海与北京详细列明了结果：

（二）上海DB2019评估结果

表5-7　上海DB2019分项指标与前沿经济体的比较

指标	上海	东亚及太平洋地区	经合组织高收入经济体	最佳监管绩效
合法权利力度指数（0～12）	4	7.1	6.1	12（5个经济体）
信贷信息深度指数（0～8）	8	4.2	6.7	8（42个经济体）
金融征信机构覆盖面（在成年人口中的比例）	98.1	16.9	21.8	100.0（4个经济体）
个人征信机构覆盖面（在成年人口中的比例）	0	23.0	65.3	100.0（25个经济体）

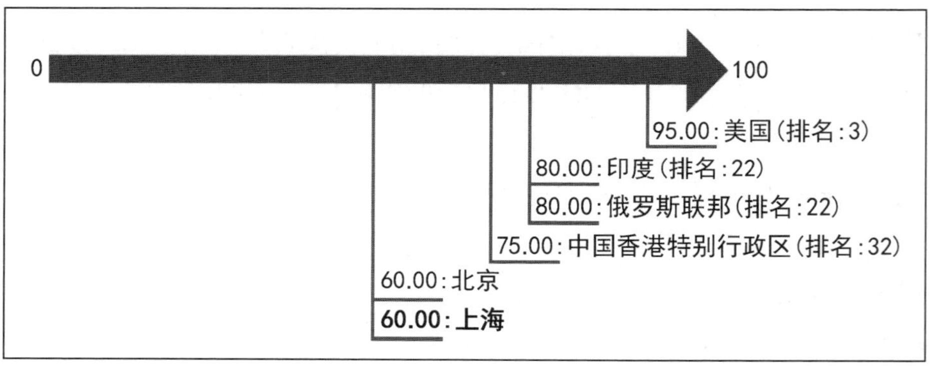

图5-2　上海和可比经济体"获得信贷"：排名与得分

注：经济体获得信贷便利度的排名取决于其在获得信贷方面的分数的排序。这些分数是合法权利力度指数和信贷信息深度指数分数的总和。

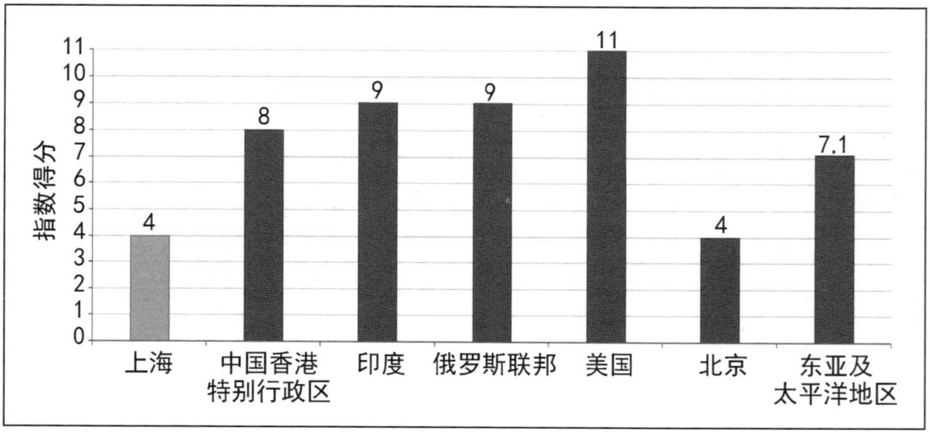

图5-3　上海和可比经济体的合法权利力度指数

表 5-8　上海的合法权利力度指数(详细信息)

合法权利力度指数(0～12)	4
经济体是否存在整合或统一的担保交易法律框架，延伸到功能等同于动产担保权益的创设、公示与执行？	否
法律是否允许企业转让某一类动产的非占有担保权益，而不要求对抵押物进行具体描述？	否
法律是否允许企业在实质上授予其所有资产的非占有担保权，而无须对其抵押物进行具体说明？	是
担保权益能否延伸至将来或以后获得的资产，并自动延伸至原始资产的产品、收益，以及替代品？	否
担保协议中是否允许进行债务和义务的一般性描述；是否所有类型的债务和义务都可以在双方之间获得担保；抵押协议是否包括资产抵押的最高金额？	是
是否按照地理位置和资产类型统一了合并和非合并实体的抵押登记，其中包括一个以债务人姓名索引的电子数据库？	否
是否存在基于通知的抵押物登记处，其中所有在功能上等同的物品都可以进行登记？	否
是否存在可以在线进行注册、修改、取消和搜索的现代抵押物登记处？	否
当债务人在破产程序之外拖欠时，是否有担保债权人首先得到赔付(比如，在税款和雇员要求之前)？	是
当企业被清算时，是否有担保债权人首先得到赔付(比如，在税款和雇员要求之前)？	是
当债务人进入由法院监督的重组程序时，有担保的债权人是否受自动冻结或延期偿付的限制？当提供免于延期偿付和所设定时间限制的明确依据时，法律是否保护有担保的债权人的权利？	否
法律是否允许双方在担保协议中同意贷方庭外执行其担保权益？法律是否允许担保的债权人通过公共和私人拍卖变卖抵押品，也允许担保的债权人用资产抵债？	否

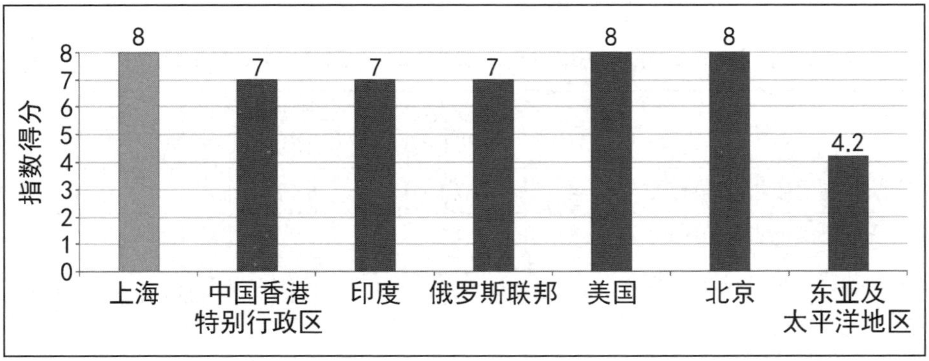

图 5-4　上海和可比经济体的信贷信息深度指数

表5-9　上海的信贷信息深度指数（详细信息）

信贷信息深度指数（0～8）	个人征信机构	金融征信机构	得分
公司和个人的数据是否都被公布？	否	是	1
正面和负面的信用数据是否都被公布？	否	是	1
除了来自金融机构的数据，来自零售商和公用事业公司的数据是否也发布？	否	是	1
是否发布至少2年的历史数据？（发布超过10年的负面的信贷信息或者欠款一旦还清就抹去的个人征信机构和金融征信机构在这个指标上的得分为0。）	否	是	1
是否发布在人均收入1%以下的贷款额数据？	否	是	1
根据法律规定，借方是否有权利获取它们在个人征信机构和金融征信机构的数据？	否	是	1
银行和其他金融机构是否可以在线访问借方的信贷信息(例如，通过网上平台、系统到系统的连接或两种方式)？	否	是	1
个人征信机构或金融征信机构信用分数作为一项增值服务，帮助银行和其他金融机构来评估借方的信用？	否	是	1
总分（个人征信机构或金融征信机构答案为“是”）			**8**
注：如果个人征信机构或金融征信机构的答案为“是”，则经济体得分为1。如果个人征信机构或金融征信机构不营业或者覆盖不到5%的成年人口，那么信贷信息深度指数的得分为0。			

覆盖面	**个人征信机构**	**金融征信机构**
个人人数	0	950 000 000
公司数量	0	25 100 000
总计	0	975 100 000
占成年人口百分比	**0**	**98.1**

(三) 北京DB2019评估结果

表5-10　北京DB2019分项指标与前沿经济体的比较

指标	北京	东亚及太平洋地区	经合组织高收入经济体	最佳监管绩效
合法权利力度指数（0～12）	4	7.1	6.1	12（5个经济体）
信贷信息深度指数（0～8）	8	4.2	6.7	8（42个经济体）
金融征信机构覆盖面（在成年人口中的比例）	98.1	16.9	21.8	100.0（4个经济体）
个人征信机构覆盖面（在成年人口中的比例）	0	23.0	65.3	100.0（25个经济体）

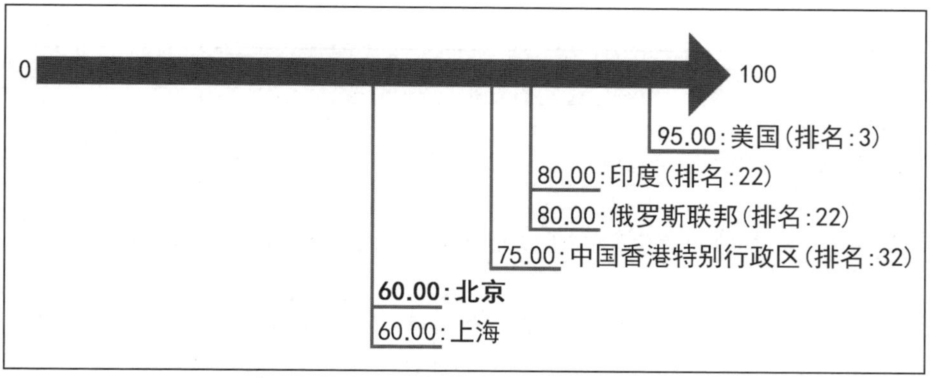

图5-5　北京和可比经济体“获得信贷”：排名与得分

注：经济体获得信贷便利度的排名取决于其在获得信贷方面的分数的排序。这些分数是合法权利力度指数和信贷信息深度指数分数的总和。

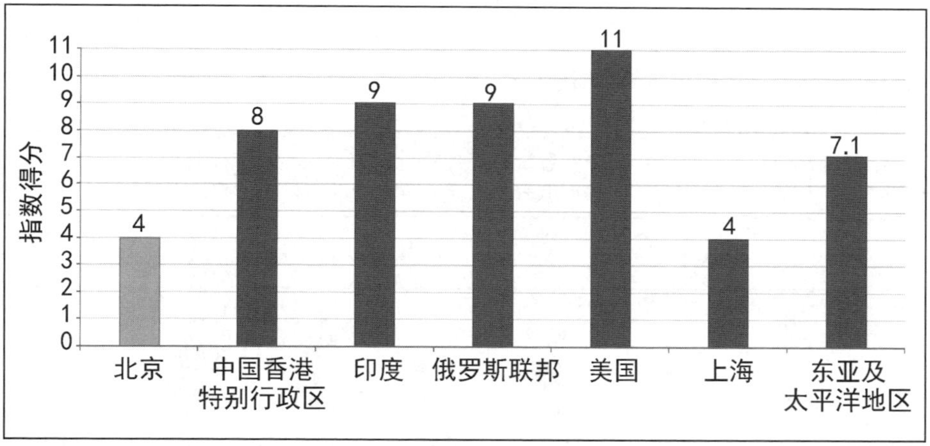

图5-6　北京和可比经济体的合法权利力度指数

表5-11　北京的合法权利力度指数（详细信息）

合法权利力度指数（0～12）	4
经济体是否存在整合或统一的担保交易法律框架，延伸到功能等同于动产担保权益的创设、公示与执行？	否
法律是否允许企业转让某一类动产的非占有担保权益，而不要求对抵押物进行具体描述？	否
法律是否允许企业在实质上授予其所有资产的非占有担保权，而无须对其抵押物进行具体说明？	是
担保权益能否延伸至将来或以后获得的资产，并自动延伸至原始资产的产品、收益，以及替代品？	否

（续表）

合法权利力度指数（0～12）	4
担保协议中是否允许进行债务和义务的一般性描述；是否所有类型的债务和义务都可以在双方之间获得担保；抵押协议是否包括资产抵押的最高金额？	是
是否有一个针对具备和不具备法人资格的实体的运行中的动产抵押权登记处或登记机构；该登记处地理位置和资产类别上统一，并有一个以债务人姓名为索引的电子资料库？	否
是否存在基于通知的抵押物登记处，其中所有在功能上等同的物品都可以进行登记？	否
是否存在现代化的抵押登记机构，允许任何感兴趣的第三方进行在线登记、修正、消除及查询？	否
当债务人在破产程序之外拖欠时，是否有担保债权人首先得到赔付（比如，在税款和雇员要求之前）？	是
当企业被清算时，是否有担保债权人首先得到赔付（比如，在税款和雇员要求之前）？	是
当债务人进入由法院监督的重组程序时，有担保的债权人是否受自动冻结或延期偿付的限制？当提供免于延期偿付和所设定时间限制的明确依据时，法律是否保护有担保的债权人的权利？	否
法律是否允许双方在担保协议中同意贷方庭外执行其担保权益？法律是否允许担保的债权人通过公共或私人拍卖变卖抵押物，也允许担保的债权人使用资产抵债？	否

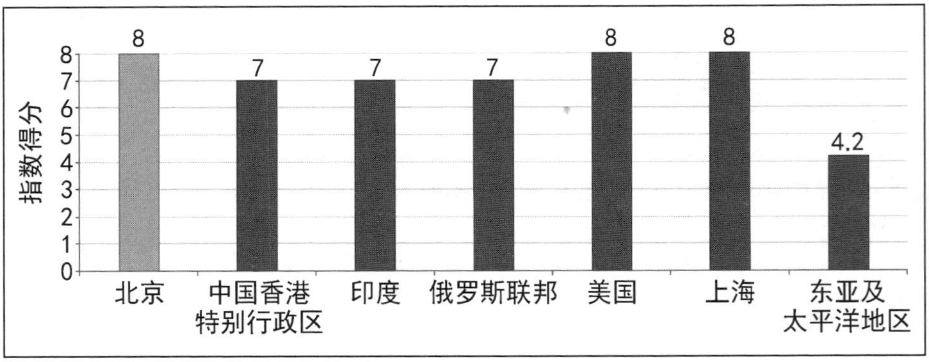

图 5-7　北京和可比经济体的信贷信息深度指数

表 5-12　北京的信贷信息深度指数（详细信息）

信贷信息深度指数（0～8）	个人征信机构	金融征信机构	得分
公司和个人的数据是否都被公布？	否	是	1
是否正面和负面的信用数据都被公布？	否	是	1

（续表）

信贷信息深度指数（0～8）	个人征信机构	金融征信机构	得分
除了来自金融机构的数据，来自零售商和公用事业公司的数据是否也发布？	否	是	1
是否发布至少2年的历史数据？（发布超过10年的负面的信贷信息或者欠款一旦还清就抹去的个人征信机构和金融征信机构在这个指标上的得分为0。）	否	是	1
是否发布在人均收入1%以下的贷款额数据？	否	是	1
根据法律规定，借方是否有权利获取它们在个人征信机构和金融征信机构的数据？	否	是	1
银行和其他金融机构是否可以在线访问借方的信贷信息（例如，通过网上平台、系统到系统的连接或两种方式）？	否	是	1
个人征信机构或金融征信机构信用分数作为一项增值服务，帮助银行和其他金融机构来评估借方的信用？	否	是	1
总分（个人征信机构或金融征信机构答案为“是”）			**8**

注：如果个人征信机构或金融征信机构的答案为“是”，则经济体得分为1。如果个人征信机构或金融征信机构不营业或者覆盖不到5%的成年人口，那么信贷信息深度指数的得分为0。

覆盖面	**个人征信机构**	**金融征信机构**
个人人数	0	950 000 000
公司数量	0	25 100 000
总计	0	975 100 000
占成年人口百分比	**0**	**98.1**

第五节 完善法律制度，提升中国排名

我国“获得信贷”这项指标，多年来连续下跌，暴露了诸多问题，有些是世界银行误解误判，有些则是因为我国法律与世界银行的评估指标不相适应。与世界银行沟通之前，全面理解世界银行指标体系和评估方法，系统精准解读世界银行问题，进而根据我国法律法规做出针对性回应，对于增强沟通的有效性，无疑至为关键。

在此背景下，笔者的2018年“五一”劳动节过得可谓名副其实。笔者与诸多法学教授、律师及翻译专家一起，将世界银行营商环境评估中“获得信贷”指标“合法权利力度指数”的数十个法律问题逐一梳理。我们细抠法条，体系解释，追本溯源，明辨法理，力争挽回我国的每一个冤枉失分点。此前完成的“保护少数投资者”指标的梳理，亦复如是。其间种种繁复曲折，不可尽数。曾经读书教书三十余载，面对试卷无数，这次算是用尽了平生所学，倾尽了所有心力，调动了所有学术资源……终于赶在2018年4月30日的数据采集大限来临之前，完成了这两大板块涉法问题的整理，发送给了世界银行评估专家。

事实证明，仅仅是案头与文本工作是远远不够的。笔者对“保护少数投资者”与“获得信贷”这两项指标，都进行了细致的研判，均完成了研究报告。但由于工作分工，本人只负责“保护少数投资者”指标，因而仅全程跟进了这项指标，包括与世界银行专家的多次磋商，并赴华盛顿最终磋商，最终这项指标排名提升了55名。而“获得信贷”却因为缺乏有力的跟进，国家层面也没有派员赴世界银行华盛顿总部磋商，这项指标的得分停留于60分，排名不升反降，从第68名跌至第73名。

世界银行2018年10月发布的DB2019显示，中国“获得信贷”指标的排名是第73位，4个二级指标“合法权利力度指数(Strength of legal rights index)、信贷信息深度指数(Depth of credit information index)、信贷登记机构覆盖率(Credit registry coverage)以及信用机构覆盖率(Credit bureau coverage)”中，“合法权利力度指数”得分最低，在12分中仅得4分，与DB2018年相同，而同为金砖国家的印度和俄罗斯，DB2018的得分均为8分，亚太地区为7.2分，亚太经合组织成员国的数据为6分。

上海是世界银行评估的两大指标城市，占中国的比重为55%。作为国际金融中心，上海有责任对标国际最高标准、最好水平与最佳实践，提升金融服务实体经济能级，营造良好金融发展环境。“获得信贷”指标的改善，已然成为其中的重要标尺。为改善我国这一指标，我国务须逐题研判得失，做出针对性回应。

根据笔者参与世界银行营商环境评估磋商的经验，解决问题的最佳方式是，尊重世界银行方法论，优化说理路径，同时修订完善相关法律，在不伤害其他法益的情况下，争取得分。接下来的分析，以标题概述世界银行问题，连续编号，逐项阐释。

一、世界银行关于“获得信贷”指标的规则体系

世界银行营商环境评估每一项指标的问卷，首要问题都是“改革更新”(Reform Updates)，考察的是受访经济体过去一年来相关规则的变迁。“获得信贷”指标也不例外，DB2019问卷的第一个问题是：

【问题一】从2017年6月1日到现在(也就是2018年5月1日)为止，您的经济体系中是否出现过关于担保交易法律、法规等规制性文件的任何改革或者修正案？请详细描述通过日期、官方公报(如需要)中的发布日期和生效日期。

Have there been any reforms or amendments of secured transactions law(s) or regulations in your economy between June 1, 2017 and now? Please describe in detail, including the date of adoption, the date of official publication in the official gazette if this is required, and the date of entry into force.

针对这一问题，有人根据英文字面意思认为，世界银行认可的是法律法规（laws or regulations），即仅限于全国人大颁布的法律（laws）、国务院颁布的行政法规及北京和上海作为受访地颁布的地方性法规（regulations）。

然而，此种理解并不准确。事实上，regulations应当做广义解释，是指具有拘束力的"规制性文件"，具体而言，是指对担保交易具有反复适用性与普遍适用性的一切"规制性文件"。这样，最高院司法解释、中国人民银行、银保监颁布的政府监管规章、市场监管总局等发布的关于动产抵押登记的管理办法，应当悉数包括在内。[1]如果受访者遗漏了其中的部分内容，极有可能因援引法律渊源不完整而误答错答，从而导致中国冤枉失分。

另外，世界银行在采集数据时，要求详细描述发布日期、生效日期及官网网址，同时还希望获得相关文件的电子文本。这表明世界银行对规制性文件的效力及可获得性高度关注。在这方面，营商环境评估多年高居全球排名前五的我国香港地区的做法值得借鉴。香港律政司推出了免费的"电子版香港法例"数据库，公众可一站式查阅所有法律法规的中英文本，甚至还能查到部分法律法规的历史版本。司法部如能提供一站式的法律法规查询平台，对于我国营商环境的优化与排名提升，必定大有助益。

值得注意的是，作为指标城市的北京和上海，在动产担保的统一登记方面，都进行了实质性的改革。

2019年4月9日，北京出台了《关于做好动产担保统一登记系统试点工作的通知》，将北京市市场监督管理部门动产抵押登记职能委托给中国人民银行征信中心代为履行，明确当事人在办理北京地区的动产（航空器、船舶、知识产权、机动车等特例除外）担保业务时，应在征信中心动产融资统一登记公示系统办理动产担保登记，并按照《中国人民银行征信中心动产融资统一登

1 例如，DB2019中，对于中国而言，相关规制性文件的更新，即包括以下部分：1.《中华人民共和国民法总则》（2017年3月发布）；2.《应收账款质押登记办法（2017修订）》（2017年10月发布）；3.《融资担保公司监督管理条例》（国务院2017年6月21日颁布）。4. 中国银行保险监督管理委员会会同发展改革委、工业和信息化部、财政部、农业农村部、人民银行、国家市场监督管理总局等融资性担保业务监管部际联席会议成员单位，联合印发了《关于印发〈融资担保公司监督管理条例〉四项配套制度的通知》（银保监发〔2018〕1号，2018年4月2日发布），同时发布了《融资担保业务经营许可证管理办法》、《融资担保责任余额计量办法》、《融资担保公司资产比例管理办法》和《银行业金融机构与融资担保公司业务合作指引》等4项配套制度。

记公示系统操作规则》的规定，如实填写登记事项。自2019年4月28日通过登记系统办理动产担保的统一登记和查询。

据此，北京实现了动产担保的统一登记，登记系统统一为征信中心动产融资统一登记公示系统；登记和查询操作统一按照《动产融资统一登记公示系统操作规则》规定办理。征信中心登记系统对登记担保人和担保权人的身份没有任何限制，支持为法人类和非法人类主体提供所有动产担保的登记，且该登记系统覆盖全国，电子化运行，并允许以担保人的名称进行查询等。

2019年4月25日，上海出台了《关于开展动产担保统一登记试点工作的通知》，将上海市市场监督管理部门动产抵押登记职能委托给中国人民银行征信中心代为履行，明确当事人在办理上海地区的动产（航空器、船舶、知识产权、机动车等特例除外）担保业务时，应在征信中心动产融资统一登记公示系统办理动产担保登记，并按照《中国人民银行征信中心动产融资统一登记公示系统操作规则》的规定，如实填写登记事项。自2019年4月30日通过登记系统办理动产担保的统一登记和查询。

据此，上海实现了动产担保的统一登记，登记系统统一为征信中心动产融资统一登记公示系统；登记和查询操作统一按照《动产融资统一登记公示系统操作规则》规定办理。征信中心登记系统对登记担保人和担保权人的身份没有任何限制，支持为法人类和非法人类主体提供所有动产担保的登记，且该登记系统覆盖全国，电子化运行，并允许以担保人的名称进行查询等。

然而，根据世界银行的方法论，我国应建立全国统一的动产担保登记平台，实现全国范围内的动产担保登记、查询、撤销等功能，才能得分。例如，在上海，A与B发生交易，B以在广东的一项动产予以担保，A就无法在上海的这个平台上查询该项动产的权利状况。

另外，值得注意的是，尽管在DB2019这一新的评估周期里，我国公布了大量的规制性文件，但DB2019与DB2018的"合法权利力度指数"，总分12分中我国仍然仅得4分，这表明我国与世界银行的沟通与说理存在重大问题。

二、世界银行关于担保形式的规定

在世界银行的评价体系中，担保方式包括所有具有担保功能的交易形式，这方面的分值为1分。世界银行问卷关于"担保交易"的定义如下：

“这里所称的担保交易，是指为确保义务履行而针对资产创设权利的所有交易。出于研究目的，我们将重点关注非占有性担保权益、让与担保、融资租赁、应收账款转让和所有权保留的交易。”（Secured transactions are here understood as all transactions that create a right in any type of asset meant to secure the performance of an obligation. For the purposes of our study, the focus is on non-possessory security interests, fiduciary transfer of title, financial leases, assignment of receivables, and sales with reservation of title.）

在我国动产担保交易实践中，融资租赁、应收账款转让和所有权保留等交易形式广泛存在，这里的难点在于，如何理解和翻译“fiduciary transfer of title”？对此语汇的理解，直接关系到如何回答世界银行接下来的这道问题：

【问题二】是否存在调整让与担保的法律法规？如果有的话，指出法律法规的名称。

Is there a regulation that covers fiduciary transfer of title? If yes, please provide the name.

我国在DB2018与DB2019中的回答均为“否”，未能得分。许多受访者将“fiduciary transfer of title”理解为“信托财产权的转让”，实在是望文生义的理解。在DB2018问卷中，有受访者对此问题的回应是“由于法律体系的不同，设立信托并非中国法下的担保方式”，因此直接给了否定性回答。

经过分析，我们认为，在我国“fiduciary transfer of title”是指“让与担保”。这是一种非典型意义上的担保，以担保物所有权的移转作为担保标的，约定还款后所有权再回转给原所有权人。让与担保的法律基础不是信托法，而是相关财产权转让规则及合同法规则。

举例来说，张三把一台机器的所有权转让给李四，李四付款，但张三还继续使用该机器。双方同时约定，张三还款后，李四有义务把机器所有权再转回给张三，如果到时张三不还款，李四就可以行使对机器的所有权，取走机器并行转卖等。

有人担心，让与担保违背了物权法定原理，其实不然。物权法定的含义是物权类型和内容法定，让与担保是转移所有权再加合同约定，即还款后所有权再行回转，这既没有创设新的物权种类，也没有改变物权内容，从而不违反物权法定原则。让与担保在现行法下应属有效，在司法实务中也获得了不少法院的认可。

鉴此，在向世界银行专家解释时，我国可以援引《最高院关于审理民间借贷案件适用法律若干问题的规定》（法释〔2015〕18号）第24条，[1]该条创设的，正是不折不扣的让与担保制度。

因而，本题的回答应当是“是”。当然，鉴于更易被世界银行接受的是直接的、不需要层层推演的法律规定，建议增设“担保方式应当包括所有具有担保功能的交易形式”的相关规定。查诸法条，最适合的修法是在《物权法》第170.1条[2]之后，增设第二款：“本法适用的担保种类包括抵押、质押、留置，以及让与担保、所有权保留、保理、融资租赁等其他具有担保功能的交易形式。”

世界银行问卷在完成了整体提问后，引入了案例情景假设：ABC公司拥有50～100名员工，是一家法人实体，100%的内资企业，在上海（针对上海的问卷）注册并只在上海开展经营活动。比兹银行是一家100%的内资银行。

情景A：双方约定，ABC公司以一项无须转移占有的单一类别流动动产（如该公司的应收款项或存货）向比兹银行设定担保权益。ABC公司保留资产的所有权和占有权。

情景B：ABC公司向比兹银行提供商业抵押、企业抵押、浮动抵押或任何其他可以就ABC公司全部动产向比兹银行提供担保权益的抵押。ABC公司保留资产的所有权和占有权。

在完成了前述情景假设后，世界银行开始了分项提问，涉及登记对抗规则、担保物描述规则、统一的登记机构与平台等方面。

三、世界银行关于“登记对抗”的规则

在登记制度方面，我国失3分。根据世界银行和联合国贸易法委员会推

1 该条规定，当事人以签订买卖合同作为民间借贷合同的担保，借款到期后借款人不能还款，出借人请求履行买卖合同的，人民法院应当按照民间借贷法律关系审理，并向当事人释明变更诉讼请求。当事人拒绝变更的，人民法院裁定驳回起诉。按照民间借贷法律关系审理作出的判决生效后，借款人不履行生效判决确定的金钱债务，出借人可以申请拍卖买卖合同标的物，以偿还债务。就拍卖所得的价款与应偿还借款本息之间的差额，借款人或者出借人有权主张返还或补偿。

2 该款规定为：“担保物权人在债务人不履行到期债务或者发生当事人约定的实现担保物权的情形，依法享有就担保财产优先受偿的权利，但法律另有规定的除外。”

行的现代动产担保制度，我国目前尚未建立起统一的公示对抗效力规则，也未构建统一的登记机构和登记系统，只有散见于若干处的规定，必须根据实际情况来争取得分。

世界银行问卷里，多次出现关于权利的“登记对抗”问题：

【问题三】融资租赁是否必须登记才能对第三方产生法律效力？如果是，请注明登记机构的名称。

Do financial leases have to be registered to be enforceable against third parties? If yes, please specify the name of the registry.

我国在DB2018与DB2019中的回答均为“否”，丢失1分。

此题我国可以通过说理而争取得分，其推理如下：

其一，我国存在融资租赁的登记机构。中国人民银行征信中心下设的动产融资统一登记平台（在线登记机关）办理融资租赁的登记。

其二，融资租赁登记会产生对抗效力。根据《合同法》第44条的规定，依法成立的合同，自成立时生效。法律、行政法规规定应当办理批准、登记等程序生效的，依照其规定。据此，登记并非融资租赁合同的生效要件。

但实践中，根据《中国人民银行关于使用融资租赁登记公示系统进行融资租赁交易查询的通知》（银发〔2014〕93号）的有关规定，中国人民银行鼓励融资租赁公司在开展融资租赁业务时，在融资租赁登记公示系统办理融资租赁登记，公示融资租赁物权利状况，避免因融资租赁物占有与所有分离而导致租赁物权属冲突。

《最高人民法院关于审理融资租赁合同纠纷案件适用法律问题的解释》第9条规定，承租人或者租赁物的实际使用人，未经出租人同意转让租赁物或者在租赁物上设立其他物权，第三人依据物权法第106条的规定取得租赁物的所有权或者其他物权，出租人主张第三人物权权利不成立的，人民法院不予支持，但有下列情形之一的除外：……（三）第三人与承租人交易时，未按照法律、行政法规、行业或者地区主管部门的规定在相应机构进行融资租赁交易查询的；（四）出租人有证据证明第三人知道或者应当知道交易标的物为租赁物的其他情形。

故而，若融资租赁做了登记，则：第一，承租人将租赁物出卖给第三人的，出租人可以对抗第三买受人。其法律依据在于最高院前述司法解释之第9.3、

9.4条项。第二，若出租人将租赁物出卖并移转所有权给第三人，承租人能够以租赁合同对抗第三买受人，也即第三买受人自动成为融资租赁合同的出租方，其法律依据在于《合同法》第229条之规定，即租赁物在租赁期间发生所有权变动的，不影响租赁合同的效力。此时，并不以登记为对抗的前提。

当然，与世界银行沟通，须以明白晓畅的规则作为支撑，建议在《物权法》的适当位置增设条文："融资租赁自合同生效时设立，未经登记，不得对抗善意第三人。"

【问题四】所有权保留的买卖合同，是否需要经过登记才能对抗第三人？如果是，请指明登记机构。

Do retention-of-title sales have to be registered to be enforceable against third parties? If yes, please specify the name of the registry.

我国在DB2018与DB2019中的回答均为"否"，再丢失1分。

针对此题，我国应采取以下步骤：

其一，通过说理尽量争取得分。中国人民银行征信中心下设的动产融资统一登记平台（在线登记机关）办理，备有所有权保留登记这一事项。尽管车辆等特殊动产，应当无法登记所有权保留。但对于普通动产，则既可以登记，而且登记也并非一概不能对抗。登记是善意考量的重要因素。如果登记了，但第三人没看登记簿，当然不能就此认定第三人恶意。但如果是登记了，第三人也恰好查阅了登记簿，那就可以认定第三人并非善意。当然，此种说理比较牵强。因为从逻辑上说，即便登记了，也未必一定产生对抗第三人效力。

其二，通过修法得分。民法典合同编草案有规定，出卖人对买卖合同的标的物保留的所有权，未经登记，不得对抗善意第三人。据此，依反对解释，只要办理了登记，即可产生对抗第三人的效力。因而，为降低说理难度，在民法典合同编通过之前，宜修订《合同法》，在适当地方增设前述规定。

【问题五】比兹银行是否必须登记其无须转移占有的担保权益，才能使担保权益对第三方产生法律效力？

Must BizBank register its non-possessory security interest for the security interest to be enforceable against third parties?

我国在DB2018与DB2019中的回答均为"否"，从而在登记制度方面，丢失了第3分。

我国法律关于动产担保物权的登记，采用登记生效主义还是登记对抗主义，并不完全统一。实践中，抵押权人应当根据抵押财产的性质区别对待，并非一概要求登记。例如，应收账款质权自办理登记时设立；生产设备、原材料、半成品、产品和动产浮动抵押权自抵押合同生效时设立，登记产生对抗效力；船舶、航空器、车辆抵押权自办理登记时设立。

在此种情况下，同【问题四】一样，因为没有统一规定登记对抗效力，即便登记了，第三人可能未去查阅，也未必产生对抗第三人的效力。

鉴此，建议在《物权法》中增设以下规定：动产和权利担保物权，由统一的登记机构实施登记，未经登记，不得对抗善意第三人。登记机构、登记范围和办法由国务院另行制定。以交通运输工具或正在建造的船舶、航空器抵押的，在交通运输工具登记机构办理抵押登记。

四、世界银行关于"担保物描述"的规则

根据世界银行的标准，允许对担保物和担保债务进行一般性或概括性描述。

【问题六】根据法律规定，应收账款或未清偿债务，是否可在担保协议以及（如果进行了担保登记）登记担保权益时用一般性术语（例如"所有应收账款"）进行描述，而不需要特别注明？

According to the law, can the accounts receivable or outstanding debts be described in general terms both in the security agreement and when the security interest is registered, or do they need to be specified with particularity (e.g.,"all accounts receivable")?

我国在DB2018与DB2019中的回答均为"否"，再丢失1分。此题我国应当通过说理而得分。

受访者援引我国《物权法》第210条的规定，设立质权，当事人应当采取书面形式订立质权合同。质权合同一般包括下列条款：质押财产的名称、数量、质量、状况……

受访者误以为，《物权法》第210条关于质权合同条款的列举规定，属于强制性规范，事实上，它只是示范性规则，具有一般法上的意义，并不意味着缺失其中的任一要素，会导致质权合同无效。例如，我国《合同法》第12条规

定，合同的内容由当事人约定，一般包括以下条款：（一）当事人的名称或者姓名和住所；（二）标的；（三）数量；（四）质量；（五）价款或者报酬；（六）履行期限、地点和方式；（七）违约责任；（八）解决争议的方法。但在法理上及实践中，一项合同只要具备当事人名称、标的等构成合意基本要件的内容即可，缺乏“履行地点、方式、违约责任、解决争议的方法”等要素，并不会导致合同无效，可以通过合同解释来解决。

事实上，以概括的方式描述担保物，已经出现在我国相关规则中。根据《应收账款质押登记办法（2017修订）》第2条规定，本办法所称应收账款，是指权利人因提供一定的货物、服务或设施而获得的要求义务人付款的权利以及依法享有的其他付款请求权，包括现有的和未来的金钱债权。“未来的债权”本来就很难进行特定描述。在实践中，也不需要一笔一笔的逐笔描述，例如，双方可以约定“以2018年1月至10月产生的大润发超市的所有应收账款”作为质押，在实践中，市场监管部门的登记系统受理以未来财产作为抵押的登记，这些财产只能进行一般性描述。

总之，我国应当通过说理，争取此题得分。

【问题七】根据法律，在担保协议中以及担保权益登记时，存货能否以概括性术语进行描述（例如，使用“所有笔记本电脑存货”，而不是“PXS笔记本电脑，编号3278632，金属色，14英寸显示屏”）？

According to the law, can the inventory be described in general terms (e.g., “all laptop inventories” rather than “PXS laptop, serial number 3278632, metal-colored, 14-inch screen”) both in the security agreement and when the security interest is registered?

我国在DB2018与DB2019中的回答均为“否”，再失1分。此题我国应当通过说理而得分。

受访者援引《物权法》第185条的规定：设立抵押权，当事人应当采取书面形式订立抵押合同。抵押合同一般包括下列条款：……（三）抵押财产的名称、数量、质量、状况、所在地、所有权归属或者使用权归属。[1]

1 2019年6月，笔者在世界银行华盛顿总部磋商期间，发现世界银行专家拿到的译本中，将“一般包括”译为“shall include”，实在是误译，更好的翻译是“generally includes”。

其实，正如前文所阐释的，《物权法》第185条的规定，只是指引性而非强制性规范，缺乏其中若干要素，并非必然导致抵押合同无效。在登记实践中，人民银行征信中心的动产融资登记系统支持对担保物进行概括性描述登记。而且，我国《物权法》第181条规定，经当事人书面协议，企业、个体工商户、农业生产经营者可以将现有的以及将有的生产设备、原材料、半成品、产品抵押，债务人不履行到期债务或者发生当事人约定的实现抵押权的情形，债权人有权就实现抵押权时的动产优先受偿。例如，张三为开办藤器加工厂，向李四借一笔钱，约定以藤器加工厂所有原材料、半成品及产品作为抵押，合同签订时，显然无法特定化抵押物。只有在张三无法履行到期债务，李四行使抵押权时，藤器加工厂在该时点的所有原材料、半成品及产品才能够特定化。

因而，与【问题七】相同，此题我国应当通过说理，争取得分。

【问题八】根据法律规定，在担保协议中以及担保权益登记时，有形动产能否用概括性术语进行描述（例如，使用“300头赫里福德牛”而不是“头等‘Blue Ribbon’牌赫里福德公牛，刺青编号125，育种登记编号56”）？

According to the law, can tangible movable property be described in general terms(e.g., “300 head of Hereford cattle” rather than “Roger Prime Blue Ribbon Hereford bull, tattoo #125, breeding registry #456”) both in the security agreement and when the security interest is registered?

我国在DB2018与DB2019中的回答均为“否”，再丢失1分。应当通过加强说理来得分。分析路径与【问题七】相同。

当然，为增强此前若干道题的说理力度，还可在《物权法》第185.1条之下增设第2款规定：“以动产作为抵押物的，当事人在担保协议中以合理、可识别的方式描述被担保债权和抵押财产的，视为符合本条规定。”

五、世界银行关于“担保利益”范围的规则

【问题九】根据法律，对于能被包括在担保利益中的财产，是否存在限制（例如，这种限制体现在担保物是抵押物的附属物、对于动产有具体位置的描述、及时更新的担保物清单，或者价值限制等）？

According to the law, is there a limitation on the assets that can be included in this security interest (e.g., collateral is accessory to a mortgage, specific description of location of movables, updating of lists of collateral upon change, limit in value)?

有些受访者误把此题理解为“哪些财产可被用来提供担保”，即担保物存在哪些限制，于是很自然地援引《物权法》第184条的规定，称学校、医院等公益事业单位，不得设定抵押，如此作答，当然就走偏了。

本题的题意是“哪些财产可以被担保利益所覆盖”，是否涵盖担保物的从物、担保物转化的三金（定金、违约金与赔偿金），以及担保物加工之后的物等，考察的是担保物价值转换的范围，范围越大，则分值越高。

我国的担保物价值转化范围较宽。根据《最高院关于适用〈担保法〉若干问题的解释》（法释〔2000〕44号）第62条规定，抵押物因附合、混合或者加工使抵押物的所有权为第三人所有的，抵押权的效力及于补偿金；抵押物所有人为附合物、混合物或者加工物的所有人的，抵押权的效力及于附合物、混合物或者加工物；第三人与抵押物所有人为附合物、混合物或者加工物的共有人的，抵押权的效力及于抵押人对共有物享有的份额。

此题我国应当争取得分。

【问题十】ABC公司（债务人）能否仅就其有形动产向比兹银行（担保债权人）设立无须转移占有的担保权益的抵押（例如机器设备、家具、家畜、农作物等）？

Can ABC (the Debtor) grant BizBank (the Secured Creditor) a non-possessory security interest over only its tangible movable property (e.g., machinery, furniture, livestock, crops, etc.)?

我国在DB2018与DB2019中的回答均为“否”，再失1分。此题我国应当通过说理而得分。

我国《物权法》第181、189条对于抵押物进行了非常宽泛的设定，其中一大类型即为无须转移占有的动产抵押，例如，机器设备、原材料、半成品等都可以成为抵押物，此题我国应当得分。

【问题十一】ABC公司（债务人）能否使用以下动产：未来资产（例如ABC公司知悉未来将收到一队卡车，并将卡车作为担保物）及事后取得的资产（例如，尚未取得且可能永远不会取得的财产，或目前及未来的存货）作为贷款的担保？

Can ABC (the Debtor) use the following movable assets to secure a loan: future assets(e.g., ABC knows that it will receive a fleet of trucks in the future and uses them as collateral) and after-acquired property (e.g., property that it has not yet acquired and that it may never acquire, or present and future inventory)?

我国在DB2018与DB2019中的回答均为"否",再失1分。此题我国应当通过说理得分。

我国规定了浮动抵押制度,具体可参见《物权法》第181条的规定,"可以将现有的以及将有的生产设备、原材料、半成品、产品抵押……"另外,第180.1.5条规定,"正在建造的建筑物、船舶、航空器"也可以抵押。

【问题十二】根据法律,担保权益是否及于原始担保物之上的"产品、收益和替代品"?担保权益在情景A和B下是否适用(例如,原始担保物是一堆木材,该资产的产品可能是由此制成的家具;收益可能是出售家具或木材后收到的货款;最初那堆木材遭到破坏后,替代物可以是另一堆木材)?

By law, does the security interest automatically extend to "products, proceeds and replacements" of the original collateral? Does it apply to Scenarios A and B (An example: If the original collateral is a pile of lumber, the products of this asset could be the wooden furniture made from it; the proceeds could be the money received from selling the furniture or the lumber; and the replacements could be another pile of lumber given in replacement after the original pile of lumber was destroyed)?

我国在DB2018与DB2019中的回答均为"否",再失2分。应当通过说理而得分。

事实上,担保物权的物上代位性,支撑了此题的肯定答案,此题我国应当得分。我国《物权法》第174条规定了担保权益可延伸至替代物,第179、213条分别规定了抵押权人和质权人的孳息收取权。例如,《物权法》第174条规定,担保期间,扫保财产毁损、灭失或者被征收等,担保物权人可以就获得的保险金、赔偿金或者补偿金等优先受偿。被担保债权的履行期未届满的,也可以提存该保险金、赔偿金或者补偿金等。《物权法》第213条规定,质权人有权收取质押财产的孳息,但合同另有约定的除外。另外,《最高院关于适用〈担保法〉若干问题的解释》(法释〔2000〕44号)第62条规定,抵押物因附合、混合或者加工使抵押物的所有权为第三人所有的，抵押权的效力及于补偿金；抵押物所有人为附合物、混合物或者加工物的所有人的，抵押权的效力及于附合物、混合物或者加工物；第三人与抵押物所有人为附合物、混合物或者加工物的共有人的，抵押权的效力及于抵押人对共有物享有的份额。

以上规则，应当足以支撑我国得分。

六、世界银行关于“担保权益”行使的规则

世界银行的方法论，强调担保权益的充分保障，高度尊重担保权人与担保人的意思自治。

【问题十三】根据法律规定，对于重组程序（若不存在重组程序，则认为处于破产程序）中影响担保追偿的自动冻结是否存在时间限制？若存在，时间限制是多少？

Is there a time limit prescribed by law on the automatic stay imposed on the secured claims in the reorganization procedure (or bankruptcy if reorganization is not available)? If yes, what is the time limit?

我国在DB2018与DB2019中的回答均为“否”，再失1分。可以试着通过法律解释来争取得分。

我国《破产法》第75条规定，在重整期间，对债务人的特定财产享有的担保权暂停行使。但是，担保物有损坏或者价值明显减少的可能，足以危害担保权人权利的，担保权人可以向人民法院请求恢复行使担保权。举例而言，A公司欠B银行100万元，以5辆汽车作为抵押。A公司资不抵债进入破产重组程序后，B银行的抵押权暂停行使。但如果B银行发现，A公司破罐子破摔，对5辆汽车过度使用，汽车价值明显降低，就可以向法院请求解冻这5辆汽车，提前拍卖以清偿债权。

当然，必须承认，由于我国《破产法》未规定自动冻结的时间限制，此种解释有些牵强。我国可以通过修订《破产法》，对于自动冻结施加时间限制，从而实现得分。

【问题十四】如果债务人在情形A和情形B中均违约，法律是否允许担保协议的当事方在创建担保权益时同意在法院外处分担保权益（即，出现拖欠后，担保方是否可以（i）获得担保品，或（ii）销售、交换、转换成金钱或以其他

方式对担保物进行私人处置或拍卖)?

Does the law allow parties to a security agreement, at the time a security interest is created, to agree to enforce the security interest outside of court if the debtor defaults in both Scenario A and Scenario B (i.e., upon default, may the secured party (i) take possession of the collateral or (ii) sell, exchange, convert into money, or otherwise enforce against the collateral privately or by auction)?

我国在DB2018与DB2019中的回答均为“否”，再失1分。事实上，我国法律允许当事人在担保协议中约定庭外行使担保物权，只要不构成流质或绝押约定，均属合法，此题我国应当得分。

【问题十五】在您的经济体中是否可能存在“流质约定”(即，担保债权人是否可在债务人违约后自动获得设定担保的资产?)?债权人能否根据约定获得担保资产以偿还全部或者部分债务?

Is a “pactum commissorium” possible in your economy (i.e., may the secured creditor automatically appropriate the encumbered asset upon default of the debtor?)? Is the creditor allowed to acquire the asset as a full or partial repayment of the debt by agreement?

我国在DB2018与DB2019中的回答均为“否”，没有得分。我国法律允许当事人在担保协议中约定庭外行使担保物权，但是明确禁止在担保协议中约定流质、流押条款，[1]即不得在担保协议中约定，债务人不履行到期债务时，债权人可以获得担保物。债权人要实现担保物权，需要通过法院拍卖、变卖来完成，或者在债务人违约后与之达成折价交易的安排。

在许多英美法系国家，法律允许通过担保协议做出流质、流押约定，以充分体现意思自治，提升担保权利实现的效率。对此，我国存在两项政策选择：一是维持现有规则，此题继续失1分。二是赋予当事人自由约定的权利，即可以在担保协议中约定，债务人不履行到期债务时，债权人可以获得担保物。同时为债权人附加“清算义务”，将债权人对担保物的权利限定在担保债务限额之内，这样可以保护债务人的正当权利。如果采取此种政策，则应当对法律做以下修订：

1　我国《物权法》第186、211条，《担保法》第40、66条都设定了禁止性规定。

第一，在《物权法》适当位置增设以下法条：在债务人不履行到期债务或者发生当事人约定的实现担保物权的情形，担保物权人可以通过约定、诉讼或者法律规定的其他方式实现担保物权。

第二，将《物权法》第186条修改为：抵押人在债务履行期届满前，与抵押人约定债务人不履行到期债务时，抵押权人对财产价值参照市场合理价值进行清算后，以债务价值为限取得担保物所有权的，该约定有效。

第三，将《物权法》第211条修改为：质权人在债务履行期届满前，与质押人约定债务人不履行到期债务时，质权人对财产价值参照市场合理价值进行清算后，以债务价值为限取得担保物所有权的，该约定有效。

七、世界银行关于“登记机构和登记系统”的规则

世界银行要求建立统一的登记机构和登记系统，以方便查询，降低信息收集成本。这方面，我国急需采取切实的行动。

【问题十六】请注明情景A和情景B中比兹银行的担保权益进行登记的机构的名称（情景A规定的是动产抵押，情景B则规定了浮动抵押等多种抵押方式）。

Please name the registry (or registries) where BizBank’s security interest would be registered in Scenario A and Scenario B.

此题是关于登记机构的规定。我国法律规定了动产担保物权的登记机构，但是登记机构不统一，动产担保物权登记职责分散于不同的政府部门中。《动产抵押登记办法》规定了生产设备、原材料、半成品、产品的抵押权登记机关是工商部门（机构改革后应为市场监管部门）；《船舶登记办法》规定了船舶抵押权登记机关是交通运输部海事局；《民用航空法》规定了民用航空器抵押权登记机关是国务院民用航空主管部门；《道路交通安全法》规定机动车抵押权登记机关是公安机关交通管理部门；《应收账款质押登记办法》规定了应收账款质押权的登记机关是中国人民银行征信中心；《中国人民银行关于使用融资租赁登记公示系统进行融资租赁交易查询的通知》规定了融资租赁的出租人可以在融资租赁登记公示系统办理融资租赁登记。

如【问题一】所述，自2019年4月30日始，北京和上海均设立了动产担保统一登记系统，为市场主体提供统一、便捷、高效的动产抵押登记、变更、查

询、注销等服务，有助于解决各项动产担保权益登记系统分散、登记规则不统一的问题。但该系统不是全国性平台，并不完全符合世界银行的方法论。

【问题十七】请提供动产担保物的主要登记机构的网站地址和电话号码。

Please provide the website address and phone number for the main collateral registry for movable property.

实践中，出于规避风险的考虑，市场已经自发地选择通过登记公示的手段来提醒第三人注意担保物上可能存在的担保权益。据统计，截至2018年底，人民银行征信中心动产融资登记公示系统累计发生登记370.5万笔，查询2 030.2万笔，而其中当事人办理的应收账款转让、融资租赁等自发登记已经占到登记总量的71%，且在过去5年的年均增长率超过24%。

在北京和上海，2019年4月30日以前，我国动产担保的登记相对分散，并没有形成统一的登记平台。自2019年4月30日始，北京和上海均设立了动产担保统一登记系统，为市场主体提供统一、便捷、高效的动产抵押登记、变更、查询、注销等服务，解决了各项动产担保权益登记系统分散、登记规则不统一的问题。但如前所述，该平台的缺陷在于，未能实现全国性统一登记与查询功能。

【问题十八】新登记的信息，大概多长时间会录入电子数据库以供检索？请提供一个大概时间（例如，1个小时之内、24小时或3个工作日等）。

When is a new registration reflected and retrievable in the database? Please provide an estimate (e.g., within 1 hour, 24 hours, 3 business days, etc.).

该题考察的是我国抵押登记信息查询的便利度，宜尽可能答得全面一些，争取得分。

在北京和上海，2019年4月30日以前，中国人民银行征信中心建立的动产融资统一登记平台，可以提供统一在线登记、修改、查询等功能。如前述【问题一】所述，自2019年4月30日始，北京和上海均设立了动产担保统一登记系统，登记信息的录入时间，应当是大为缩短的。具体应由市场主体来回答。

【问题十九】担保登记机构是否有在线系统，以供登记、修改、更新、取消和查询担保权益？

Does the collateral registry have an online system for registrations, amendments, renewals, cancellations and searches of security interests?

此一问题是前一问题的延续。如前述【问题一】所述，自2019年4月30

日始，北京和上海均设立了动产担保统一登记系统，为市场主体提供统一、便捷、高效的动产抵押登记、变更、查询、注销等服务，解决了京沪两地各项动产担保权益登记系统分散、登记规则不统一的问题。

【问题二十】这是不是一个基于通知的登记机构（即，不需要提交比如合同副本之类的任何文件，且登记处不会核实交易的合法性）？

Is this a notice-based registry (i.e., no documents, such as a copy of the contract, need to be submitted and the registry does not verify the legality of the transactions)?

我国在DB2018与DB2019中的回答均为“否”，没有得分。

这是前一问题的延续，涉及的是登记查询方式问题。我国宜通过解释沟通，争取得分。

自2019年4月30日始，北京和上海均设立了动产担保统一登记系统，应当实行形式审查制度。例如，应收账款质押登记所采取的是以通知为基础的登记模式，由质权人在人民银行征信中心的动产融资登记公示系统，自主进行登记、变更和注销。市场监管部门对动产抵押权进行登记时，也应当进行形式审查，以提升登记的效率。

在DB2020的评估中，我们更好的策略是放弃对动产担保统一登记系统的得分期望，因为它并不是全国统一的平台，并不符合世界银行的方法论。相反，我们应当更多地把资源与精力用于细说法理，纠正错误的理解方面。这方面，“保护少数投资者”指标的改善，就是一个很好的例子。面对DB2021，我国一方面应当争取在民法典的物权篇等篇章中，写入既符合我国国情需要，又吻合世界银行方法论的规划，另一方面，努力构建全国统一的动产抵押平台。

第六章　保护少数投资者

“保护少数投资者”(Protecting Minority Investors)是世界银行评估的十大指标之一。根据世界银行发布的全球排名，与DB2018相比，DB2019的此项指标大幅跃升了55名，从原来的第119名提升至第64名，分数也由原来的48.33分，[1]提升至60分，成为进步最快的指标之一。此次排名提升，是在没有修改我国《公司法》《证券法》的情况下完成的，[2]主要依靠的是与世界银行专家细致的沟通，纠正了以往被误答误判的题目，从而挽回了一些冤枉失分。然而，复盘评估结果，作者发现，全部46道题中我国仍有15道题失分，其中诸多指标亟须通过修法来完善。与一些国家通过修法来提升全球排名相比，[3]我国在这方面稍显迟缓。我们亟须从世界银行评估的方法论入手，细为研判评估指标，吸收借鉴有益的制度安排，对我国《公司法》及相关法律加以适应性修订。例如，满分为10分的“董事责任程度指数”，DB2019与DB2018我国均仅得1分，与中国已经成为全球第二大经济体、证券市场A股总市值位居全球第二[4]的现状格格不入，亟须通过修订法律，正确反映我国现状，提升全球排名。

鉴于全国人民代表大会修订法律程序较为烦琐，周期漫长，最高人民法院、中国证监会、上海证券交易所勇于担当，在各自职权范围内，完成了规则的重构和优化。最高人民法院在召开专家论证会[5]之后，通过紧张细致的工作，发布了《最高人民法院关于适用〈中华人民共和国公司法〉若干问题的规

1 根据世界银行报告，2016—2017年度(DB2018)，我国“保护少数投资者”仅得48.33分(排名第119位)，不仅低于亚太平均水平，甚至远逊于同为金砖国家的印度(单项排名全球第4位)、巴西(第43位)、俄罗斯(第51位)。此项指标全球最佳的经济体为哈萨克斯坦，得分85分。

2 唯一进行针对性调整的是《上海证券交易所股票上市规则》，修订了两处，下文将述及。

3 2012年，俄罗斯世界银行营商环境全球排名为第124位。当年5月，俄罗斯总统普京签署总统令，特别规定，到2017年，俄罗斯的世界银行排名要上升至全球前20位，其中一项重要举措是起草和修订法律。结果在五六年之间，俄罗斯颁布和修订了大量法律，迅速跃升至第35名。2018年则更进一进，提升至第31名。

4 2018年1月23日，中国上市公司市值管理研究中心发布《2017年A股市值年度报告》。根据该报告，中国证券市场的A股市值总规模创出历史新高，达到56.62万亿元，比上一年增长11.85%，连续3年位居全球第2位，相当于近5个印度股市的规模。http://news.163.com/18/0124/09/D8TIBJ0D00018AOQ.html，2018年7月7日访问。

5 2019年4月3日，最高人民法院召开《公司法》司法解释专家论证会，赵旭东教授、朱慈蕴教授、施天涛教授、叶林教授、刘凯湘教授、蒋大兴教授、邓峰教授、李建伟教授、罗培新教授等出席，相关部委法规部门负责人或者经办同志，北京、上海、江苏、浙江、山东与广东的民二庭也派员参加，最高院民二庭庭长林文学、副庭长杨永清、副庭长关丽及相关法官，均悉数出席，这应当是国内公司法领域的最权威阵容了。

定（五）》，自2019年4月29日起施行。此前，中国证监会于4月17日发布了《关于修改〈上市公司章程指引〉的决定》。2019年4月30日，上海证券交易所分别修订了《上海证券交易所股票上市规则》《上海证券交易所科创板股票上市规则》，并于当日起施行。

这些努力，保证了这项指标继续大幅上升36位，在DB2020中，我国排名攀升至全球第28名。

第一节　世界银行方法论

一、问题的提出

“保护少数投资者”这项指标的方法论基础是发表于《金融经济学期刊》2008年第3期的著名文献《自我交易的法律经济学》。[1]

该文开篇即抛出问题：控制公司的人，无论他们是管理者、控股股东，或者是两者兼而有之，都可以利用其权力将公司财富转移给自己，而不与其他投资者分享。这种自我交易的形式包括管理层特权、过度补偿、转移定价、滥用公司机会，以及通过金融交易（如向内部人员定向增发股份或个人贷款）来转移财富，甚至直接盗窃公司资产。[2]针对这些问题，作者设问，法律应该扮演什么角色？其中一种选择是袖手旁观，即单纯依靠市场力量来解决问题。但实际上，任何国家都不会采用这种方法。因为在不受监管的环境下，“拿钱走人”的诱惑过大，股价下跌的压力，根本无法阻遏此种冲动。另一种极端选择是，完全禁止冲突性自我交易，也就是说，公司与其控制者之间的一切交易，法律均予以一体禁止。此种选择虽然极端，但并非没有先例。《现代公司法律原理》一书对此有如下细致的阐述：

1　Simeon Djankov, Rafael La Porta, Florencio Lopez-de-Silanes, Andrei Shleiferd, “The law and economics of self-dealing”, *Journal of Financial Economics*, Issue 3, 2008.

2　Shleifer, A., Vishny, R., “A Survey of Corporate Governance”, *Journal of Finance*, 52, 1997, pp.737–783.

> 从历史早期来看，基于普通法传统，英美法院确实采取了一概否定“自我交易”效力的态度和立场。其基本考量为，董事是公司的代理人或者受托人，对公司和股东负有忠实义务；根据代理法（或者信托法）基本法理，代理人（受托人）如果以自己为当事人与被代理人进行交易，存在利益冲突和损害被代理人利益的风险，除非后者事先同意或者事后追认，否则应认定交易无效，即应当一体禁止“自我交易”。[1]

然而，此种选择同样并不足取，因为并非所有的自我交易均有害于公司。而且，在现实生活中，董事、高管与公司的交易势所难免。例如，担任董事或高管的股东对公司的实物出资行为，即为自我交易，完全否定此种自我交易，并不可行。而且，自我交易可能对公司有利无害。例如，董事或高管基于对公司的了解与信任，以优惠条件向公司提供资金或者场所，降低了公司的融资与信息搜寻成本。一概否定此类自我交易反而于公司不利。因此，自20世纪20年代开始，英美公司法均通过成文法放弃了自我交易绝对无效的普通法传统，在数百年的历史演变中，演化成了不同的规制模式。

因而，对于存在潜在巨大利益冲突的自我交易，如何兴利除弊，既保护少数投资者，又避免戕害有利于公司的自我交易，成为世界银行营商环境评估的重要内容。

二、防范自我交易指数的构建

世界银行评估的该项指标，严格遵循了《自我交易的法律经济学》提供的分析框架。该文指出，自我交易并非自身违法，可以运用以下两种方法来加以规制：一种方法是强制私人进行善意行为，包括运用广泛的披露、交易的

---

1 绝对禁止自我交易的典型案例是*Aberden Railway Co v. Blaikie Bros*（1853）。该案的基本案情是，某公司与某合伙组织签订了合同，而该公司的一名董事是该合伙组织的合伙人，尽管该合同条款非常公平，但法院仍在公司的要求下撤销了该合同。Cranworth L. C. 法官阐明了判决的理由：“公司法人只能通过代理人行事，那么代理人在代表公司开展事务时，当然有责任尽最大努力促进公司利益。此类代理人向其委托人承担具有信托人义务性质的义务。一个普遍适用的规则是，必须履行此类职责的人，无一能够达成以下安排：在该项安排中，他本人拥有，或者可以拥有与其有义务保护的主体的利益相冲突，或者可能相冲突的个人利益……该项原则是如此严格，以至于不允许任何人质疑以这种方式签订的合同的公允性。”参见［英］维斯、莎拉·沃辛顿：《现代公司法原理》（第九版），罗培新等译，2016年版，第544页。

审批程序，以及质疑自我交易时的私人诉讼等。这种方式的要义是，政府超越了自由放任政策，规制了合同框架，将强制执行权留给了私人团体。另一种方法则是依靠公共执法，包括对自我交易行为人进行罚款以及判处刑期，即以公权力对不法行为施加违法成本，从而达到阻遏违法的效果。

该文的最大贡献在于，构建了一个强化小股东保护以防范控股股东自我交易的指数（即反自我交易指数），从而解决了法律应该如何处理公司自我交易的难题。该文以一个程式化自我交易为例，衡量控股股东从这笔交易中成功脱身所必须跨越的障碍。障碍越高，反自我交易指数就越高。[1]在这篇文章中，作者假设了一种董事自我交易的情形（详见下文），然后请来自102个国家的Lex Mundi律师联盟的成员，[2]详细描述每个国家的法律体系是如何监管此类交易的。在对受访者的答案进行处理之后，作者进行了后续的电话会议，要求受访者说明并确认相关编码数据。文章的最终样本是以确认了数据有效性的72名受访者的答案为基础的。在2003年，该样本中的国家的证券市场市值占全球总市值的99.3%。根据Lex Mundi律师联盟提供的答案，文章构建了多维度的计算自我交易监管强度的方法，并且将公共执法与私人执法一体涵盖。

图6-1显示了两家公司间的程式化交易，交易细节如下：詹姆斯先生拥有卖方公司90%的股份和买方公司60%的股份。买方是一家上市公司，詹姆斯是买方的董事，此外，在买方的5人董事会中，詹姆斯任命了其中2名董事。卖家则经营着零售五金连锁店，最近关闭了很多店铺。因此，卖方的车队中有一些卡车成为闲置资产。詹姆斯提议买方支付相当于其自身资产10%的现金，来购入卖方的闲置卡车。詹姆斯认为，买方可以使用这些额外的卡车来扩大销售。在这笔交易中，所有必要的审批以及强制披露程序都已经完成。如果允许詹姆斯投票，那么詹姆斯将投下决定性的一票来支持这笔交易。詹姆斯拥有交易双方的股份，而且，如果买方购入了卖方的卡车，詹姆斯就能从中获益。根据实际情况测算，买方转移至卖方的100美元的财富，将使詹姆斯在买方的股份价值降低60美元，然而其在卖方的股份价值则会增加90

1 当然，这种方法的局限性可能在于，纸面的法律并不能反映完整的法律环境，执法实践同样很重要，甚至更为重要。

2 Lex Mundi是一个由来自世界不同国家和地区的160家律师事务所组成的国际性律师民间组织，该组织的成立旨在促进各地区间律师的业务合作与交流，其成员遍布全球108个国家。

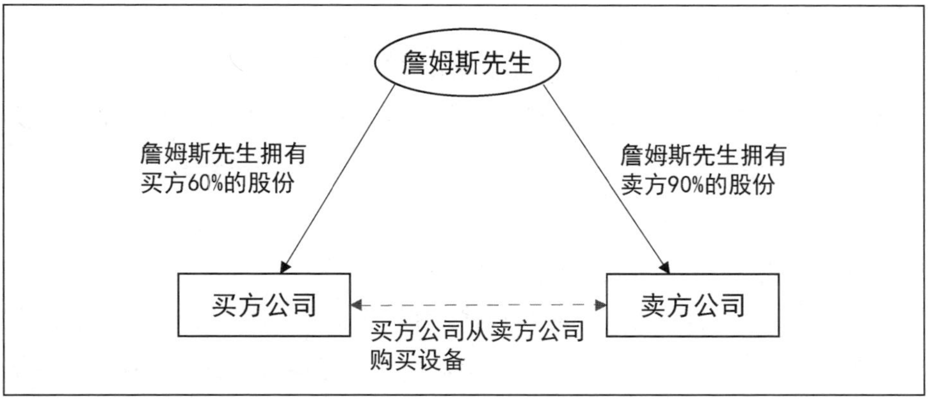

图6-1　詹姆斯的利益冲突交易

美元。尽管詹姆斯所提议的这一交易或许具有某一商业目的，但其本人在这一交易中，显然存在极大的利益冲突。

值得关注的是，下文将提及，世界银行营商环境问卷的题设，沿用了该文的程式化案例。其题设与该文几乎分毫不差。DB2019的问卷假设如下：

1. 买方是一家股份公司。该公司并非国有，发行的股票能够公开交易，上市地点是你所在国家最大的证券交易场所（针对中国的问卷，则为上海证券交易所）。如果你所在国家没有证券交易所，或者如果证券交易所中活跃交易的公司不超过10家，请假设买方是一家拥有众多股东的股份公司。

2. 买方没有遵循任何准则、指引、最佳实践及示范章程，除非它们是强制性规定，其公司章程及细则的具体规定，也未超出所适用法律的最低要求。

3. 詹姆斯先生持有买方60%的股份，是买方董事会（或管理委员会）中的成员。董事会（或管理委员会）共有5名成员，其中2名由詹姆斯任命。詹姆斯既不是公司的首席执行官，也不是董事长。

4. 詹姆斯先生持有卖方90%的股权。卖方经营零售连锁店。由于财务危机，卖方关闭了大量门店，并闲置了许多卡车。

5. 詹姆斯先生提议，由买方购买卖方未使用过的卡车，以扩张买方产品的销售范围。买方同意并达成交易。

6. 该交易履行了必须的批准程序，以及强制性信息披露义务。买方向卖方支付现金以获得卡车，金额为买方资产的10%。

7. 该交易是买方日常经营过程中的一部分，并未超越权限（也即并未在买方的权力或授权经营范围之外)。

8. 之后,股东发现卡车的交易价格高于市场价值。因而,该交易对买方造成了损害。买方的股东想要对詹姆斯先生和所有投票支持交易的董事会成员提起诉讼。

三、反自我交易指数的变量及赋值

如前所述,世界银行营商环境评估“保护少数投资者”的指标设定,遵循着《自我交易的法律经济学》的方法论。作者将衡量反自我交易强度的变量分为“私人执法”与“公共执法”两类,前者又分为“事前私人控制”与“事后私人控制”两个类别,每一类别包括若干变量,大量的变量采取了梯状赋值的形式。如后文所示,世界银行问卷的设计,也采取了此种模式。

表6-1　变量的描述

变量	详细描述
1. 私人执法	
1.1 私人执法:自我交易的事前私人控制	
经无利害关系的股东批准	如果交易必须经无利害关系股东批准,则为1;否则为0。
买方进行披露	在交易被批准之前,买方所必须达到的披露指数。范围从0到1不等。以下每一项披露都占比1/3:(1) 詹姆斯拥有买方60%的股份;(2) 詹姆斯拥有卖方90%的股份;(3) 所有重大事实或下列三项:(a) 资产描述,(b) 希望的产品种类和数量,以及(c) 对价格的解释。
詹姆斯进行披露	在交易被批准之前,詹姆斯所必须达到的披露指数。范围从0到1不等。如果不需要披露,则为0。如果只需披露利益冲突的存在,而不要求披露细节,那么就为1/2。如果所有实质性事实都必须被披露,则为1。
独立审查	在交易被批准之前,如果需要进行积极的审查(如由财务专家或独立审计师进行),则为1;否则为0。
事前披露	前三者变量的平均值。
自我交易的事前私人控制	自我交易的事前控制指数。无利害关系股东的批准与事前披露的平均值。
主要素——事先	第一主要素:(1) 无利害关系股东的批准;(2) 买方进行披露;(3) 詹姆斯进行披露;(4) 独立审查。

（续表）

变量	详细描述
1.2 私人执法：自我交易的事后私人控制	
定期文件的披露	定期文件（如年度报告）所需要达到的披露指数。范围从0到1不等。以下每一项披露都占比1/5：（1）詹姆斯拥有买方60%的股份；（2）詹姆斯拥有卖方90%的股份；（3）詹姆斯直接持有的股份（即通过代理人账户、信托、经纪公司或银行持有和（或）管理的股份）；（4）詹姆斯间接持有的股份（如通过子公司或控股公司）；（5）交易相关的所有重大事实或下列三项：（a）资产描述；（b）希望的交易种类和数量；（c）对价格的解释。
起诉权	如果10%的股东因该自我交易遭受损失，其有权对詹姆斯或批准机构或两者提起派生诉讼，则为1；否则为0。
撤销	撤销交易的难易指数。范围从0到1不等。如果交易不可撤销，或者只有当存在恶意或交易不合理或造成严重损害时才可撤销的，则为0。当交易是受人胁迫或对己不利时可撤销的，则为1/2。当交易不公平或涉及利益冲突时就可撤销的，则为1。
詹姆斯民事责任的减轻	范围从0到1不等。当有利害关系的董事不需承担责任或者只有在恶意、故意或重大过失时才承担责任的，等于0。当有利害关系的董事需对批准干预或疏忽行为负责的，则为1/2。当有利害关系的董事需对不公平、胁迫或不利交易负责的，则为1。
批准机构民事责任的减轻	范围从0到1不等。当批准机构的工作人员不需要承担责任或者只有在故意、恶意或重大过失时才承担责任的，等于0。当批准机构的工作人员需对其过失行为负责的，则为1/2。当批准机构的工作人员需对不公平、胁迫或不利交易负责的，则为1。
取证	范围从0到1不等。以下每一项各占比1/4：（1）持有不少于10%股份的股东可以要求法院指定一名检查员检查买方的业务；（2）原告可以要求被告提供与本案相关的任何文件（无须详细说明是哪些文件）；（3）原告可以未经法院事先批准，而对被告进行检查；（4）原告可以未经法院批准，而对非当事人进行检查。以下每一项各占比1/8：（1）只有事先得到法院批准，原告才可对被告进行检查；（2）只有事先得到法院批准，原告才可直接检查非当事人。
违法行为证明的便利程度	前五者变量的平均值。
自我交易的事后私人控制	自我交易事后控制指数。定期文件披露和减轻的平均值。范围从0到1不等。

（续表）

变量	详细描述
主要素——事后	第一主要素：(1) 定期文件披露指数中的每一个要素；(2) 起诉权；(3) 撤销；(4) 詹姆斯责任的减轻；(5) 批准机构责任的减轻；(6) 取证。
1.3 私人执法：反自我交易指数	
反自我交易指数	自我交易事前私人控制与事后私人控制的平均值。
主要素——全部	第一主要素：(1) 无利害关系股东的批准；(2) 买方进行披露；(3) 詹姆斯进行披露；(4) 独立审查；(5) 定期文件披露指数中的每一个要素；(6) 起诉权；(7) 撤销；(8) 詹姆斯民事责任的减轻；(9) 审批机构民事责任的减轻；(10) 取证。
2. 公共执法	
对审批机构的罚款	即使所有披露和审批要求都得到满足，也可对批准机构进行罚款的，则为1；否则为0。
批准机构的刑期	所有的披露和批准要求都得到满足时，批准机构工作人员的最长刑期。
对詹姆斯的罚款	即使所有披露和批准要求都得到满足，也可对詹姆斯进行罚款的，则为1；否则为0。
詹姆斯的刑期	所有的披露和批准要求都得到满足时，詹姆斯的最长刑期。
公共执法指数	所有的披露和批准要求都得到满足时的公共执行指数。范围从0到1不等。以下每一制裁措施可行时，各是1/4：(1) 对审批机构的罚款；(2) 对审批机构判处刑罚；(3) 对詹姆斯的罚款；(4) 对詹姆斯判处监禁。
詹姆斯不进行披露时的刑期	CEO（也就是詹姆斯的儿子）在未经董事会或股东大会同意时进行该交易的，詹姆斯的最长刑期。此外，詹姆斯和CEO均未披露该利益冲突。

在前表中，作者将反自我交易归纳为两个指标：自我交易的私人控制指数、公共执法指数。为了衡量私人控制的作用，文章跟踪了买方购入卖方的卡车之前法律所规定的披露和审批要求，以及在决定交易之后需立即披露的信息。文章认为，即便经过了适当的审批与披露，交易也可能会损害到买方，仍然可能需要诉讼以获得赔偿。因而，即使所有的披露和审批要求都得到满足，但如果交易损害了买方利益，该指标体系仍会去追踪小股东通过法院获得赔偿的便利程度。影响原告胜诉率的因素，包括责任标准以及要求获得证

据的权利。除了衡量私人执法外，该指标还通过追踪可能适用于詹姆斯及交易审批者的罚款与刑事制裁，来对公共执法进行衡量。

法律能够规制的首个领域是审批程序。对于存在利益冲突的自我交易，究竟由谁来批准？无利害关系的股东、首席执行官、董事会（买卖双方的董事会均由詹姆斯控制），抑或是控股股东参与投票的股东大会？这一案件事实的一个重要假设是，只要法律允许，所有相关方（即控股股东、首席执行官和有利害关系的董事）都会投票支持这笔交易，即使这样做可能会使他们面临更大的诉讼风险。文章假定，交易必须获得无利害关系的股东批准，这是最有利于保护少数股东利益的。

第二节　世界银行评估标准的定义与假设

《营商环境报告》用一组指标衡量在利益冲突的情况下少数持股者受到的保护，用另一组指标衡量在公司治理结构中股份持有人的权利。数据来自对公司法和证券法律师的调查，并以证券监管规则、公司法、民事诉讼法以及法庭的证据规则为依据。少数投资者保护力度指数的排名由它们的前沿水平距离分数排序决定。这些分数是对利益冲突规范的指数和股份所有人在公司治理结构中的治理指数的综合前沿水平距离分数。

一、“纠纷调解指数”对企业的假设

1. 企业是一家在经济体最重要的股票交易所公开上市的公司。如果在该个交易所公开上市的公司不到10家，或者该经济体没有股票交易所，买方则被假设为一家有多个股东的大型私营公司。

2. 企业有一个董事会和一名在允许的情况下可以依法代表买方公司的首席执行官，即使法律对这一点没有明确的要求。

3. 企业设有监事会（适用于董事会两层制的经济体），其中60%的股东选举产生成员由詹姆斯先生任命。詹姆斯先生是买方公司的拥有控制权的持股人，并且是买方公司的董事会成员。

4. 企业没有制定任何超越最低要求的实施细则或章程。没有遵循任何非强制性法律、守则、推荐性或指导性文件。

5. 企业是一家拥有自己分销网络的制造业企业。

二、“纠纷调解指数”对交易的假设

1. 詹姆斯拥有买方公司60%的股票。他推选了买方公司5名董事会成员当中的2位。

2. 詹姆斯还拥有卖方公司90%的股票，卖方是一家硬件零售连锁店，并在近期内关闭了大量的店面。

3. 詹姆斯提议买方公司购买卖方公司不用的卡车车队，以扩大自身的食品配送。买方公司同意了这个提议。拟议价格相当于买方公司资产的10%并且高于市场价值。

4. 提出的这项交易是公司正常业务的一部分，也没有超出公司的授权范围。

5. 买方进行了交易。买方得到了所有要求的批准，进行了所有要求的披露（即这笔交易不是欺诈）。

6. 这笔交易损害了买方公司的利益。股东们对詹姆斯先生和批准此交易的其他各方提起诉讼。

三、“股东治理指数”对企业的假设

1. 该企业（买方）是一家在经济体最重要的股票交易所公开上市的公司。如果该经济体没有股票交易所，买方则是一家有多个股东的大型私营公司。

2. 在10个问题中，对于企业的假设是建立在“假设买方是一家有限公司”上的。买方是一家有限责任公司或者具有同等职能的公司（即一种不同的、更简的，且不能向公众发行股份的公司形式）。

第三节 世界银行评估的指标

一、“保护少数投资者”的二级指标

“保护少数投资者”指标拥有2个二级指标，即“纠纷调解指数”与“股东治理指数”。

“纠纷调解指数”衡量利益冲突的调控能力，使少数股东不受董事们滥用公司资产为自己牟利的损害而对他们进行保护的力度。该指数将保护投资者分为三个方面：关联方交易的透明度（披露程度指数）、股东对自我交易提起诉讼及问责（董事责任程度指数）以及股东诉讼里获取证据和股东诉讼中的法律费用分担（股东诉讼便利度指数），取“披露程度指数”、“董事责任程度指数”与“股东诉讼便利度指数”3个三级指标的平均值作为评估结果。

“股东治理指数”衡量股东在公司治理中的权利大小，分为三个方面：制定公司重大决策时股东的权利（股东权利指数），用于防止不适当的董事会结构和自我固化的保障措施（所有权和管理控制指数）和对公司所有权、薪酬、审计和财务的透明度（公司透明度指数）。取“股东权利指数”、“所有权和管理控制指数”与“公司透明度指数”3个三级指标的平均值。

表 6–2 "保护少数投资者"二级指标

二级指标	定义	计量方式
纠纷调解指数	衡量利益冲突的调控能力；包括披露程度指数、董事责任程度指数、股东诉讼便利度指数，取三者平均值。	判断题
股东治理指数	衡量股东在公司治理中的权利大小；包括股东权利指数、所有权和管理控制指数、公司透明度指数，取三者平均值。	判断题

二、"保护少数投资者"指标的分值

表 6–3 "保护少数投资者"指标的分值

编号	题目（指标）	分值
1	**纠纷调解指数**	**10**
1.1	**披露程度指数**	**10**
1.1.1	哪些法人主体能够合法批准此交易？	3
1.1.2	是否要求有外部机构，如审计师，在交易发生前进行审核？	1
1.1.3	是否要求詹姆斯向董事会或监事会披露他在交易中涉及自身利益的所有事实？	2
1.1.4	是否要求立即向公众、监管部门或者股东披露交易？	2
1.1.5	是否要求在年度报告中进行披露？	2
1.2	**董事责任程度指数**	**10**
1.2.1	持股比例小于10%的股东原告是否能够因交易给公司造成的损害提起直接或派生诉讼？	1
1.2.2	股东原告是否能够因此项买卖交易给公司带来的损害追究詹姆斯的责任？	2
1.2.3	股东原告是否能够因此项交易给公司带来的损害追究批准主体（首席执行官、董事会成员或监事会成员）的责任？	2
1.2.4	在股东原告成功地实现了权利要求的情况下，詹姆斯是否要为给公司造成的损害负赔偿金？	1
1.2.5	在股东原告成功地实现了权利要求的情况下，詹姆斯是否要退还从交易中得到的收益？	1
1.2.6	在股东原告成功地实现了权利要求的情况下，詹姆斯是否会被解除职务？	1
1.2.7	在股东原告成功地实现了权利要求的情况下，法院是否能够宣布交易无效？	2

（续表）

编号	题目（指标）	分值
1.3	**股东诉讼便利度指数**	**10**
1.3.1	持有公司10%或以下股份的股东是否有权利在提起诉讼之前检查此次交易的文件？	1
1.3.2	审理期间，股东原告可以从被告和证人那里获得什么范围的文件？	3
1.3.3	原告是否可以从被告那里获得某些类别的相关文件而不需要具体指出每一个文件？	1
1.3.4	审理期间，原告是否可以直接质询被告和证人？	2
1.3.5	民事诉讼的举证标准是否低于刑事诉讼？	1
1.3.6	原告是否可以向公司追讨他们的法律费用？	2
2	**股东治理指数**	**10**
2.1	**股东权利指数**	**10**
2.1.1	出售51%及以上的资产是否需要股东同意通过？	1
2.1.2	若股东持有买方股本的10%，是否有权要求召开股东特别大会？	1
2.1.3	买方是否在每次发行新股前取得其股东批准？	1
2.1.4	每次买家发行新股，股东是否会被自动授予优先购买权或认购权？	1
2.1.5	法律是否要求股东批准选举和解雇外聘审计师？	1
2.1.6	更改股票所附的股权时是否必须征得该种股票持有人的同意？	1
2.1.7	如果买方公司是一家有限公司，出售买家51%及以上的资产是否需要股东同意通过？	1
2.1.8	如果买方公司是一家有限公司，若股东持有买方股本的10%，是否有权要求开特别股东大会？	1
2.1.9	如果买方公司是一家有限公司，是否需要所有股东同意才能增加新股东？	1
2.1.10	如果买方公司是一家有限公司，股东在将其股份出售给非股东之前，是否必须先向其他股东表达出售意愿？	1
2.2	**所有权和管理控制指数**	**10**
2.2.1	CEO是否被禁止担任董事会主席？	1
2.2.2	董事会是否必须包括独立并且非公司行政人员的董事会成员？	1
2.2.3	买方股东能否在董事会成员任命期满前无理由地撤销买方的董事会成员？	1
2.2.4	买方是否必须有一个独立的审计委员会？	1
2.2.5	一个潜在的收购者在收购了买方50%的股票后，是否必须向所有的股票持有人发出收购要约？	1

（续表）

编号	题目（指标）	分值
2.2.6	买方在法定最长时限内，是否必须向股东分配已公告的股利？	1
2.2.7	子公司是否被禁止收购其母公司发行的股份？	1
2.2.8	假设买方是一家有限公司，是否存在管理僵局破解机制？	1
2.2.9	假设买方是一家有限公司，一个潜在的收购者在收购了买方50%的股票后，是否必须向所有的股票持有人发出收购要约？	1
2.2.10	假设买方是一家有限公司，买方在法定最长时限内，是否必须向股东分红？	1
2.3	**公司透明度指数**	**10**
2.3.1	买家是否需要公开直接或间接持有5%以上股份的信息？	1
2.3.2	买家是否需要公开董事会成员的其他董事职务信息以及有关其主业的基本信息？	1
2.3.3	买家是否需要公开管理人员的薪酬？	1
2.3.4	在股东大会召开21天前，股东是否收到一份详细的股东大会通告？	1
2.3.5	持有买方公司5%及以上股票的股东是否可以将事项提上股东大会的议程？	1
2.3.6	买方的年度财务报表是否需要由外部审计师审计？	1
2.3.7	审计报告是否必须向公众公开？	1
2.3.8	假设买方公司是一家有限公司，是否至少每年召开一次股东大会？	1
2.3.9	如果买方公司是一家有限公司，持有买方公司5%及以上股票的股东是否可以将事项提上股东大会的议程？	1
2.3.10	如果买方公司是一家比法律规定的标准更大的有限公司，它的年度财务报表是否需要由外部审计师审计？	1

以上指标及假设，可以用一张简表描述如下：

表6-4　世界银行评估“保护少数投资者”指标及案例假设

指标衡量的是什么	案例研究的假设
披露程度指数（0～10）：相关方交易的审批要求；相关方交易的披露要求 **董事责任程度指数（0～10）**：少数股东就不利关联方交易向董事提起诉讼并追究其责任的能力；可采	为了使各个经济体的数据具有可比性，这里对企业和交易做了若干假设。 **企业（买方）**： 是一家在经济体最重要的股票交易所公开上市的公司。如果有不到10家上市公司，或者在该经济体中没有证券交易所，那么假设买方为一个拥有多个股

（续表）

指标衡量的是什么	案例研究的假设
用的法律补救措施（损害赔偿、追缴利润、罚款、监禁、交易取消等） **股东诉讼便利度指数（0～10）：** 查阅公司内部文件；在审判和律师费分摊期间可获取证据 **纠纷调解指数（0～10）：** 披露程度指数、董事责任程度指数以及股东诉讼便利度指数的普通平均值 **股东权利指数（0～10）：** 股东在重大公司决策中的权利和作用 **所有权和管理控制指数（0～10）：** 保护股东不受董事会控制和利益侵占的公司治理与保障 **公司透明度指数（0～10）：** 关于所有权权益比率、薪酬、审计和财务前景的公司透明度 **股东治理指数（0～10）：** 股东权利指数、所有权和管理控制指数以及公司透明度指数的普通平均值 **"保护少数投资者"指标（0～10）：** 纠纷调解指数与股东治理指数的普通平均值	东的大型私有公司。 设有一个董事会和一名在允许的情况下可以依法代表买方公司的首席执行官（CEO），即使法律对这一点没有明确的要求。 设有一个监事会，实行双层董事会制度，且有60%的成员都由詹姆斯先生任命。 未通过高于最低要求的公司章程。不遵循非强制性的规范、原则、建议或指导方针。 是一家拥有自己分销网络的制造业企业。 **交易涉及以下细节：** 詹姆斯先生拥有买方60%的股份，是买方董事会成员，并在买方五人董事会中选出了两名董事。 詹姆斯先生还拥有卖方公司90%的股票，卖方是一家硬件零售连锁店，并在近期内关闭了大量的店面。 詹姆斯先生提议买方公司购买卖方公司不用的卡车车队，以扩大自身的食品配送。买方公司同意了这个提议。价值相当于买方公司资产的10%，并且高于市场价值。 拟议的交易是公司主要活动的一部分，并不超出公司的权限。 买方进行了交易。所有必要的批准都已获得，所有必要的披露都已完成，也就是说，该交易没有涉及欺诈。 该交易对买方造成损害。股东们起诉詹姆斯以及批准这笔交易的高管和董事。

第四节　中国的改革及成效

在世界银行营商环境评估的十项指标中，“保护少数投资者”近年呈现稳步上升趋势，特别是DB2019和DB2020，连续两年取得了迅猛的提升。

一、中国排名迅速提升

表6–5　中国“保护少数投资者”分项指标近六年的得分

二级指标	定义	计量方式	中国（2015）	中国（2016）	中国（2017）	中国（2018）	中国（2019）	中国（2020）
披露程度指数	分值越高，披露程度越大。	0～10	10.0	10.0	10.0	10.0	10.0	10.0
董事责任程度指数	数值越高，董事负的法律责任越大。	0～10	1.0	1.0	1.0	1.0	1.0	4.0
股东诉讼便利度指数	数值越高，股东挑战交易的权力越大。	0～10	4.0	4.0	4.0	4.0	5.0	5.0
股东权利指数	每一个成分的答案为否，得分为0；是，得分为1。	0～10 0～6*	6.0	6.0	6.0	6.0	7.0	5.0
所有权和管理控制指数	每一个成分的答案为否，得分为0；是，得分为1。	0～10 0～7*	3.0	3.0	3.0	3.0	4.0	6.0

（续表）

二级指标	定义	计量方式	中国（2015）	中国（2016）	中国（2017）	中国（2018）	中国（2019）	中国（2020）
公司透明度指数	每一个成分的答案为否，得分为0；是，得分为1。	0～10 0～7*	9.0	9.0	9.0	9.0	9.0	6.0
“保护少数投资者”排名			**132**	**134**	**123**	**119**	**64**	**28**

* 表示DB2020的计量方式。

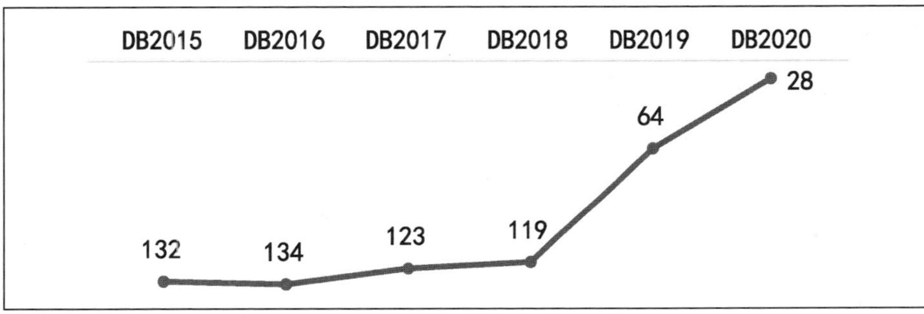

图6-2　中国“保护少数投资者”指标2015—2020年的全球排名

二、DB2019和DB2020中国指标城市评估结果

世界银行报告针对上海与北京详细列明了结果，而且，由于此项指标为国家指标，两个城市的得分与排名完全一致，故只援引上海结果，而不再重复列明北京的结果。

表6-6　DB2020“保护少数投资者”分项指标评估结果

项目	中国	北京	上海	备注
得分	72	72	72	该指标为国家指标，两地得分完全一致。另外，世界银行的方法论似乎有调整，六个二级指标原来均为10分，DB2020则有三个二级指标分值调低。
披露程度指数（0～10）	10	10	10	
董事责任程度指数（0～10）	4	4	4	
股东诉讼便利度指数（0～10）	5	5	5	
股东权利指数（0～6）	5	5	5	
所有权和管理控制指数（0～7）	6	6	6	
公司透明度指数（0～7）	6	6	6	

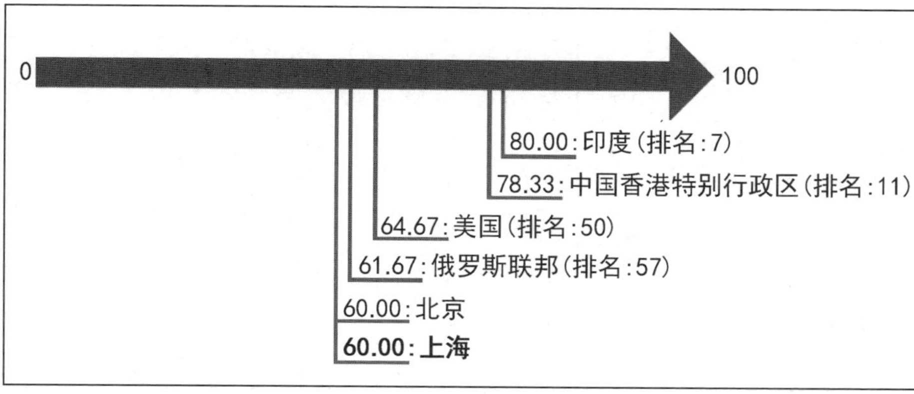

图6-3　上海和可比经济体“保护少数投资者”：排名与得分

注：经济体保护少数投资者力度指数的排名取决于其在保护少数投资者方面的分数排序。这些分数是利益管理指数和股东治理指数的得分的简单平均值。

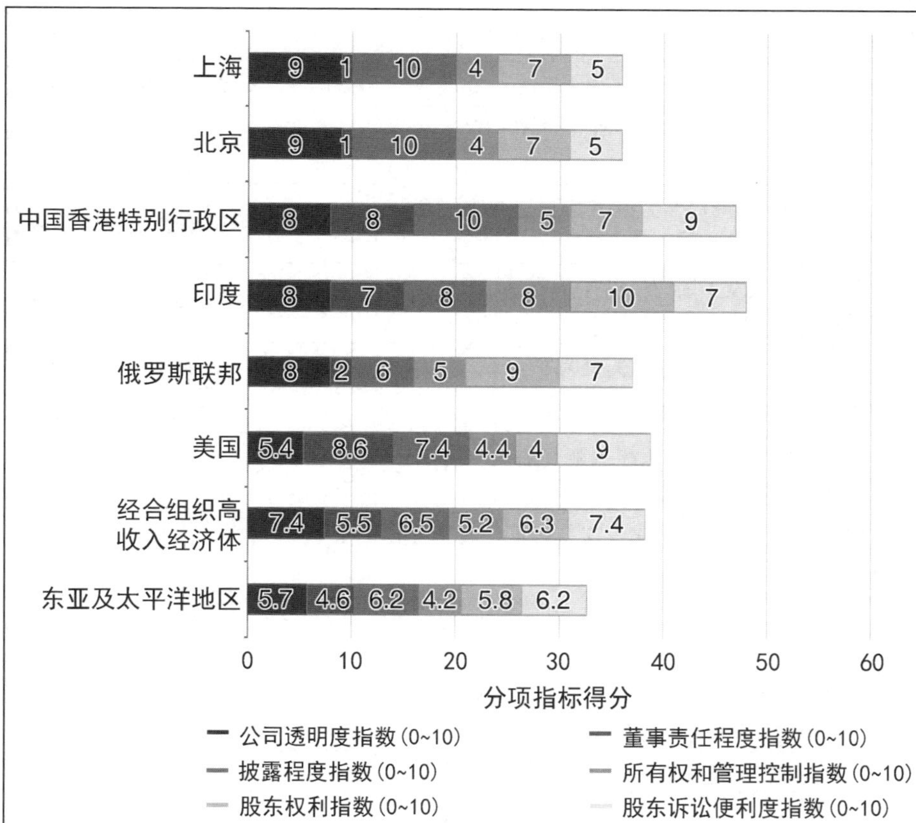

图6-4　上海和可比经济体“保护少数投资者”：水平评估

表6-7　上海DB2019分项指标与前沿经济体的比较

指标	上海	东亚及太平洋地区	经合组织高收入经济体	最佳监管表现
披露程度指数（0～10）	10.0	5.6	6.5	10（13个经济体）
董事责任程度指数（0～10）	1.0	4.9	5.3	10（柬埔寨）
股东诉讼便利度指数（0～10）	5.0	6.7	7.3	10（吉布提）
股东权利指数（0～10）	7.0	5.6	6.4	10（哈萨克斯坦）
所有权和管理控制指数（0～10）	4.0	4.0	5.4	2017/2018年无数据
公司透明度指数（0～10）	9.0	5.3	7.6	10（6个经济体）

表6-8　上海"保护少数投资者"：水平评估（详细信息）

	答案	得分
纠纷调解指数（0～10）		**5.3**
披露程度指数（0～10）		**10.0**
谁的决定足以批准买卖双方的交易？（0～3）	股东，不包括利益相关方	3.0
在交易发生前，是否必须由一个外部机构对交易条款进行审查？（0～1）	是	1.0
詹姆斯是否必须向董事会披露其利益冲突情况？（0～2）	所有重大事实的完全披露	2.0
买方是否必须在定期报告（例如年度报告）中对交易进行披露？（0～2）	交易和利益冲突披露	2.0
买方是否必须立即向公众披露交易？（0～2）	交易和利益冲突披露	2.0
董事责任程度指数（0～10）		**1.0**
持有买方10%股本的股东能否就交易对买方造成的损害提起诉讼？（0～1）	是	1.0
股东能否认定詹姆斯先生对该交易对买方造成的损害负责？（0～2）	不可以	0.0
股东是否认定其他董事就交易对买方造成的损害负责？（0～2）	不可以	0.0
股东成功索赔后，詹姆斯先生是否必须对给买方造成的损失进行赔偿？（0～1）	否	0.0
股东成功索赔后，詹姆斯是否必须偿还这笔交易的利润？（0～1）	否	0.0
股东成功索赔后，詹姆斯先生是否不再具备管理公司的资格？（0～1）	否	0.0

（续表）

	答案	得分
股东成功索赔后，法院是否能判定交易无效？（0～2）	仅在欺诈或恶意的情况下可以	0.0
股东诉讼便利度指数（0～10）		**5.0**
持有买方10%股份的股东是否可以在提起诉讼之前检查此次交易的文件？（0～1）	是	1.0
审理期间，原告是否可以从被告和证人那里获取任何文件？（0～3）	否	0.0
原告是否可以要求被告提供未指定特定类别的文件？（0～1）	否	0.0
审理期间，原告是否可以直接质询被告和证人？（0～2）	是	2.0
民事诉讼要求的举证标准是否低于刑事诉讼？（0～1）	是	1.0
股东原告是否可以向公司追讨他们的法律费用？（0～2）	若成功，则是	1.0
股东治理指数（0～10）		**6.7**
股东权利指数（0～10）		**7.0**
出售51%的买方资产是否需要得到股东批准？	是	1.0
持有买方股本10%的股东，是否可以提议召开股东大会？	是	1.0
买方是否必须在每次发行新股前取得其股东批准？	是	1.0
每次买方发行新股，股东是否会被自动授予优先购买权？	否	0.0
法律是否要求股东批准选举和解雇外聘审计师？	是	1.0
更改股票的股权时是否只需要征得该种股票持有人的同意？	是	1.0
如果买方公司是一家有限公司，出售买方51%的资产是否需要股东同意通过？	否	0.0
如果买方公司是一家有限公司，持有买方股本10%的股东，是否可以提议召开股东大会？	是	1.0
如果买方公司是一家有限公司，是否需要所有或几乎所有股东同意才能增加新股东？	否	0.0
如果买方公司是一家有限公司，股东在将其股份出售给非股东之前，是否必须先向其他股东表达出售意愿？	是	1.0
所有权和管理控制指数（0～10）		**4.0**
首席执行官是否被禁止担任董事会主席？	否	0.0

（续表）

	答案	得分
董事会是否必须包括独立并且非公司行政人员的董事会成员？	是	1.0
股东能否在董事会成员任命期满前无理由地撤销董事会成员？	否	0.0
董事会是否必须包含一个仅由董事会成员组成的独立审计委员会？	是	1.0
一个潜在的收购者在收购了买方50%的股票后，是否必须向所有的股票持有人发出收购要约？	是	1.0
买方是否必须在股息宣布日后的法定最长期限内向股东分红？	是	1.0
子公司是否被禁止收购其母公司发行的股份？	否	0.0
假设买方是一家有限公司，那么买方是否必须有机制来解决成员之间的分歧？	否	0.0
如果买方是一家有限公司，一个潜在的收购者在收购了买方50%的股票后，是否必须向所有的股票持有人发出收购要约？	否	0.0
如果买方是一家有限公司，买方在法定最长时限内，是否必须向股东分红？	否	0.0
公司透明度指数（0～10）		**9.0**
买方是否需要公开直接或间接达到5%所有权股份？	是	1.0
买方是否需要公开董事会成员的其他董事职务信息以及有关其主业的基本信息？	是	1.0
买方是否需要公开管理人员的薪酬？	是	1.0
在股东大会召开21天前，股东是否收到一份详细的股东大会通告？	否	0.0
持有买方公司5%及以上股票的股东是否可以将事项提上股东大会的议程？	是	1.0
买方的年度财务报表是否需要由外部审计师审计？	是	1.0
买方是否必须向公众披露其审计报告？	是	1.0
如果买方公司是一家有限公司，是否至少每年召开一次股东大会？	是	1.0
如果买方公司是一家有限公司，持有买方公司5%及以上股票的股东是否可以将事项提上股东大会的议程？	是	1.0
如果买方公司是一家有限公司，它的年度财务报表是否需要由外部审计师审计？	是	1.0

第五节 “纠纷调解指数”之中国得分评析

如前所述，“纠纷调解指数”衡量利益冲突的调控能力，包括“披露程度指数”、“董事责任程度指数”与“股东诉讼便利度指数”3个三级指标，以下分而述之。

一、披露程度指数

该指数范围从0到10，数值越高，说明披露程度越高。

【问题一】在买方获得卖方的卡车前，由谁对交易做出最终授权？共有五个选项：1. 首席执行官或者执行董事；2. 包括詹姆斯在内的董事会 ；3. 包括詹姆斯在内的股东大会；4. 不包括詹姆斯的董事会；5. 不包括詹姆斯的股东大会。

按照世界银行的评估标准，如果只需首席执行官或者执行董事批准即可，得分为0；如果必须由董事会或者监事会表决但不排除詹姆斯的投票权，得分为1；如果必须由董事会或监事会表决且不允许詹姆斯投票，则得分为2；如果必须由股东会表决而且不允许詹姆斯投票，则得分为3。

从国外立法例来看，关联董事回避表决，属于通例。但哪类事项要经股东会或者董事会表决，则规定各有差异。英国的做法是，根据交易重大程度、交易内容等区分交易类型，分别予以规制，但这经历了一个演变的过程。英国1985年《公司法》第317条还规定，绝对禁止某些特定的自我交易。但

2006年修订《公司法》后，将禁止特定交易的规定修改为经股东批准可以进行。这些特定类型的交易包括：一是重大的财产交易（董事从公司处或者公司从董事处购买或者已经购买了重大的非现金财产，其价值超过100 000英镑或者达到公司净资产的10%以上（只要后者的数额超过5 000英镑））；二是贷款以及类似的交易（小额10 000英镑以下的贷款、促进集团内部财产转让且有利于公司的安排等）；三是影响董事薪酬的决定（即关于董事服务合同的规定）。[1]由此，在英国，根据自我交易内容等的不同，形成了董事会批准和股东会批准"双轨制"。

通过对我国法律体系的梳理，[2]该项自我交易的批准主体，正确的答案是"不包括詹姆斯的股东大会"。故而，我们可以认为，在关联董事、股东回避利益冲突表决的制度设计方面，我国完全符合世界银行的标准。

除了审批之外，该文确立的评价指标还奉行披露规则，其思想基础是美国法学家路易斯·布兰代斯的经典论断——"阳光是最好的消毒剂，灯光是最好的警察。"按照世界银行指标的要求，在交易完成之前，对买方及控股股东的披露程度进行跟踪。[3]而且，在交易获批之前，法律可以要求独立第三方（例如财务专家）对交易进行审查，这同样是一个得分项。文章认为，存疑的交易被公开披露时，它们会受到媒体的批评，[4]或是促使外部股东进行维权行动。[5]因而，世界银行问卷在这方面设计了比较多的问题。

【问题二】在买方获得卖方卡车前，是否必须由外部独立机构对拟交易

---

1 ［英］维斯、莎拉·沃辛顿：《现代公司法原理》（第九版），罗培新等译，2016年版，第544页。

2 我国《公司法》第124条规定，上市公司董事与董事会会议决议事项所涉及的企业有关联关系的，不得对该项决议行使表决权，也不得代理其他董事行使表决权。该董事会会议由过半数的无关联关系董事出席即可举行，董事会会议所作决议须经无关联关系董事过半数通过。出席董事会的无关联关系董事人数不足三人的，应将该事项提交上市公司股东大会审议。《上海证券交易所股票上市规则》（2018年修订）第10.2.2条规定，上市公司股东大会审议关联交易事项时，关联股东应当回避表决。

3 信息披露的实证研究是以反映为股市表现的法律披露要求为中心。早期的实证文献并没有定论（Stigler, 1964; Benston, 1973）。近期研究发现，强制性披露规则与各国更大的股票市场（La Porta, Lopez-de-Silanes, and Shleifer, 2006）以及美国市场的更高估值相关（Greenstone, Oyer, and Vissing-Jorgensen, 2006）。

4 Dyck, A., Zingales, L., "Private Benefits of Control: An International Comparison", *Journal of Finance*, 59, 2004, pp. 537–600.

5 Shleifer, A., Vishny, R., "Large Shareholders and Corporate Control", *Journal of Political Economy*, 94, 1986, pp. 461–488.

条款进行审查（如审计员、技术专家、财务顾问、证券交易所或监管部门）？如果是，由谁实施审查？

按照世界银行的评估标准，如果不要求，得分为0；如果要求，则得分为1。

此题我国应当回答：是。我国法律规定，对于上市公司的关联交易，必须由具有执行证券、期货相关业务资格的证券服务机构，对交易标的出具审计或者评估报告，并将该交易提交股东大会审议。此外，交易所需文件应由有资格的律所准备。[1]

【问题三】在批准交易前，詹姆斯先生必须向董事会披露何种信息？

共有三个选项：1. 不需要；2. 对利益冲突的存在进行一般性披露，但不需要披露细节；3. 全面披露詹姆斯先生在买卖双方交易中存在利益的所有重大事实。

按照世界银行评估标准，如果不要求披露，得分为0；如果选择2，得分为1；如果选择3，得分为2。此题我国当然应当选第3个答案，即全面披露所有重大事实。[2]

与此相关的是【问题四】与【问题五】，均采取“是”或者“否”的选答方式。

【问题四】买方（于交易结束后的72小时内）必须立即向公众、监管部门，或者证券交易所披露哪些交易信息？

1. 对买方购入资产的描述；2. 买方向卖方支付对价的性质和数量；3. 詹姆斯先生对买方的所有者权益和/或董事席位；4. 詹姆斯先生持有卖方90%股份这一事实。

以上4项选择，考察的是上市公司关联交易披露的详尽程度。按照我国的法律，全部都应当选择“是”，即以上事项，均应当披露。[3]

【问题五】买方必须在其年度财务报告中披露哪些交易信息？

共有四个选项：1. 对买方购入资产的描述；2. 买方向卖方支付对价的性

---

1 《上海证券交易所股票上市规则》（2018年修订）第10.2.5条规定，上市公司与关联人发生的交易，除应当及时披露外，还应提供具有执行证券、期货相关业务资格的证券服务机构对交易标的出具的审计或者评估报告，并将该交易提交股东大会审议。

2 参见《上海证券交易所股票上市规则》（2018年修订）第九章和第十章；《上市公司信息披露管理办法》第48和49条；《上海证券交易所上市公司关联交易实施指引》第14条。

3 参见《上海证券交易所上市规则（2018年修订）》第9.13条以及《上市公司信息披露管理办法》第30、31、71条。

质和数量；3. 詹姆斯先生持有买方的股份和/或董事席位；4. 詹姆斯先生持有卖方90%股份这一事实。

同样地，以上选择题，进一步考察上市公司年报中对关联交易的披露程度，按照我国的法律，全部都应当选择“是”。[1]

以上5道题目，构成了二级指标“纠纷调解指数”之下的三级指标“披露程度指数”，共计10分，DB2018与DB2019我国均获得了满分。这表明，我国在信息披露方面的规定，堪称完备。[2]在DB2020中，我国也获得了满分。

二、董事责任程度指数

该指标评估的是“原告股东能否就关联交易给公司造成的损害，追究董事的责任”。该指数范围从0到10，数值越高，说明董事应负的法律责任越大。

如果无法追究有利害关系董事的责任，或仅可就欺诈、恶意或重大疏忽行为追究其责任，则该问题的得分为0分；如果只有在有利害关系董事影响关联交易的批准或存在疏忽时，方可追究其责任，则该问题的得分为1分；如果该交易对股东而言不公平或损害其利益时，即可追究有利害关系董事的责任，则该问题的得分为2分。

案例研究的主要假设条件包括：未发生任何欺诈行为，有利害关系董事遵守法律规定的所有正式要求，以及所有批准和信息披露要求均已得到满足。

【问题六】持有买方10%股份的股东能否就交易给买方造成的损失对詹姆斯先生提起诉讼？

共有四个选项：1. 可以提起派生诉讼；2. 可以提起直接诉讼；3. 都可以；4. 不可以。

正确的答案是“都可以”，也就是说，派生诉讼与直接诉讼都可以提起。[3]DB2018与DB2019我国均得分。在DB2020中，我国也得了分。

【问题七】如果有证据表明存在不公平、利益冲突或者损害，是否足以就

---

1 参见《公开发行证券的公司信息披露内容与格式准则第2号》(2016年修订) 第40、46、53条;《上海证券交易所上市公司关联交易实施指引》第39条。

2 当然，这些规定在实践中的执行情况，并不是世界银行评估的对象，这方面先不予置评。

3 参见《公司法》第20、149、151、152条；《上市公司章程指引》第29、35、36条；《中华人民共和国民事诉讼法》第21—26条。

该交易给公司造成的损失，追究詹姆斯的责任？

世界银行问卷提供了以下四个选项：1. 不能，根据这些事实与假定，不能认定詹姆斯负有责任；2. 不能，还必须证明詹姆斯存在重大过失、欺诈或者恶意；3. 不能，还必须证明詹姆斯存在过失、过错或者影响了董事会的决定；4. 可以。

这是一个梯度责任的题目，按照世界银行指标，如果不能对詹姆斯追究责任或者只能追究他的欺诈、不诚信或重大过失责任，得分为0；如果只有詹姆斯影响了交易的批准或有过失时才能追究其责任，得分为1；如果交易对其他股东不公或造成不利时，能够追究詹姆斯的责任，得分为2。

DB2018与DB2019我国均未得分，因为世界银行回收并采信的结果是选项2，即"还必须证明詹姆斯存在重大过失、欺诈或者恶意，才能追究责任"。世界银行的反馈意见如下：

> 在规范关联交易的相关中国法律框架中，存在两个可行的关联交易批准机制，即董事会(但有利害关系董事除外)批准和股东大会批准。关联交易的批准机构是股东大会时(仅就上市公司而言)，法律禁止有利害关系董事就该交易行使表决权。请注意，对有利害关系董事追责的标准是基于批准机构及是否允许有利害关系股东行使表决权而定。
>
> 具体而言，在中国，《公司法》第124条和《上海证券交易所股票上市规则》第10.2.1条和第10.2.2条规定，上市公司的关联交易由股东大会批准，且有利害关系董事不得行使表决权。[1]因此，在"哪个公司机构能够对关联交易作出法律上充分的批准"这一问题上，中国获得了最高得分。假如该指标的得分标准为关联交易由董事会(但有利害关系董事除外)批准，中国在该问题上将获得3分中的2分。
>
> 《公司法》第148条第5款规定，未经股东会或股东大会同意，董事不得利用职务便利为自己或他人谋取属于公司的商业机会。但是，按照中国境内执业律师的解释，如果关联交易获得股东大会批准，且有利害关系董事未参与批准该交易，有利害关系董事不承担责任。因此，根据《民

---

1 其实，更为精确的表达是，按照《上海证券交易所股票上市规则》(2018年修订) 第10.2.2条规定，上市公司股东大会审议关联交易事项时，关联股东应当回避表决。

法总则》第84条和《公司法》第21、147、148、149、151、152条的规定，只有在有利害关系董事存在欺诈或被认定存在重大过失或恶意行为时，方可追究其责任。

由于保护少数投资者指标案例研究，假设有利害关系董事遵守法律规定的所有信息披露要求，且并未就关联交易行使表决权，因此，除非其存在重大过失、恶意或欺诈行为，否则无法追究其责任。在DB2019中，关于詹姆斯责任的评估结果保持不变。

世界银行的此一解释，可以简单地表述为：根据上交所上市准则，关联交易须经股东大会同意，而詹姆斯作为关联股东，应回避表决；即便该交易仅需董事会同意，詹姆斯也属于关联董事，也应回避表决。总之，詹姆斯未参与表决，没有"利用其关联关系"损害公司和其他股东利益，因而无须承担赔偿责任。

世界银行的逻辑，并非没有道理。我们在向世界银行提供解释性说明材料时，援引了瑞士魏克控股有限公司等与泰州浩普投资有限公司关联交易损害责任纠纷上诉案（江苏省高级人民法院〔2012〕苏商外终字第0049号）。在该案中，法院认为，瑞士魏克公司利用关联交易给公司造成了损失，就应当承担赔偿责任，并没有其他的证明要求。但最终未被采信，或许是因为世界银行题设为上市公司，而该案所涉公司并非上市公司。

然而，在DB2020中，我国此题应当得分。DB2020显示，我国此题的确得了分。原因在于，《最高人民法院关于适用〈中华人民共和国公司法〉若干问题的规定（五）》第1条规定，关联交易损害公司利益，原告公司依据《公司法》第21条规定请求控股股东、实际控制人、董事、监事、高级管理人员赔偿所造成的损失，被告仅以该交易已经履行了信息披露、经股东会或者股东大会同意等法律、行政法规或者公司章程规定的程序为由抗辩的，人民法院不予支持。公司没有提起诉讼的，符合《公司法》第151.1条规定条件的股东，可以依据《公司法》第151.2条、第151.3条规定向人民法院提起诉讼。

以上规则，明确了履行法定程序不能豁免关联交易赔偿责任，从而解决了《公司法》第21条规定的"利用关联关系"的证明责任问题。《公司法》解释还规定，符合条件的股东可以提起代表诉讼，请求对关联交易中相关合同确认无效与撤销，为中小股东提供了追究关联人责任提供了法律依据。

【问题八】如果有证据表明存在不公平、利益冲突或者损害，是否足以就该交易给公司造成的损失，追究董事会其他成员的责任？

世界银行评估指标显示：1. 如果无法追究其他董事的责任，得分为0；2. 仅可就欺诈、恶意或重大过失行为追究其责任，则得分为0；3. 如果可以追求其他董事的疏忽责任，则得分为1；4. 如果该交易对其他股东而言不公平或损害其利益时，可追究其他董事的责任，则得分为2。

此题考察的是追究董事责任的便利程度。DB2018与DB2019我国均未得分，因为世界银行数据采集的结果是，只有董事存在欺诈、不诚信或重大过失时，才能够追究其责任。世界银行的解释如下：

> 如前所述，在中国，符合保护少数投资者指标案例研究假设条件的关联交易将由股东大会批准。根据《公司法》第112条的规定，违法或违反决议是导致董事承担责任的前提条件。因此，按照法律专家的解释，在未发生违反法律和决议的行为，且法律规定的正式要求已得到满足的情况下，股东追究其他董事责任的可能性不大。所以，就关联交易向其他董事追责的标准很高，并且需要有证明存在欺诈、恶意或重大疏忽行为的证据。在DB2019中，关于其他董事责任的评估结果保持不变。

笔者认为，世界银行可能存在一定的误解，此题的解答如下：其一，在我国，虽然关联交易最终由股东大会批准，但董事会必须先行作出决议，以议案的方式将关联交易提交股东大会表决，因而董事会也要承担相应的法律责任。其二，我国《公司法》第147条规定，董事、监事、高级管理人员应当遵守法律、行政法规和公司章程，对公司负有忠实义务和勤勉义务。这里的勤勉义务，要求董事在“知情”(informed)的情况下进行投票。买方以高于市场价值10%的价格买入卖方的车辆，投赞成票的董事将可能被认定为违背了勤勉义务，从而违反了法律规定。其三，《公司法》第149条明确规定，董事、监事、高级管理人员执行公司职务时违反法律、行政法规或者公司章程的规定，给公司造成损失的，应当承担赔偿责任。其四，第152条赋予股东直接诉权，即“董事、高级管理人员违反法律、行政法规或者公司章程的规定，损害股东利益的，股东可以向人民法院提起诉讼”，第151条还规定了股东派生诉权。

另外，正如前述，根据《最高人民法院关于适用〈中华人民共和国公司法〉若干问题的规定（五）》第1条，只要关联交易损害了公司利益，董事即要承担责任，除非董事对此项交易投了反对票。

因而，正确的回答是，尽管该项交易经过了董事会决议（提交议案）和股东大会最终批准（就董事会议案进行表决），但因为关联董事之外的其他董事违背了勤勉义务，疏忽大意，给公司造成了损失。根据《公司法》第149条的规定，应当承担赔偿责任。当然，经证明在表决时曾表明异议并记载于会议记录的，该董事可以免除责任。故而，答案应当是3，即可以追究其他董事的疏忽责任。因而，在DB2020中，此题我国应当得分。然而，DB2020显示，我国此题仍然未能得分。

【问题九】若股东在对詹姆斯先生提起的诉讼中胜诉，能够获得哪些救济？

世界银行提供了三个小选项：1. 詹姆斯能否对给公司造成的损害负赔偿责任。否，得分为0；是，得分为1。2. 詹姆斯是否返还从交易中获得的收益。否，得分为0；是，得分为1。3. 詹姆斯是否会被解除职务。否，得分为0；是，即意味着在一年及更长的时间内，他不能在任何公司担任管理职位，得分为1。

DB2018与DB2019我国均未得分。世界银行的解释如下：

> 对于“在原告股东胜诉后，有利害关系董事是否要就给公司造成的损害，支付损害赔偿金”这一问题，如果回答是否定的，则得分为0；如果回答是肯定的，则得分为1。请注意，该指标所用的评估该问题的方法视上文所列的责任标准而定。如果在保护少数投资者指标案例假定条件下，无法追究有利害关系董事的责任，则相关经济体在该问题上无任何得分。因此，在DB2019中，关于损害赔偿金的评估结果将保持不变。

世界银行的逻辑是，根据《上海证券交易所股票上市规则》第10.2.1条、第10.2.2条，既然詹姆斯作为控股股东和利害关系董事，回避了董事会（对交联交易议案）的表决和股东大会（对关联交易的最终）表决，就不应当被追究相关责任。

根据《最高人民法院关于适用〈中华人民共和国公司法〉若干问题的规

定(五)》第1条,只要关联交易损害了公司利益,公司或者股东提起诉讼,詹姆斯仅以该交易已经履行了信息披露、经股东会或者股东大会同意等法律、行政法规或者公司章程规定的程序为由抗辩的,人民法院不予支持。也就是说,詹姆斯作为控股股东和利害关系董事,被施加了加重责任。在DB2020中,此题我国应当得分。DB2020显示,我国此题的确得了分。

解决了"承担责任"这一前提,才能进入"救济手段"这一后续问题,即詹姆斯是否应"返还收益",是否会被"解除职务"。对于这些问题,DB2018与DB2019均未给中国得分,其解释如下:

> 关于可供股东利用的救济,该指标衡量能否取消有利害关系董事一年或多年内在任何公司担任管理职务的资格。如果在股东胜诉后,可以取消有利害关系董事詹姆斯先生担任管理职务的资格,则这一问题的得分为1;如果前述救济不可用,则得分为0。只有在该指标的案例研究所述的情形下,上述救济可利用,该方法才承认有利害关系董事被取消任何管理职务任职资格。由于中国在衡量"在保护少数投资者指标案例研究假定条件下,能否对有利害关系董事追责"这一问题上没有得分,因此在衡量可利用救济(包括取消管理职务任职资格)的问题上也没有得分。此外,请注意,《证券法》第233条、《公司法》第146条、《上海证券交易所股票上市规则》第17.3条和《证券交易所管理办法》第64条均要求以存在违法行为作为适用前提。鉴于在保护少数投资者指标案例研究假设条件下,如果有利害关系董事符合法律规定和任何形式要求,则在此种情形下,股东不可利用取消管理职务任职资格的救济。因此,在DB2019中,关于该问题的评估结果保持不变。

看来,要获得得分,必须让詹姆斯承担法律责任。只有解决此一前提,方能衔接以下相关市场禁入的处罚规则。而这一前提,最高院的司法解释已经解决。

《上海证券交易所股票上市规则》第17.3条规定,上市公司董事、监事、高级管理人员违反本规则或者向本所作出的承诺,本所可以视情节轻重给予以下惩戒:……公开认定其三年以上不适合担任上市公司董事、监事、高级管理人员。另外，我国《刑法》第169条之一“背信损害上市公司罪”规定，上市公司的董事、监事、高级管理人员违背对公司的忠实义务，利用职务便利，操纵上市公司，以明显不公平的条件，提供或者接受资金、商品、服务或者其他资产的，致使上市公司利益遭受重大损失的，处三年以下有期徒刑或者拘役，并处或者单处罚金……

【问题十】若不公平、利益冲突或损害得到证明，是否足以使交易无效/撤销交易？

世界银行问卷提供了以下选项：1. 根据该假定和事实，不可以；2. 不可以，还必须证明交易是重大过失、欺诈或者恶意的结果；3. 不可以，还必须证明该交易是过失或错误的结果；4. 可以。

此题DB2018与DB2019我国均未能得分。对此，世界银行的解释是：

> 该指标衡量股东胜诉后，法院能否认定关联交易无效。如果只有在合同系因欺诈、恶意或重大过失而缔结的情形下，该交易方可撤销，则这一问题的得分为0；如果在合同系因过失或过错而缔结的情形下，可撤销该交易，则得分为1；如果由于合同对其他股东而言不公平或损害其利益，可以撤销该交易，则得分为2。
>
> 根据《合同法》第52条的规定，一方以欺诈、胁迫或恶意串通方式订立合同，或合同的订立违反法律和行政法规的强制性规定的，法院可认定合同无效。由于按照保护少数投资者指标案例研究的假设条件，公司签订的合同是有效的，因为未发生欺诈或违法行为，因此，法院无法根据股东的诉讼请求撤销该关联交易。此项条件也适用于上文所述其他规定，因为其均要求以存在违法行为作为适用前提。此外，与“保护少数投资者”指标案例研究不同的是，在前述案例（北京市高级人民法院民事判决书〔2018〕民一终字第49号）中，存在违反审批程序的情形，因此法院认定协议无效。所以，在中国法律制度下，违反法律或行政法规，存在欺诈、恶意串通或胁迫是合同被撤销的理由。因此，合同的撤销标准很高，只有在合同因重大过失、恶意或欺诈而达成的情况下，方有可能被撤销。综上，在DB2019中，关于该问题的评估结果保持不变。

此题的题设是，关联交易履行了披露和批准程序，表面合法，但因为交易价格高于市场价值，从而面临挑战。根据我国《公司法》的规定，主张该交易无效的理由，必须是决议内容违反法律、行政法规的规定，[1]主张可撤销的理由，则是会议的召集程序、表决方式违反法律、行政法规或者公司章程，或者决议内容违反公司章程。[2]因而，援引《公司法》主张交易无效或可撤销，比较牵强。

在这种情况下，股东可以选择根据《合同法》诉请法院撤销合同。《合同法》第54条规定：下列合同，当事人一方有权请求人民法院或者冲裁机构变更或者撤销：……（二）在订立合同时显失公平的。因此，即使詹姆斯的交易行为合法，股东也有权根据《合同法》的规定，主张撤销显失公平的合同。此题应获肯定回答，应当选4，即可以主张交易可撤销。司法实践中，卢伟、宜昌山水投资有限公司公司决议效力确认纠纷再审案（湖北省高级人民法院〔2017〕鄂民再57号）提供了支撑。在该案中，法院认定，山水投资公司的股东会决议是大股东利用其优势地位而作出，损害了公司利益，进而侵害了小股东利益，最终宣判股东会决议无效。《最高人民法院关于适用〈中华人民共和国公司法〉若干问题的规定（五）》第2条也重申了此种诉权。该条规定，关联交易合同存在无效或者可撤销情形，公司没有起诉合同相对方的，符合《公司法》第151.1条规定条件的股东，可以依据《公司法》第151.2条、第151.3条规定向人民法院提起诉讼。

由于向世界银行专家解释颇费周折，且世界银行评估要求法律标准明晰易懂，建议修订《公司法》，将第22.2条“股东会或者股东大会、董事会的会议召集程序、表决方式违反法律、行政法规或者公司章程，或者决议内容违反公司章程的，股东可以自决议作出之日起六十日内，请求人民法院撤销”修改为“股东会或者股东大会、董事会的会议召集程序、表决方式违反法律、行政法规或者公司章程，或者决议内容违反公司章程，**或者议决事项显失公**

---

1 我国《公司法》第22.1条规定，公司股东会或者股东大会、董事会的决议内容违反法律、行政法规的无效。

2 我国《公司法》第22.2条规定，股东会或者股东大会、董事会的会议召集程序、表决方式违反法律、行政法规或者公司章程，或者决议内容违反公司章程的，股东可以自决议作出之日起六十日内，请求人民法院撤销。

平、损害股东利益的，股东可以自决议作出之日起六十日内，请求人民法院撤销”。然而，世界银行认为，根据我国《合同法》第54条，合同的撤销标准很高，只有在合同因重大过失、恶意或欺诈而达成的情况下，方有可能被撤销。在DB2020中，我国此题没有得分。

以上为“董事责任程度指数”的内容，在总分10分中，DB2018与DB2019我国均仅得1分。一方面是因为我国的法律表述不够清晰，需要做大量的体系性解释才能使世界银行理解，建议做相应调整，直接作出明晰的规定。另一方面，则是因为存在大量的误判误答，世界银行核验数据也不够严谨，存在着一定的偏差。《最高人民法院关于适用〈中华人民共和国公司法〉若干问题的规定（五）》的出台，解决了关联人承担责任的问题，在DB2020中，我国提升了3分，获得了4分。

三、股东诉讼便利度指数

该指标同样采取0～10分这一梯状赋值的方式，分值越高，说明诉讼越便利。

【问题十一】在由股东提起的民事诉讼中，若要判定被告须承担责任，法院必须达到何种证明标准或确信程度（如排除合理怀疑、清楚且令人确信的证明、内心确信、优势证据、可能性之权衡）？

对于民事诉讼，根据《最高人民法院关于民事诉讼证据的若干规定》第63条的规定，人民法院应当以证据能够证明的案件事实为依据依法作出裁判，也就是说，法院必须确信事实具有证据的支撑。

对于刑事诉讼，根据《中华人民共和国刑事诉讼法》第195条的规定，只有在案件事实清楚，证据确实、充分的情况下，才能作出有罪判决，也就是说，必须排除合理怀疑。

【问题十二】在提起诉讼前，持有公司10%股份的股东能否获得企业内部文件，如与买方购买卡车有关的董事会会议纪要、合同和购买协议？

答案选项为：1. 是的，可以直接获取；2. 是的，可以通过政府指定的检查员获取；3. 是的，可以直接获取，也可以通过检查员获取；4. 不可以。

此题考察的是股东的知情权，我国应选1。我国《公司法》第33条（适用于有限责任公司）、第97条（适用于股份有限公司，吻合本题）有相应的规定。

【问题十三】在民事审判中，原告可以请求法官从被告处收集哪些信息？在民事审判中，原告可以请求法官从不合作的证人处收集哪些信息？

以上两道题目，答案的选项均为：1. 原告有权独立（也就是根据公司法或者其他法律）获取的信息；2. 被告表明其答辩所要依赖的信息；3. 能够直接证明原告诉请中具体事实的信息；4. 与诉请有关的任何信息；5. 能够揭示相关信息的任何信息。

以上两题，我国DB2018与DB2019均未得分，原因是受访者回答"不可获取"，世界银行也认可了此种答案，其解释如下：

> 在该问题的评估方法中，"可获取"一词是指如果申请方符合法律规定的申请条件，则其不但有权提出申请，而且有权获得所申请的证据。
>
> 《民事诉讼法》第64条规定，当事人对自己提出的主张，有责任提供证据。当事人及其诉讼代理人因客观原因不能自行收集的证据，或者人民法院认为审理案件需要的证据，人民法院应当调查收集。《最高人民法院关于民事诉讼证据的若干规定》第17条规定，符合下列条件之一的，当事人及其诉讼代理人可以申请人民法院调查收集证据：（1）申请调查收集的证据属于国家有关部门保存并须人民法院依职权调取的档案材料；（2）涉及国家秘密、商业秘密、个人隐私的材料；（3）当事人及其诉讼代理人确因客观原因不能自行收集的其他材料。此外，《最高人民法院关于适用〈中华人民共和国民事诉讼法〉的解释》第112条同样规定，书证在对方当事人控制之下的，承担举证证明责任的当事人可以在举证期限届满前书面申请人民法院责令对方当事人提交。申请理由成立的，人民法院应当责令对方当事人提交。鉴于以上所述，按照法律规定，诉讼当事方无权自行获取与案件有关的证据，该等证据收集申请由法庭自行决定是否予以批准。具体而言，法庭可自行决定要求任何一方诉讼当事人提供特定证据，但是其并非一定会满足当事方的申请。因此，在DB2019中，关于该问题的评估结果保持不变。
>
> 请注意，《民事诉讼法》第95条涉及调解事宜，并不在该问题所衡量的事项范围之内。此外，根据《最高人民法院关于民事诉讼证据的若干规定》第7条的规定，法院可能会根据公平原则和诚实信用原则，在当事

人之间分配举证责任。由于该问题和该指标均不衡量举证责任，因此举证责任不在该指标的评估范围之内。

我国的相关规定是《最高人民法院关于民事诉讼证据的若干规定》第7、17条，《中华人民共和国民事诉讼法》(2017年修订)第64、67、72、79、80条，《最高人民法院关于适用〈中华人民共和国民事诉讼法〉的解释》(法释〔2015〕5号)第112条。我国如果要提高世界银行评估得分，要做相应的修法。然而，笔者认为，"谁主张，谁举证"是基本举证规则，不宜为了世界银行得分而加以改变。

【问题十四】民事审判中，若原告请求法院从被告或证人处收集证据，原告所提出的请求中必须包含哪些信息？

答案的选项为：1. 请求必须载明文件名称、作者、日期和内容；2. 请求只需载明文件类型，而无须载明具体内容。

请求必须明确载明所要收集的文件(如文件名称、作者、日期和内容)。

在DB2018与DB2019中，我国此题均未得分，世界银行的解释如下：

> 对于"原告在民事审判中申请法官强制要求被告或证人提供证据的，申请书必须包括哪些具体内容"这一问题，如果该申请书只需列明所申请文件的类型，而无须说明其具体内容(即列明文件的标题、作者、日期和内容)，则得分为1。该指标旨在衡量原告获取各类文件的权利，并不评估在原告无法通过具体内容列明各类相关文件的情况下，法官是否会根据具体情况具体分析的原则准许原告获取该等文件的申请。
>
> 根据《最高人民法院关于民事诉讼证据的若干规定》第18条，申请调查收集证据的书面申请应当具体，并"应当载明被调查人的姓名或单位名称、住所地等基本情况、所有调查收集的证据的内容、需要由人民法院调查收集证据的原因及其要证明的事实"。因此，申请书必须十分具体，且仅当法院认为该申请书符合要求时，法院才会要求掌握所申请的证据的人员提交该证据。因此，基本规则是原告强制要求提供证据的申请必须具体。事实上，经中国境内专业律师确认，按照法律规定，原告无权自行获取各类文件，而且法院并非一定会准许强制要求提供证据的一

般申请。相反，法官有权根据具体情况具体分析的原则，自行决定拒绝不够具体的申请。因此，DB2019中相关评估结果维持不变。

对此问题，我国相关规定是《最高人民法院关于民事诉讼证据的若干规定》第18条，《最高人民法院关于适用〈中华人民共和国民事诉讼法〉的解释》（法释〔2015〕5号）第94、95条。我国如果要获得这一问题的得分，必须修改相应的规定。

【问题十五】民事审判中如何向被告和证人发问？

对于向被告的发问，答案的选项为：1. 原告或其律师可以自主发问，而无须获得法院的事先许可；2. 原告或其律师必须获得法院许可后方可发问；3. 在原告向法官提示问题之后，法官进行问询；4. 法官无须获得原告的提示信息而可自主发问。

答案应当为1，即原告或其律师可以自主发问，而无须获得法院的事先许可，法律依据是《中华人民共和国民事诉讼法》第141条。

对于向证人的发问，答案的选项同样为以上4个。我国答案应当是2，原告或其律师必须获得法院许可后方可发问，法律依据是《中华人民共和国民事诉讼法》第139条。

此题我国DB2018与DB2019均获得了分数。

【问题十六】在股东对公司董事提起的诉讼中，公司或被告是否必须补偿股东支出的法律费用（如诉讼费、律师费，以及相关费用）？

答案的选项为：1. 是的，如果法院受理了案件，即使法院依据事实作出不利于股东的裁决；2. 是的，如果法院作出有利于股东的裁决，则法律费用的补偿数额由法院裁定；3. 法院有权决定是否补偿法律费用；4. 不是。

我国的答案是2，即如果法院作出有利于股东的裁决，则法律费用的补偿数额由法院裁定。法律依据是《诉讼费用交纳办法》第29条，以及《律师收费管理办法》第11和13条，法院收取的诉讼费应由败诉方承担，但其他法律费用（如律师费）的分配则未作规定。

本题我国DB2018未能得分，DB2019则得了分。世界银行的解释是：

对于“公司或被告是否必须赔偿股东在对公司董事提起的诉讼中所

产生的法律费用（如诉讼费、律师费及相关费用等）？”这一问题，如果原告无法追偿法律费用，则得分为0；如果原告只有在胜诉后方可向公司或被告追偿法律费用，或原告只有在胜诉后才支付律师费，则得分为1；如果无论胜诉与否，原告均可向公司或被告追偿法律费用，则得分为2。请注意，符合下列条件的经济体在该问题上的得分为满分：在股东提起的诉讼经受理且基于案件实质进行裁决后，无论结果如何，股东均可追偿法律费用。

世界银行营商环境报告组确认，股东在对公司董事提起的诉讼中所产生的法律费用目前可获得赔偿。目前《最高人民法院关于适用〈中华人民共和国公司法〉若干问题的规定》第26条规定，对于完全或部分得到法院支持的股东诉讼，公司应承担股东为参与诉讼所支付的合理费用。

以上部分构成了“股东诉讼便利度指数”，满分为10分，我国DB2018仅得4分，DB2019得了5分，仍然不够理想。

第六节 “股东治理指数”之中国得分评析

“股东治理指数”由“股东权利指数”、“所有权和管理控制指数”与“公司透明度指数”3个三级指标构成，下文分而述之。

一、股东权利指数

【问题十七】出售买方51%及以上的资产是否需要征得股东批准？（该等出售可能通过一笔交易完成，也可能在首次交易开始后的一年内通过多笔交易完成）？

获肯定回答者得分。此题我国DB2018未能得分，应当属于误判。

世界银行向中国提供的政策备忘录认为，中国《公司法》第104条规定，本法和公司章程规定公司转让、受让重大资产或者对外提供担保等事项必须经股东大会作出决议的，董事会应当及时召集股东大会会议，由股东大会就上述事项进行表决。因此，重大资产的转让是否须经股东会决议，取决于章程的自主选择。

事实上，世界银行专家之所以发生以上误判，是因为缺乏对我国法律的体系化理解。我国《公司法》第121条规定，上市公司在一年内购买、出售重大资产或者担保金额超过公司资产总额30%的，应当由股东大会作出决议，并经出席会议的股东所持表决权的2/3以上通过。从法律适用角度分析，我国《公司法》第104条为一般法则，而第121条则为特殊法则，特别法则优先于普通法则。世界银行假设中的买方公司是上市公司，必须强制适用《公司法》第121条。另外，《上海证券交易所股票上市规则》第9.3条规定，上市公司发生的交易涉及的资产总额占上市公司最近一期经审计总资产的50%以上的，应当提交股东大会审议。因而，无论是从法律，还是从交易所的业务规则来看，都应做出肯定的回答。实践中，截至2018年3月底，北京市注册的上市公司有309家，其中在上海证券交易所的上市公司为135家。根据上市公司公开披露信息，2017年至2018年3月底，北京上市公司重大资产出售有4起，都经过上市公司股东大会审议通过。

通过我们向世界银行专家解释，该指标DB2019 我国得了分。世界银行专家给出了以下解释：

> 就股东权利指数而言，该指标衡量出售上市公司51%的资产是否需要股东批准。如果回答是否定的，这一问题的得分为0；如果回答是肯定的，得分为1。
>
> 营商环境报告项目组确认在中国，出售上市公司重大资产必须获得股东批准。《公司法》第121条规定，上市公司在一年内购买、出售重大资产或者担保金额超过公司资产总额30%的，应由股东大会作出决议，并经出席会议的股东所持表决权的2/3以上通过。因此，DB2019会更新关于该问题的评估结果。
>
> 在DB2020中，我国也应当得分。结果，在DB2020中，由于分值调整，此题未纳入世界银行考察范围。

【问题十八】发行新股是否必须征得股东的批准？且该授权的有效期为多久（或者，若要以授权股本总额为限发行未发行股份，是否必须征得股东批准）？

此题考察的是公司增发的程序，获肯定回答者得分。DB2018我国未能得分。通过解释沟通，DB2019我国得了分。

在我国，上市公司每次发行新股之前都必须经过股东大会批准，有效期为自证监会批准后6个月。其法律依据如下：《公司法》第99条规定，股份有限公司增加或者减少注册资本应由股东大会作出决议。对于其中的上市公司，则由证监会制定的《上市公司证券发行管理办法》第40条规定，上市公司申请发行证券，董事会应提请股东大会批准。《上海证券交易所股票上市规则》第5.2.5条规定，上市公司公开发行股票，应当向上海证券交易所提交有关本次发行上市事宜的董事会和股东大会决议。在实践中，2017年至2018年3月底，北京有60家上市公司定向增发，4家上市公司配股，全部都经过股东大会表决批准。

关于新股发行核准批文有效期的问题。证监会制定的《上市公司证券发行管理办法》第47条规定，自中国证监会核准发行之日起，上市公司应在六个月内发行证券；超过六个月未发行的，核准文件失效，须重新经中国证监会核准后方可发行。

对于前述沟通，世界银行给予了积极回应，并做如下解释：

> 对于“新股发行是否必须由股东批准以及该授权的有效期有多久”这一问题，如果上市公司发行新股无须股东批准，或该授权的有效性无时间限制，则得分为0；如果增资扩股必须获得股东批准，且该授权在一定期限内有效，则得分为1。
>
> 营商环境报告项目组确认，上市公司发行新股必须获得股东批准。根据《公司法》第133条规定，公司发行新股，股东大会应就下列事项作出决议：(1)新股的种类和数量；(2)新股发行价格；(3)新股发行的起止日期；(4)针对现有股东发行的新股的种类和数量。关于起止日期，《上市公司证券发行管理办法》(2006年5月实施)第40、41、47条进一步规定，发行证券须经股东批准，且必须由股东确定决议的有效期等。此外，发行还必须获得中国证券监督管理委员会(简称“证监会”)的批准，而且《上市公司证券发行管理办法》第47条规定，上市公司应在证监会批准发行新股后6个月内发行证券。超过6个月期限后，未经证监会重新批准，公司不得发行任何证券。基于上述信息，DB2019将更新关于新股审批的评估结果。

【问题十九】股东对新股是否拥有优先认缴权(优先购买或优先拒绝)且简单多数表决无法剥夺该权利？

此题DB2018我国没有得分。因为根据我国《公司法》第34条的规定，有限责任公司新增资本时，股东有权优先按照实缴的出资比例认缴出资。当然，全体股东约定不按照出资比例优先认缴出资的除外。此条规定仅仅适用于有限责任公司。股份有限公司未设相应规定。

【问题二十】外部审计师的聘用和解聘，是否必须经由股东批准？

本题DB2018我国没有得分。《上海证券交易所股票上市规则》2018年4月20日修订后，在第6.5条规定："上市公司聘请为其提供会计报表审计、净资产验证及其他相关服务的会计师事务所应当具有执行证券、期货相关业务的资格。公司聘请或者解聘会计师事务所必须由股东大会决定，董事会不得在股东大会决定前委任会计师事务所。"修订后，此题应当得分。

我们基于前述意见，与世界银行进行了沟通。世界银行给予了积极回应，并给出以下解释：

> 对于"外部审计机构的选聘和解聘是否必须经股东批准"这一问题，如果回答是否定的，则得分为0；如果回答是肯定的，则得分为1。本项目组承认《上海证券交易所股票上市规则》于2018年4月20日进行了修订。修订后的《上海证券交易所股票上市规则》第6.5条规定，上市公司应聘请会计师事务所。公司聘用或解聘会计师事务所必须由股东大会决定，而且董事会不得在股东大会决定前委任会计师事务所。
>
> 此外，《上市公司章程指引》第159、162条规定，公司聘用会计师事务所必须由股东大会决定，董事会不得在股东大会决定前委任会计师事务所。关于解聘，《上市公司章程指引》第162条规定，公司解聘会计师事务所时，应通知会计师事务所，而且公司股东大会就解聘会计师事务所进行表决时，应允许会计师事务所陈述意见。因此，法律目前要求上市公司外部审计机构的聘任和解聘必须获得股东批准。DB2019会体现这一最新信息。

【问题二十一】持有该类股份的股东，能否通过多数表决阻止其所持类别股份的权益变动？

此题是关于类别股权保护的问题，获肯定回答者得分。此题DB2018我国没有得分，通过沟通解释，DB2019我国得了分。

我国《公司法》第131条规定，国务院可以对公司发行本法规定以外的其他种类的股份，另行作出规定。在实践中，我国股份仅有普通股与优先股两种类型。对于优先股，《国务院关于开展优先股试点的指导意见》、证监会《优先股试点管理办法》（2006年5月施行）第1、2、3、10条规定，修改公司章程中与优先股相关的内容，一次或累计减少公司注册资本超过10%、公司合并、分立、解散或变更公司形式、发行优先股、公司章程规定的其他情形，都需要有须经出席会议的优先股股东（不含表决权恢复的优先股股东）所持表决权的2/3以上通过……因此受影响股份持有人的多数表决票是可以阻止与其优先股股份类别相对应的权利发生变更。此题应获肯定回答。

世界银行认可了前述分析，进行了如下解释：

> 对于"受影响股票持有人的多数表决票能否防止其所持种类股票的权利发生变更"这一问题，如果回答是否定的，则得分为0；如果回答是肯定的，则得分为1。本项目组确认，受影响股票持有人所持股票的相关权利的变更必须获得其多数表决票批准。中国存在两种股票：普通股和优先股。对于已发行优先股的公司而言，就以下事项作出决定时，须获得持有2/3以上表决权的优先股股东的赞成票：(1)与公司章程中关于优先股的任何部分内容的修订相关的事宜；(2)公司注册资本一次性或累计减少10%以上；(3)公司合并、分立或解散；(4)公司形式变更；(5)发行优先股；及(6)公司章程规定的其他情形。因此，受影响股东的多数表决票可以防止其所持优先股的相关权利发生变更。DB2019会更新中国在该问题上的得分。

二、所有权和管理控制指数

【问题二十二】买方的首席执行官（如执行总裁、董事总经理）是否不得担任买方董事会主席（或董事长）？

此题的法理基础在于，董事会负有监督经理层职责，如果一身二任，的确会弱化监督功能，不利于保护投资者权益。尽管实践中董事长与总经理分别由不同的人担任是普遍做法，但我国法律确实没有在这方面作出强制性规定，故此题DB2018与DB2019我国均未得分。

世界银行2019年针对中国此一问题的回复如下：

> 就所有权和控制权指标而言，对于“是否禁止上市公司首席执行官（例如执行总裁、董事总经理）兼任董事会主席（或董事长）”这一问题，如果回答是肯定的，则得分为1；如果回答是否定的，则得分为0。目前中国法律未规定任何此种限制。请注意，营商环境报告项目组对全球190个经济体进行数据收集和分析，旨在确定是少数投资者受保护的最低限度，不论公司的惯例如何，亦不论个别公司根据具体情况具体分析的原则决定为其股东提供的额外保障和原则如何。为此，按照其所用的评估方法，由于中国不存在防止同一人同时担任上市公司的首席执行官和董事长的强制性规定，因此在DB2019中，关于该问题的评估结果将维持不变。

要解决此一问题，可以在后期修法时完善《公司法》的相关规定。在DB2020中，我国此题仍难得分。DB2020显示，我国果然未能得分。

【问题二十三】买方董事会是否必须设立独立和非执行董事职位（也就是不存在个人或财务利益，并且不担任管理职位的董事）？

此题DB2018与DB2019我国均已得分。我国《公司法》第122条规定，上市公司设立独立董事，具体办法由国务院规定。《关于在上市公司建立独立董事制度的指导意见》第1条规定，上市公司应当建立独立董事制度。上市公司独立董事是指不在公司担任除董事外的其他职务，并与其所受聘的上市公司及其主要股东不存在可能妨碍其进行独立客观判断的关系的董事。

【问题二十四】在董事的任期届满之前（或若其任职期限为一年），股东能否无理由地撤销其职位？

如果回答“能够无理由撤销”，则得分。

此题DB2018我国没有得分。我们和世界银行沟通时，进行了以下说理：

无论是我国《公司法》还是证监会的规章、交易所上市规则，抑或任何规范性文件，都从不禁止股东无理由撤销董事会的成员资格，根据“法无禁止即许可”的私法原理，在董事任期结束之前，股东可以无理由撤销其职位。其法理基础在于，关于董事是否适格，股东自然有最好的判断，法律没有必要，也不适合做强制性安排，这属于典型的公司自治范畴。因而，我国《公司法》第37、99条均规定，“股东会有权选举和更换董事……”，但并没有对更换董事的事由与情形作出进一步规定。法院的裁判立场也提供了支撑，上海市第二中级人民法院裁决的李建军诉上海佳动力环保科技有限公司公司决议撤销纠纷案（最高人民法院2016年指导性案例10号），即肯认了股东的此项权利。此题应获肯定回答。

然而，世界银行并没有认可这一论说，他们的解释如下：

> 对于“股东能否在买方董事会成员的任期届满前无故将其罢免”这一问题，如果回答是否定的，则得分为0；如果回答是肯定的，则得分为1。根据《公司法》第37、99条的规定，股东大会有权选举和更换非由职工代表担任的董事、监事，决定有关董事、监事的报酬事项。但是，该规定并未说明股东能否随时无故更换董事。此外，《上市公司章程指引》第96条规定，董事由股东大会选举或更换，董事在任期届满以前，股东大会不能无故解除其职务。因此，在中国，股东有权更换董事，但必须有理由或者在董事辞职等特定事件发生时方可更换。基于上述原因，在DB2019中，关于该问题的评估结果将维持不变。

然而，在DB2020中，我国此题应当得分，事实上，DB2020显示，我国此题果然得了分。理由在于，我国对相关规则进行了如下修订：其一，《最高人民法院关于适用〈中华人民共和国公司法〉若干问题的规定（五）》第3条规定，董事任期届满前被股东会或者股东大会有效决议解除职务，其主张解除不发生法律效力的，人民法院不予支持。其二，证监会修订后的《上市公司章程指引》第96条规定：“董事由股东大会选举或者更换，并可在任期届满前，由股东大会解除其职务。董事任期（年数），任期届满可连选连任。”其三，修订后的《上海证券交易所股票上市规则》和《上海证券交易所科创板上市规则》均在第3.1.5条中新增一款作为第一款：“董事每届任期不得超过3年，任期届满可连选连任。董事由股东大会选举和更换，并可在任期届满前由股东大会解除其职务。”

【问题二十五】买方是否必须设立独立的审计委员会（该委员会是买方董事会下设委员会，全部由董事组成）？

此题DB2018我国没有得分。原因在于我国此前的安排为非强制性规定。例如，《上市公司治理准则》（证监发〔2002〕1号）第52条规定，上市公司董事会可以按照股东大会的有关决议，设立战略、审计、提名、薪酬与考核等专门委员会。专门委员会成员全部由董事组成，其中审计委员会、提名委员会、薪酬与考核委员会中独立董事应占多数并担任召集人，审计委员会中至少应有一名独立董事是会计专业人士。根据《上市公司治理准则》第52条规定，上市公司可以设立审计专门委员会。因此，尽管在实际操作中，目前所有上市公司均设立了以独立董事占多数的审计委员会，但因为法律未设强制性规定，我国此前仍然未能得分。

2018年4月20日《上海证券交易所股票上市规则》作出修改，新增第3.1.6条："上市公司应当在董事会下设立审计委员会，内部审计部门对审计委员会负责，向审计委员会报告工作。审计委员会中独立董事应当占半数以上并担任召集人，且至少有一名独立董事是会计专业人士。"修订之后，我国应当得分。

我们本着前述分析，与世界银行进行了积极沟通，世界银行予以认可，并做出积极回应：

> 就所有权和控制权指数而言，"保护少数投资者"指标衡量上市公司是否必须设立仅由董事会成员（一级结构）或监事会成员（二级结构）组成的董事会审计委员会。营商环境报告项目组确认，2018年4月20日修订的《上海证券交易所股票上市规则》第3.1.6条规定，上市公司应在董事会下设立审计委员会。此外，审计委员会中独立董事应当占半数以上，且至少有一名独立董事是会计专业人士。根据中国证监会发布的《关于在上市公司建立独立董事制度的指导意见》，独立董事是指不在公司担任除董事外的其他职务，并与其受聘的上市公司及其主要股东不存在可能妨碍其进行独立客观判断的关系的董事。因此，DB2019将确认这一最新信息。

【问题二十六】若潜在收购人收购了一定比例的股票，且达到了强制要约收购制度中规定的标准，该收购人是否必须向其他股东发出收购要约？

此题考察的是强制要约制度。DB2018我国已经得分，DB2019延续了得分。我国《证券法》第88条有相应的规定。

【问题二十七】自分红宣告日算起，在规定的最长时限内，买方是否必须向股东分配利润或支付股息？

获肯定回答者得分。

此题DB2018我国没有得分。我们和世界银行沟通时，强调了以下数点：其一，题设是，公司已经作出了分红的决议，因为已经有了分红宣告日（declaration date）。其二，这里所称的“规定的最长期限”的“规定”，应当理解为具有普遍适用性与反复适用性的一切规则，而不仅限于全国人大制定的法律。其三，《最高人民法院关于适用〈中华人民共和国公司法〉若干问题的规定（四）》（法释〔2017〕16号）第26条规定，股东提交载明具体分配方案的股东会或者股东大会的有效决议，请求公司分配利润……法院应当判决公司按照决议载明的具体分配方案向股东分配利润。因此，非上市（非挂牌）的股份有限公司或有限责任公司既然已经作出了分红的决议，股东即依此产生了请求权。根据惯例，原告股东可以在公司宣布股利分配一年内的任何时间提起分红诉请，公司被告不能因未到1年期限而行使抗辩权，从而保障了原告股东可以在公司宣布分红的1年期限内获得分红。因此，非上市股份公司和有限责任公司应当在宣告股利分配后1年内完成分红。

然而，对于此种意见，世界银行并未接受，而是给出了如下解释：

> 对于“买方是否必须在自宣布日起不超过1年的期限内分配利润或支付股息”这一问题，如果回答是肯定的，则得分为1；如果回答是否定的，则得分为0。在中国，适用于有限责任公司的法律规定并不要求公司在宣布日后一定期限内完成利润分配。《最高人民法院关于适用〈中华人民共和国公司法〉若干问题的规定》第13、14、15条规定了股东可以要求利润分配的程序，但并未规定利润分配的明确期限。具体而言，第14条规定法院可以责令公司根据利润分配方案分配利润。因此，利润分配方案是由公司自行决定，而且法律并未规定利润分配的期限。基于上述原因，

在DB2019中，中国在该问题上的得分将维持不变。

然而，在DB2020中，我国此题应当得分，理由在于，《最高人民法院关于适用〈中华人民共和国公司法〉若干问题的规定（五）》第4条规定，分配利润的股东会或者股东大会决议作出后，公司应当在决议载明的时间内完成利润分配。决议没有载明时间的，以公司章程规定的为准。决议、章程中均未规定时间或者时间超过一年的，公司应当自决议作出之日起一年内完成利润分配。决议中载明的利润分配完成时间超过公司章程规定时间的，股东可以依据《公司法》第22.2条规定请求人民法院撤销决议中关于该时间的规定。

而且，中国证监会制定的《上市公司章程指引》（2016年修订）第154条规定，公司股东大会对利润分配方案作出决议后，公司董事会须在股东大会召开后2个月内完成股利的派发事项。《上海证券交易所股票上市规则》第11.4.5条规定，上市公司应当在股东大会审议通过方案后两个月内，完成利润分配事宜。

最高院的司法解释，使得非上市公司的利润分配，至迟也必须在宣布之日起一年内完成。我国此题应当得分。

【问题二十八】子公司是否不得收购其母公司发行的股权？若可收购，子公司是否必须在一年之内转让股权并且无法行使投票权？

此题DB2018与DB2019我国均未得分。在DB2020中，我国此题应当得分，DB2020显示，我国此题得了分。其原因在于，《上海证券交易所股票上市规则》和《上海证券交易所科创板股票上市规则》均在第11.9.5条中新增第2款："上市公司控股子公司不得取得该上市公司发行的股份。确因特殊原因持有股份的，应当在一年内依法消除该情形。前述情形消除前，相关子公司不得行使所持段份对应的表决权。"

三、公司透明度指数

【问题二十九】买方是否必须披露（直接或间接）持股5%的情况？

此题DB2018我国已经得分，DB2019延续了这一状态。《上市公司信息披露管理办法》第21条有相关规定。

【问题三十】买方是否必须披露董事会成员从事其他活动或者担任其他公司董事的信息，包括董事成员们的主要职业？

此题DB2018我国已经得分，DB2019延续了这一状态。《上市公司信息披露管理办法》第21条有相关规定。

【问题三十一】买方是否必须逐个公开董事和高管的报酬，包括奖励和激励计划？

此题DB2018我国已经得分，DB2019延续了这一状态。《上市公司信息披露管理办法》第21、30条有相关规定。

【问题三十二】买方是否必须至少提前21个自然日发布召开股东大会的通知，包括与远程参与和远程行使投票权相关的信息和截止日期（例如，通过代理投票、通过信件或电子方式）？

此题DB2018及DB2019我国均未得分，仅仅相差一天。我国《公司法》第102条规定，召开股东大会会议，应当将会议召开的时间、地点和审议的事项于会议召开20日前通知各股东……

鉴于此，如果为了满足世界银行的得分要求，建议修订《公司法》第102条，改为：召开股东大会会议，应当将会议召开的时间、地点和审议的事项于会议召开21日前通知各股东……但由于现代信息技术大大提升了沟通的效率，是否必须延长提前通知股东的时间，值得商榷。事实上，诸多市场人士反映，我国现在提前20天通知股东以召开会议的规定，在相当程度上不利于公司灵活决策。

【问题三十三】持有买方公司5%股份的股东能否在股东大会召开前，在议程中加入议题？

此题考察的是股东提案权。此题DB2018我国已经得分，DB2019延续了这一状态。我国《公司法》第102条规定，单独或者合计持有公司3%以上股份的股东，可以在股东大会召开10日前提出临时提案并书面提交董事会。

【问题三十四】买方的年度财务报告，是否必须由外部的注册会计师审计？

此题DB2018我国已经得分，DB2019延续了这一状态。参见我国《公司法》第164条规定，公司应当在每一会计年度终了时编制财务会计报告，并依法经会计师事务所审计。

【问题三十五】买方是否必须向公众披露审计报告？

此题DB2018我国已经得分，DB2019延续了这一状态。我国《证券法》第65条，《上市公司信息披露管理办法》第20、21条。

以上为针对上市公司的问题，以下则为针对非上市公司的问题。

世界银行的题设是：在下列问题中，请假设买方公司（"买方"）是一家制造公司，形式为私人有限责任公司[1]或你所在国家具有同等功能的公司。该公司的股票无法在证券交易所上市。其形式可以包括私人有限公司（Ltd）、有限责任公司（LLC）、（股份）责任有限公司（Sociedad de Responsabilidad Limitada，简称SRL）、有限责任公司（Gesellschaft mit beschränkter Haftung，简称 GmbH），以及责任有限公司（Société à Responsabilité Limitée，简称SARL）。

【问题三十六】对于与公司活动、财务状况以及与公司成员权利义务相关的记录，是否所有成员均有权查看并复制？

此题我国应做肯定回答，不过，该题旨在收集数据，并不产生分值。

我国《公司法》第33条规定，股东有权查阅、复制公司章程、股东会会议记录、董事会会议决议、监事会会议决议和财务会计报告。另外，根据《最高人民法院关于适用〈中华人民共和国公司法〉若干问题的规定（四）》第7条，股东依据《公司法》第33、97条或者公司章程的规定，起诉请求查阅或者复制公司特定文件材料的，人民法院应当依法予以受理。与此同时，为了衡平保护公司商业秘密等权益，《公司法》对这一权利设置了一定的限制。在司法实务中，股东查阅会计账簿存在不正当目的的证明责任由公司承担，以充分保障股东知情权。其中一个案例是上海铁高文化传媒有限公司与周蓓蓓股东知情权纠纷案，该案二审为上海市第二中级人民法院〔2014〕沪二中民四（商）终字第768号。法院认定，上海铁高文化传媒有限公司负有证明股东查

---

1 世界银行问卷的原文为"private limited company"，将其直译为"私人有限公司"，未免望文生义，无论是"私人"还是"有限"都不准确。事实上，在中国语境下，应作以下两层理解：其一，"private"是相对于"public"而言的，后者是指承担公共管理职能的企业，如上海的申通公司，承担的是公共运输和管理职能，故而"private"宜理解为"非公共的，或者非国有的"。其二，"limited company"，在中国语境下，宜理解为"有限责任公司或者非上市股份有限公司"。故而，全面的理解应当为"非国有的有限责任公司，或者非国有的非上市股份有限公司"。这样就和我国《公司法》关于公司类型的划分相一致，受访者答题时，就不会遗漏我国《公司法》关于非上市股份有限公司的诸多规定。

阅具有不正当目的的举证责任。如果公司不能证明，则不应限制股东知情权的行使。

世界银行对于我们的前述沟通，予以积极回应，并解释如下：

> “公司全体股东是否均有权查阅并复制公司就公司活动、财务状况及其他情形保存的与其各自权利和义务相关的任何记录”这一问题，是“保护少数投资者”指标仅出于研究目的而进行衡量的一个问题，旨在收集数据，分析有限责任公司的公司信息查阅程度。按照该方法，该问题不产生任何得分。
>
> 根据《公司法》第33条和《最高人民法院关于适用〈中华人民共和国公司法〉若干问题的规定》第7、8、10条的规定，本项目组承认有限责任公司的股东有权查阅并复制公司文件和信息。因此，关于该研究问题的评估结果将会进行更新，但是中国的得分不会因该问题而发生改变。

【问题三十七】买方出售51%及以上的资产，是否要征得多数股东的同意（该出售可能通过单笔交易完成，也可能在首次交易开始后的一年内通过多笔交易完成）？

此题DB2018和DB2019我国均未得分，最高院在进行《公司法》司法解释时，本来将其纳入了解释范围，但最后没有纳入。在DB2020中，我国此题应当得分，DB2020显示，我国果然得了分。题解如下：其一，如果该公司是有限责任公司，则可援引我国《公司法》第37条的规定，即“决定公司的经营方针和投资计划”必须由股东会决定。公司出售51%以上资产，可以解释为“投资计划”甚至“经营方针”的变化，应由股东会决议。其二，如果该公司是上市公司，则可以援引《公司法》第121条的规定，即“上市公司在一年内购买、出售重大资产或者担保金额超过公司资产总额30%的，应当由股东大会作出决议，并经出席会议的股东所持表决权的2/3以上通过”。其三，如果该公司是非上市的股份有限公司，则适用《公司法》第104条的规定，即本法和公司章程规定公司转让、受让重大资产或者对外提供担保等事项必须经股东大会作出决议的，董事会应当及时召集股东大会会议，由股东大会就上述事项进行表决。根据体系解释，如果关于有限责任公司的说理行得通，则非上市的股份公司，也可以参照适用。退一步而言，即使此题我国无法获得全部分数，至少也应当获得一半的得分。

当然，对于这一明显的法条不对称结构，建议日后修改《公司法》，增设相关规定。

【问题三十八】代表买方公司10%股本的股东能否召开会议？

此题DB2018我国已经得分，DB2019延续了这一状态。我国《公司法》第39条规定："代表1/10以上表决权的股东召开临时会议的，应当召开临时会议。"

【问题三十九】在引入新股东时，是否必须得到买方全体股东的一致同意？

此题DB2018和DB2019我国均未得分。引入新成员，要获得全体成员一致同意，这是入伙的规则，复制到公司中并不妥当，会影响公司筹集新的资本和股份的自由流转。我国《公司法》第37条（关于新增注册资本）和第71条（关于股权转让）均未设此种规定。

【问题四十】买方股东在出售其股权时，是否要优先售让给公司现有股东，然后再向非股东出售？

此题DB2018我国已经得分，DB2019延续了这一状态。此题考察的是股东优先权问题，我国《公司法》第71条有明确的规定。

【问题四十一】买方是否必须设立机制（如股份回购、强制回购、强制排除制度）解决股东间的根本分歧，以防止影响公司运营？

此题DB2018我国未能得分。我们与世界银行沟通，认为应当得分：其一，我国《公司法》第39条规定了股东会的定期会议和临时会议，通过多数表决来解决股东意见的分歧。其二，我国《公司法》第74条规定了股东的异议回购请求权，即在股东会上对决议投反对票的股东可以请求公司按照合理的价格收购其股权。其三，我国《公司法》第182条规定了公司的司法解散，即公司经营管理发生严重困难，继续存续会使股东利益受到重大损失，通过其他途径不能解决的，持有公司全部股东表决权10%以上的股东，可以请求人民法院解散公司。其四，我国《非上市公众公司监督管理办法》（2013年修订）第19条规定，公众公司应当在章程中约定纠纷解决机制。股东有权按照法律、行政法规和公司章程的规定，通过仲裁、民事诉讼或其他法律手段保护其合法权益。

这些均为股东之间异议的解决方式。此题应获肯定回答。然而，世界银行却仍持不同看法，DB2019我国仍未得分。世界银行的解释如下：

> 对于“有限责任公司是否必须建立相关机制以解决股东之间发生的妨碍公司正常运营的根本分歧”这一问题，如果回答是肯定的，则得分为1；如果回答是否定的，则得分为0。该问题旨在确定法律是否强制规定有限责任公司建立相关机制，以解决股东之间的重大分歧，并避免公司发生司法解散。该机制必须可供有限责任公司的股东用于解决在公司任何重大决策方面的分歧，而不仅仅用于解决预定的一系列情况。此外，该机制还必须可供股东用于维持公司的正常运营，而非请求司法解散。
>
> 《公司法》第74条规定股权回购机制在少数情形下方可适用。该条规定并未要求有限责任公司实施旨在解决重大分歧和避免司法解散的机制。此外，《公司法》第182条规定，持有公司全部股东表决权10%以上的股东，可以请求人民法院解散公司。由于该机制仅适用于持有10%以上股权的股东，且允许股东请求司法解散，因此其并不在该问题的衡量范围之内。
>
> 此外，《非上市公众公司监督管理办法》第19条并未对与该指标评估方法所衡量的机制相一致的僵局破解机制作出规定。要求在公司章程中规定通用争议解决机制与实施旨在确保产生以下特定效果的僵局破解机制存在本质性的区别：保持公司正常运营。此外，该条规定适用于非上市股份有限公司，而不适用于有限责任公司。因此，其并不在该问题的衡量范围之内。基于上述原因，在DB2019中，关于该问题的评估结果将维持不变。

由此看来，世界银行的方法论鼓励的争议解决机制不是“求死”而是“图存”，即要求建立常态化的、不会导致公司解散的股东重大分歧解决机制。鉴此，建议修订《公司法》，规定“有限责任公司应当在章程中约定股东产生重大分歧时的解决机制，通过商事调解、仲裁、诉讼或其他方式解决股东之间的重大分歧，保证公司顺利运营”。《最高人民法院关于适用〈中华人民共和国公司法〉若干问题的规定（五）》第5条规定，人民法院审理涉及有限责任公司股东重大分歧案件时，应当注重调解。当事人协商一致以下列方式解决分歧，且不违反法律、行政法规的强制性规定的，人民法院应予支持：（一）公司回购部分股东股份；（二）其他股东受让部分股东股份；（三）他人受让部分股东股份；（四）公司减资；（五）公司分立；（六）其他能够解决分歧，恢复公司正常经营，避免公司解散的方式。此条规定，从强调法官履行调解职责，尽力促成纠纷化解的角度，进行了规范。囿于权限，司法解释无法直接规定有限责任公司必须建立"解决重大分歧，避免司法解散"的机制，虽然与世界银行要求未尽一致，但我国也应尽力争取得分。

【问题四十二】收购买方50%股本的新股东是否必须向其他股东发出购买要约？

此题我国未能得分，我国《证券法》第88条确立的强制要约收购制度，仅适用于上市公司。

【问题四十三】自分红宣告日起的一年内，买方（一家上市公司）是否必须向股东分红？

此一问题DB2018我国未能得分。然而，我们认为，此题应当得分。根据《上海证券交易所股票上市规则》第11.4.5条规定，上市公司应在股东大会审议通过方案后2个月内，完成利润分配及公积金转增股本事宜。

对于以上沟通意见，世界银行予以积极回应：

> 对于"上市公司是否必须在法律规定的最长期限内完成利润分配"这一问题，如果回答是否定的，则得分为0；如果回答是肯定的，则得分为1。本项目组确认，根据《上海证券交易所股票上市规则》第11.4.5条规定，上市公司应在股东大会审议通过方案后2个月内，完成利润分配及公积金转增股本事宜。鉴于法律对已宣告股息的派发期限作出了规定，因此，DB2019会更新关于该问题的评估结果。

【问题四十四】买方是否每年必须召开一次股东会议？

此题DB2018我国已经得分，DB2019延续了这一状态。我国《公司法》第

39条（适用于有限责任公司）和第100条（适用于股份有限公司）有相应的规定。

【问题四十五】持有买方公司5%股份的股东或成员能否提出解决方案，并且在议程中加入议题？

此题DB2018我国已经得分，DB2019延续了这一状态。我国《公司法》第102条规定，单独或者合计持有公司3%以上股份的股东，可以在股东大会召开10日前提出临时提案并书面提交董事会。

【问题四十六】买方每年的财务报表是否必须由外部审计员审计？若此规则仅适用于特定规模、营业额或资产的某些公司，请注明。

此题DB2018我国已经得分，DB2019延续了这一状态。我国《公司法》第164条规定，公司应当在每一会计年度终了时编制财务会计报告，并依法经会计师事务所审计。财务会计报告应当依照法律、行政法规和国务院财政部门的规定制作。

第七节　完善法律制度，提升中国排名

基于以上分析，本着“以评促建、以评促改”，提升我国营商环境排名的目的，应着手以下工作。

一、系统解读规则，降低受访者正确作答的时间成本

如前所述，DB2018显示，满分100分的“保护少数投资者”指标，我国仅得48.33分，一个重要原因是：大量的误判误答，加上世界银行核验数据欠缺严谨，导致实际得分与应得分值偏差较大。[1]误答误判的原因在于，世界银行问卷比较复杂，必须对相关法律法规进行体系化理解，方能正确作答。而收到问卷的中国律师、会计师等专业人士多为资深人士，甚至是业界翘楚，他们非常忙碌，面对数十页的全英文问卷，他们没有时间静心研读。而且，世界银行问卷非常考验“耐心”，在“是”或“否”的选择题中，如果选择了“是”，必须写下所适用的法律法规，世界银行问卷紧接着追问若干问题，每题都必须附上相应的法律法规。种种繁复之下，缺乏耐心的受访者往往选择“否”，自此一了百了。同样非常重要的是，世界银行问卷开篇即声明，可以为受访者保密，只要受访者勾选“不愿公开”，

1　2018年3月28日，笔者作为上海市政府代表之一，在与世界银行驻中国代表磋商交流时，指出了这一问题。最初，世界银行代表并不以为意，随着交流的深入，特别是笔者按照“世界银行问题—中国答案—相关法律—典型案例”为序，列举了数个被误答与错判的例子后，世界银行代表终于认可，并提醒中国政府要做好世界银行评估与中国法律的宣传工作，以提升法律与政策的知晓度。

即可使自己的答案不为世人所知。因而，在缺乏经济激励与声誉制裁机制的情况下，面对复杂的英文问卷，最“理性”的选择或许就是敷衍了事。

针对此一问题，在大力宣传世界银行评估与中国相关法律政策的同时，仔细研读问卷，体系理解规则，做出一套可信的答案，供受访者参考，实为最佳选择。本章即属此种尝试的一部分。

二、对《公司法》实行简易修订，以直接提升得分

根据世界银行评估体系，有一些失分可以通过简易修订《公司法》来避免，而且此种修订也符合我国的发展方向，主要包括以下四个方面：

其一，关于董事长与总经理的分任制。在《公司法》中增设规定，公司的董事长与总经理应当由不同的人担任。增设此一规定，不仅更有利于实现董事会对经理层的监督，而且也直接满足世界银行评估的得分要求。此条修订，囿于权限，无法由最高院的司法解释来完成。

其二，关于召集股东大会的通知时间。修改《公司法》，规定“召开股东大会会议，应当将会议召开的时间、地点和审议的事项于会议召开21日前通知股东”。将原来的“提前20日”改为“提前21日”，直接满足了世界银行评估的得分要求。当然，如此调整，是否影响了公司运营的灵活性，还有待评估。

其三，关于出售重大资产的议决规则。在《公司法》中增设规定，有限责任公司和股份有限公司出售超过公司总价值51%的资产，必须经股东（大）会表决通过。这样就使所有类型的公司处分重大资产，须均提交股东（大）会表决，而不限于上市公司，直接满足了世界银行评估的得分要求。

其四，关于利润分配的期限。在《公司法》中增设规定，有限责任公司及非上市的股份有限公司，应当在作出分红决议之日起一年内完成利润分配。这样，由于上市公司的利润分配期限已有明确规定，我国所有类型的公司均应在作出分红决定之日起一定期限内，完成分红事项，满足了世界银行的得分要求。虽然最高院关于《公司法》的司法解释从事后救济的角度作出了规范，但仍需《公司法》作出正面的直接规定。

三、明晰规则，妥当配置控股股东、董事及高管的法律责任

前述分析表明，满分为10分的“董事责任程度指数”，DB2018和DB2019

我国均仅得1分，亟须修改《公司法》，一则优化表述，化繁就简，直接得分；二则在衡平保护各方利益的基础上，强化控股股东、董事、高管责任，增加得分。

其一，关于控股股东的责任。《公司法》增设规定，关联交易损害公司利益的，控股股东必须在其获益范围内承担损害赔偿责任。这样，哪怕关联交易履行了合法的披露与决议要求，履行了控股股东回避表决的程序，只要给公司造成了损失，控股股东也应在获益范围内赔偿，满足了世界银行的评估指标。

其二，关于董事的勤勉义务。修订《公司法》第147条，在“董事、监事、高级管理人员应当遵守法律、行政法规和公司章程，对公司负有忠实义务和勤勉义务”后面增设一款，将勤勉义务内容具体化:“前款人员在履行职责过程中，因疏忽大意给公司造成损失的，应当承担赔偿责任。”

其三，关于利害关系董事的加重责任。修订《公司法》，对利害关系董事施以加重责任，即规定，关联交易给公司造成损害的，利害关系董事必须在其获益范围内承担损害赔偿责任。

其四，关于显失公平决议的可撤销。将《公司法》第22.2条“股东会或者股东大会、董事会的会议召集程序、表决方式违反法律、行政法规或者公司章程，或者决议内容违反公司章程的，股东可以自决议作出之日起六十日内，请求人民法院撤销”修改为“股东会或者股东大会、董事会的会议召集程序、表决方式违反法律、行政法规或者公司章程，或者决议内容违反公司章程，或者议决事项显失公平、损害股东利益的，股东可以自决议作出之日起六十日内，请求人民法院撤销”。

四、顺应世界银行方法论，调整优化法律相关表述

在与世界银行沟通过程中，我们认为应当得分的一些指标，却因为与世界银行的方法论存在一定的偏差，而未能得分。对此，我们可以在不偏离立法本意，也不伤害相关法益的情况下，调整相关表述，以争取得分。

其一，关于有限责任公司股东重大分歧的解决机制。尽管我国《公司法》为股东的重大分歧设定了“解散公司”等解决机制，但世界银行的方法论鼓励的不是“求死”而是“图存”。最高院关于《公司法》的司法解释只是对法官在解决公司纠纷时赋予了调解义务，属于事后救济条款，司法解释无权直接对公司施加义务。为此，建议我国《公司法》修订时增设规定，有限责任公

司必须建立股东重大分歧的解决机制。股东之间产生重大分歧时可以通过商事和解、调解、仲裁、诉讼或章程规定的其他方式解决。

其二，关于解除不适任董事任职资格问题。世界银行认为，为保护股东权益，股东可以随时解除董事职务。鉴此，建议做以下修改：(1) 将《上市公司章程指引》第96条规定“董事由股东大会选举或更换，董事在任期届满以前，股东大会不能无故解除其职务”，修改为“董事由股东大会选举或更换，董事在任期届满以前，股东大会可以解除其职务”；(2) 将《公司法》第37条规定“股东会有权选举和更换非由职工代表担任的董事、监事……”，修改为“股东会有权**随时**选举和更换非由职工代表担任的董事、监事……”。

五、深入研究相关问题，进而决定是否修法

世界银行问卷中，有些问题需要进一步研究，才能得出是否需要修法的决定，兹列举如下：

其一，关于股东的优先权。股份有限公司发行新股时，股东是否有优先认购权？如果有，则满足了世界银行的得分要求。我国《公司法》仅规定有限责任公司新增资本时，股东有权优先按照实缴的出资比例认缴出资。如果股份有限公司适用同样的规则，是否会影响其募集股份的效率？这一问题的确值得研究。因为有限责任公司的股东优先认缴权，是为了保证其人合性，而如果赋予股份有限公司股东同样的权利，是否会出现以下结果：如果原股东放弃认缴，会向市场传递公司境况不佳的信号，导致公司公开募股更为不利？这一问题值得研究。

其二，关于子公司持有母公司股份。世界银行不鼓励子公司持有母公司股权，如果持有，则必须在一年之内转让股权并且无法行使投票权。然而，我国法律并不禁止子公司持有母公司的股权，在实践中，母子公司交叉持股的情况并不鲜见，其优点在于便于建立联盟，促进互信，提升公司整体价值；其缺点在于可能会导致投票权相互委托行使，固化利益结构，甚至大股东之间结成同盟，侵害中小股东利益。虽然相关上市规则已做调整，但权衡各方利弊，法律是否应做调整，值得研究。

其三，关于股东诉讼的便利度。有两个方面的问题：(1) 原告如果提出获取文件的请求，是否必须指明文件名称、作者、日期和内容，或是只需载明

文件类型即可？如果是后者方可得分。世界银行认为，根据《最高人民法院关于民事诉讼证据的若干规定》第18条，申请调查收集证据的书面申请应当具体，法官有权自行决定拒绝不够具体的申请。因此，中国不能得分。(2) 原告能否自行获取与诉请有关的任何信息，如果可以，则得高分。世界银行认为，在中国，诉讼当事方无权自行获取与案件有关的证据，该等证据收集申请由法庭自行决定是否予以批准。具体而言，法庭可自行决定要求任何一方诉讼当事人提供特定证据，但一方提出申请，未必一定会得到法院支持。以上两个方面，涉及我国民事诉讼举证责任规则是否需要重构。笔者认为，从“谁主张，谁举证”以及避免给法院增加不合理负担的角度，不宜迁就世界银行标准，贸然修订相关规则。

针对经济及市场发展变化，适时修订《公司法》，以增强其适应性，此乃全球通例。故而，虽然我国《公司法》不宜将眼光囿于世界银行营商环境评估一域，但在不伤害其他法益价值的情况下，针对世界银行评估体系做出适应性修订，帮助提升我国全球排名，显然有利于提升《公司法》的主体价值。

最后，根据DB2020，我国此项指标的下述变革获得了世界银行的肯认：其一，关联交易损害公司利益的，控股股东兼董事承担责任，董事责任指数提升了分值；其二，股东索赔成功后，控股股东兼董事不再具备管理公司的资格，董事责任指数分值再次提升；其三，股东可以在董事会成员任期届满前无理由撤换，所有权与管理控制指数增加了分值；其四，禁止子公司收购母公司发行的股份；其五，公司完成利润分配的法定最长年限是自宣布起一年内。后两项都提升了所有权与管理控制指数的分值。

第七章　跨境贸易

第一节　世界银行方法论

“跨境贸易”指标的方法论，源于西梅昂·詹科夫、卡罗琳·古特弗罗因德(Caroline Freund)和范(Cong S. Pham)[1]共同撰写的《及时交易》(“Trading on Time”)一文。[2]在该文中，作者使用收集的数据来探求延迟交货对国际贸易的影响，这些数据是98个国家将标准货物从工厂大门移至船舶的时间。作者假设一个关于时间成本对贸易产生影响的差异引力方程。

一、发货延迟相当于距离增加

作者发现，产品在发货前每延迟一天都会减少超过1%的交易。换言之，**每延迟一天相当于一个国家与其贸易伙伴之间的距离平均增加大约70公里。**

作者使用内陆国家的样本控制潜在的内生性，研究发现，延迟交货对时效性商品如易腐农产品的出口会产生更大的影响。作者的结论是降低交易

1　Simeon Djankov和Caroline Freund来自世界银行，Cong S. Pham来自澳大利亚迪肯大学会计、经济和金融学院。在该文中，作者感谢Andrew Bernard、James Harrigan、Bernard Hoekman、Amit Khandelwal、Stephen Redding、Dani Rodrik、Alan Winters、两位匿名评审以及达特茅斯大学、佐治亚理工学院、纽约联邦储备银行和世界银行的研讨会与会者，感谢Marcelo Lu和Darshini Manraj收集数据。

2　本章方法论部分的初译由华东政法大学国际金融法律学院研究生王倩同学完成，本书作者进行了选编与校译。

成本（而不是关税壁垒）对刺激出口具有重要作用。

在文章开篇，作者假设了一个情景：在班吉（中非共和国），将出口集装箱从工厂搬到最近的港口，并且满足将货物装载到船上的所有海关、行政和港口要求，需要花费116天，瓦加杜古（布基纳法索）需要71天，阿拉木图（哈萨克斯坦）需要93天，巴格达需要105天。相比之下，哥本哈根只需要5天，柏林只需要6天，路易港（毛里求斯）需要16天，上海、[1]吉隆坡或圣地亚哥（智利）需要20天。作者的目标是估计这些不同的贸易成本是否影响了贸易，以及如何影响贸易。在此过程中，作者使用了新的贸易成本数据，这些数据来自126个国家的345名货运代理商、港口及海关官员。文章使用的数据是在大型商业城市将一个20英尺的装满特定货物的集装箱运送到最近港口的平均时间。

作者使用差异引力方程（difference gravity equation）来估算贸易成本对贸易的影响。差异引力方程用以评估时间延迟对具有相似禀赋和地理位置的国家，在面对进口国相同关税情况下的出口影响。将类似的国家向同样的进口国的出口进行比较，可以甄别出进口国的因素（如偏远地区和关税）对贸易的影响。例如，作者可以评估在考虑了决定贸易的标准因素（例如，相对规模、相对距离和相对收入）之后，巴西和阿根廷对美国的出口，巴西和阿根廷自身的交易时间成本是否减少了。

二、交易量影响贸易成本

文章认为，一个重要的问题是：交易量可能会直接影响贸易成本。当交易量增大时，成本会摊薄在更多的商品上，贸易便利化投资的边际价值可能会更高。另外，许多节省时间的技术，例如电脑化的集装箱扫描，只能在容量大的港口中使用。因此，一方面，更有效的贸易便利化政策能够刺激交易，大额的贸易本身也可能促进贸易的便利化。[2]另一方面，较大的贸易量可能会导致交通拥堵，并降低贸易基础设施的使用效率，从而导致时间成本增加与贸易量增长呈正相关关系。以后者为例，2003年中国贸易量激增时，上海港口的平均等待时间延长2天。因此，中国2002年和2003年的数据显示了延迟

1 关于上海，使用的是当年的数据。

2 例如，Hummels和Skiba（2004）提供的证据表明，贸易量会影响采用集装箱运输的时间，并降低运输成本。

交货与贸易量增加之间的正相关关系。2004年，由于延误，增加了12个装卸泊位，出口时间有所下降。这些考虑因素使得区分相关性和因果关系非常重要。差异说明减少了内生性问题，因为贸易便利化过程中由收入和贸易引起的主要差异主要来自区域差异。

接下来，为了确定贸易成本对贸易的影响，文章报告了出口时的结果。作者使用内陆国家的样本，用以计算从该国边境到邻国港口的时间，即排除所有国内时间的成本。虽然贸易量可能会影响贸易时间，但贸易量不太可能影响外国的出口时间，特别是因为较小的内陆国家，往往只有一小部分通过外国港口进行贸易。

最后，作为消除潜在内生性问题的替代方法，作者设计了一个差异公式。作者运用技术来评估在控制出口商因素和行业固定效应因素的基础上，时效性和延迟交货对交易流量的交互作用。直觉经验表明，长时间的延迟，给具有时效性产品的出口商带来了更大的障碍。这符合罗马利斯（Romalis, 2004）、[1]列夫琴科（Levchenko, 2007）[2]以及库纳特和梅利茨（Cunat and Melitz, 2007）[3]的理论，他们分别考察了禀赋、组织和劳动力灵活性对贸易的影响。这个理论的优点是，作者可以研判较低的贸易成本是否刺激了更多的时效性产品的出口。

作者的估计模型显示，产品在发货前每延迟一天就会减少超过1%的交易。换言之，每增加一天就相当于一个国家与贸易伙伴的距离增加1%，即70公里左右。例如，如果乌干达的工厂到船运时间从58天缩短到27天（样本的中位数），预计出口将增加31%，乌干达将使其与主要贸易伙伴距离拉近2 200公里，这是从坎帕拉到开罗距离的2/3。

三、数据采集与数据分析

文章的数据基于2005年对来自146个国家的货运代理人进行的世界银

---

1 Romalis, John, "Factor Proportions and the Structure of Commodity Trade", *American Economic Review*, 94:1, 2004, pp. 67–97.

2 Levchenko, Andrei, "Institutional Quality and International Trade", *Review of Economic Studies*, 74:3, 2007, pp. 791–819.

3 Cunat, Alejandro and Marc Melitz, "Volatility, Labor Market Flexibility, and the Pattern of Comparative Advantage", NBER Working Paper 13062, 2007.

行问卷调查。货运代理人是最能提供贸易成本信息的专家人士，因为大多数企业需要使用他们的服务来从事跨境贸易。在全球范围内，43 000个货运公司雇用1 100万人，从事大约85%的对外贸易。他们的服务范围包括找到最合适的装运路线、准备符合海关和保险要求的文件、费用安排和缴纳关税，以及就可能影响货运的立法变化和政治方向提供咨询。总体而言，共有345名贸易代理人参与了调查，每个国家至少有两名贸易代理人参加了调查，作者也与所有受访者进行了后续电话会议，以确认数据的编码。[1]为保证调查质量，调查由港务局和占样本总数1/3的国家（48个国家）的海关官员完成。

为了记录出口货物所需的程序以及相关时间、文件和签名的数量，作者向调查受访者描述了一个标准的交易场景。出口商是本地企业（100%由国民所有），拥有201名员工，位于该国人口最多的城市。出口商不在出口加工区，也不在具有特殊出口特权的工业区内经营。每年，其10%以上的销售额都投向国际市场，管理层熟悉所有交易规则和要求。

作者也对货物进行了标准假设，以使其在各个国家具有可比性。交易产品以干燥的20英尺满载集装箱运输。它不危险，也不需要冷藏。除了公认的国际运输标准外，该产品不需要符合任何特殊的植物检疫或环境安全标准（在这种情况下，出口时间可能会更长）。最后，假设样本中的每个国家都出口以下产品类别：纺织纱线和织物（SITC 65），服装和服装配件（SITC 84）以及咖啡、茶、可可、香料及其制成品（SITC 07）。

调查问卷要求受访者确定可能的出口港。对于一些国家，特别是在非洲和中东地区，受访者确定的可能不是最近的港口。例如，贝宁的主要港口科托努由于腐败和高额的码头费用而很少使用。

根据出口程序，调查问卷分为四个阶段：检查和技术许可等装运前活动，内陆运输和装卸，港口装卸（如果需要一定的储存时间，则包括储存时间），最后是海关和技术控制。在每个阶段，受访者需要阐明所需文件，在何处提交

---

1 四家主要的货运公司参与了这次调查：瑞士公司Panalpina在56个国家设有办事处；丹麦的马士基西兰在北欧和东亚完成了28项调查；法国SDV国际物流公司在24个西非和中非国家完成了问卷调查；南非的马尼卡覆盖了南非的10个国家。独立货运代理人在其余18个国家完成了调查，并在其他国家提供了第二套答案。

这些文件，哪些签名是必要的，相关费用是多少，[1]以及完成每个程序所需的平均时间和最长时间。通过案例场景收集数据。在布隆迪，出口商平均需要提交11份文件、17次到各办事处办理事务，需要29次签名和67天的平均时间，才能将他的货物从工厂运送到船上（参见图7–1）。

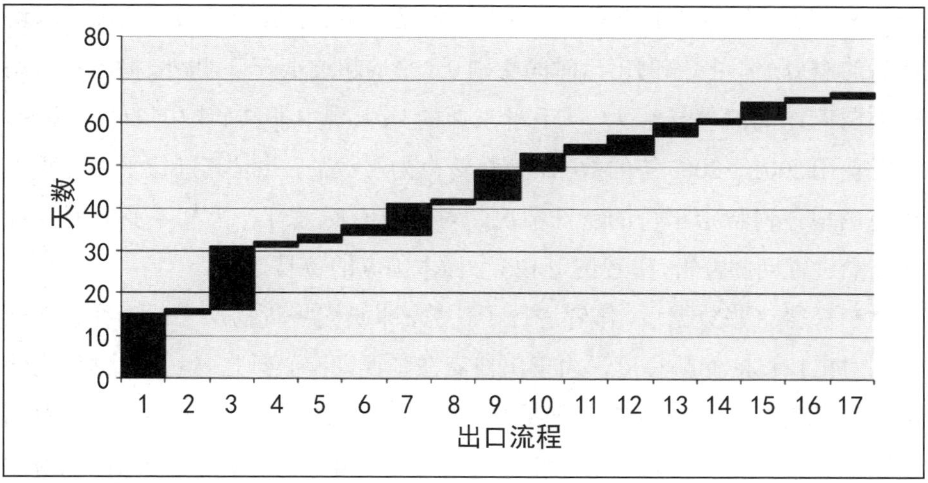

图7–1　布隆迪的出口流程

出口程序清单包括：1. 确认信用证有效；2. 获得货物并装入集装箱；3. 准备和使用出口文件；4. 装运前的检查和许可；5. 准备过境清关；6. 内陆运输到边境；7. 安排运输、等待运输装载；8. 等待边境过境；9. 从边境运输到港口；10. 码头处理活动；11. 支付出口关税等税款；12. 在船上装载集装箱；13. 海关检查和清关；14. 技术检测、检验检疫；15. 通过海关检查与清关；16. 通过技术检测、检验检疫；17. 最终清关通过。

贸易便利化程度不仅涉及贸易的有形基础设施。事实上，样本中只有大约1/4的延迟是由于道路或港口基础设施薄弱，比如出口商位于最大的商业城市。3/4是行政程序导致的障碍，通常在集装箱到达港口之前需要经过许多

1　不考虑正常费用以外的费用支付，例如贿赂或其他为减少流程而产生的非正式支出。这不是因为它们没有发生，而是因为调查问卷的一个单独部分已经针对限制出口的主要因素，提出了开放式的问题，其中包括对港口和海关腐败的看法。收集数据以现有规则和条例为准。除非收费可以反映在特定的书面规则之中，否则不会被记录。

海关程序、税务程序、许可和货物检查程序等。内陆非洲国家的问题则更加严重，其出口商需要在每个边界遵守不同的要求。

文章按区域列出了出口的要求、所需时间等统计数字。该数据显示了几种模式：在发达国家，从工厂到发货的产品相对较快，澳大利亚和新西兰平均只有10天，欧盟平均只有13天。东亚和太平洋地区的国家也相对高效，东盟平均需要23天，而新加坡只需要6天。相比之下，撒哈拉以南非洲和苏联解体后的（独联体）国家的出口时间特别长，平均超过40天。此外，撒哈拉以南非洲国家之间的差异很大，从毛里求斯的16天到中非共和国的116天不等。作者使用2001—2003年的数据，将其转换为常数值，并对其进行平均计算以避免出现任何特定年份的特殊情况。对于具有时效性产品和不具有时效性的产品进行回归分析，作者使用126个样本国家的贸易数据。

在获得这些数据后，作者进行了估算，即研究将货物从工厂运往船舶的时间对出口量的影响程度。由于出口商在延误期间必须在货物的储存、运输上花费资金，因此长时间的延误会给出口带来障碍。而高价值商品所面对的问题将更为严峻，因为在延误期间，这些商品实际上正在贬值。最后，长时间的延误很可能导致交货时间的不确定性，进一步减少出口。[1]

作者建立了数个差异引力方程，通过回归分析，研究了类似国家的相对出口（按地理位置、相关因素、面对与国外相同的贸易壁垒来确定类似国家）、相对延迟交货以及其他标准变量。作者的研究结果表明，平均每延迟1天，交易量减少至少1%，特别是延迟交货对具有时效性的农业品及工业品、内陆国家在国外的运输时间方面有较大影响。

实证表明，在货物驶往出口目的地之前，每延迟1天，相当于将距离贸易伙伴的路程增加约70公里。这也许可以解释为什么毛里求斯的出口商取得了成功。在处理货物的16天内，其贸易基础设施的效率与英国相同，并且优于法国。

1 数据包含了有关最大出口时间的信息。为了控制不确定性，作者在回归方程中增加了最长时间和最长平均时间变量。当包含这些变量与平均时间变量（保持稳健）时，这些变量的系数并不显著，当不包括平均时间的变量时，系数与这里所报告的非常相似。最长时间与平均时间的相关性为0.92。这种高度相关性意味着难以找出个体不确定性的影响。

第二节　世界银行评估标准的定义与假设

世界银行“跨境贸易”指标评估的是与进出口货物的物流过程相关的时间和成本，其相关假设如下：

一、关于时间和成本的假设

《营商环境报告》衡量了货物进出口总过程中的三组程序（单证合规、边界合规和国内运输）所耗费的时间和成本（不包括关税）。经济体跨国贸易便利度的排名，取决于其在跨国贸易方面的前沿距离分数的排序。这些分数为进出口单证合规和边界合规的时间和成本的前沿距离分数的简单平均值。

《营商环境报告》收集并公布国内运输相关时间和成本的数据，但在计算跨国界贸易方面的前沿距离分数或跨国界贸易便利度排名时，并没有采用这些数据。主要原因是，国内运输的时间和成本受许多外部因素影响，例如，过境地区的地理和地形、道路通行能力和一般性基础设施、与最近的港口或边界的临近程度以及存放贸易货物的仓库的地点，这些方面与经济体贸易政策及改革并无直接的关联。

有关跨境贸易的数据，是通过对当地货运转运商、报关行和贸易商的问卷调查收集而来。

二、关于货物和交易的假设

对于《营商环境报告》覆盖的190个经济体来说，假设货物是从出口经济体最大商业城市的仓库，运到进口经济体最大商业城市的仓库。另外还对11个经济体在相同的案例研究假设下，收集了第二大商业城市的数据。对于中国来说，除了评估上海港之外，还要评估与北京相邻的天津港。

进出口案例研究假设了不同的贸易产品。假设每个经济体从其常规进口伙伴（即进口汽车零部件金额——价格乘以数量——最大的那个经济体）进口一个标准化15吨集装箱船装运的汽车零部件（HS 8708）。假设每个经济体向其常规出口伙伴（即购买产品金额最大的经济体）出口其具有比较优势的产品（通过最大出口额来界定）。然而，贵金属和宝石、矿物燃料、油类产品、活体动物、食品与产品残留及肥料，以及药物不包括在可能出口的产品清单里。一船货物为一个贸易单位。出口货物未必是集装箱装运的，而进口的汽车零部件则假设为集装箱装运。如果政府费用由货物价值决定，则假设货物价值为50 000美元。产品是新的，不是二手的或用过的商品。

三、关于费用和运输方式的假设

出口及进口公司雇用货运转运商或报关行（或两者同时），并支付与国内运输、海关和其他机构的通关和强制检查、港口或边境装卸、单证合规费等相关费用。

运输方式为所选出口或进口产品及贸易伙伴最广泛使用的方式，即海港或陆上边境通道。政府机构要求通过电子方式提交的与货物有关的所有信息，均视为出口或进口过程中需要获取、准备和提交的单证。

港口或边界被界定为商品进入或离开经济体的地方（海港或陆上边境通道）。

相关政府机构包括海关、港务管理机构、道路警察、边防守卫、标准化机构、农业或工业部、国家安全机构及任何其他政府机构。

第三节　世界银行评估的指标

“跨境贸易”指标由8项二级指标构成，其定义及计量方式如下：

表7-1　“跨境贸易”二级指标

二级指标	定义	计量方式
出口耗时：单证合规	获得单证、准备单证、处理单证、呈阅单证以及提交单证的时间。	小时
进口耗时：单证合规	获得单证、准备单证、处理单证、呈阅单证以及提交单证的时间。	小时
出口耗时：边界合规	在港口或边界装卸以及报关报检过程中获取、准备和提交单证的时间。	小时
进口耗时：边界合规	在港口或边界装卸以及报关报检过程中获取、准备和提交单证的时间。	小时
出口所耗费用：单证合规	获得单证、准备单证、处理单证、呈阅单证以及提交单证的成本。	美元
进口所耗费用：单证合规	获得单证、准备单证、处理单证、呈阅单证以及提交单证的成本。	美元
出口所耗费用：边界合规	在港口或边界装卸以及报关报检过程中获取、准备和提交单证的成本。	美元
进口所耗费用：边界合规	在港口或边界装卸以及报关报检过程中获取、准备和提交单证的成本。	美元

一、时间

跨境贸易的“时间”，以小时为单位，1天为24小时（例如，22天记为22×24=528小时）。如果通关花费了7.5小时，则数据照此记录。但是，假如单证早上8点提交至海关，第二天早上8点可以领取，在这种情况下通关的时间就被记录为24小时，因为实际过程花费了24小时。

二、成本

成本以美元计算，保险费用和不开收据的非正式付款，均不包括在记录的成本之内。问卷填写者必须根据其答复问卷当天的通行汇率，将本国货币换算成美元。问卷填写者为国际贸易物流领域私营部门的专家，并了解汇率及其变动。

三、单证合规

单证合规反映为了满足来源经济体、目的地经济体以及任何过境经济体的所有政府机构对单证的要求所需的时间和成本，其目的是衡量准备一系列单证的总负担。这些单证使得案例研究中所假设的产品和贸易伙伴之间的国际贸易得以完成。例如，货物从孟买运送到纽约，货运转运商必须准备并向印度海关、孟买港务管理机构以及纽约海关提交单证。

单证合规的时间和成本包括获得单证（比如单证的发行和盖章所花的时间）、准备单证（比如收集信息以完成海关申报表和原产地证书所花的时间）、处理单证（比如等待相关机构在所有检查完成后发放植物检疫证书所花的时间）、呈阅单证（比如向道路警察出示海关申报表或向港务管理机构出示港口码头收据所花的时间）以及提交单证（比如当面或通过电子方式向海关机构提交海关申报表所花的时间）的时间和成本。

任何政府机构要求以电子或者书面方式提交的与货物相关的所有信息，均被视为进出口过程中获得、准备和提交的单证。无论法律或实践中是否要求，货运转运商或报关行针对案例研究假设的产品和贸易伙伴准备的所有单证均计算在内。为获得优惠待遇而准备和提交的任何单证（例如原产地证明）也都纳入了单证合规的时间和成本计算之中。被认为能方便货物通行而准备和提交的任何单证也纳入其中（例如，货运转运商可能会准备一份装箱单，因为他们的经验表明，这会降低实物检查或其他突击性检查的可能性）。

此外，对进出口而言，任何属于强制性的单证也包括在时间和成本的计算中。然而，只需要一次性获取的单证就不包括在内。《营商环境报告》也不包括在国内市场进行生产和销售所需的文件（比如在国内销售玩具可能需要的第三方安全标准测试证明），除非有政府机构在出口过程中需要查看这些文件。

四、边界合规

边界合规衡量的时间和成本，与遵守经济体的海关规定以及遵守为了让货物通过经济体边界而强制要求的其他相关规定有关。另外，边界合规还衡量了经济体港口或边界装卸的时间和成本。这一部分时间成本还包括其他机构进行的通关和检查程序。例如，进行植物检疫的时间和成本也被纳入。

边界合规时间和成本的计算，取决于边界合规程序发生在哪里，是谁要求和由谁进行的，以及进行检查的可能性多大。如果所有的报关报检都在港口或边界同时进行，对边界合规时间的估算，会将这种同时性考虑在内。

边界合规的时间和成本可以忽略不计或者为零，这是完全可能的，在欧盟或其他关税同盟成员国之间进行贸易时即是如此。

如果部分或全部的海关检查或其他检查是在别的地方进行的，那么这些检查的时间和成本将加到在港口或边界进行的检查时间和成本上。以哈萨克斯坦为例，所有报关报检都在位于阿拉木图的海关检查站进行，而阿拉木图不是哈萨克斯坦和中国之间的陆上边界。在这种情况下，边界合规时间是在阿拉木图检查站花费的时间和在边界装卸花费的时间之和。

《营商环境报告》要求答卷者或者受访者估计海关部门完成通关和检查的时间和成本，对通关和检查的界定是通过核实产品分类、确认数量、确定原产地和检查海关申报表中其他信息的真实性，进行以计算关税为目的的单证和实物检查。（这类检查包括所有旨在防止走私的检查。）这些就是多数情况下的通关和检查程序，因此被视为“标准”情况。时间和成本估计反映出经济体海关的效率。

《营商环境报告》还要求答卷者或者受访者估计海关和所有其他机构完

成对指定产品的通关与检查的总时间和总成本。这些估计说明了有关健康、安全、植物检疫标准、合格性等的检查情况，因此反映出要求并进行这些附加检查的机构的效率。

如果发生除海关之外的其他机构的检查的概率小于或者等于20%，则边界合规的时间和成本计算只包括海关的通关和检查（标准情况）。如果上述概率高于20%，则时间和成本计算会计入所有机构的通关和检查。不同类型的检查发生概率是不同的，例如，扫描检查在100%的情况下会发生，而实物检查只有5%的可能性会发生。在这种情况下，《营商环境报告》仅会考虑扫描时间，因为实物检查发生的概率低于20%。经济体的边界合规时间和成本不包括为满足其他经济体法规要求而花费的时间和成本。

以上指标及假设，可以用表格简述如下：

表7–2　世界银行评估“跨境贸易”指标及案例假设

指标衡量的是什么	案例研究的假设
单证合规 获取、准备和提交在原产地经济体的运输、清关、检查和港口与边境装卸过程中的文件 获取、准备和提交目的地经济体以及任何过境经济体所需的文件 涵盖所有法律及实践所需的文件，包括以电子方式提交的资料 **边界合规** **清关检查** 其他机构检查（如适用于超过20%的货物） 经济体港口或边境装卸和检查 **国内运输** 仓库或港口/边境装卸货物 仓库与港口/边境之间的运输 货物运输途中的交通延误和交通警察检查	本文对贸易货物和相关交易做出若干假设，以便确保各经济体的数据具有可比性。 **时间**：时间按小时计算，一天为24小时（例如，22天记录为22×24=528小时）。若清关需要7.5个小时，则数据按实际计算。或者，假设在早上8：00向海关机构提交文件，隔夜处理完成，可在第二天早上8：00提货，则清关时间将记录为24小时，因为实际程序需要24小时。 **费用**：保险费用以及未开具收据的非正式付款均不包含在记录费用内。费用以美元计算。要求数据提供者根据回答调查问卷当天的汇率将当地货币换算成美元。数据提供者是国际贸易物流领域对汇率情况非常了解的私营部门专家。 **案例研究假设**：对于《营商环境报告》覆盖的所有190个经济体来说，假定货物在出口经济体最大商业城市的仓库，并将会运输到进口经济体最大商业城市的仓库。 假设每个经济体从其自然进口贸易伙伴进口15公吨集装箱汽车零部件（HS 8708）——从这个经济体进口最大价值（价格乘以数量）的汽车零部件。假设每个经济体都将其具有比较优势（以最大出口价值定义）的产品出口到其自然出口贸易伙伴——该经济体为该产品的最大购买者。货物价值假定为50 000美元。

（续表）

指标衡量的是什么	案例研究的假设
	所选择进出口产品和贸易伙伴使用最广泛的运输方式为海港或陆路过境运输。 任何政府机构要求提交的与货物有关的所有电子信息均认为是在出口或进口过程中获得、准备和提交的文件。 港口或边境是商品进出经济体的地方（海港或陆路边境）。 相关政府机构包括海关、港务局、交通警察、边防警卫、标准化机构、工业部和农业部、国家安全机关以及其他政府部门。

第四节　中国的改革及成效

一、中国排名显著提升

世界银行《营商环境报告》显示，我国近年来的“跨境贸易”一直徘徊于全球第97名上下，最大的进步源于DB2019，从上一年度的第97名，跃升至第65名，大幅提升了32名。DB2020显示，我国这项指标排名持续上升，排名全球第56位，一举超越了日本、巴拿马、台湾、新西兰等9个进出口均为海运的国家和地区。

表7-3　中国“跨境贸易”分项指标近六年的得分

二级指标	定义	计量方式	中国(2015)	中国(2016)	中国(2017)	中国(2018)	中国(2019)	中国(2020)
出口耗时：单证合规	获得单证、准备单证、处理单证、呈阅单证以及提交单证的时间。	小时	21.2	21.2	21.2	21.2	8.6	9
进口耗时：单证合规	获得单证、准备单证、处理单证、呈阅单证以及提交单证的时间。	小时	65.7	65.7	65.7	65.7	24	13
出口耗时：边界合规	在港口或边界装卸以及报关报检过程中获取、准备和提交单证的时间。	小时	25.9	25.9	25.9	25.9	25.9	21
进口耗时：边界合规	在港口或边界装卸以及报关报检过程中获取、准备和提交单证的时间。	小时	92.3	92.3	92.3	92.3	48	36

（续表）

二级指标	定义	计量方式	中国（2015）	中国（2016）	中国（2017）	中国（2018）	中国（2019）	中国（2020）
出口所耗费用：单证合规	获得单证、准备单证、处理单证、呈阅单证以及提交单证的成本。	美元	84.6	84.6	84.6	84.6	73.6	74
进口所耗费用：单证合规	获得单证、准备单证、处理单证、呈阅单证以及提交单证的成本。	美元	170.9	170.9	170.9	170.9	122.3	77
出口所耗费用：边界合规	在港口或边界装卸以及报关报检过程中获取、准备和提交单证的成本。	美元	484.1	484.1	484.1	484.1	314	256
进口所耗费用：边界合规	在港口或边界装卸以及报关报检过程中获取、准备和提交单证的成本。	美元	745	745	745	745	326	241
“跨境贸易”排名			**98**	**96**	**96**	**97**	**65**	**56**

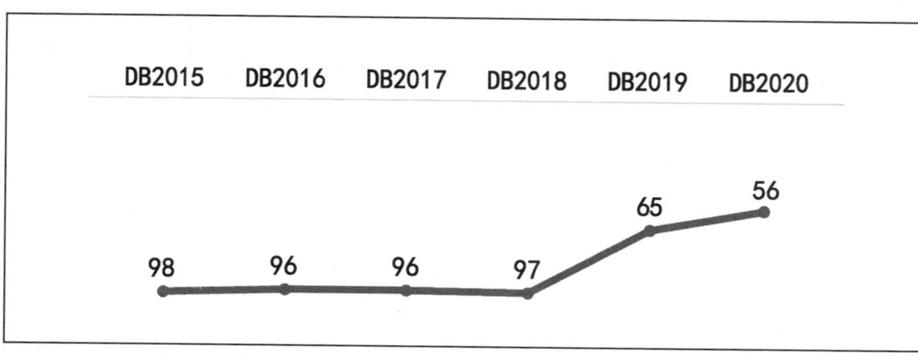

图7-2　中国“跨境贸易”指标2015—2020年的全球排名

二、DB2019和DB2020中国指标城市评估结果

（一）DB2020上海和北京评估结果

根据DB2020，上海和北京的评估结果如下表所示。

表 7-4　DB2020"跨境贸易"分项指标评估结果

项目	中国	北京	上海	备注
得分	86.5	85.7	87.2	
出口时间：边界合规（小时）	21	24	18	
出口成本：边界合规（美元）	256	265	249	
出口时间：单证合规（小时）	9	10	8	
出口成本：单证合规（美元）	74	78	70	
进口时间：边界合规（小时）	36	34	37	
进口成本：边界合规（美元）	241	255	230	
进口时间：单证合规（小时）	13	15	11	
进口成本：单证合规（美元）	77	80	75	

(二) 上海DB2019评估结果

表 7-5　上海 DB2019 分项指标与前沿经济体的比较

指标	上海	东亚及太平洋地区	经合组织高收入经济体	最佳监管表现
出口耗时：边界合规（小时）	23	54.7	12.5	1（19个经济体）
出口所耗费用：边界合规（美元）	305	382.2	139.1	0（19个经济体）
出口耗时：单证合规（小时）	8	57.6	2.4	1（26个经济体）
出口所耗费用：单证合规（美元）	70	109.4	35.2	0（20个经济体）
进口耗时：边界合规（小时）	48	69.2	8.5	0（25个经济体）
进口所耗费用：边界合规（美元）	335	415.8	100.2	0（28个经济体）
进口耗时：单证合规（小时）	24	57.0	3.4	1（30个经济体）
进口所耗费用：单证合规（美元）	120	109.5	24.9	0（30个经济体）

表 7-6　上海"跨境贸易"（详细信息）

特点	出口	进口
产品	HS 85：电气机械与设备及其零部件；录音机与扬声器、电视图像与声音记录器与再生器，以及相关零部件和组件	HS 8708：机动车辆零部件和组件

（续表）

特点	出口	进口
贸易伙伴	中国香港	日本
边境	上海港口	上海港口
距离（千米）	31	31
国内运输时间（小时）	4	6
国内运输成本（美元）	179	219

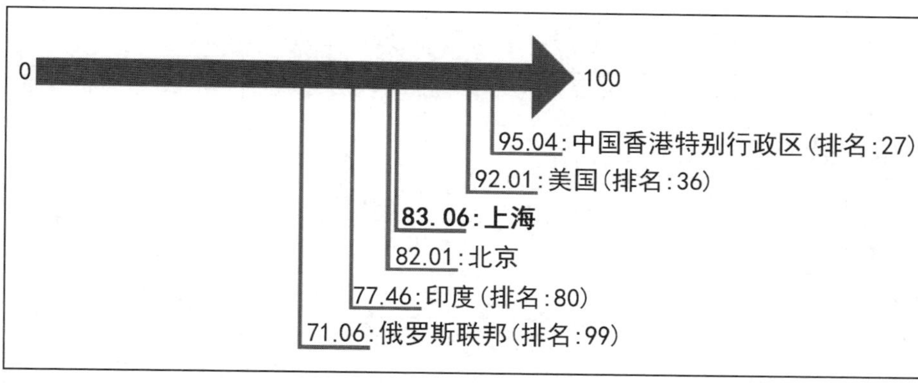

图7-3　上海和可比经济体“跨境贸易”：排名与得分

注：各经济体的跨境贸易便利度排名由各自跨境贸易指标得分整理决定。这些得分为进出口单证合规和边界合规的时间和成本简单平均值。

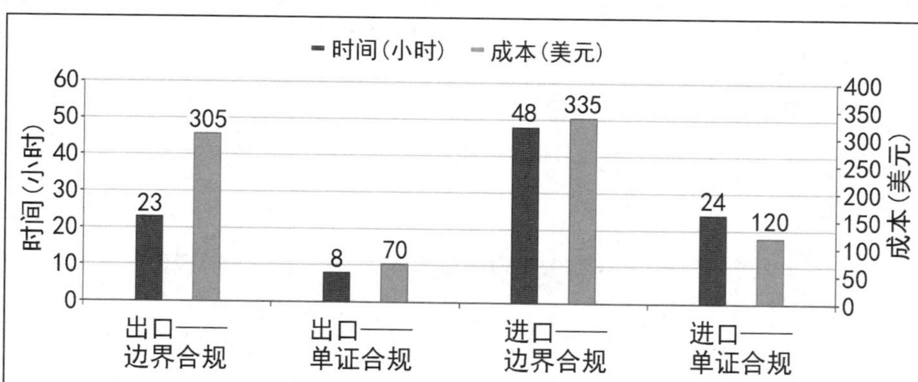

图7-4　上海“跨境贸易”：边界合规与单证合规

表 7-7　上海“跨境贸易”：边界合规部分（详细信息）

	完成时间（小时）	相关成本（美元）
出口：海关当局要求的通关和检查	6.0	30.0
出口：非海关机构要求的通关和检查	0.0	0.0
出口：港口或边境装卸	23.1	275.0
进口：海关当局要求的通关和检查	11.0	45.0
进口：非海关机构要求的通关和检查	0.0	0.0
进口：港口或边境装卸	48.0	290.0

表 7-8　上海“跨境贸易”：贸易单证（详细信息）

出口	进口
商业发票	合同
装箱单	商业发票
提货单	装箱单
海关授权书	经商务部批准的机电产品进口许可证
海关出口申报单	原产地证书
码头装卸收据	提货单
《国际海上人命安全公约》证书	电报放货
	海关进口申报单
	报检
	码头装卸收据
	《国际海上人命安全公约》证书

（三）北京DB2019评估结果

表 7-9　北京 DB2019 分项指标与前沿经济体的比较

指标	北京	东亚及太平洋地区	经合组织高收入经济体	最佳监管表现
出口耗时：边界合规（小时）	29	54.7	1.25	1（19个经济体）
出口所耗费用：边界合规（美元）	325	382.2	139.1	0（19个经济体）

（续表）

指标	北京	东亚及太平洋地区	经合组织高收入经济体	最佳监管表现
出口耗时：单证合规（小时）	10	57.6	2.4	1（26个经济体）
出口所耗费用：单证合规（美元）	78	109.4	35.2	0（20个经济体）
进口耗时：边界合规（小时）	48	69.2	8.5	0（25个经济体）
进口所耗费用：边界合规（美元）	315	415.8	100.2	0（28个经济体）
进口耗时：单证合规（小时）	24	57.0	3.4	1（30个经济体）
进口所耗费用：单证合规（美元）	125	109.5	24.9	0（30个经济体）

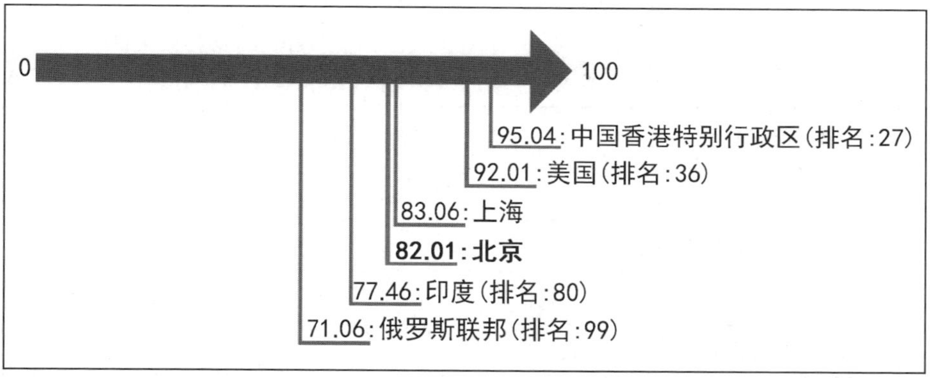

图7-5　北京和可比经济体"跨境贸易"：排名与得分

注：各经济体的跨境贸易便利度排名由各自跨境贸易指标得分整理决定。这些得分为进出口单证合规和边界合规的时间和成本简单平均值。

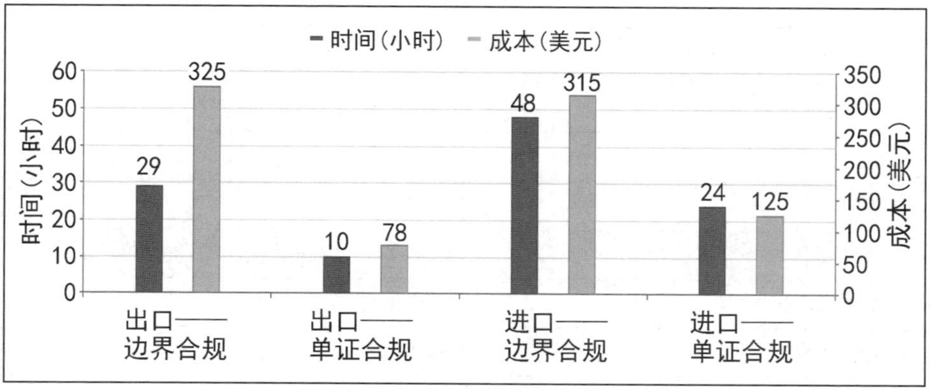

图7-6　北京"跨境贸易"：边界合规与单证合规

表 7–10　北京“跨境贸易”（详细信息）

特点	出口	进口
产品	HS 85：电气机械与设备及其零部件；录音机与扬声器、电视图像与声音记录器与再生器，以及相关零部件和组件	HS 8708：机动车辆零部件和组件
贸易伙伴	中国香港	日本
边境	天津港口	天津港口
距离（千米）	182	182
国内运输时间（小时）	9	8
国内运输成本（美元）	365	395

表 7–11　北京“跨境贸易”：边界合规部分（详细信息）

	完成时间（小时）	相关成本（美元）
出口：海关当局要求的通关和检查	8.0	30.0
出口：非海关机构要求的通关和检查	0.0	0.0
出口：港口或边境装卸	29.5	295.0
进口：海关当局要求的通关和检查	14.0	45.0
进口：非海关机构要求的通关和检查	0.0	0.0
进口：港口或边境装卸	48.0	270.0

表 7–12　北京“跨境贸易”：贸易单证（详细信息）

出口	进口
商业发票	合同
装箱单	商业发票
提货单	装箱单
海关授权书	经商务部批准的机电产品进口许可证
海关出口申报单	原产地证书
码头装卸收据	提货单
《国际海上人命安全公约》证书	电报放货保函

（续表）

出口	进口
	海关进口申报单
	报检
	码头装卸收据
	《国际海上人命安全公约》证书

DB2019赞赏中国在促进跨境贸易便利化方面的改革亮点颇多，几乎各项指标都取得了显著进展：通过实施“单一窗口”，取消行政性收费，增强透明度并鼓励竞争，压缩了“跨境贸易”的时间和成本。出口单证合规时间从21.2小时降至8.6小时，出口单证合规成本从84.6美元降至73.6美元，出口边界合规成本从484.1美元降至314美元，进口单证合规时间从65.7小时降至24小时，进口边界合规时间从92.3小时降至48小时，进口单证合规成本从170.9美元降至122.3美元，进口边界合规成本从745美元降至326美元。

上述成绩的取得，归功于上海和天津两个港口城市所做的不懈努力。从两个港口的得分看，上海83.06分，比北京（天津港）高1.05分。在世界银行测评的8个分项指标中，上海有5个指标好于北京（出口边界合规时间、出口边界合规费用、出口单证合规时间、出口单证合规费用、进口单证合规费用），2个指标相同（进口边界合规时间、进口单证合规时间），1个指标略差于北京（进口边界合规费用中，码头操作相关费用上海比北京高20美元）。

三、中国优化口岸营商环境的工作方案

2018年10月13日，国务院发布了《关于印发优化口岸营商环境促进跨境贸易便利化工作方案的通知》（国发〔2018〕37号），将《优化口岸营商环境促进跨境贸易便利化工作方案》印发给各省、自治区、直辖市人民政府，国务院各部委、各直属机构，要求认真贯彻执行。

根据该工作方案，我国要充分利用信息化、智能化手段，提高口岸监管执法和物流作业效率。借鉴国际经验，建立符合我国口岸管理实际、与国际通行做法对接并可比的口岸营商环境评价机制，到2018年底，需在进出口环节验核的监管证件数量比2017年减少1/3以上，除安全保密需要等特殊情况外，

全部实现联网核查，整体通关时间压缩1/3。到2020年底，相比2017年集装箱进出口环节合规成本降低一半。到2021年底，整体通关时间比2017年压缩一半，世界银行跨境贸易便利化指标排名提升30位，初步实现口岸治理体系和治理能力现代化，形成更有活力、更富效率、更加开放、更具便利的口岸营商环境。

该方案确立的工作任务如下：

(一) 简政放权，减少进出口环节审批监管事项

1. 精简进出口环节监管证件。取消一批进出口环节监管证件，能退出口岸验核的全部退出。2018年11月1日前需在进出口环节验核的监管证件减至48种；除安全保密需要等特殊情况外，通过多种形式全部实现联网，在通关环节比对核查。(相关部门按职责分工负责。)

2. 优化监管证件办理程序。除安全保密需要等特殊情况外，2020年底前，监管证件全部实现网上申报、网上办理。(相关部门按职责分工负责。)

(二) 加大改革力度，优化口岸通关流程和作业方式

3. 深化全国通关一体化改革。推进海关、边检、海事一次性联合检查。海关直接使用市场监管、商务等部门数据办理进出口货物收发货人注册登记。加强关铁信息共享，推进铁路运输货物无纸化通关。2018年底前，海关与检验检疫业务全面融合，实现“五统一”：统一申报单证，统一作业系统，统一风险研判，统一指令下达，统一现场执法。(海关总署牵头，商务部、市场监管总局、移民局、交通运输部、民航局、中国铁路总公司按职责分工负责。)

4. 全面推广“双随机、一公开”监管。从进出口货物一般监管拓展到常规稽查、保税核查和保税货物监管等全部执法领域。推进全链条监管“选、查、处”分离，提升“双随机”监管效能。(海关总署牵头，相关部门按职责分工负责。)

5. 推广应用“提前申报”模式。提高进口货物“提前申报”比例，鼓励企业采用“提前申报”，提前办理单证审核和货物运输作业，非布控查验货物抵达口岸后即可放行提离。(海关总署牵头，民航局、中国铁路总公司按职责分工负责。)

6. 创新海关税收征管模式。全面创新多元化税收担保方式，推进关税保证保险改革，探索实施企业集团财务公司、融资担保公司担保改革试点。全面推广财关库银横向联网，加快推进税单无纸化改革。(海关总署、银保监会、财政部、人民银行、税务总局按职责分工负责。)

7. 优化检验检疫作业。减少双边协议出口商品装运前的检验数量。推行进口矿产品等大宗资源性商品“先验放后检测”检验监管方式。创新检验检疫方法，应用现场快速检测技术，进一步缩短检验检疫周期。(海关总署负责。)

8. 推广第三方采信制度。引入市场竞争机制，发挥社会检验检测机构作用，在进出口环节推广第三方检验检测结果采信制度。(海关总署牵头，相关部门按职责分工负责。)

(三) 提升通关效率，提高口岸物流服务效能

9. 提高查验准备工作效率。通过“单一窗口”、港口电子数据交换 (EDI) 中心等信息平台向进出口企业、口岸作业场站推送查验通知，增强通关时效的可预期性。进境运输工具到港前，口岸查验单位对申报的电子数据实施在线审核并及时向车站、码头及船舶代理反馈。(交通运输部、海关总署、移民局、中国铁路总公司按职责分工负责。)

10. 加快发展多式联运。研究制定多式联运服务规则。加快建设多式联运公共信息平台，加强交通运输、海关、市场监管等部门间信息开放共享，为企业提供资质资格、认证认可、检验检疫、通关查验、信用评价等一站式综合信息服务。推动外贸集装箱货物在途、舱单、运单、装卸等铁水联运物流信息交换共享，提供全程追踪、实时查询等服务。2019年底前，沿海及长江干线主要港口实现铁水联运信息交换和共享。2020年底前，基本建成多式联运公共信息平台。(交通运输部、发展改革委、商务部、中国铁路总公司牵头，海关总署、市场监管总局、民航局等相关部门按职责分工负责。)

11. 创新边境口岸通关管理模式。推进与毗邻国家和地区共同监管设施的建设和共用，推动工作制度和通关模式的协调，支持陆路边境口岸创新通关管理模式。在毗邻港澳口岸实施更便利的通关措施，在有条件的口岸推广粤港澳“客、货车一站式通关”模式。(相关省、自治区、直辖市人民政府牵头，交通运输部、海关总署、移民局按职责分工负责。)

12. 加快鲜活商品通关速度。在风险可控的前提下优化鲜活产品检验检疫流程，加快通关放行。总结推广合作经验，与毗邻国家确定鲜活农副产品目录清单，加快开通农副产品快速通关“绿色通道”。（海关总署、交通运输部、移民局及各省、自治区、直辖市人民政府按职责分工负责。）

（四）加强科技应用，提升口岸管理信息化智能化水平

13. 加强国际贸易“单一窗口”建设。将“单一窗口”功能覆盖至海关特殊监管区域和跨境电子商务综合试验区等相关区域，对接全国版跨境电商线上综合服务平台。加强“单一窗口”与银行、保险、民航、铁路、港口等相关行业机构合作对接，共同建设跨境贸易大数据平台。推广国际航行船舶“一单多报”，实现进出境通关全流程无纸化。2018年底前，主要业务（货物、舱单、运输工具申报）应用率达到80%；2020年底前，达到100%；2021年底前，除安全保密需要等特殊情况外，“单一窗口”功能覆盖国际贸易管理全链条，打造“一站式”贸易服务平台。（海关总署牵头，相关部门按职责分工负责，各省、自治区、直辖市人民政府配合。）

14. 推进口岸物流信息电子化。制定完善不同运输方式集装箱、整车货物运输电子数据交换报文标准，推动在口岸查验单位与运输企业中应用。实现口岸作业场站货物装卸、仓储理货、报关、物流运输、费用结算等环节无纸化和电子化。推动海运提单换提货单电子化，企业在报关环节不再提交纸质提单或提货单。2019年6月底前，实现内外贸集装箱堆场的电子化海关监管。2019年底前，在主要远洋航线实现海关与企业间的海运提单、提货单、装箱单等信息电子化流转。（海关总署、交通运输部、民航局、中国铁路总公司按职责分工负责，各省、自治区、直辖市人民政府配合。）

15. 提升口岸查验智能化水平。加大集装箱空箱检测仪、高清车底探测系统、安全智能锁等设备的应用力度，提高单兵作业设备配备率。扩大“先期机检”“智能识别”作业试点，提高机检后直接放行比例。2021年底前，全部实现大型集装箱检查设备联网集中审像。（海关总署、移民局按职责分工负责。）

（五）完善管理制度，促进口岸营商环境更加公开透明

16. 加强口岸通关和运输国际合作。加快制定、修订国际运输双边、多边

协定，推动与相关国家在技术标准、单证规则、数据交换等方面开展合作。扩大海关“经认证的经营者”(AEO)国际互认范围，支持指导企业取得认证，2020年底前，与所有已建立AEO制度且有意愿的“一带一路”国家海关实现AEO互认。加快实施检验检疫证书国际联网核查，重点推进与欧盟签署电子证书合作协议，2021年底前，与所有已签署电子证书合作协议且建有信息系统的国家实现联网核查。(交通运输部、海关总署、市场监管总局按职责分工负责。)

17. 降低进出口环节合规成本。严格执行行政事业性收费清单管理制度，未经国务院批准，一律不得新设涉及进出口环节的收费项目。清理规范口岸经营服务性收费，对实行政府定价的，严格执行规定标准；对实行市场调节价的，督促收费企业执行有关规定，不得违规加收其他费用。鼓励竞争，破除垄断，推动降低报关、货代、船代、物流、仓储、港口服务等环节经营服务性收费。加强检查，依法查处各类违法违规收费行为。2018年底前，单个集装箱进出口环节合规成本比2017年减少100美元以上。(财政部牵头，交通运输部、发展改革委、海关总署、市场监管总局、商务部、工业和信息化部等相关部门按职责分工负责，各省、自治区、直辖市人民政府配合。)

18. 实行口岸收费目录清单制度。建立价格、市场监管、商务、交通、口岸管理、查验等单位共同参加的口岸收费监督管理协作机制。2018年10月底前，对外公示口岸收费目录清单，清单之外不得收费。加强行业管理和行业自律，引导口岸经营服务企业诚信经营、合理定价。(各省、自治区、直辖市人民政府负责。)

19. 公开通关流程及物流作业时限。制定并公开通关流程及口岸经营服务企业场内转运、吊箱移位、掏箱和货方提箱等作业时限标准，便利企业合理安排生产、制订运输计划。公布口岸查验单位通关服务热线，畅通意见投诉反馈渠道。(各省、自治区、直辖市人民政府牵头，交通运输部、海关总署、移民局配合。)

20. 建立口岸通关时效评估机制。加强对整体通关时间的统计分析，每月通报各省(自治区、直辖市)整体通关时间。开展口岸整体通关时效第三方评估，适时向社会公布评估结果。将各省(自治区、直辖市)整体通关时间和成本纳入全国营商环境评价体系，科学设定评价指标和方法，初步建立常态化评价机制。（海关总署、发展改革委、发展研究中心按职责分工负责。）

最后，该方案要求各有关部门加快改革措施所涉法律法规的修改修订工作。

四、上海下一步的改革方向

（一）上海跨境贸易营商环境持续改革简要情况

2018年，上海港集装箱吞吐量达4 201万标箱，连续9年居世界第一；进出上海港的国际航行船舶超过4万艘次，上海海关监管报关单达到2 343万份（其中空运口岸约占一半），约占全国的28%。可以说，不断推动监管制度创新，提高口岸通行效率，促进跨境贸易便利，一直是上海口岸的内生动力。

上海市一直重视跨境贸易便利化工作，持续推进跨境贸易改革。2001年中国加入世界贸易组织时，上海市就成立了提高通关效率工作领导小组，上海率先启动“提高口岸通关效率工程”（即“大通关”工程）；整合EDI中心、港航EDI、经贸网，成立亿通公司，负责上海电子口岸平台的建设和运营。2002年5月，国务院在上海召开“提高口岸工作效率现场会”。2003年10月1日，上海口岸实施“5+2天通关工作制”，在全国率先实现了“365天，天天能通关”。2005年6月，成立上海口岸工作领导小组办公室，确定为市委市政府直属机构，主要承担“大通关”协调职能，加快建设“便捷、高效、安全、法治”的国际化一流口岸（2018年政府机构改革将口岸办整体并入市商务委，也是为了更好地与商界建立无缝衔接的沟通渠道）。2013年9月底，建立中国（上海）自由贸易试验区，加快推进贸易监管制度创新试点。2014年2月，率先启动上海国际贸易“单一窗口”试点（2018年国家层面全面建成并实施中国国际贸易“单一窗口”）。

在2007年底，上海海关在全国率先启动出口报关单“分类通关”改革试点，按照先出口货物后进口货物、从海运到空运的方式，到2012年5月实现上海关区分类通关的全覆盖，低风险快速验放货物进入“读秒”时代。2012年8月1日，在全国率先启动通关作业无纸化改革试点。2014年9月22日，上海、南京、宁波、杭州、合肥五个海关率先启动长三角区域通关一体化改革，2014年12月1日起扩大到长江经济带12个关区，2016年6月1日，全国海关启动以

“两中心三制度”（风险防控中心、税收征管中心；“一次申报分步处置”通关制度、税收征管制度和协同监管制度）为核心的全国通关一体化改革。

上海港务集团近年来加快“智慧港口”建设进程，自2015年启动网上“港口业务受理中心”建设，将分散在外高桥四个港区和洋山港的柜台业务受理和费用缴纳等程序，集中在网上办理，到2019年3月，网上受理达到94%。2016年启动“集卡预约平台”进口提重箱预约试点，到2018年底预约率达70%，兑现率达90%；2019年4月启动出口送重箱预约试点。2018年3月启动集装箱设备交接单无纸化试点，到2019年2月14日，全面取消纸质设备交接单。2018年5月取消纸质装箱单，凭电子装箱单信息即可进港。2017年12月10日，洋山四期全球规模最大自动化程度最高的集装箱码头开港试运行。2018年11月启动外高桥港区查验场所、智能卡口等配套设施升级改造。2018年1月1日起，码头作业包干费（船公司）每标箱从595元降到480元，2019年4月1日起码头作业包干费（收货人）中搬移部分从50元降到45元。

（二）上海口岸推进跨境贸易改革的简要情况

2018年5月2日以来，上海口岸认真贯彻国务院第25次、第26次常务会议精神，落实国务院关于《优化口岸营商环境促进跨境贸易便利化工作方案》（国发〔2018〕37号）要求，对照世界银行专家给出的短期和中长期改革建议，持续开展口岸提效降费工作，不断提升上海口岸跨境贸易便利化水平。

1. 国家有关部委推出的主要政策措施

按照国务院机构改革部署，出入境检验检疫管理职能划入海关总署。2018年8月1日，统一了申报单证；2019年1月1日，统一了作业系统和现场执法（一次查验）。

商务部和海关总署公告公布货物自动进口许可措施调整有关事项，2019年1月1日起取消汽车零配件进口自动许可管理措施。

交通运输部和国家发改委《关于修订印发〈港口收费计费办法〉的通知》，自2019年4月1日起，货物港务费降低15%、港口保安费降低20%。

海关总署不断简化申报程序，2018年底，总署专题会议明确一般情况下不再提交的随附单证种类；全面推广汇总征税、关税保证保险制度，将关税保证保险通关业务范围扩大到汇总征税。

海关总署推进《海关专用缴款书》企业自行打印。海关总署和中国贸促会全面推广原产证书企业自主打印。

2. 上海持续推进的改革举措

上海市坚持按照“最高标准、最好水平”要求，持续推进跨境贸易营商环境改革。

上海海关加快跨境贸易管理大数据平台建设，促进全流程便捷通关和全领域风险管控。鼓励进口提前申报，积极试点先期机检作业，扩大集中审像使用范围，加大新型监管设备的应用力度，推进实施“一次查验”。

上海港务集团持续提升港口作业信息化水平。涉及集装箱货物进出港口的港口业务受理及费用支付、电子装箱单信息接收、运抵报告发送、设备交接单信息接收、与船公司之间提货单电子信息流转、集装箱货物进出港口预约等程序办理的电子信息全面贯通（港口作业平台与海关、船公司、集卡车队、收发货人无缝衔接）。

中远海运网上直销平台、中外运“7×24小时闪订管家”（预配舱单发送、海关接收预配舱单、VGM报告发送、船公司/码头收到VGM、运抵报告等数据实时反馈）等平台功能日趋完善。

具体来说，上海的自主改革措施，包括以下内容：

（1）进一步优化通关流程压缩边界合规时间。推进“提前申报”和“通关+物流并联作业”，具备条件的进口企业，在确认舱单信息后即向海关申报。进一步推广相关口岸费用支付电子化，实现口岸作业全流程无纸化。全面应用新一代通关系统及新版修撤单系统，深入推进货物“查检合一”，落实运输工具“查检合一”相关作业模式，积极推进“先期机检”，扩大“集中审像”使用范围，探索集装箱堆场的电子化监管。加快推进上海港海关查验标准化平台建设。尽快完成外高桥港区4个查验场所改造工程。创新检验检疫方法，应用现场快速检测技术，进一步缩短检验检疫周期。

（2）进一步规范和降低口岸费用。进一步规范和公开船公司的本地收费项目和标准。进一步规范熏蒸、消毒等口岸经营服务企业服务收费。建立本市清理口岸收费工作常态机制，落实国家相关行政性收费降费措施，加强价格监督检查。

（3）进一步提高单一窗口应用水平。推进上海国际贸易单一窗口全面深入融合国家标准版，企业申报统一使用标准版的网页界面和数据导入接口组件，统一用户认证。利用单一窗口大数据分析，健全边境合规时间监督和评估制度，为不断提升跨境贸易营商环境提供科学的决策参考。依托单一窗口推行换单电子化（电放提单）。全面实施集装箱设备交接单无纸化，推进提货单电子化流转试点，推动企业提前换单。进一步拓展金融、物流等单一窗口地方特色功能，为进出口企业提供购付汇、贸易融资、出口保险、关税保证保险、服务贸易等服务。

(4) 进一步提升口岸通关环境的稳定、公开、透明和可预期性。公开跨境贸易通关流程及物流作业时限。组织第三方机构评估和公布上一年度进出口费用清单。强化政策的宣传和推广，营造政府和企业良性互动的环境。切实以提升企业的感受度和获得感作为评判标准，完善联系企业机制，实施“服务到企专项行动计划”。

3. 上海市出台政策文件情况

上海借鉴日本东京和大阪、韩国首尔、新加坡等口岸的良好做法，遵循《贸易便利化协定》相关规则体系要求，在系统梳理世界银行考察周期（2018年5月2日—2019年5月1日）有关改革措施基础上，会同相关部门联合制定出台《上海口岸深化跨境贸易营商环境改革若干措施》。重点把单证和边境办理程序“前推后移”（在2018年通关和物流作业并联的基础上），中间环节港航物流作业无纸化和设施设备智能化（贯通收发货人与海关、港口、船公司、集装箱堆场和集卡车队），鼓励港口和船公司降低经营服务性收费标准和公开服务承诺（服务内容和标准透明），鼓励进出口企业开展服务评价（在每一票货物进出口过程中体验政策效应）等方面的22条改革举措上升到制度层面，进一步完善上海跨境贸易便利化的政策支持和技术支撑的制度框架体系。

经上海市政府同意，市财政局和市商务委联合发出通知，明确自2019年1月1日起征缴的港口建设费本市地方留成部分退付缴费人。

4. 争取国家事权事项

(1) 继续完善对查验没有问题由政府承担查验作业服务费的机制和办法，涵盖检验检疫辅助作业，减轻外贸企业负担。

(2) 积极配合国务院减单证、减费用的安排，取消汽车零配件进口涉及的机电产品自动进口许可证，简化进口免于CCC认证证明程序。

（3）争取海关总署支持，在外高桥港实行出口提前申报模式。

（4）争取国家发改委、交通运输部、市场监管总局支持，进一步规范和公开船公司的海运集装箱本地收费项目、标准和服务内容，对照港务作业包干费、引航费等的降低相应调减THC费用、换单费、文件费等，降低上海口岸码头操作总收费水平。

（5）争取海关总署支持，采取降低查验率，扩大汇总征税和关税保证保险适用企业范围至代理企业相关举措。

（6）探索建立与“提前申报”相适应的容错机制。

附录

上海口岸深化跨境贸易营商环境改革若干措施

为深入贯彻落实国务院《优化口岸营商环境促进跨境贸易便利化工作方案》（国发〔2018〕37号）及上海市委市政府《上海市进一步优化营商环境实施计划》（沪委办发〔2019〕49号），持续提升上海跨境贸易便利化水平，营造更加稳定、公开、透明、可预期的营商环境，特制定上海口岸深化跨境贸易营商环境改革若干措施。

一、全面推行“提前申报”“提前换单”作业

1. 全面推广应用进口货物“提前申报”。鼓励企业在确认舱单传输后、货物抵港前，向海关申报进口报关单，办理相应程序，非查验货物抵达口岸后即可放行提离。

2. 全面推行进口集装箱货物“提前换单”。上海口岸进口集装箱班轮公司及其代理企业，在确认舱单信息后，通知企业分别办理费用结算、提单换提货单、集装箱放箱等程序。

3. 建立进口货物“提前申报”容错机制。对非由企业主观故意引起且企业主动向海关书面报明并能够及时纠正的违规行为，可从轻、减轻或免予处罚；对企业主动向海关书面报明的其他问题，可酌情调整海关管理措施。对“提前申报”修改进口日期，以及由于装运、配载等原因造成货物变更运输工

具的，不予记录报关差错。

4. 扩大出口货物“提前申报”模式应用范围。外高桥港试点实施出口“提前申报”模式，企业可自主选择“提前申报”或“运抵申报”。企业在确认预配舱单传输后，可向海关申报出口报关单。

二、进一步简化单证办理程序

5. 精简海关申报随附单证。企业向海关申报时，全面实施电子委托。进口申报时，企业无须向海关提交装箱清单，海关审核时如需要再提交。出口申报时，企业无须向海关提交发票、装箱清单，海关审核时如需要再提交。

6. 全面推广企业自主打印。全面推广《海关专用缴款书》企业自主打印。全面实施出口原产地证书网上申报，推广企业自主打印原产地证书。

7. 全面实施集装箱设备交接单无纸化。自2019年2月14日起，上海口岸各船公司全面停止发放纸质设备交接单，实现集装箱设备交接单（EIR）在船公司、码头、堆场、集卡之间的全流程无纸化流转。

8. 加快推行提货单无纸化。在港口和船公司之间，加快推行提货单电子化流转，到年底，基本实现提货单无纸化。

三、进一步提升通关监管水平

9. 加快跨境贸易管理大数据平台建设。进一步拓展贸易链、供应链、物流链、金融链、政务链数据采集范围，深化跨境贸易管理大数据平台与市大数据中心、中国（上海）国际贸易单一窗口、航运企业、海空港口等联网对接，促进全流程便捷通关和全领域风险管控。

10. 提升口岸监管科技化水平。积极试点先期机检作业，扩大集中审像使用范围，加大新型监管设备的应用力度，提高单兵作业设备配备率。

11. 优化海关监管模式。对进口汽车零部件产品直接采信CCC认证结果，在优化检验流程的基础上强化业务咨询和宣传。对进口汽车零部件产品的木质包装优先实施检疫，合格后立即放行，对不合格的优先做检疫处理。大力推广“汇总征税”“关税保证保险”。落实并稳步推进进口矿产品“先放后检”监管模式，进口矿产品经现场检验检疫符合要求后，即可提离海关监管作业场所，提离后实施实验室检测并签发证书。

四、进一步优化港航作业流程

12. 积极推进集装箱进出港网上预约。提高集卡进出港预约平台的信息服务水平，加快推动出口集装箱预约进港业务应用，不断提升集卡进出港预约率、兑现率。

13. 提升港口设施设备智能化水平。加快外高桥港区智能卡口建设，加快港区查验场所改造，推动码头吊装设备技术升级和信息共享。

14. 加快提升船公司作业信息化应用水平。加快船公司网上直销平台建设，加快集装箱堆场提还箱作业程序电子化进程，推进船公司及其代理、集装箱堆场等作业环节费用电子支付。

15. 公开服务承诺。公布港口作业、船公司及其代理业务受理作业流程、作业时限标准，公开服务项目的“5+2天”“7×24小时”“预约制”等方面服务承诺。

五、进一步规范和降低口岸费用

16. 落实口岸降费目标。落实货物港务费降15%、保安费降20%的政策，推动港口企业进一步降低搬移费10%。推动船公司将港口作业包干费降费效应传导到进出口收发货人，相应下调THC和减并部分文件类附加费。

17. 持续推动代理作业环节降费。对港口、船公司等物流作业无纸化水平提升和海关检验检疫通关作业系统全面融合而减少的办事环节，船代、货代、报关代理、陆上运输、堆场等环节的经营者，相应合并、调减相关费用标准，并不得搭车收费、加价收费。

18. 加强价格监督检查。进一步规范港口、船公司、集装箱堆场、查验场站、中介代理等经营服务性收费行为，各类经营服务主体公开其收费目录清单，清单外一律不得收费。

六、进一步提升口岸服务水平

19. 提升中国（上海）国际贸易单一窗口服务功能。全面融合国家标准版功能应用。试点推进重点行业“监管+供应链”信息服务。设立跨境贸易营商环境服务中心。

20. 完善企业意见反馈机制。充分发挥海关（12360）、市场监管（12315）、中国（上海）国际贸易单一窗口（400-821-2199）、港口（021-65350038）、船公司等热线电话服务作用，及时回应企业意见、建议和投诉。各行业协会及时收集本行业意见诉求，加强与相关政府主管部门间的沟通磋商。

21. 建立服务水平排名公开制度。建立进出口收发货人等对码头、船公司、货代、报关、集装箱堆场、集卡等经营服务主体满意度的点评制度，公开排名。

22. 实施联合惩戒。对通关监管、价格监督检查以及举报投诉中核实的各类市场主体在跨境贸易活动中的违法违规行为，依法纳入上海市公共信用信息平台，实施联合惩戒。

以上各项措施，涉及具体要求和实施细则的，由各有关单位和部门另行公布。

上海市商务委员会　　上海市发展和改革委员会　　上海市交通委员会

上海市财政局　　上海市市场监督管理局　　上海海关

2019年2月28日

根据DB2020，我国的以下改革举措获得了世界银行的认可：其一，取消自动进口许可证；其二，取消自动许可证与检验声明；其三，取消纸质版授权书；其四，取消了原产地证书。另外，两个城市的港口通关时间与通关费用均有所降低。

第八章　缴纳税费

第一节　世界银行方法论

缴纳税费（Paying taxes）这项指标的方法论，源于《公司税收对投资和创业的影响》（“The Effect of Corporate Taxes on Investment and Entrepreneurship”）一文。该文发表于2010年7月的《美国经济学杂志：宏观经济学》（*American Economic Journal: Macroeconomics*），作者是西梅昂·詹科夫、蒂姆·甘泽、卡拉利·麦卡利斯、蒂塔·塔马尔赫（Tita Tamalho）和安德烈·施莱费尔。[1]本章将其简述如下。[2]

一、研究路径与研究方法

该文首先指出，公司税收对投资和创业的影响，是公共财政和发展领域共同的核心问题之一。这种影响不仅仅事关税收政策的评估和设计，而且对思考如何推进经济增长同样至关重要。[3]

1　詹科夫，世界银行，华盛顿特区H街1818号，邮编20433；甘泽，哈佛大学经济学系Littauer中心，马萨诸塞州剑桥市剑桥街1805号；麦卡利斯，世界银行，华盛顿特区H街1818号，邮编20433；施莱费尔，哈佛大学经济学系Littauer中心M-9，马萨诸塞州剑桥市剑桥街1805号，邮编02138，美国国家经济研究局。

2　本章方法论部分的初译由华东政法大学国际金融法律学院研究生应元中同学完成，本书作者进行了选编与校译。

3　Barro, Robert J, “Economic Growth in a Cross Section of Countries”, *Quarterly Journal of Economics*, 106(2), 1991, pp. 407–443; DeLong, J. Bradford, and Lawrence H. Summers, “Equipment Investment and Economic Growth”, *Quarterly Journal of Economics*, 106(2), 1991, pp. 445–502; Baumol,William J., Robert E. Litan, and Carl J. Schramm, “Good Capitalism, Bad Capitalism, and the Economics of Growth and Prosperity”, New Haven, CT: Yale University Press, 2007.

自戴尔·W. 乔根森(Dale W. Jorgenson，1963)、罗伯特·E. 霍尔和乔根森(Robert E. Hall and Jorgenson，1967)始，许多公共财政经济学家已经就此话题发表过富有建议性的意见和建议。[1]总体而言，虽然不同研究对公司税收影响的大小的估计有所差异，但所有研究均表明，公司所得税对投资具有反向影响。在该文中，作者呈现了公司税收对投资和创业影响的新的跨国证据。这些证据来自一个新构建的数据库，该数据库包含了2004年85个国家的公司所得税税率。作者尝试从四个方面完成了本文。

第一，作者采用了大量国家的横截面新数据。此前的大多数跨国研究，往往集中于一些或者全部经济发展合作组织的国家，但缺乏对发展中国家的信息，本文大大拓宽了数据的采集范围。

第二，作者构建了一个可以跨国比较的新的公司税(和其他税)税率数据库。本文的数据由世界银行、普华永道和哈佛大学通过一起将所有适用于同等标准的国内企业(支付税收公司)的相关税收，进行计算机化而得出。在许多情形下，这些税率与成文法规定的公司税税率大有不同。与依据成文法得出的数据不同，作者的方法论可能提供了另一个公司税税率的视角。

第三，除了总投资和外国直接投资(以下简称FDI)的标准数据以外，作者整合了许多关于企业家的新数据。这些数据来自世界银行针对企业家的调查，其目的是提供大多数国家的可比较的企业注册数据。

第四，正如史蒂文·J. 戴维斯和艺努斯·亨雷克松(Steven J. Davis and Magnus Henrekson，2005)指出的，[2]公司所得税对不同部门的投资影响可能有所

---

1 Summers, Lawrence H, "Taxation and Corporate Investment: A q-Theory Approach", *Brookings Papers on Economic Activity*, 1, 1981, pp. 67–140; Feldstein, Martin, Louis Dicks-Mireaux, and James Poterba, "The Effective Tax Rate and the Pretax Rate of Return", *Journal of Public Economics*, 21(2), 1983, pp. 129–158; Auerbach, Alan J, "Corporate Taxation in the United States", *Brookings Papers on Economic Activity*, (2), 1983, pp. 451–513; King, Mervyn A., and Don Fullerton, ed. "*The Taxation of Income from Capital: A Comparative study of the United States, the United Kingdom, Sweden, and Germany*, Chicago: University of Chicago Press, 1984; Hines, James R., Jr., "Corporate Taxation and International Competition", *Taxing Corporate Income in the 21st Century*, ed. Alan J. Auerbach, James R. Hines, Jr., and Joel Slemrod, New York: Cambridge University Press, 2007, pp. 268–295.

2 Davis, Steven J., and Magnus Henrekson, "Tax Effects on Work Activity, Industry Mix, and Shadow Economy Size: Evidence from Rich-Country Comparisons", *Labour supply and Incentives to Work in Europe*, ed. Ramón Gómez-Salvador, Ana Lamo, Barbara Petrongolo, Melanie Ward, and Etienne Wasmer, Cheltenham, UK: Edward Elgar Publishing, 2005, pp. 44–104.

不同，对正式和非正式部门中资源分配的影响也有所差异。为了解决这些问题，作者采用了世界银行的企业调查来构建不同的制造业和服务业的投资测量方法。作者也采用了全球竞争力报告对非正式部门的预估。随后作者分别检测了公司税对制造业和服务业投资的影响，也包括对非正式经济规模的影响。

作者主要采用的公司所得税测量标准是支付税收的公司根据该国法律支付的有效税率，作者将之定义为与税前利润相关的公司实际上应付的所得税。由于支付税收的公司是一家新公司，作者在考虑减值部分的现值和其他扣减的情形下，计算第一年的有效税率和五年的税率。本文的数据显示，公司税收对投资和创业都有持续和巨大的反向效应。第一年有效公司税率每增长10%，总投资和GDP的比率就减少2个百分点（平均值是21%），而官方的公司注册率则减少1.4个百分点（平均值是8%）。

为了检验结果的可靠性，作者考虑了几个额外的投资和创业的决定因素。这些因素包括向企业征收的其他税收、增值税、个人所得税、税收合规成本的测量、避税的预估、财产权利的安全性、经济发展、监管、贸易公开性、通胀和铸币税等。在上述因素中，有一些会影响投资和创业的测量，但是它们并没有消除公司税收的巨大反向效应。

在对研究路径与研究方法进行了简要描述之后，本文接下来将描述数据采集、数据呈现的公司税收、投资和创业之间的联系，最后得出结论。

二、数据采集与数据分析

作者收集的数据来自普华永道的会计师和税务律师。数据样本包括了詹科夫等人（2002）[1]的研究曾经涵盖的85个国家。这85个国家包括27个高收入国家、19个中上收入国家、21个中低收入国家和18个低收入国家。除22个富裕的经济发展合作组织国家外，还包括10个东亚国家、17个东欧国家、13个拉丁美洲国家、6个中东国家、14个非洲国家以及3个南亚国家。

这些数据是根据一个被称为付税公司的标准化企业研究案例来构建的。付税公司是一个在该国人口最多的城市运营的可征税公司。它应当缴纳地

1 Djankov, Simeon, Rafael La Porta, Florencio Lopez-de-Silanes, and Andrei Shleifer, “The Regulation of Entry”, *Quarterly Journal of Economics*, 117(1), 2002, pp. 1–37.

方、州/省和国家层面的税收，是一个100%国内和私人拥有的公司，并且拥有5个并非法人实体的所有者。付税公司进行一般的工业/商业活动：它生产陶瓷花盆并进行零售。它不从事对外贸易或者在特殊的税收体制下处理产品。之所以选择陶瓷花盆，是因为所有国家都从事此种生产，并且它不适用行业特定的税收体制。

付税公司雇用60人，4名经理、8名助理及48名工人。[1]这些人均是本国人，并且在2004年1月1日被雇用。其中的1名经理也是所有者，同一层级的雇员工资相同，所有雇员都小于40岁且所有工人的年龄都小于26岁。所有雇员在前一年的工资相同，且没有雇员是残疾人。

公司于2004年1月1日开始运营，并在同一天购买了所有资产。公司拥有一块土地、一幢建筑、机械设备、一辆卡车、十台电脑和其他办公设备。其中土地面积6 000平方英尺，建筑面积10 000平方英尺，建筑用于生产、储存和办公。出于税收目的，机械设备被归类为轻型机械设备。电脑资产的价值平均分配在硬件和软件上。其他办公设备包括标准的办公桌椅、一台复印机、一台传真机、一台扫描仪和十部电话。

作者在免税的条件下编制了付税公司的财务报告。这些财务报告中的所有变量，都是以该国货币计量的人均收入（来自世界银行）的简单倍数(simple multiples)。财务报表以及使用实际价值下的美国案例的情况，在表8-2中呈现。组别A描述了资产负债表，组别B描述了利润和损失表。

表8-1　税前财务报告

类别	倍数因素	美国的价值
组别A. 资产负债表中提供的信息资产		
净现金	20	755 600
存货	35	1 322 300
应收账款	50	1 889 000
土地	30	1 133 400

1　中等企业60名雇员的数字是一个有些随意的数字，之所以选择60是因为它是世界银行的企业调查中世界企业平均雇用的人数。

（续表）

类别	倍数因素	美国的价值
建筑	40	1 511 200
机械设备	60	2 266 800
卡车	5	188 900
电脑	5	188 900
办公设备	5	188 900
总资产	250	9 445 000
负债 短期债务	55	2 077 900
应付账款—贸易	50	1 889 000
长期债务	43	1 624 540
所有者权益 实缴资本	102	3 853 560
负债和所有者权益合计	250	9 445 000
组别 B. 利润和损失表中提供的信息		
销售额	1 050	39 699 000
售出货物的成本	875	33 057 500
经理	9（=2.25 每位经理 ×4）	340 020
助理	10（= 1.25 每位助理 ×8）	377 800
工人	48（=1.00 每位工人 ×48）	1 813 440
行政费用	10	377 800
广告费用	10.5	396 690
机械设备维修费用	3	113 340
利息费用	5.5	207 790

本文选用的倍数，使之对中等规模制造企业更为典型。本文明确了付税公司保留50%的税后利润作为留存收益，其余50%作为分红进行分配。在无税收的世界中，留存收益是税前收入的一半（相当于下文表8–2人均国民总收入［GNI］的79倍），或者是人均GNI的39.5倍。然而，留存收益的实际数额是税收体系的函数，因此并未包括在税前的表8–2中。

作者将这些报告交给普华永道华盛顿特区办公室，由其向各国的办公室分发。每个国家准备一名受访人，由其提供回复。普华永道根据每个国家的回复，计算出付税公司在运营第一年应当支付的税收。受访者还提供了包括公司所得税、[1]劳动税（法定负担者为雇主）、[2]财产税、资产和资本税、周转税、商业许可税、金融交易税、增值税和消费税等在内的完整税收表单。受访者进一步描述了适用的所有扣减和豁免情形。他们告知了资产减值的所有表单，因此本文可以将付税公司被允许的减值数额纳入计算。受访人也记录了广告费用、机械设备维修费用、利息费用以及其他适用税收的可抵扣性。所有层级政府应当征收的税收都包括在内。为了检验可靠性，作者采用了普华永道提供的附加税和合规成本数据，但作者的分析主要集中于公司所得税。[3]

对于每一项税收，普华永道的受访者描述了支付的频率和过程，例如，该税收能否通过电子支付或者当面支付。准备、申报和支付付税公司税收的时间也记录在内。

此后，所有数据都由普华永道在样本国的人员进行讨论和检查。[4] 国际财政文件局提供的信息也进行了二次检查。在与普华永道各国办公室的后续讨论中，差异得到了进一步的处理。

接下来，文章运用税收变量、[5]结果变量[6]和控制变量。出于行文简洁的考量，这里略去了对前面两个变量的描述，仅仅关注控制变量。由于作者主要感兴趣的是公司所得税对投资和创业的四个维度的效果。由于作者采用简单跨国回归进行预测，始终存在的风险在于，相关性可能是虚假的。为了部分解决这一问题，作者在回归中控制了许多变量。这些变量包括附加税和上述的税收合规变量，也包括其他变量，在此简述如下：

第一，由于作者的样本主要是发展中国家，税收执法可能是一个影响投

---

1 在本文的分析中，对公司收入征收的所有税收都被视为公司所得税，不论他们的名称是什么。

2 所有向劳动征税且税负在雇主的费用都被视为劳动税，不论他们被称为劳动税、社会保险费或者其他名称，或是有无返还，或是向公共或者私人机构支付。作者试图让强制事故险费用从劳动税中分离。在能够获得强制事故险费用的国家，作者未在劳动税中包含这一费用。

3 作者没有足够的信息将公司所得税和个人收入及股利税统一起来。作者没有考虑较小的税收，比如废物收集和运输税。房产交易税和资本利得税未包括在内，因为在本案例的事实中未涉及。

4 吉尔吉斯斯坦和蒙古的数据由普华永道哈萨克斯坦办公室提供。

5 税收变量分为以下三组：公司所得税收观测值、其他税收观测值以及税收管理观测值。

6 作者分析了公司税收对总投资和创业的影响，运用了两种投资的测量方法：总固定投资形成和外国直接投资，都以GDP的百分比呈现，数据来源于世界银行发展指标。

资的重要因素。作者采用了2001—2002年全球竞争力报告对逃税规模的估算。该估算样本包括64个国家，且与税率相独立。第二，人们可能担心制度的整体质量影响了投资和创业。为了解决这一担忧，作者在可靠性检验中对遗产基金会的人均收入和财产指数变化进行了控制。第三，近期研究表明，政府监管（比如注册的便捷程度[1]和劳动市场[2]），影响投资和创业。[3]作者纳入了这些变量，以检验结论的可靠性。第四，在理论上，通胀可能影响投资，部分是通过对资本成本的影响，部分是由于政府可能使用铸币税替代税收。为了解决这些问题，作者控制了10年的平均通胀作为长期通胀的测量方式，同时将铸币税作为GDP的一部分加以控制。第五，一国的贸易开放程度可能影响投资和FDI；作者对这一结论是否正确进行了检验。

表8-2呈现了税收、税收管理、投资、创业和其他结果变量按收入组别划分的平均值。这些数据产生了一些有趣的发现。

第一，全球范围内平均法定公司税率是29%左右，而且在不同收入组别间的差异不大。然而，国与国之间的差异很大。爱尔兰的法定税率是12.5%，拉脱维亚、立陶宛和黎巴嫩是15%，而巴基斯坦、日本和美国超过了40%。

第二，在作者的样本中，世界平均的第一年有效公司税收的税率是17.5%，比平均法定税率低11.5%。中高收入国家组别中，第一年有效税率低于其他组别，但是各收入组别之间的差异很小。同时，国家与国家之间的差异显著。例如，在第一年运营中，付税公司在蒙古的有效公司税税率为0%，而这一数字在巴基斯坦是31%，在玻利维亚将近40%。

第三，五年有效公司税税率平均比第一年高2%，各收入组别之间均类似。不再存在零税率的情况，但在蒙古这一数字为6.6%，在立陶宛为7.3%。

本文的数据对于劳动税的测量也许是最不合适的，因为作者拥有的是企业而非个人支付税收的数据。在公司层面上，全球范围的劳动税在15%左

1 Djankov, Simeon, Rafael La Porta, Florencio Lopez-de-Silanes, and Andrei Shleifer, "The Regulation of Entry", *Quarterly Journal of Economics*, 117(1), 2002, pp. 1–37.

2 Botero, Juan C., Simeon Djankov, Rafael La Porta, Florencio Lopez-de-Silanes, and Andrei Shleifer, "The Regulation of Labor", *Quarterly Journal of Economics*, 119(4), 2004, pp. 1339–1382.

3 检验这些失业、劳动重分配、投资和企业注册数据的影响的例子包括Alberto Alesina et al, 2005; John Haltiwanger, Stefano Scarpetta, and Helena Schweiger, 2008; Leora Klapper, Luc Laeven, and Raghuram Rajan 2006; 以及Antonio Ciccone and Elias Papaioannou, 2007。

表 8-2　按收入组别的平均值

	总观察	高收入	高中收入	T-Test 高 v. 中高收入	低中收入	T-Test 高 v. 低中收入	低收入	T-Test 高 v. 低收入	总体
公司税率									
观察		27	19		21		18		85
法定公司税率		30.63	24.48	2.897***	28.69	0.982	31.86	−0.651	29.04
第一年有效税率		18.08	13.53	2.421**	18.99	−0.481	18.79	−0.366	17.44
五年有效税率		20.49	15.39	3.003***	20.16	0.185	21.57	−0.636	19.50
其他税率									
劳动税	85	14.67	18.05	−1.122	16.73	−0.710	10.69	1.479	15.09
其他税收	85	1.02	2.18	−1.545	2.20	−1.525	1.69	−1.397	1.71
增值税和销售税	85	15.56	17.91	−1.234	18.46	−0.982	16.98	−0.753	17.10
PIT 最高边际税率	85	38.51	30.79	2.178**	28.45	3.197***	34.72	1.096	33.50
税收管理									
支付税收的数量	85	16	38	−4.625***	48	−6.926***	44	−6.911***	35
税收合规花费的时间（小时）	85	229	378	−2.275**	640	−3.063***	425	−2.526**	406
投资和创业									

（续表）

	总观察	高收入	高中收入	T-Test 高 v. 中高收入	低中收入	T-Test 高 v. 低中收入	低收入	T-Test 高 v. 低收入	总体
2003—2005 年投资占 GDP 百分比	85	21.14	20.55	0.526	22.49	−1.005	21.67	−0.394	21.46
2003—2005 年 FDI 占 GDP 百分比	84	3.03	3.94	−0.842	4.02	−0.927	2.45	0.527	3.36
每 100 人商业密度（2003—2004 年）	80	7.63	6.35	1.231	3.02	4.817***	1.08	6.813***	5.05
2000—2004 年平均注册率	62	8.79	9.09	−0.281	7.34	1.279	6.41	2.141**	8.11
其他因变量									
2005—2007 年非正式部门规模	83	18.02	27.36	−5.062***	32.26	−9.146***	35.78	−11.742***	27.29
债务权益比率	51	147.00	73.74	2.869***	81.50	2.422**	58.07	1.833*	111.69
制造业投资（中位数）	31	—	1.75	—	0.82	—	0.97	—	1.11
服务业投资（中位数）	20	—	0.97	—	0.68	—	1.68	—	1.08

* **在 10% 的层面具有显著性；** ** **在 5% 的层面具有显著性；** *** **在 1% 的层面具有显著性。**

右，低收入国家的税率更低一些。其他税收平均在2%以下，而且就收入水平而言差异不显著。然而，在玻利维亚这一税率高达17.6%，在阿根廷高达14.5%。

合并的增值税和销售税税率在17%左右，而且在不同收入组别之间差异不大。在某些经济体，这一税率是0%，在巴西则高达73.5%，虽然在第二高的国家匈牙利这一税率为27.2%。全球范围内最高个人所得税税率平均为33.5%，而且富裕国家的税率比中等收入国家高出许多。丹麦高达59%，而乌拉圭为0%，瑞士为11.5%。

作者对付税公司税收管理的观测显示，就收入水平而言，各方差异很大。所有公司平均每年税收支付的数量是35笔，而高收入国家是16笔，中低收入国家是48笔，贫穷国家是44笔。挪威每年有3笔税收支付，但是罗马尼亚有89笔，乌克兰98笔。一些国家或地区支付数量较高与“其他税收”数量更多及缺乏电子支付系统相关。

付税公司花费的税收合规时间，全球平均是每年406小时，但是在富裕国家是229小时，在低中收入国家是640小时，在贫穷国家是415小时。付税公司在新加坡每年花费30小时进行税收合规工作，在瑞士花费63小时。相应的数字在乌克兰是2 185小时，在巴西是2 600小时。**贫穷国家的税收负担部分明显来自税收管理，而非税收税率。**[1]

2003—2005年，全球范围内投资和GDP比率平均为21%左右，并且在各收入组别间没有重大差异。在国家与国家之间存在显著差异：牙买加、蒙古、越南和中国（40.8%）的投资和GDP比率高于30%。与之相对，乌拉圭、玻利维亚、马拉维和吉尔吉斯斯坦的投资和GDP比率最低，且低于15%。投资中FDI相对较少，虽然一些作者认为FDI的数量比总投资数量更为精确。2003—2005年世界银行的外商直接投资和GDP比率平均为3.36%，而且似乎中低收入国家的比率比富裕和贫穷国家更高。爱尔兰、丹麦和玻利维亚的FDI数量最少，黎巴嫩、新加坡最多。

表8-3呈现的变量与表8-2相同，但它是按照一国商法的法律起源划分，

---

1 作者的税收合规与人均收入和法律起源（见下文）的测量数据的高度相关性引发了这样的担忧，即这些测量数据反映了广义的政府管理质量而非税收合规的费用（见拉波塔尔等人，1999）。

表 8-3　按法律起源划分的平均值

法律起源	英国法系	法国法系	德国法系	北欧法系	总体	观察	T-Test 英国法系 v. 法国法系
公司税率							
观察	24	40	17	4	85		
法定公司税率	30.99	29.35	25.62	28.75	29.04		0.962
第一年有效税率	18.68	18.76	12.72	16.80	17.44		− 0.045
五年有效税率	22.45	19.69	14.85	19.66	19.50		1.891*
其他税率							
劳动税	7.43	17.83	19.62	14.44	15.09	85	− 5.356***
其他税收	1.55	2.25	0.95	0.55	1.71	85	− 0.881
增值税和销售税	13.83	18.52	16.78	24.00	17.10	85	− 2.101**
PIT最高边际税率	33.54	32.74	35.44	32.55	33.50	85	0.284
税收管理							
支付税收的数量	30.92	41.63	30.18	11.25	34.88	85	− 1.809*
税收合规花费的时间（小时）	281.96	505.80	403.88	152.00	405.56	85	− 1.984*

（续表）

法律起源	英国法系	法国法系	德国法系	北欧法系	总体	观察	T-Test 英国法系 v. 法国法系
投资和创业							
2003—2005年投资占GDP百分比	21.18	20.45	24.96	18.30	21.46	85	0.681
2003—2005年FDI占GDP百分比	3.15	3.50	3.91	1.03	3.36	84	−0.417
每100人商业密度（2003—2004年）	5.35	3.73	6.80	8.96	5.05	80	1.597
2000—2004年平均注册率	8.50	7.51	8.07	9.92	8.11	62	0.952
其他因变量							
2005—2007年非正式部门规模	26.70	30.54	23.55	15.83	27.29	83	−1.666*
债务权益比率	97.14	130.83	109.97	75.66	111.69	51	−1.318
制造业投资（中位数）	0.82	0.98	3.86	—	1.11	31	−0.276
服务业投资（中位数）	1.77	0.71	0.68	—	1.08	20	1.182

* **在10%的层面具有显著性；** 在5%的层面具有显著性；*** 在1%的层面具有显著性。**

而非按照人均收入。在早期作品中，法律起源被认为是预测国家监管策略的一个强劲因素，而民法法系（尤其是法国民法法系）国家提供的监管比普通法国家对市场更为不友好（概览见拉波塔尔、西拉内斯和施莱费尔，2008）。在此作者检验了变量就法律起源而言是否具有显著性。

有一些证据表明，德国民法法系国家（其中一些在东亚和东欧）第一年的有效税率更低。同时有微弱的证据表明，就五年有效公司税税率而言，普通法国家平均比法国法系国家高3%。法国法系国家“其他税收”的水平更高，虽然这一差异在统计上并不显著。民法法系国家的增值税和销售税也比普通法国家高。最高税阶的个人所得税税率按法律起源来看差异不大。但总体而言，并没有证据表明，法定的公司税税率会因法律起源的不同而存在差异。

就税收管理而言，法国法系国家与拥有其他法律传统（尤其是普通法）的国家相比，税收支付的数量和税收合规时间都高出许多。这一发现与法国法系国家更高的形式主义和政府监管负担的发现[1]相一致。另外，不同的法律起源在总投资、FDI或者创业率方面均无太大差异。最后，有些证据表明法国民法法系国家与普通法国家相比拥有更大规模的非正式经济。

三、研究结论

本文使用了85个国家的有效第一年和五年公司所得税税率的全面数据，呈现了公司税收与投资和创业之间的基本关系。作者呈现的跨国证据表明，有效公司税收税率对公司投资和创业具有巨大、重要的反向影响。当作者控制其他税率（包括个人所得税、增值税和销售税）以及税收管理负担、税收合规、财产权保护、监管、经济发展、外贸透明度、铸币税和通胀之后，这一影响是可靠的。更高的有效公司所得税同时与更低的制造业（而非服务业）投资、更大的非正式经济和更多地依赖债务融资（而非权益融资）相联系。在这些新数据中，公司税收非常重要，而且在很多方面与基本的经济理论一致。

---

1 Djankov, Simeon, Tim Ganser, Caralee McLiesh, Rita Ramalho, and Andrei Shleifer, “The Effect of Corporate Taxes on Investment and Entrepreneurship”, National Bureau of Economic Research Working Paper, 13756, 2008.

第二节　世界银行评估标准的定义与假设

世界银行《营商环境评估》的“缴纳税费”指标记录一家企业在某一特定年份内必须缴纳的各种税项和强制性派款，同时衡量因纳税与支付派款及进行税后合规而产生的负担。该指标之下的二级指标包括纳税次数、纳税时间、税项和派款总额、报税后程序指标四个方面。

一、关于企业的假设

“缴纳税费”指标对企业的假设如下：

1. 企业是一家有限责任公司（或与其具有同等法律地位的主体），是应纳税的企业。

2. 企业于2015年1月1日开始运营，开始运营时，公司采购了资产负债表中所显示的所有资产并雇用了所有职工。

3. 企业在经济体最大的商业城市运营。对于排名前11位的经济体也收集第二大商业城市的数据。

4. 企业为100%国内公司，拥有5个所有人，均为自然人。

5. 2015年底时，企业的启动资金为人均收入的102倍。

6. 企业从事一般性工业或商业活动。具体而言，该企业从事陶瓷花盆的生产和零售。不从事对外贸易（没有进出口），而且不经营受特种税制约束的产品，比如酒类或烟草等。

7. 2016年初时，企业拥有土地2块、建筑物1座、机械、办公设备、计算机和1辆卡车，并租用1辆卡车。

8. 除了与公司年限或规模有关的优惠政策外，企业无资格享受投资激励措施或其他任何优惠政策。

9. 企业雇用员工60名，其中管理人员4名、助理人员8名、工人48名。所有员工均为本国公民且其中1名管理人员为企业所有人之一。该公司还为员工支付额外的医疗保险（并非法律强制的）作为附加福利。除此之外，在某些经济体中，差旅费报销和客户招待费被视作员工福利。案例假设没有为餐食、交通、教育或其他事项给员工支付额外的薪资，因此，即使公司经常给予员工这些福利，它们也不会被计入应纳税薪资总额或者会从用以计算劳务税或劳动派款的应纳税薪资总额中剔除，从而最终进入劳务税或劳动效益的计算范围。营业额为人均收入的1 050倍。

10. 企业营业第一年发生亏损。毛利润率（税前）为20%（即销售额为主营业务成本的120%）。第二年年末，将净利润的50%作为红利分配给企业所有人。在第二年年初将企业所拥有的其中一块土地出售并获利。

11. 为使本案例进一步标准化，对该企业的支出和交易也有一系列具体的假设。例如，假设身为企业管理人员之一的那位所有人为公司出差的支出为人均收入的10%（该所有人的花费中20%为纯私人开支，20%为客户招待费，60%为差旅费）。财务报表中的所有变量都以占2012年人均收入的比例来表示（这是对DB2013及其之前年份的更新，当时这些变量以2005年人均收入表示）。对于一些经济体，人均收入2或3倍的数额被用于估算财务报表的变量。2012年度的人均收入不足以使案例中的雇员的薪水达到这些经济体的最低工资标准。

对于中国的受访者来说，以上假设尽管纷繁芜杂，但尽可以假设为一家普通的企业。

二、关于税项和派款的假设

“缴纳税费”指标对税项和派款的假设如下：

1. 所有记录的税项和派款都是在营业第二年（2016年）缴纳的。税项或派款如果名称不同，或者由不同的机构征收，则被视为不同税目。如果税项和派款的名称和征收机构相同，但针对不同企业所征收的税率不同，则被视为相同的税项或派款。

2. 企业在一年中缴税和支付派款的次数，为税项或派款的种类数乘以每个税项或派款的缴纳（或预扣）频率。缴纳频率包括预先缴纳（或预扣）以及定期缴纳（或预扣）。

三、关于增值税退税过程的假设

"缴纳税费"指标对增值税退税过程的假设如下：

1. 2016年6月，应纳税企业使用大量的资金购买一个制造锅具的机器，机器价值是该经济体人均收入的65倍。

2. 企业销售额每月平均分布（即1 050倍的人均收入除以12），产品销售成本每个月支出相同（即875倍的人均收入除以12）。

3. 机器销售商需要缴纳增值税。

4. 如果投入、销售、机器的增值税税率相同，且纳税申报期为每月申报，6月产生的超缴增值税或一般销售税将在此后连续的4个月内得到回收。2016年6月，增值税进项税额超过销项税额。

四、关于企业所得税审核过程假设

"缴纳税费"指标对企业所得税审核过程的假设如下：

1. 所得税负债的计算错误（即使用不正确的税收折旧率，或将某项费用不正确处理为减免税款）所产生的不正确的所得税收益，导致企业所得税少付。

2. 应纳税企业发现企业所得税纳税申报表中的错误，并主动通知税务机关（如果在每个经济体中通知管理部门都是可行的）。

3. 少缴纳的所得税是企业所得税应纳税额的5%。

4. 应纳税企业提交的修正信息的时点，是在提交年度纳税申报的截止日期之后，但在纳税评估期之内。

第三节　世界银行评估的指标

世界银行“缴纳税费”一级指标，由下述二级指标构成：

表8-4　“缴纳税费”二级指标

二级指标	定义	计量方式
次数	该标准化案例研究的公司运营第二年期间所缴纳的税项和派款的总数、支付方法、支付频率、申报频率以及所涉及的机构数量。	次数
时间	准备、申报和缴纳3种主要税项和派款所需要的时间，这3种主要税项和派款为：企业所得税、增值税或营业税以及劳务税，其中包括工资税和社会派款。	小时
税项和派款总额	企业在运营第二年所负担的税项和强制性派款的额度。	占商业利润百分比
报税后程序	由4个部分组成：增值税退税合规的时间，获得增值税退税的时间，企业所得税申报修正合规的时间，完成企业所得税申报修正的时间。	0～100

一、次数

税费缴纳次数指标将电子申报考虑在内。如果申报和支付可以完全电子化，并且大多数中型企业选择了电子申报和支付税款，那么，即便是申报和支付频率更高，纳税仍按一年一次计算。对于通过第三方缴纳的税款，比如金融机构缴纳的利息税或燃油分销商缴纳的燃油税，即使缴纳频率更高，也只按一次计算。

如果有2种或2种以上的税项或派款运用同一申报表合并申报和缴纳，则每次联合缴税按一次计算。例如，如果强制健康保险派款和强制养老金派款合并申报和缴纳，那么缴税次数中仅有一项派款会被包括其中。

二、时间

按每年的小时数记录。该指标衡量的是准备、申报和缴纳3种主要税项和派款所需要的时间，这3种主要税项和派款为：企业所得税、增值税或营业税以及劳务税，其中包括工资税和社会派款。

准备时间包括收集应纳税额所需的一切信息以及计算应缴金额所需要的时间。如果必须保留单独的税务会计账簿，或者进行单独的计算，那么，与这些工作相关的时间也应包括在内。这一额外时间只有在常规的会计工作不能满足税务会计要求的情况下方可包含在内。申报时间包括填写所有必要的纳税申报表格以及向税务机关提交相关申报表格的时间。缴税时间指在线缴税或本人到场缴税所需要的小时数。对于亲自缴税和支付派款的情况，还需包括等候期间所耽误的时间。

三、税项和派款总额

税项和派款总额测量的是企业在运营第二年所负担的税项和强制性派款的额度，以占商业利润的份额表示。DB2018中报告的是2016年的税项和派款总额（占商业利润百分比）。企业所负担的总税额，为允许抵扣和减免以后的所有应缴税和派款的总和。那些由企业代扣的税（如个人所得税）或由企业代收后上缴税务部门但不由企业负担的税（如增值税、营业税或货物和服务税）不包括在内。包括在内的税可分为5类：利润税或企业所得税、雇主缴纳的社会派款和劳务税（包括所有强制性派款，甚至包括交付给返还型养老金之类的私营实体的派款）、财产税、周转税和其他税（如市政设施费以及车辆税）。燃油税不再包括在税项和派款总额（占商业利润百分比）里，这是因为在所有经济体之间，燃油税很难以一致的方式去计算。燃油税的金额通常都很小，而且其金额取决于耗油量，算法通常很复杂。燃油税继续记录在纳税次数之内。

四、报税后程序

报税后程序指标包括4个组成部分：增值税退税合规的时间，获得增值税退税的时间，企业所得税审计合规的时间，以及完成企业所得税审核的时间。如果增值税和企业所得税均适用，报税后程序指数的分值本身就是前沿距离得分，它等于4个组成部分前沿距离得分的简单平均值，满分100。如果只有增值税或企业所得税适用，报税后程序指数的得分只属于适用税率的两个组成部分的简单平均值。如果增值税与企业所得税均不适用，报税后程序指数不包括在缴纳税费便利程度的排名中。

税务审计的定义包括纳税人与税务机关之间在纳税申报和缴纳应纳税额之后的任何互动。税务审计还包括纳税人与税务机关之间关于审查纳税人记录和交易之间的通信，以核实纳税人是否正确评估和报告其纳税义务及履行其他义务。

（一）增值税退税合规所需时间

该指标用小时记录，包括两个部分：

其一，申报增值税退税的过程。时间包括：应纳税企业在内部收集增值税信息所花费的时间，其中包括对会计信息的额外的分析时间、计算增值税退税额的时间；应纳税企业准备增值税退税申报的时间；应纳税企业准备增值税退税申报所需要的补充证明文件的时间；如果增值税退税申请和相关文件的提交与标准增值税申报不能同时完成，提交所有文件的时间；应纳税企业前往税收部门的时间（如果需要）；应纳税企业完成与增值税退税相关的任何其他强制性活动或任务所花费的时间。作为DB2017方法论变更的延续，增值税退税申请和相关文件的提交是否可与标准增值税申报同时进行，已经从DB2018开始加以考虑。

其二，增值税审计的过程。如果企业由于资本收购而要求增值税现金退款，从而有50%或者更大的可能性触发增值税审计，那么审计的过程将会被记录。其时间包括：应纳税企业在收集审计员所需信息和准备相关文件（如收据、财务报表、工资存根等信息）过程中所花费的时间；应纳税企业提交审计员所需文件上花费的时间。

如果提出增值税退税的过程是标准化的，属于报税表格的一部分，使用进项税抵扣时不需要提交任何额外申请，且在50%或者更多类似案例中，企业不会引起审计，这种情况下增值税退税合规的总时长预估为0小时。

若所需文件可以通过电子方式提交，并且只需要花费几分钟，则审计文件提交过程被估算为半小时。如果在实地审核情况下，文件在纳税人所在地当面提交，则审计文件提交过程被估算为0分钟。

（二）获得增值税退税所需时间

获得增值税退税所需时间用周记录。该时间项衡量从提交申请之时到最终收到增值税退税的总体等待时长。如果企业由于资本收购而要求增值税现金退款在50%或者更多情况下会引发审计，那么时间将包含从提交增值税退税申请到审计开始的等待时长，应纳税企业与审计员从审计开始之时到审计过程全部完成（包括应纳税企业与审计员的多轮互动）的时长，从应纳税企业提交各种审计材料到税务审计员发布最终审计决定，且纳税人与审计员之间不再有任何互动的等待时长，以及从审计员发布最终审计决定开始到增值税退款发放的等待时长。

作为DB2017方法论变更的延续，两个新的时间因素已经从DB2018开始考虑，分别是等待税务审计开始的时间、等待增值税退款发放的时间。等待时长还包括提交退税请求后的平均等待时间。如果标准增值税退税按月归档，那么平均等待时间应为半个月。如果标准增值税为每3个月归档一次，那么平均等待时间应为一个半月。如果标准增值税为每半年归档一次，那么平均等待时间应为3个月。如果标准增值税为一年归档一次，那么平均等待时间应为半年。

等待时长还包括在增值税退税之前的强制性结转时间。如果没有强制性结转期，结转时间为零。

（三）企业所得税务审计合规所需时间

所需的时间用小时来计算。该指标包括两个部分：

其一，告知税收部门差错，报税修正和支付额外款项的过程。这里的时间包括：纳税企业收集信息和准备报税必需的文件的时间、纳税企业提交文件所需的时间、纳税企业支付额外款项的时长（如果税款的支付和提交修正税表不能同时完成的话）。作为DB2017方法论变更的延续，如果税款的支付和提交修正税表不能同时完成的话，从DB2018开始，支付额外款项的时长被计算在其中。

其二，企业所得税审计合规流程。如果企业自愿报告所得税申报表中由于所得税计算错误导致的企业所得税少付，会在25%或更大的可能性下触发所得税的审计，那么审计的过程将会被记录。用于评估企业所得税审计的门槛低于增值税现金退款引发的审计的门槛值。这是因为，企业自愿报告所得税申报表中由于所得税负债计算错误导致的企业所得税少付的案例情况，在被选择进行税务审计的公司中，只能是其中很少一部分公司的问题。与增值税现金退款相反，一次性的增值税现金退款申请被纳入税务审计是很常见的。这里的时间包括：纳税企业收集信息和准备报税必需的文件（信息包括收据、财务报表、工资单）的时长、纳税企业提交文件所需的时间。

如果可以只花几分钟在网上提交报税文件，那么我们会记录提交文件的时间大约为半个小时。如果文件是在纳税人所在地当面提交给审计员，那么我们会记录提交文件的时间为0。

（四）完成企业所得税务审计时间

所需的时间用周计算。该时间包括从税务部门收到企业所得税申报表存在错误的通知到审计开始的等待时长，从审计开始到纳税企业和审计人员之间不再交流为止之间的时长（包括了两者互动的不同阶段）以及等待税务审计人员最后发布税收评估的时长——从纳税企业提交所有相关信息和文件开始到纳税企业和审计人员之间不再交流为止。作为DB2017方法论变更的延续，等待税务审计开始的时间现在会被计算在其中。

如果在研究的个案中，公司经历审计的可能性低于25%，则完成企业所得税审计的时间计为0。

以上指标及假设，可以用下表简述如下：

表8–5　世界银行评估“缴纳税费”指标及案例假设

指标衡量的是什么	案例研究的假设
2017年制造业企业纳税（每年根据电子与联合申报和缴税进行调整后的数量） 所缴纳或代缴的税项和派款的总数，包括消费税（增值税、营业税或货物和服务税） 报税和缴税的方式和频率 **执行3种主要税项所需的时间（每年小时数）** 收集资料、计算应纳税额 如有需要，编制单独的税务会计账簿 填写报税表，向中介机构报税 安排纳税或代扣代缴 **总税率和缴费比率（占商业利润百分比）** 利润或企业所得税 社会缴费、雇主缴纳的劳动税 物业及物业转让税 股息、资本利得、金融交易税 废物收集、车辆、道路及其他税项 **报税后流程指数** 遵守增值税退税规定的时间（小时） 获得增值税退税的时间（周） 遵守公司所得税更正规定所需的时间（小时） 完成企业所得税修正的时间（周）	《营商环境报告》用一个案例记录了一家中型企业在一年中必须缴纳的各种税项和强制性派款，并且衡量了因纳税与支付派款以及处理报税后程序而产生的行政负担。还对申报和缴税频率、纳税合规所需的时间、报税后程序要求合规所需的时间，以及等待的时间等信息进行汇编。 为了使各个经济体的数据具有可比性，这里做了若干假设： 该企业是一家于2016年1月1日开始运营的中型应纳税的企业。该企业生产陶瓷花盆，并进行零售销售。所有记录的税项和派款都是在营业第二年（2017年）缴纳的。税项和强制性派款在各级政府层面进行了衡量。 **增值税退税流程：** 2017年6月，应纳税企业使用大量的资金购买一个机器：机器价值是该经济体人均收入的65倍。销售额每月平均分布（即1 050倍的人均收入除以12），以及产品销售成本每个月支出相同（即875倍的人均收入除以12）机器销售商需要缴纳增值税，如果投入、销售、机器的增值税税率相同，且纳税申报期为每月申报，6月产生的超缴增值税或一般销售税将在此后连续的4个月内得到回收。2017年6月，增值税进项税额超过销项税额。 **企业所得税审计流程：** 所得税负债的计算错误（例如，使用不正确的税收折旧率，或将某项费用不正确处理为减免税款）所产生的不正确的所得税收益，导致企业所得税少付。应纳税企业发现错误，并自愿通知税务机关。少缴纳的所得税负债是企业所得税应纳税额的5%。应纳税企业提交的修正信息的时间是在提交年度纳税申报的截止日期之后，但在纳税评估期之内。

第四节　中国的改革及成效

一、中国排名明显提升

世界银行《营商环境报告》显示，我国2015年“缴纳税费”的全球排名为第120名，接下来三年一直徘徊于全球第130名左右，最大的进步体现在DB2019中，我国上升至全球第114名。DB2020显示，我国此项指标继续攀升，上升至全球第105名。

表8-6　中国“缴纳税费”分项指标近六年的得分

二级指标	定义	计量方式	中国(2015)	中国(2016)	中国(2017)	中国(2018)	中国(2019)	中国(2020)
次数	该标准化案例研究的公司运营第二年期间所缴纳的税项和派款的总数、支付方法、支付频率、申报频率以及所涉及的机构数量。	次数	9	9	9	9	7	7
时间	准备、申报和缴纳3种主要税项和派款所需要的时间，这3种主要税项和派款为：企业所得税、增值税或营业税以及劳务税，其中包括工资税和社会派款。	小时	261	261	259	207	142	138
税项和派款总额	企业在运营第二年所负担的税项和强制性派款的额度。	占商业利润百分比	68.6	67.9	68.2	67.3	64.9	59.2

（续表）

二级指标	定义	计量方式	中国(2015)	中国(2016)	中国(2017)	中国(2018)	中国(2019)	中国(2020)
报税后程序	由四个部分组成：增值税退税合规的时间、获得增值税退税的时间、企业所得税申报修正合规的时间、完成企业所得税申报修正的时间。	0～100	/	48.98	48.98	49.08	50	50
“缴纳税费”排名			**120**	**132**	**131**	**130**	**114**	**105**

下图反映了近六年“缴纳税费”的走势：

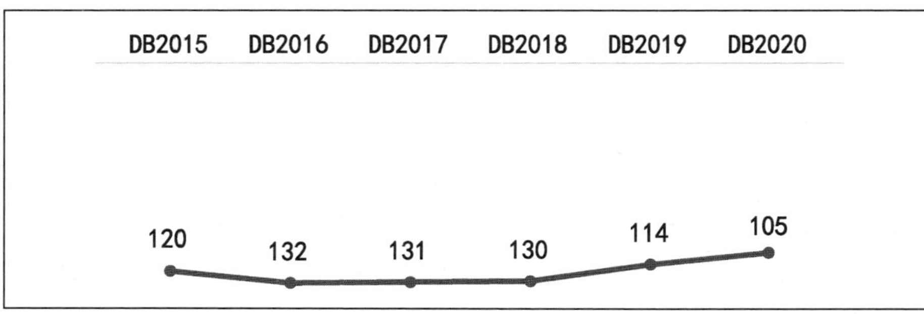

图8-1　中国“缴纳税费”指标2015—2020年的全球排名

二、DB2019与DB2020中国指标城市评估结果

(一) DB2020上海与北京的评估结果

上海与北京DB2020的结果如下表所示。

表8-7　DB2020“缴纳税费”分项指标评估结果

项目	中国	北京	上海	备注
得分	70.1	71.7	68.7	
缴纳次数（每年）	7	7	7	
时间（小时数/年）	138	138	138	
总税收和缴费率（占利润百分比）	59.2	55.1	62.6	
报税后流程指数（0～100）	50	50	50	

(二) 上海DB2019评估结果

表8-8　上海DB2019分项指标与前沿经济体的比较

指标	上海	东亚及太平洋地区	经合组织高收入经济体	最佳监管表现
纳税（每年次数）	7	21.2	11.2	3（中国香港特别行政区）
时间（每年小时数）	142	180.9	159.4	49（新加坡）
总税款和缴费比率（占利润百分比）	67.7	33.5	39.8	26.1%（32个经济体）
报税后指数（0～100）	50.00	56.42	84.41	2017/2018年无数据

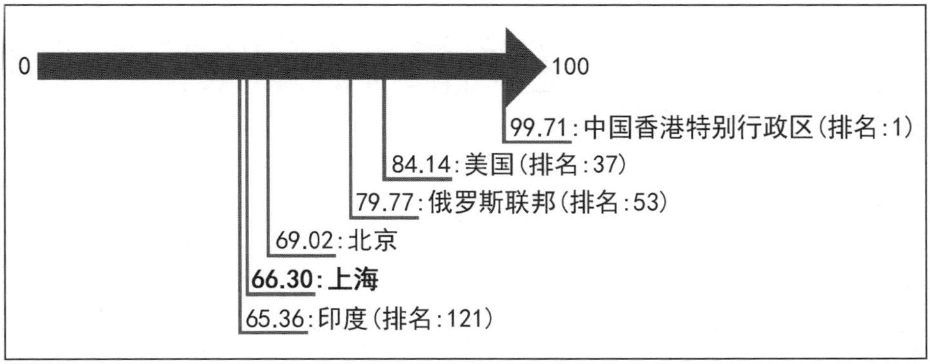

图8-2　上海和可比经济体"缴纳税费"：排名与得分

注：经济体缴纳税费便利度的排名取决于其在缴纳税费方面的分数的排序。这些分数为每个分指标分数的简单平均值，同时报告对总税率及缴费比率分指标设定下限并进行非线性变换。该下限被定义为包括DB2015在内的历年数据总体分布的第15个百分点，即26.1%。总税率及缴费比率低于或等于此下限的所有经济体得分均相同。

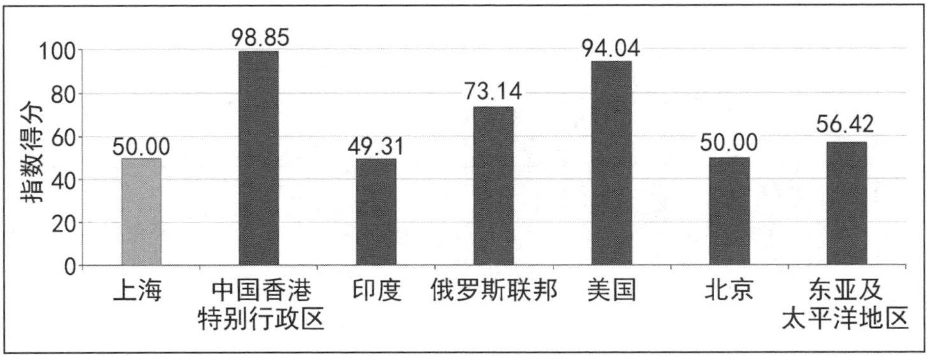

图8-3　上海和可比经济体"缴纳税费"：水平评估

表 8-9 上海"缴纳税费"(详细信息)

缴税和强制性缴款	缴税(次数)	缴费备注	时间(小时)	法定税率	税基	总税款和缴费比率(占利润百分比)	关于TTCR的说明
社会保障和住房公积金(雇主支付)	1.0	在线	54.0	31.56%+7%	薪资总额	49.12	
增值税(VAT)	1.0	在线	48.0	17%,6%,5%	增值税	47.67	不包含
企业所得税	1.0	在线	40.0	25%	应付税利润	7.56	
城市维护税	0.0	共同		7%	增值税	3.37	
土地增值税	1.0	在线		30%	土地升值	3.00	
教育费附加	0.0	共同		3%	增值税	1.45	
不动产税	1.0	在线		1.2%	80% 建筑物价值	0.97	
印花税	1.0	在线		0.03%	业务	0.97	
地方教育费附加	0.0	共同		2%	增值税	0.96	
土地使用税	1.0	在线		每平方米6元	土地面积	0.15	
河道工程建设和养护税	0.0	共同		1%	增值税	0.12	
财产转让印花税	0.0	在线、共同		0.05%	财产销售价格	0.03	
社会保障和住房公积金(员工支付)	0.0	在线、共同		10.5%+7%	薪资总额	0.00	代扣代缴
合计	7		142			67.7	

表 8-10　上海“缴纳税费”：根据税种（详细信息）

税种	答案
利润税（占利润百分比）	10.6
劳动税率和缴费比率（占利润百分比）	49.1
其他税（占利润百分比）	8

表 8-11　上海“缴纳税费”：水平评估（详细信息）

	答案	得分
报税后指数（0～100）		**50.00**
增值税退税		
是否存在增值税？	是	
每个案例研究是否存在增值税退税过程？	否	
增值税退税的限制条件	仅限国际贸易商等	
须进行增值税审计案件的比例（%）	不适用	
是否有强制执行期？	否	
增值税退税合规的时间（小时）	案例研究无增值税退税	0
获得增值税退税的时间（周）	案例研究无增值税退税	0
企业所得税审计		
是否存在企业所得税？	是	
须进行企业所得税审计案件的比例（%）	0%～24%	
遵守公司所得税更正规定所需的时间（小时）	1.0	100
完成企业所得税修正的时间（周）	案例研究无税收审计	100

注：税项的名称已经标准化。例如，在该表格中，所得税、利润税、公司所得税统称为企业所得税。增值税的时间包括所有适用增值税和销售税的时间。社会保障金时间通常包含劳务税和强制性派款的所有时间。报税后程序指标分数为增值税退税合规的时间、获得增值税退税的时间、企业所得税审计合规的时间和完成企业所得税审核的时间的平均值。N/A的含义是：不适用。

（三）北京DB2019评估结果

表 8-12　北京DB2019分项指标与前沿经济体的比较

指标	北京	东亚及太平洋地区	经合组织高收入经济体	最佳监管表现
纳税（每年次数）	7	21.2	11.2	3（中国香港特别行政区）

（续表）

指标	北京	东亚及太平洋地区	经合组织高收入经济体	最佳监管表现
时间（每年小时数）	142	180.9	159.4	49（新加坡）
总税款和缴费比率（占利润百分比）	61.4	33.5	39.8	26.1%（32个经济体）
报税后指数（0～100）	50.00	56.42	84.41	2017/2018年无数据

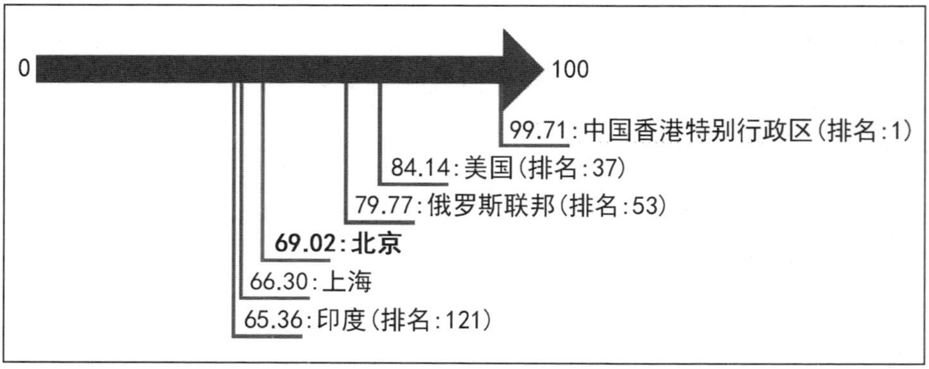

图 8–4　北京和可比经济体“缴纳税费”：排名与得分

注：经济体缴纳税费便利度的排名取决于其在缴纳税费方面的分数的排序。这些分数为每个分指标分数的简单平均值，同时报告对总税率及缴费比率分指标设定下限并进行非线性变换。该下限被定义为包括**DB2015**在内的历年数据总体分布的第**15**个百分点，即**26.1%**。总税率及缴费比率低于或等于此下限的所有经济体得分均相同。

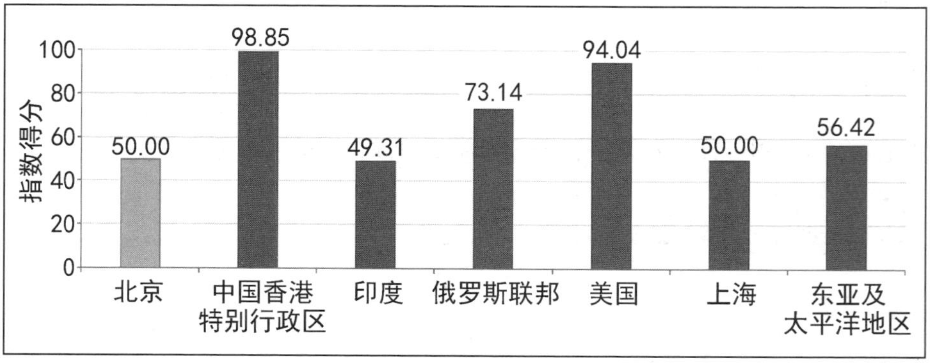

图 8–5　北京和可比经济体“缴纳税费”：水平评估

表 8-13　北京“缴纳税费”(详细信息)

缴税和强制性缴款	缴税(次数)	缴费备注	时间(小时)	法定税率	税基	总税款和缴费比率(占利润百分比)	关于 TTCR 的说明
社会保障和住房公积金(雇主支付)	1	在线	54	31.16%+5%	薪资总额	40.79	
企业所得税	1	在线	40	25%	应付税利润	9.67	
城市维护税	0	共同		7.00%	增值税	3.37	
土地增值税	1			30.00%	土地升值	3.00	
教育费附加	0	共同		3.00%	增值税	1.45	
印花税	1	在线		0.03%	业务	0.97	
地方教育费附加	0	共同		2.00%	增值税	0.96	
不动产税	1	在线		1.20%	建筑物价值的 70%	0.85	
土地使用税	1	在线		每平方米 12 元	土地面积	0.29	
财产转让印花税	0	在线、共同		0.05%	财产销售价格	0.03	
社会保障和住房公积金(员工支付)	0	在线、共同		10.2%+5%	薪资总额	0.00	代扣代缴
增值税	1	在线	48	17%,6%,5%	增值税	0.00	不含
合计	7		142			61.4	

表8-14　北京“缴纳税费”：根据税种（详细信息）

税种	答案
利润税（占利润百分比）	12.7
劳动税率和缴费比率（占利润百分比）	40.8
其他税（占利润百分比）	7.9

表8-15　北京“缴纳税费”：水平评估（详细信息）

	答案	得分
报税后指数（0～100）		**50.00**
增值税退税		
是否存在增值税？	是	
每个案例研究是否存在增值税退税过程？	否	
增值税退税的限制条件	仅限国际贸易商等	
须进行增值税审计案件的比例（%）	不适用	
是否有强制执行期？	否	
增值税退税合规的时间（小时）	案例研究无增值税退税	0
获得增值税退税的时间（周）	案例研究无增值税退税	0
企业所得税审计		
是否存在企业所得税？	是	
须进行企业所得税审计案件的比例（%）	0%～24%	
遵守公司所得税更正规定所需的时间（小时）	1.0	100
完成企业所得税修正的时间（周）	案例研究无税收审计	100

注：税项的名称已经标准化。例如，在该表格中，所得税、利润税、公司所得税统称为企业所得税。增值税的时间包括所有适用增值税和销售税的时间。社会保障金时间通常包含劳务税和强制性派款的所有时间。报税后程序指标分数为增值税退税合规的时间、获得增值税退税的时间、企业所得税审计合规的时间和完成企业所得税审核的时间的平均值。N/A的含义是：不适用。

与上一年度相比，我国DB2019的“缴纳税费”数据有了明显的改观。DB2018显示了“缴纳税费”各项指标中国与亚太及OECD国家的比较情况：

表8-16　2018年我国“缴纳税费”指标与亚太及OECD的比较

二级指标	定义	计量方式	中国数据	亚太数据	OECD数据
次数	按合并申报表统计后的税收项目进行计算，每个项目按一年一次计。	次数	9	21.8	10.9
时间	准备、申报和缴纳3种主要税项和派款所需的时间。	小时数	207	189.2	160.7
税项和派款总额	企业在运营第二年所负担的税项和强制性派款的额度。	占商业利润的百分比	67.30	33.60	40.10
报税后程序	分成4个分指标。	判断题	49.08	56.55	83.45

作为指标城之一的上海，DB2018“缴纳税费”相关数据如下：

表8-17　DB2018上海数据

税项和派款	纳税次数	次数说明	时间	法定税率	税基	税项和派款总额
增值税	1	网上	64小时	17%或6%	增值部分	47.67%
职工社保及公积金（企业支付）	1	网上	91小时	32.56%+7%	税前薪资	47.64%
企业所得税	1	网上	52小时	25%	应纳税利润	7.76%
城建税	0	合并		7%	增值税或营业税	3.37%
土地增值税	1	网上		30%	土地增值部分	2.85%
教育附加	0	合并		3%	增值税或营业税	1.45%
房地产税	1	网上		1.2%	建筑价值的80%	0.97%
印花税	1	网上		0.03%	交易金额	0.97%
本地教育附加	0	合并		20%	增值税或营业税	0.96%
营业税	1	网上		5%	资本收益	0.51%
河道整治管理费	0	合并		10%	增值税或营业税	0.48%
土地使用税	1	网上		6元/平方米	土地	0.15%
房产交易印花税	1			0.05%	房产交易价格	0.03%
职工社保及公积金（个人支付）	0	合并		10.5%+7%	税前薪资	0%
合计	**9**		**207小时**			**67.10%**

经过一年的改革，从DB2019与DB2018数据对比可以知道，纳税次数从9次减少到7次，全球排名第15位。纳税时间从207小时/年减少到142小时/年，较上年压缩65小时，排名上升45位。总税率及社会缴费率从67.1%上升至67.7%，较上年上升0.6%。税后流程指标中企业所得税更正申报时间从3.5小时减少到1小时，企业办税便利水平持续提升。

在纳税时间方面，中国位列得分进步最大的十个经济体中的第2位。中国的表现也领先于其他金砖国家。报告显示，俄罗斯为168小时，南非为210小时，印度为276小时，巴西为1 958小时。

在纳税次数这一指标上，俄罗斯、南非与中国一样，纳税次数为7次，而巴西和印度分别为9.6次和11.9次。

中国取得的这些进步，是借鉴前沿经济体，努力推进改革的成果。

就国际经验而言，新西兰提高税收指标排名的举措主要是，引入并不断优化电子系统，降低税率，简化税务合规流程，减少税务申报或税款缴纳的次数，运用基于风险的税务筛选制度，对处理退税施加时间限制。同样，作为前沿经济体，新加坡国内税务局首先建立了简明的税制，包含简易的税收架构和简易的纳税申报，打造流畅的纳税体系等。

借鉴前述经验，我国的纳税时间已经大大压缩，体现出税收数字化正在颠覆传统办税模式。一方面，税务机关通过网络宣传、线上互动，为纳税人提供个性化服务；另一方面，大数据下的信息整合也能减轻纳税人报送信息的负担。

我国依托增值税发票信息和税收征管系统数据库，2017年增值税纳税申报“一表集成”辅助系统，开始在全国范围内逐步推广应用，将增值税一般纳税人申报表“一主表、九附表”汇总简化为一张“基础数据表”，力求让广大一般纳税人申报实现“零录入”。

税收数字化，信息技术的运用，不仅影响了税收征管，而且极大地帮助我国改善营商环境。在这方面，我国仍然有很大的潜力。

三、国家和上海的改革措施

为进一步优化营商环境，国家推出了一系列降税减费的措施，上海也完成了许多配套改革，主要体现在以下方面：

(一) 降低税收负担

1. 扩大小型微利企业所得税优惠范围

根据《关于进一步扩大小型微利企业所得税优惠政策范围的通知》(财税〔2018〕77号) 和《国家税务总局关于贯彻落实进一步扩大小型微利企业所得税优惠政策范围有关征管问题的公告》(国家税务总局公告2018年第40号)，将小型微利企业的年应纳税所得额上限由50万元提高至100万元，对年应纳税所得额低于100万元(含) 的小型微利企业，其所得减按50%计入应纳税所得额，按20%的税率缴纳企业所得税。

由于样本企业年应纳税所得额低于100万元，因此2018年可享受小型微利企业优惠政策，其所得减按50%计入应纳税所得额，按20%的税率缴纳企业所得税。由此估算，企业所得税税负可由7.56%下降至3.34%。

2. 增值税相关附加税费率均有所下降

根据《财政部税务总局关于调整增值税税率的通知》(财税〔2018〕32号)，将17%、11%的增值税税率，分别调整为16%、10%。

根据我国税法，城市建设维护税、教育费附加、地方教育费附加以增值税为税基，因此增值税税率降低，将使这三项税费负担降低。

3. 住房公积金缴存比例下降

2018年，世界银行专家提出“增加公积金缴存比例灵活性”的建议。对此，上海制发《关于调整2018年度上海市住房公积金缴存比例的补充通知》，其中规定“2018年度职工本人和单位住房公积金缴存比例为各5%至7%”。因此，样本公司2018年可选择按照5%缴纳住房公积金。

4. 工伤保险基准费率下调

根据《上海市人力资源和社会保障局、上海市财政局关于阶段性降低本市城镇职工社会保险费率的通知》规定，本市用人单位工伤保险基准费率在现行基准费率基础上下调50%。同时，新参保缴费单位可在行业基准费率基础上下浮20%，所以目前样本企业工伤保险基准费率为0.28%。

上述两项改革举措可以使雇主缴纳的社保和住房公积金缴费由49.12%下降至49.01%。

5. 地方教育附加费率降低

上海市地方教育附加的费率由2%下降至1%。样本企业可按照1%缴纳地方教育附加。

因此，地方教育附加费率由0.96%下降至0.69%。

（二）缩短办税时间

2019年，上海市通过落实国税地税征管体制改革、深化"放管服"改革和优化税收营商环境等举措，大幅减少纳税准备、申报和缴税时间，有望比世界银行确定的上海2018年纳税时间（142小时）显著缩减。

在减少企业与税务机关沟通时间方面，上海推行的主要举措有：(1) 国税地税征管体制改革，合并办税更便捷。2018年，我国实施国税地税征管体制改革，将国税、地税机构进行合并，网上办税系统、12366热线等渠道合二为一，实现一网通办、一键咨询。(2) 全方位智能咨询服务，沟通效率再提升。智能咨询"网上、掌上、线上"多管齐下，构建三位一体新模式。网上智能咨询的月均咨询量达10万余人次；掌上智能咨询依托微信公众号的新媒体渠道优势，聚焦自然人纳税人的个税新政等热点问题，月均咨询量达2万余人次；智能语音系统依托12366热线，可以回复涉税系统操作、涉税信息查询、常用办税流程等8方面的问题，准确率达85%，上线试运行以来已有2.1万余人次使用。三线并行后，智能咨询服务量占总咨询量（人工服务+智能咨询）的36%。智能咨询具备7×24小时不间断服务优势，并可通过短信将解答内容推送至纳税人手机，避免了播报时间长、内容复杂导致的难以记忆问题，实现知识传递精确送达。(3) 在减少对会计信息额外分析时间方面，推出网上申报辅助系统，实现"一键报税"。2018年1月1日上线财务会计报表导入电子申报功能，目前已覆盖所有居民企业纳税人需填报的全部22套财务会计报表。纳税人使用共计64万户次，有效提高了纳税人财务会计报表填报工作的效率。同时，在上海税务网公开本市网上办税系统财务会计报表文件接口及数据标准，支持企业采用xml等文档导入、财务软件直接接入等方式，实现"一键报税"，目前用友等知名财务软件服务商已通过该接口实现了其财务软件与市局申报系统的对接，大大减少了纳税人的申报准备时间。(4) 通过同步住房公积金与社保基数调整时间，减少企业准备申报数据的时间。根据《上海市公积金管理中心落实“放管服”改革要求，改善营商环境实施方案》（沪公积金〔2018〕30号），2018年住房公积金缴存基数的申报时间从7月提前至4月，与社保基数申报同步，省去单位重复计算、录入等工作。在企业申报时间方面，上海推出的主要举措有：(1) 精简报表。2018年，小型微利企业不再需要填报《一般企业收入明细表》《金融企业收入明细表》《一般企业成本支出明细表》《金融企业支出明细表》《事业单位、民间非盈利组织收入、支出明细表》《期间费用明细表》等报表，仅需填写一张《中华人民共和国企业所得税年度纳税申报表（A类）》。(2) 智能办税。2018年上海市税务局着力打造“规则+规范”“智慧化+智能化”的电子税务局，将原有企业网上办税服务厅和个人网上办税服务厅整合为上海市电子税务局，全面提升税收管理和服务水平。目前，电子税务局已有145万用户，网上申报已覆盖所有日常申报表，网上申报率超过99%，网上认证率超95%，有效降低了纳税人的办税成本。在网上办事方面，建成用户涵盖企业和个人，渠道覆盖网页WEB、手机WAP、APP、微信、PC客户端的全平台一体化办税新模式，平均网上办理率达95%。(3) 推出网上申报辅助系统，实现“一键报税”。公开本市网上办税系统财务会计报表文件接口及数据标准，支持企业采用xml等文档导入、财务软件直接接入等方式，实现“一键报税”。(4) 增值税申报一表集成，实现报表自动匹配填列。将发票上的内容与增值税申报表对应栏目自行匹配，并自动填列，大幅减少纳税人填写报表的时间。(5) 住房公积金基数调整主推网上办理。扩大基数调整网上办理覆盖面，网上办理率达到96.08%，与去年同比增长3.54%。

在减少缴纳时间方面，上海推出的主要措施有：(1) 简化多缴退税办理，实现全程无纸化。上海开发上线电子退更免系统，纳税人无须再报送税务系统中可查询到的纳税申报表、完税凭证复印件等纸质资料，优化了出口退税、更正、免抵调和汇算清缴退税业务的全程无纸化办理。在新的电子退税模式下，税企端和税银端全面打通，电子数据代替了纸质资料，网上传输代替了人工传递，极大地提高了纳税人、税务、国库等多方的工作效率。(2) 丰富多元化缴税渠道。2018年实现银联渠道网上查询缴税、自然人网上扫码缴税等功能。(3) 便利扣款方式。企业在15家银行中设立账户的，可直接通过已有账户实现社保费协议扣款。2018年新增委托收款户数7.66万户，收款扣款39.8万户次，实扣金额51.43亿元，企业反响普遍良好。

(4) 改版网站，简化公积金一般补缴、跨行汇补缴等程序，让企业办事更便捷、高效。

可以想见，北京也会推出类似的改革措施，我国的纳税指标得分有望获得明显提升。DB2020也反映了这一点。

第九章　执行合同

第一节　世界银行方法论

“执行合同”(Enforcing contracts) 衡量的是解决一个标准商业纠纷所需的时间和成本，以及司法部门的一系列良好做法，包括司法效率、司法成本、司法程序质量指数三个板块，分别占比33.3%。该项评估围绕诉前保全、诉前调解、立案登记、诉讼缴费、送达效率、分案程序、审判组织、庭前会议、开庭审理、判决执行等要素，设计了一整套评价指标和分值。

其中，司法效率(占33.3%)涉及起诉、立案、送达、庭前会议、证据交换、庭审、宣判、上诉、执行、保全、拍卖之间的间隔时间、具体时长；司法成本(占33.3%)包括平均律师费、法院费用和执行费用；司法程序质量指标(占33.3%)包括法院组织和诉讼程序、案件管理、法院自动化和替代性争议解决机制四个板块(具体可参见本章第二节的细致阐述)。

一、激励、发展与程式主义理论

“执行合同”指标的方法论，以詹科夫、拉波塔尔、洛佩-德-西拉内斯以及施莱费尔这四位作者共同撰写的《法院》(“Courts”)一文为基础。[1]该文通过与

1　该部分的初译，由华东政法大学国际金融法律学院研究生蔡卓瞳同学完成；笔者进行了校译和编辑，还调整了结构及相关表述。在原文中，作者感谢了相关机构和人员。作者称，该研究成果得益于来自Lex Mundi事务所的Carl E. Anduri和Melinda L. Eggenberger，来自Richards, Layton & Finger事务所的Samuel A. Nolen和Carlos Botero对本项目广泛的协助。Erhard Blankenburg、(转下页)

Lex Mundi分布在109个国家的会员律师事务所合作，评价和描述了诉讼当事人和法院在驱逐未支付价款的承租人和催收支票中所使用的程序。作者利用这些数据为每个国家建构了纠纷解决的程式性指标。作者发现，大陆法系国家比普通法国家更注重程式，而且与更高的纠纷解决时长，司法裁决中更低的连贯性、诚信度、公正，以及更多的腐败相关联。作者担心，对于发展中国家来说，法律移植可能会导致更为低效的更高程度的程式主义。[1]

在这篇文章中，作者开篇即提出立论：经济学的一个基本命题认为产权保护与合同执行对投资、贸易以及最终的经济增长至关重要。[2]许多制度(institutions)有助于产权保护与合同执行。其中一些制度是完全私人的，不依赖政府，比如声誉和邻里之间非正式的议论。[3]另外一些保护产权与合同执行的制度则是公共性的，比如政府监管和法院。监管机构限制那些可能对他人造成不利影响的私人行为，法院则解决有关与财产和合同的争议。

作者认为，经济学理论并没有告诉作者何种产权保护与合同执行的机制是最佳的，在现实中它们都不尽如人意。私人的保护与执行虽然在某些情形下能够发挥很好的作用，但经常恶化为暴力。虽然政府的公共监管在一些时候是有效的，但是经常滋生腐败并被特定的需要受其约束的侵犯者“俘获”。[4]

(接上页) Richard Epstein、Roger Errera法官、Charles Fried、Oliver Hart、Roumeen Islam、Simon Johnson、Louis Kaplow、Bert Kritzer、Atif Mian、Brian Ostrom、Guy Pfeffermann、Eric Posner、Richard Posner法官、Mark Ramseyer、Steven Shavell、Jeremy Stein、Lord Woolf以及三位匿名人员对本文的评论；以及 Jose Caballero、Claudia Cuenca、Theodora Galabova、Mario Gamboa-Cavazos、Olga Ioffe、Alfredo Larrea、Margaret Michel、Juan Manuel Pinzon、Alejandro Ponce-Rodriguez、Stefka Slavova、Ekaterina Trizlova和 Lihong Wang优秀的研究协助。本文早前的草稿同样得益于Edward Glaeser和Lawrence Katze。本研究得到《2002年世界银行发展报告》、世界银行金融部以及耶鲁 SOM国际公司治理学院的资助。

1 或许，作者对于大陆法系国家的司法系统存有一定的成见，认为程式主义必然导致低效。事实上，通过智慧法院的构建，例如在上海，已经极大地对冲了注重程式对于司法效率的影响。

2 Smith, Adam, *An Inquiry into the Nature and Causes of the Wealth of Nations*, Chicago, IL: University of Chicago Press, 1976, p. 1776.

3 Macaulay, Stewart, “Non-Contractural Relationships in Business: A Preliminary Study”, *American Sociological Review*, XXVIII (1963), pp. 55–70; Galanter, Mark, “Justice in Many Rooms: Courts, Private Ordering, and Indigenous Law”, *Journal of Legal Pluralism*, XIX, 1981, pp. 1–47; Ellickson, Robert, *Order without Law: How Neighbors Settle Disputes*, Cambridge, MA: Harvard University Press, 1991.

4 Stigler, George, “The Theory of Economic Regulation”, *Bell Journal of Economics and Management Science*, II (1971), pp. 3–21.

对于法院在保护产权和执行合同方面的作用，经济学家通常持乐观态度。[1]在这篇文章中，作者发现，不同国家的法院，在处理合同争议的速度和质量上存在巨大差异。

接下来，该文尝试运用三个宏大的理论来解释这种差异。“发展”(development)理论认为，同其他许多制度一样，在有着更多富裕且受过教育人口的国家，法院发挥着更好的作用。[2]根据这一理论，制度的建立有其固定成本。当对制度的需求（很大程度上取决于经济发展的水平）变得足够多时，建立制度付出的成本对社会来说才是值得的。一个贫穷的社会可能会依赖非正式的争议解决机制，而富裕的社会有着更复杂的合同，因而需要法院去解决争议。类似的，教育水平更高的人口在提升法院效率（如果人力资本可以看作投入的话）的同时，增加了对司法裁判的需求。

“激励”(incentive)理论则认为，法院的效率是由争议解决中各参与方的激励决定的。这些参与者包括法官、律师以及诉讼当事人。[3]根据这一理论，当参与者的激励不足或者不当时，法院的案件审理绩效不佳。这些情形包括：法官对审判延迟漠不关心，律师按诉讼程序的时长收费，被告试图逃避判决。其结果是，推出了种种应对措施，包括针对法官的强制结案时间、针对律师的风险代理收费以及对“败诉者付费”规则，以提升法院审理的绩效。

第三个理论——更为新颖且为本方法论的中心——是法院的表现取决于法律是如何规制其运作的。作者把这称为程式主义(procedural formalism)或简称为“形式主义”(formalism)。接下来，作者在理论上解释并在经验上考量了程式主义的决定因素，并评估了其对法院处理争议解决质量的影响。

关于程式主义，作者首先设问，在理想的理论模型中，邻人之间的争议能够由第三方在公正的基础上解决，而无须知识或运用法律，也无须律师、书面

1 Coase, Ronald, “The Problem of Social Cost”, *Journal of Law and Economics*, III, 1960, pp. 1–44.

2 Demsetz, Harold, “Towards a Theory of Property Rights”, *American Economic Review*, LVII, 1967, pp. 347–359; North, Douglass, *Structure and Change in Economic History*, New York, NY: Norton and Company, 1981.

3 Messick, Richard, “Judicial Reform and Economic Development: A Survey of the Issues”, World Bank Research Observer, XIV, 1999, pp. 117–136.

意见、关于证据、证人、论据提交的程序性限制以及上诉。[1]然而，现实却是，所有法域都对争议解决程序进行了大量规制：争议的解决必须依靠律师和职业法官，严格规定争议方必须遵循的步骤，规定证据收集与出示，原告主张和法官的决定都需要法律证成，重视书面文书，凡此种种，不一而足。这些形式要求，会对简易的争议解决的质量产生影响吗？

为了检验这一理论，詹科夫、拉波塔尔、洛佩–德–西拉内斯和施莱费尔这四位作者与Lex Mundi展开合作，梳理了在109个国家中两种特定的纠纷解决对应的程序。这些纠纷是驱逐拖欠租金的房客以及催收空头支票。作者将案件的细节告知各国的律师事务所，然后要求他们完整地写出在法院进行纠纷解决时必要的法律程序，以及规定这些程序的确切法律条文。作者利用这些反馈，建构了程式主义指标。这套指标能够反映规制在多大程度上使纠纷解决偏离邻人模型（neighbor model）。

作者称，比较法与法律史的研究表明，程式主义在不同的法律渊源（legal origins）之间存在体系性差异。[2]特别是相较于普通法系国家，大陆法系国家通常对纠纷解决、包括裁判者行为的规制更加严格，不发达国家的裁决比富裕国家更加形式化。

接下来，作者论述有关司法质量决定因素的三个假设，即在其他条件不变的情况下，更高程度的程式主义预示着更长的纠纷解决期间；更高程度的程式主义预示着更低的合同可执行性；更高程度的程式主义预示着更大的腐败以及法律体系更低的诚信、公正与连贯性。根据作者的数据，没有证据显示程式主义保障司法公正。

二、数据采集的考量因素

作者的数据来源于Lex Mundi和Lex Africa成员事务所律师所答的问卷。Lex Mundi和Lex Africa是在115个国家有成员律所的国际事务所联合会。在这115个国家中，6家Lex Mundi成员律所没有接受项目的邀请，这6个法域（布基纳法索、柬埔寨、尼加拉瓜、北爱尔兰、苏格兰、圣基茨和尼维斯）从样本

1 Shapiro, Martin, *Courts*, The University of Chicago Press, 1981.

2 Berman, Harold, *Law and Revolution*, Harvard University Press, 1983；Damaska, Mirjan, *The Faces of Justice and State Authority*, Yale University Press, 1986.

中移除，这样，最后有109个国家的合作律所接收了作者设计的问卷。问卷包含一国最大城市的地方法院关于驱逐与支票收款程序的每个步骤的演进。

作者认为，聚焦于这两项特定争议有着诸多益处。第一，它们代表了每个国家最典型的怠于履行合同的情形。第二，案件事实和程序性假设能够进行跨国比较。第三，这类案件的解决涵摄了所有国家更低层次的民事审判法庭。

为展现这些案件，作者为受访律所提供了重要的细节，包括请求的数额、位置以及诉讼参与人的主要特征，城市现有的规范，原告要求的救济，原告、被告主张的实质依据，以及司法结果的社会影响。更进一步，为了理解法院是如何运作的，作者强调没有和解适用的余地。这些标准化的细节能够使受访律所清晰、全面地叙述程序，使作者避免克服不同情形下对应不同程序的窘境。[1]

提供给律师事务所的问卷分为两个部分：(1) 分步描述在假想案例下的程序，以及 (2) 单项选择题。程序的描述包括下述七个方面：(1) 分步描述程序，(2) 评估每个阶段需要的时长，(3) 每个阶段是否需要书面文件，(4) 每个阶段需要适用的法律，(5) 每个阶段强制性的时间限制，(6) 上诉的形式，以及 (7) 替代性的行政程序。单项选择题被用作收集额外的信息的同时，用于检验第一阶段的答案。另外，作者还设置了关于法官、律师与诉讼当事人激励的问题。

为了保证答案的真实性，每个律所诉讼部的成员完成答案并由公司和商事业务部的成员复核。每家律所不同业务部门的两名成员将阅读、确认并签署问卷。为了再次确认，律师事务所必须显示相关答案所对应的法律，并且提供法律的复印件。作者将律所提供的答案进行编码，用于描述程序和单项选择题的答案。在大多数案件中，在对答案进行编码后，为了确保答案的前后一致性，已完成问卷的律师将会接受额外一轮的问题。

作者聚焦于程式主义的七个方面，并从邻人模型的视角汇编Lex Mundi律师事务所提供的答案。下文将简要描述作者组织这些数据的方法。表9–1

1　作者发现，在大多数国家，即使是规模最大的律师事务所的律师亦知晓驱逐和支票收款程序，通常是因为他们曾为客户代理过这类案件。

包含了各变量的准确定义。

第一个方面涵摄了对司法程序的主要参与者（也就是法官与律师）在专业性方面的要求。其中又包含一些具体的方面，第一，最基本的司法差异是普通和特别法庭。对于简单案件，特别法庭通常拥有简化的程序以便进行“规模生产”（接近美国的交通法庭）。作者因此认为，特别法庭比普通法庭更加接近邻人模型。第二，作者区分了那些经过完整的专业训练的法官与仲裁员、行政官员、执业律师、商人或者其他被授权审理案件的非职业人士。在一些国家（例如新西兰、阿拉伯联合酋长国），关于出租人与承租人之间的所有纠纷，均由邻人组成的住房法庭或者由出租人与承租人联合会所选任的代表解决。这种非职业裁判者更加接近邻人模型。第三，一些国家强制性地要求律师与法官会见，然而另一些国家对此则完全自愿甚至加以禁止。很明显，法律代理人的缺席更加接近邻人模型。事实上，在欠缺代表的情况下，裁判者会引导双方达成和解。

利用律所提供的数据，作者用这些信息建构了关于每个国家两起纠纷的“职业性与非职业性”指数。

作者考虑的第二个方面为，在程序的每个阶段的表达方式，是书面还是口头表达。这些阶段包括提交诉状、送达、被告的反对意见、证据提交、最后陈述、判决、判决通知以及判决的执行。作者认为，口头表达更接近邻人模型，并且对每个国家的每个案件信息进行加总，形成“书面与口头”指数。

第三个方面是在原告诉讼和判决中法律证成的必要性。在许多国家，判决必须由法律条文或者先例证成。在一些国家，司法决定不需要法律证成。由于邻人模型不需要像这样的法律证成，作者将这些信息编入“法律证成”指数。

第四个方面是对证据的法定规制。证据规则有时被认为是区分国家间法律程序整体效率的关键因素。[1]第一，在一些国家，法官不能获取那些双方没有提交的证据，这也是基于邻人模型的一个制约。第二，一些国家的法官不能拒绝收集或者承认双方提交的证据，即便法官认为这些证据与案件无

1 Langbein, John, "The German Advantage in Civil Procedure", *University of Chicago Law Review*, LII, 1985, pp. 823-866.

关。这同样构成对邻人模型中法官自由裁量的限制。第三，在一些国家，传闻证据是不被采信的。第四，在一些法域，法官必须预先筛选针对证人的问题。然而，在其他国家，双方可能在无须筛选的情况下向证人提问。第五，在一些法域，只有原始文件和经认证的复印件能够被采信，在其他法域没有这一限制。邻人模型也不会有此类限制。第六，在一些国家，真实性和证据的证明力是由法律规定的，另一些国家并不是这样。在邻人模型中，对于证据的可采性与证明力方面不会有严格的限制。第七，在一些国家，为了加强上级权威对法官的控制，强制性地要求记录证据。作者不认为这一记录要求符合邻人模型。如前所述，作者将这七个维度纳入“对证据的法定规制”指数。

第五个方面是上级法院对一审判决的审查。上诉审查的范围决定了对法院诉讼程序的控制水平。[1]大体上，作者认为通过上级法院对法官的控制不符合邻人模型的假设，同时作者考虑了不同的上级审查机制：第一，在一些国家，在上诉前，判决是无法自动执行的，这在很大程度上削弱了一审判决的重要性。而在其他国家，执行的中止并非自动发生，甚至是不允许的。作者认为自动中止是不符合邻人模型的。第二，在一些国家，对司法决定的审查与上诉是很宽泛的。其他国家则更符合邻人模型，仅在有新的证据或者法律问题能够启动上诉审查时适用，或者完全不允许上诉。第三，另一些国家允许中间上诉，[2]作者认为是邻人模型不相容的。作者将上述关于审查的三个方面纳入“上级审查的控制指数”(index of control of superior review)。

第六个方面是受到法院的约束之前必须遵循的参与形式要求。在一些国家，在双方启动诉讼前需尝试审前调解。通知程序的国别差异也非常明显。在一些地方，原告自身或者其律师能够将起诉状送达被告，或者仅仅通过邮寄即可。另一些国家，如果被告被法院聘任的法庭职员送达文书，就没有理由被归责。最后，在一些国家，法庭公开宣读判决即被视为通知。在另一些国家，必须由聘任的法庭职员单独通知诉讼双方。作者认为完全自愿的审前调解程序和灵活的判决通知程序更加符合邻人模型。这三个方面被编

1 Damaska, Mirjan, *The Faces of Justice and State Authority*, Yale University Press, 1986.

2 中间上诉是在初审法院对整个案件作出终局裁决之前发生的上诉，它通常不是对案件争议的解决具有决定意义的事项，而是对为决定案件的是非真相所必要的事项提出的。

入“参与形式主义要求”指数。

第七个方面是在处理请求过程中法院独立的程序性行动，包括提交与送达诉状，审判与判决以及执行。一个独立的程序性行动是指程序中法律或者法庭规则规定的每个步骤，包括诉讼双方的关系或者他们与法官或者法庭官员的关系，例如提交动议或者出席听证等。作者同样把司法或者行政令状或者决议视为独立的程序性行动，这些行动在法律上能够加速判决的执行。不同的行动有时是同时发生的，因此程序性事项有可能在同一天或者同一地点完成，因而被视为同一个行动。[1]在一个理想的邻人模型中，仅存在三个程序性行动：(1) 请求人要求法官介入，(2) 法官和请求人一同会见被告并且法官将在讨论之后公布决定，以及 (3) 判决的执行。在一些国家，支票的收款和驱逐承租人只有8～9个步骤，而在另一些国家则需要40～50个步骤——这与邻人模型相去甚远。作者将这些因素纳入“独立程序性行动”指标，并且根据国家间最少与最大的步骤量，将指标范围设置在0～1之间。

在处理完数据之后，作者将7个子指标纳入程式主义指标中，作者在0～1的范围内衡量每个子指标，因此形式主义指标将在0～7之间。这意味着根据作者的概念预设，7代表在最大限度上偏离邻人模型。

文章的结论是，与比较法的文献一致，作者发现在大陆法系国家，其司法形式主义是系统性，法国法系国家比普通法系国家尤甚。大陆法系的纠纷解决花费时日更久，也更为低效。这预示着至少对于简单的纠纷解决而言，一个切实可行的司法改革策略，也就是削弱程式主义。

然而，这篇文章的作者或许没有预料到，中国的司法改革在案件的繁简分流、电子法庭、案件权重系数的制度构建方面，已经走在了世界的前列，在相当程度上解决了作者提及的问题。

三、变量的描述

变量的描述直接决定了数据采集与嗣后评估的结果，该文将变量描述如下：

---

1 我们仅仅考虑结案所需要的最低限度的独立程序性行动。因此，唯有强制要求法律代理人时，才将聘请律师列为一大步骤。不要求双方进一步与法官或者法庭人员发生联系的中间性决定 (interlocutory decision) 并不被视为一个独立的步骤，因为其从属于这个决定。

本表描述了论文中出现的变量。除非另做说明，变量来源于律师事务所的报告与各国的法律。在http://iicg.som.yale.edu中可以找到每个国家的所有数据。

表9-1　变量的描述

变量	描述
职业人士vs非业内人士	
普遍管辖法庭	这一变量衡量在通常情况下是会被选择或安排普遍还是有限管辖权的法院审理案件。作者将普遍管辖权的法院视为被法律视为常规法院系统一部分的国家机构，通常有权审理或者裁定常规的民事或刑事案件。有限制管辖权的法院仅仅能够审理或者裁定特定的民事案件类型。特定的债务催收或者住房法院，小额诉讼法院或者仲裁或者太平绅士（justices of the peace）是典型例子。普遍管辖法院得1分，有限管辖权法院得0分。
职业性vs非职业法官	这一变量衡量法官或者法庭及裁决庭成员是否能被视为是职业性的。职业法官是受过法律要求的完整的职业训练，其首任务是按法官或者法庭成员行事。非职业法官是指仲裁员、行政官员、执业律师、商人或者任何被授权审理或者裁决案件的业余人士。职业法官得1分，非职业法官得0分。
强制性要求法律代理人	这一变量衡量法律是否要求有执业资格的律师介入。当法律代理人是强制性时得1分，当法律代理人是非强制的得0分。
指数：职业人士vs非业内人士	这一指标衡量案件的解决是否有赖于的职业法官与律师，与此相反的是依靠其他类型的裁决者和非业内人士。对应这一指标的是下列因素的规范化的总和：(i) 普遍管辖权法庭；(ii) 职业法官vs非职业法官；(iii) 强制性的要求法律代理人。这一指标的范围为0～1，得分越高意味着有更多职业人士参与。
书面vs口头	
提交诉状	如果要求以书面形式向法院提交诉状的得1分，如果能以口头形提交得1分。
送达程序	如果对被告首次接受书面的诉状的通知是书面形式的，得1分；如果相反，得0分。
反对	如果在通常情况被告对诉状的答辩需要以书面形式提交，那么得1分；如果能以口头告知法庭的，得0分。
证据	如果大多数时候证据需要以书面形式提交的，得1分；如果能够在法庭以口头形式提交法官的，得0分。
最后陈词	如果最后陈词通常以书面形式提交的，得1分；如果能够在法庭通常以口头形式提交的，得0分。

（续表）

变量	描述
判决	如果法官以书面形式作出最终判决的，得1分；如果法官在双方都参与的法庭上公开审理中口头宣布的，得0分。决定性因素是法官是否在审理中裁判案件。如果法官只是宣读之前写好的书面判决，这一变量得0分。相反，口头宣读的判决在之后为了执行目的而转化为书面的，该变量得0分。
判决的通知	如果参与方以书面形式接收到最终判决的首次通知的，得1分，也就是通过邮寄或者在法院公告栏或者报刊上公开的或者通过其他书面途径的得1分；如果是在双方都参与的法庭公开审理过程中收到首次通知的，得0分。
判决的执行	如果执行程序需要通过法院书面命令或者执行局书面法令才可执行，得1分；相反情况，得0分。
指数：书面vs口头	这一指标衡量程序中牵涉的行为性质是书面还是口头，从提交诉状直到判决的执行。这一指标按照程序所有适用阶段中书面形式计算，得其范围为0～1。得分越高意味着更多书面因素的要求。
法律证成	
诉讼请求必须要有法律的证成	这一变量衡量法律或者法院规章是否要求诉讼请求包括适用的额法律、法律推理或者那些法律训练要求的形式。如果需要法律证成的诉状得分，当诉状不要求法律证成（即确切的法律或者判例法）的，得0分。
判决必要要有法律的证成	这一变量衡量判决是够需要清楚阐明法律的证成（法律条款或判例法）其决定。如果需要法律证成的记1分，不需要的记0分。
判决必须依据法律（而不是公平观念）	这一变量衡量判决是否会受一般的公平观念引导，或者其是否必须以法律为依据。如果判决必须仅以法律为依据，得1分；如果判决基于公平观念，得0分。
指数：法律证成	这一指数衡量程序中需要的法律证成水平。这一指数是下列因素的规范性总和：(i) 诉讼请求需要有法律的证成；(ii) 判决需要有法律的证成；以及 (iii) 判决必须依据法律（而非公平观念）。
证据的法定规制	
法官不得引入证据	如果根据法律，法官不能自由地引入未被要求、提供或者双方引入的证据，得1分；如果相反，得0分。
法官不能否定不相关证据	如果根据法律，法官不能拒绝收集或者采纳双方提交的证据，即便她（she）承认这与案件无关的，得1分；如果相反，得0分。
法庭外的陈述不被采信	如果对仅由从第三方处知悉的并非来源于证人的事实陈述不能被采信为证据的，得1分；如果相反，得0分。

（续表）

变量	描述
强制性的事前筛选问题	如果根据法律，法官必须在询问证人前筛选问题的，得1分；如果相反，得0分。
只允许法官质询	如果诉讼双方和证人仅能够接受法官的质询，得1分；如果能够接受法官和向对方质询的，得0分。
只有原始的或者经认证的复印件能够被采信	如果只有原始的文件和“可信的”或者“经认证的”复印件能够被采纳为可采的书面证据的，得1分；如果能够采纳简单或者未经认证的复印件的，得0分。
法律确定证据可信度和证明力	如果证据的可信度和证明力由法律明确规定的，得1分；如果法官能够自由地衡量证据材料的可采度，得0分。
强制性的复制证据	如果根据法律，所有在审判中引入的证据都需要有书面或者音像记录的，得1分；如果相反，得0分。
指数：证据的法定规制	指数衡量了对证据可采度、评价和复制的法定控制水平。这一指数是下列因素规范化的总和：(i) 法官不得引入证据；(ii) 法官不能否定不相关证据；(iii) 法庭外的陈述不能被采信；(iv) 强制性地事先筛选问题；(v) 只允许法官询问；(vi) 只有原始的或者未经认证的复印件能够被采信；(vii) 法律确定证据可信度和证明力；(viii) 强制性的复制证据。这一指数的范围为0～1，数值越高意味着对更高程度的法定控制和介入。
上级审查的控制	
在上诉解决前判决会自动中止	如果上诉被准许，在上诉解决前判决将自动中止的，得1分；如果判决的中止不是自动的或者判决不能被上诉的，得0分。
上诉审查的范围	如果上诉法院能同时审查法律和事实（证据）的，得1分；如果仅在新的证据或者法律争议出现才可上诉的，或者判决是不可上诉的，得0分。
允许中间上诉	如果允许中间上诉的，得1分；如果是被禁止的，得0分。中间上诉是指对初审司法程序进行中的中间或者临时司法决定的上诉，并且在整个案件最终决定作出之前的上诉。
指数：上级审查的控制	这一指数衡量了上诉法院对初审判决审查的控制和介入水平。这一指数是下列因素规范化的总和：(i) 在上诉解决前判决会自动中止；(ii) 上诉审查的范围；以及 (iii) 允许中间上诉。这一指数的范围为0～1，数值越大意味着更高程度的控制和介入。
参与的形式要求	
强制性审前和解	如果法律要求原告在起诉前尝试进行审前和解或调解，得1分；反之，得0分。
需要司法人员的送达程序	如果根据法律，将诉状送达至被告需要司法人员的介入的，得1分；如果能够以其他方式实现送达程序的，得0分。

（续表）

变量	描述
需要司法人员的判决通知程序	如果根据法律，将判决通被告高需要司法人员介入的，得1分；如果能以其他方式通知判决的，得0分。
指数：参与的形式要求	这一指数衡量使某人参与程序或者使他/她对判决承担责任所需要的形式。这一指数是下列因素规范化的总和：(i) 强制性的审前和解；(ii) 需要司法人员的送达程序；以及 (iii) 需要司法人员的判决通知程序。这一指数的范围为0～1，数值越大意味着对司法程序更高程度的控制和介入。
独立的程序性行动	
起诉与送达	完成起诉、承认、扣押以及送达所需要的最少的独立的程序性行动的总和。
审判与判决	完成对诉讼请求、听证或者审判、证据、最终判决或者判决的反对所需要的最少的独立的程序性行动的总和。
执行	完成对判决的通知和执行的最少的独立的程序性行动的总和。
指数：独立的程序性行动	独立的程序性行动是指由法律或者法院规章强制性规定的程序步骤，其要求双方间或者双方与法官或者法院职员之间的互动(例如提交动议，参加听证、邮寄或者扣押某些物品)，作者同样把司法或者行政令状或者决议（例如判决公布或者令状的颁布）视为独立的程序性行动，这些行动能够在法律上加速判决的执行。行动可能有时是同时发生的，因此程序性事项有可能在同一天或者同一地点完成，因而被视为同一个行动。为了形成这一指数：作者 (1) 加总了完成程序所有阶段（从起诉到判决执行）需要的最少的独立的程序性行动数量；并且 (2) 利用样本国家中最高与最低的独立的程序性行动数量，规范化这一数量使之落入0～1这一区间。独立的程序性行动数量最少的国家取值为0，独立的程序性行为数量最多的国家取值为1。
形式主义指数	
指数：形式主义	这一指数衡量了在低层级民事审判法院中，司法案件中实体性和程序性的法定干预，并且在加总了下列指数下得以形成：(i) 职业人士vs非业内人士；(ii) 书面vs口头；(iii) 法律证成；(iv) 证据的法定规制；(v) 上级审查的控制；(vi) 参与的形式要求；以及 (vii) 独立的程序性行动。这一指标的范围在0～7之间，7意味着对司法程序的更高程度的控制或者介入。
参与方的激励	
对认可的强制性时间限制	如果根据法律，法官需要在特定的时长内作出认可或者驳回诉讼的决定的，得1分；反之，得0分。
对证据出示的强制性时间限制	如果根据法律，参与方必须在送达之后或者审判之前的法定时间内收集或者出示证据的，得1分；反之，得0分。

（续表）

变量	描述
对提出抗辩的强制性时间限制	如果按照法律要求，被告需在特定时间段内提交反对意见，不论是从送达之日起还是在审判之前的特定天数，得1分；反之，这一变量得0分。
对判决时间的强制性时间限制	如果按照法律，法官需要在审判终结或者最后陈述后的特定的时间段内作出判决的，得1分；反之，得0分。
对判决通知的强制性时间限制	如果根据法律，法院需要在判决作出后的特定时间段内通知双方，得1分；反之，得0分。
指数：强制性的时间限制	这一指数是关于程序中强制性的时间限制，这一指数是按照下列因素的平均数计算的：(i) 认可的期限；(ii) 提交证据的期限；(iii) 提交抗辩的期限；(iv) 判决的期限；(v) 合规的期限；(vi) 判决通知的期限。这一指数的范围为0～1，数值越高，意味着更多的强制性时间限制。
禁止按时收费	如果法律禁止任何案件的按时收费制度，得1分；反之，得0分。
败诉方支付法则	如果法律要求败诉方支付所有纠纷的费用，得1分；反之，得0分。
实践中的持续时间	
送达程序的期间	以公历日计算的预估持续时间，自原告提交诉状起到送达至被告的时间。
审判的持续时间	以公历日计算的预估持续时间，自送达程序起至判决的公布。
执行的持续时间	以公历日计算的预估持续时间，自判决公布到房东重新占有财产（针对驱逐案）或者债权人获得支付（对支票收款案件而言）。
合计持续时间	根据提供的事实性与程序性假设以公历日预估总的持续时间。对如下数据进行加总：(i) 送达的持续时间；(ii) 审判的持续时间；以及 (iii) 执行的持续时间。
其他司法质量的衡量标准	
合同的执行	合同执行的范围为0～10，越高的分数意味着更高效的合同执行。其确切的定义参见Knack, Stephen Keefer, 1995。
法律体系是公正和中立的	“就解决商业纠纷而言，你是否认为你国家的法院体系是公正和中立的？”其范围为1～6，高分意味着更加公正和中立的法律体系。来源：世界银行《营商环境报告》。
法律体系是诚信或者廉洁的	“就解决商业纠纷而言，你是否认为你的国家的法院体系是诚信或者廉洁的？”其范围为1～6，高分意味着更加诚信和廉洁的法律体系。来源：世界银行《营商环境报告》。
法律体系是可承受的	“就解决商业纠纷而言，你是否认为你的国家的法院体系是可承受的？”其范围为1～6，高分意味着更加得以承受的法律体系。来源：世界银行《营商环境报告》。

（续表）

变量	描述
法律体系是连贯的	“就解决商业纠纷而言，你是否认为你国家的法院体系是可连贯的？”其范围为1～6，高分意味着更加连贯的法律体系。来源：世界银行《营商环境报告》。
对法律体系的信任度	这一问卷要求经理回答他们对法律体系在商业纠纷中维护和合同及财产权利的程度，其范围为1～6，高分意味着对法律体系更高的信任。来源：世界银行《营商环境报告》。
腐败	这一指标是2000年度从7家机构中抽出的14份数据：世界经济论坛、世界银行《营商环境报告》、管理经济发展研究所（洛桑）、政治和经济风险咨询机构（香港）、经济学人智库和跨国自由之家。这一分数从10（高度廉洁）到0（高度腐败）。来源：《国际透明度报告》(2001)。
法律与规章	2000年法律体系的完整度。这一因素是基于国家风险国际指南（多种议题）中政治风险因素1（法律与规章）得出的。其排名被修正是10分制。来源：《世界经济自由》(2002)。
禁止按时收费	如果法律禁止任何案件的按时收费制度，得1分；反之，得0分。
败诉方支付法则	如果法律要求败诉方支付所有纠纷的费用，得1分；反之，得0分。

第二节　世界银行评估标准的定义与假设

世界银行《营商环境评估》的“执行合同”指标，遵循了前述方法论，以一家当地初级法院为例，衡量解决一起商业纠纷所耗费的时间、成本及司法程序质量指数，从而评估各个经济体是否采用了一系列措施，来提升法院系统的质量和效率。

一、关于法院的假设

世界银行团队通过研究民事诉讼法和其他相关规则，并通过向诉讼律师和法官发放调查问卷来采集数据。各个经济体“执行合同”便利度的排名，取决于其在执行合同方面的前沿距离分数的排序。总体的前沿距离分数为各个构成指标的前沿距离分数的平均值。解决商事纠纷的时间和成本数据，是通过追踪商事交易纠纷在当地法院解决的过程而建立起来的。数据取自每一个城市的一个特定法院。该法院有权管辖标的金额达到200%的人均收入或5 000美元（取其中的最大额）的案件。若不止一个法院对与标准案例相似的案件具有原始管辖权，则以大多数案件中诉讼当事人使用的法院作为依据收集数据。每个经济体相关法院的名称公布在以下网址：http://www.doingbusiness.org/ExploreTopics/EnforcingContracts。对于排名前11的经济体也收集第二大城市的数据。

二、关于案件的假设

“执行合同”指标对有关案件的假设如下：

1. 原告的请求权金额为该经济体人均收入的200%或5 000美元，取其中相对大的数额。

2. 商事纠纷涉及2家企业（卖方和买方）之间的一项合法交易，且其所在地为该经济体最大的商业城市。11个经济体里第二大的城市的数据也收集在报告内。

3. 根据合同，卖方向买方所销售的定制家居的货值为该经济体人均收入的200%或5 000美元（取较大数值）。卖方将货物交付买方后，买方以所交付货物质量不合格为由拒绝支付货款。由于是定制的家居，卖方无法把货物转卖给他人。

4. 卖方（原告）起诉买方（被告），要求收回销售协议中规定的货款金额（即该经济体人均收入的200%或5 000美元，取较大数值）。此纠纷由位于该经济体最大的商业城市、有权审理涉案金额为人均收入200%或5 000美元（取相对大的数值）的商事案件的法院负责裁决（11个经济体里第二大的城市的数据也收集在报告内）。

5. 由于担心买方隐匿财产或者破产，卖方在获得判决之前扣押了买方的流动资产（如办公设备和车辆等）。

6. 买方反对卖方的索赔要求表示反对，称货物质量不合格。双方酿成诉讼。法院无法仅凭书面证据就该纠纷作出裁决，故而需要专家对货物质量进行评估。如果该经济体的标准做法是由每一方各自传唤自己的专家证人，则双方照此办理。如果该经济体的标准做法是由法官指定独立专家，则法官照此办理。在这种情况下，法官不允许任何一方对专家证词提出异议。

7. 根据专家意见，法官裁定货物质量合格且买方必须按约定价格支付货款。法官判决结果100%有利于卖方。

8. 买方对判决结果不提起上诉。卖方决定，一旦上诉期限失效便开始强制执行判决。

9. 卖方为了判决能得到立即执行，采取了一切必要的措施。货款通过公开出售买方的流动资产(如办公设备和车辆)成功收回。假设买方在其银行账户上没有任何资金,因此无法通过扣押买方账户来执行判决。

以上案件是一起非常简单的买卖合同纠纷,我国的受访者可以忽略其中的种种细致假设,而直接关注以下指标。

第三节　世界银行评估的指标

世界银行“执行合同”一级指标，由下述二级指标构成：

表9-2　“执行合同”二级指标

二级指标	定义	计量方式
时间	从卖方决定向法院提起诉讼之时起计算，到货款支付时止，其中包括采取行动所需的天数以及其间的等候期。	日历天数
成本	包括平均律师费、法庭成本和执行费用。	索赔的百分比，假定为人均收入的200%或5 000美元
司法程序质量	衡量是否在司法体系的四个领域中采取了一系列的良好实践：法院结构和诉讼程序、案件管理、法院自动化和替代性纠纷解决。	判断题

这些指标的具体说明如下：

一、时间

时间以日历天数记录，从卖方决定向法院提起诉讼之时起算，到货款支付时止，其中包括采取行动所需的天数以及其间的等候期。必须记录纠纷解决以下三个阶段的平均持续时间：立案申请和送达时间、审理和判决的时间、执行判决的时间。时间是根据上述案例研究假设而记录的，仅适用于管辖法院。时间要根据实际情况来记录，若法律规定了一定的时间限制，但是大多数案件在实际审理时不予考虑，在此处也不予考虑。

1. 立案申请和送达阶段

(1) 卖方准备诉讼请求以取得货款的时间，其中包括准备信件的时间和向买方提供的截止日期。

(2) 当地律师撰写初步诉状、收集立案所需文件，包括在必要情况下对其进行认证或公证的时间。

(3) 向法院提出诉请所需的时间。

(4) 起诉状被送达买方所需的时间，其中包括法院的处理时间以及多次尝试以成功进行诉讼的等待期。

2. 审理和判决阶段

(1) 在买方收到起诉状到举行预审会议的时间，前提是：这种预审会议是管辖法院使用的案件管理技术的一部分。

(2) 预审会议与首次听证会之间的时间，前提是：预审会议是管辖法院使用的案件管理技术的一部分。如果不是，时间则计为买方收到起诉状副本至举行首次听证会之间的时间。

(3) 审判期间所有活动的时间，包括文书摘要和证据等的交换，多次听证会以及举办听证会和获得专家意见的等待时间。

(4) 举证期限结束后，法官发出最终书面判决所需的时间。

(5) 上诉期限。

3. 执行判决阶段

(1) 获得可执行的判决副本以及与相关的执法办公室联系的时间。

(2) 确定、识别、扣押和运输败诉方的动产所需的时间（在适用情况下，包括从法院获得命令以扣押资产所需的时间）。

(3) 宣传、组织和举办拍卖所需的时间。如果在类似标准化案例的情况下，通常需要多次拍卖才能完全恢复索赔的价值，则须记录多次拍卖之间的时间。

(4) 拍卖成功完成后，胜诉方完全收回索赔价值所需的时间。

二、成本

成本按请求权数额的百分比记录，假定为人均收入的200%或5 000美元

(取较大数值)。必须记录三类成本,即平均律师费、法庭费用和执行费用。

1. 平均律师费是卖方(原告方)必须预先支付给当地代理律师的费用,以便律师在标准案件中代表卖方出庭,无论最终报销是多少。

2. 法庭费用包括卖方(原告方)必须预先支付法院的所有费用,不论卖方最终发生的成本是多少。法庭费用还包括双方支付给专家以获取意见的费用,无论是付给法庭还是直接付给专家。

3. 执行费用为卖方(原告方)必须预先支付的、为了通过公开出售买方流动资产来执行判决的一切成本,不论卖方最终发生的成本为多少。贿赂不予记录。

三、司法程序质量

司法程序质量指数衡量的是每个经济体是否在其司法体系的四个领域中采取了一系列的良好实践:法院结构和诉讼程序、案件管理、法院自动化和替代性纠纷解决。该指数的范围为0～18,分值越高,表示司法程序更好且更有效率。

1. 法院结构和诉讼程序指数

法院结构和诉讼程序指数有五个组成部分,该指数的范围为0～5,分值越高,表示具有更为精巧且更为精简的法院结构。

(1) 是否存在致力于审理商事案件的专门法院或者法庭?如果有,则打1.5分;如果没有,则打0分。

(2) 是否存在小额诉讼法院或快速通道程序以处理小额纠纷案件?如果存在这样的法院或程序,适用于所有的民事案件,且法律还规定可以通过这样的法院和程序处理一定金额上限的案件,则打1分;如果小额诉讼是由一家独立的法院来处理,只有在这家法院对小额诉讼适用简易程序的情况下才能打1分;如果当事各方可以在这个法院或者在这个程序中陈述自己的主张,则额外0.5分;如果没有小额诉讼法院或简易程序,则打0分。

(3) 如果原告担心被告的动产可能被转移到司法管辖区之外或者被挥霍掉,原告能否获得对被告的动产的审判前的财产扣押?如果能,则打1分;如果不能,打0分。

(4) 案件是否会被随机地和自动地分配给管辖法院中的法官?如果对案

件的分配是随机的和自动的，则打1分；如果既不是随机的也不是自动的，则打0分。

(5) 女性的证词与男性的证词是否在法庭上有同等的效力？如果法律将男性与女性证词的证据价值在任何民事诉讼（包括家庭诉讼案件）中加以区分，则得−1分；如果没有区别，则得0分。

2. 案件管理指数

案件管理指数有六个组成部分，该指数的范围为0～6，分值越高，表示案件管理系统质量和效率越高。

(1) 有关民事诉讼的法律或法规，是否包含法院审理过程中的至少三个关键事件时间标准：(i) 送达法律程序文件；(ii) 第一审；(iii) 提交答辩陈诉书；(iv) 举证期结束；(v) 提交专家证词；以及 (vi) 提交终审判决？如果存在这样的时间标准并且在超过50%的案件中遵守了这些标准，则打1分；如果提供了这样的时间标准但是在超过50%的案件中没有遵循这些标准，则打0.5分；如果不存在或者只对不到三个关键事件有时间标准，则为0分。

(2) 是否有法律来规范可以被允许的休庭或诉讼延期的最大次数，法律是否将休庭限定在意外的和异常的情况下，以及这些规则是否在超过50%的案件中得到了遵守？如果所有三个条件都得到满足，则打1分；如果满足了三个条件中的仅仅两个条件，则打0.5分；如果只满足了其中的一个条件或者一个条件也未满足，则打0分。

(3) 是否能够针对管辖法院的表现作出评估报告，以监督该法院的表现、案件在该法院的进展以及确保遵守了既定的时间标准？如果能够公开提供如下的四份报告中的至少两份，则打1分，这四份报告是：(i) 处置时间报告（衡量法院处理/判决案件的时间）；(ii) 结案率报告（对比已解决的案件和受理的案件数）；(iii) 待决案件案龄报告（根据案件类型，案龄，上一个诉讼案件和下一个已确定的讼诉案件，提供待解决案件的概览）；以及 (iv) 单一案件进展报告（提供单一案件的进展情况的概览）。如果只能提供其中的一份报告或者一份也不能提供，则打0分。

(4) 主管法院是否在案件管理技巧中运用了审前会议，以及在审前会议中是否探讨了如下问题中的至少三个问题：(i) 日程安排（包括向法院提交动议和其他文件的时间流程）；(ii) 案件复杂性和审理的预计长度；(iii) 和解或替代性的纠纷解决的可能性；（iv）交换证人名单；（v）证据；（vi）管辖权和其他程序性问题；以及（vii）缩小有争议的问题的范围？如果在管辖法院召开的审前会议中探讨了这些事件中的至少三个事件，则打1分；否则，打0分。

（5）管辖法院中的法官，是否能够为如下目的中的至少四种目的，运用电子案件管理系统：（i）获取法律、法规和判例法；（ii）为其诉讼事件表中的所有的案件自动生成一个审理时间表；（iii）向律师发送通知（例如，电子邮件）；（iv）追踪其诉讼事件表中的案件的状况；（v）查看和管理案件文件（诉状、动议）；（vi）协助撰写判决书；（vii）半自动地生成法院裁决；以及（viii）查看特定的案件的法院判令和判决？如果法官能够为这些目的中的至少四种目的，运用所提供的电子案件管理系统，则打1分；如果不能，则为0分。

（6）律师是否能够为如下目的中的至少四种目的，运用电子案件管理系统：（i）获取法律、法规和判例法；（ii）获取将被提交给法院的表格；（iii）接受通知（例如，电子邮件）；（iv）追踪案件的状况；（v）查看和管理案件文件（诉书、动议）；（vi）向法院提交诉书和文件；以及（vii）查看特定的案件的法院判令和判决？如果律师能够为这些目的中的至少四种目的运用所提供的电子案件管理系统，则打1分；如果不能，则打0分。

3. 法院自动化指数

法院自动化指数有四个组成部分，该指数的范围为0～4，分值越高，表示司法体系更自动化，更高效，更透明。

（1）能否通过管辖法院内的一个专用平台（不是电子邮件或传真）以电子的方式提交最初的诉状？如果有这样的平台可供使用，且诉讼人不需要进行任何纸质形式的跟进，则打1分；否则，打0分。

（2）无论这个平台的使用率如何，只要其使用不要求任何额外的人与人之间的互动，且当地专家曾经使用过并确认其已可完全正常运行即可。对于在管辖法院提交的案件，能否通过一个专用的系统或者通过电子邮件、传真或短消息服务（SMS）将最初的诉状以电子的方式送达被告人？如果能，则打1分；如果不能，则打0分。如果电子服务可用，且无须任何进一步的流程，则打1分；否则，打0分。 无论这个电子服务的使用率如何，只要其使用不要求任何额外的人与人之间的互动，且当地专家曾经使用过并确认其已可完全正常运行即可。

(3) 对于在管辖法院提交的案件，能否通过一个专门的平台或者通过网上银行以电子的方式支付诉讼费？如果有电子支付方式，且诉讼人不需要进行任何纸质版形式的跟进或者开具需盖章的收据，则打1分；否则，打0分。

(4) 无论这个电子支付平台的使用率如何，只要其使用不要求任何额外的人与人之间的互动，且当地专家曾经使用过并确认其已可完全正常运行即可。地方法院作出的判决是否通过在官方公报、报纸或互联网上的发布提供给公众？如果公众可以获得在所有层级的商事案件中作出的判决信息，则打1分；如果公众只能获得在上诉法院和最高法院层级作出的判决信息，则打0.5分；所有其他情形均为0分。如果需要从法院单独要求判决，或者要求案件号码或当事人的详细信息才能获得判决书的副本，也为0分。

4. 替代性纠纷解决指数

替代性纠纷解决指数有六个组成部分，该指数的范围为0～3，分值越高，表示更能提供替代性的纠纷解决机制。

(1) 国内商业仲裁是否由一部完整的涵盖所有方面的法律或者适用的民事诉讼法的完整的章节所管辖？如果是，则打0.5分；如果不是，则打0分。

(2) 是否有商业纠纷——除了那些涉及公共秩序、公共政策、破产、消费者权利、就业问题或知识产品的纠纷以外——均可以提交仲裁？如果是，则打0.5分；如果不是，则打0分。

(3) 地方法院是否在超过50%的案件中执行了有效的仲裁条款或协议？如果是，则打0.5分；如果不是，则打0分。

(4) 自愿调停或者调解是否是被认可的解决商业纠纷的方式？如果是，则打0.5分；如果不是，则打0分。

(5) 自愿调停或者调解是否由一部完整的涵盖所有方面的法律或者民事诉讼法的完整章节所管辖？如果是，则打0.5分；如果不是，则打0分。

(6) 是否有任何的财务激励促使当事方尝试调停或调解（例如，如果调停或调解成功，将退还立案费、提供所得税抵免等）？如果有，则打0.5分；如果没有，则打0分。

以上指标与假设，可以用表格简述如下：

表9–3　世界银行评估“执行合同”指标及案例假设

指标衡量的是什么	案例研究的假设
通过法院执行合同所需时间（日历日） 立案服务时间 审判判决时间 执行判决时间 **通过法院执行合同所需成本（占索赔金额百分比）** 律师费用 诉讼费 执行费用 **司法程序质量指数（0～18）** 法院结构和诉讼程序（-1～5） 案件管理（0～6） 法院自动化（0～4） 替代性纠纷解决（0～3）	本案例研究中的纠纷涉及两家国内企业违反销售合同。该案例研究假设法院已听取有关争议货物质量的专家意见。这将本案例与简单的债务执行区分开来。 为了使各个经济体的数据具有可比性，《营商环境报告》对该案例做了若干假设： 这场纠纷涉及两家企业（卖方和买方）之间的合法交易，两家企业都位于中国最大的商业城市。 买方订购了定制货物，但声称货物质量不合格而未付款。 纠纷所涉价值是人均收入的200%或5 000美元，取较大数值。 卖方将买方告上法院，该法院对人均收入200%或5 000美元的商业案件拥有管辖权。 卖方要求在审判前扣押被告动产，以确保索赔。 关于货物质量争议需要听取专家意见。 法官判决卖方胜诉，且无后续上诉。 卖方通过公开出售买方动产来执行判决。

第四节　中国的改革及成效

一、中国排名居于高位

目前，我国的“执行合同”指标处于OECD国家水平，从2016年以来，处于高位稳定、略有波动的状态。这项指标六年来的总得分以及排名情况，如下表所示：

表9-4　中国“执行合同”分项指标近六年的得分

二级指标	定义	计量方式	中国(2015)	中国(2016)	中国(2017)	中国(2018)	中国(2019)	中国(2020)
时间	解决争端所需时间，即从原告提起诉讼到实际付款期间的时间，包括采取行动的天数和等待时间。	天数	496.3	496.3	496.3	496.3	496.3	496.0
成本	法庭费用和律师费用（若雇用律师是强制性的或普遍的）以及执行费用。	占索赔额百分比（假定为人均收入的200%或5 000美元）	16.2	16.2	16.2	16.2	16.2	16.2
司法程序质量指数	每个经济体是否在其司法体系的以下四个领域中采取了一系列的良好实践：法院结构和诉讼程序、案件管理、法院自动化和替代性纠纷解决。	0～18	14.0	15.0	15.5	15.5	15.5	16.5

（续表）

二级指标	定义	计量方式	中国（2015）	中国（2016）	中国（2017）	中国（2018）	中国（2019）	中国（2020）
“执行合同”排名			**35**	**7**	**5**	**5**	**6**	**5**

下图形象地显示了我国此项指标六年来的排名情况：

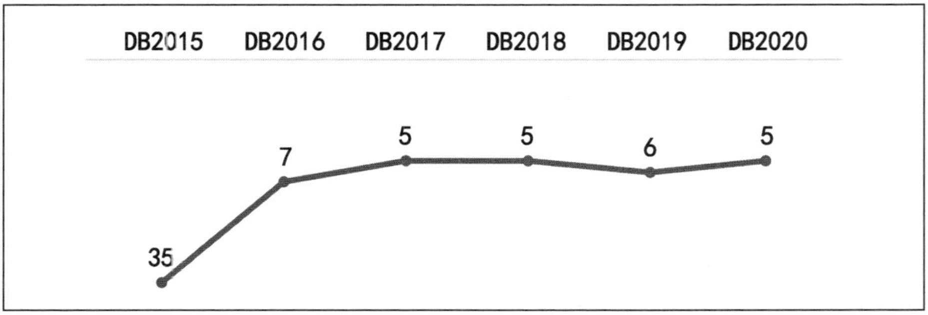

图9-1　中国“执行合同”指标2015—2020年的全球排名

从以上图表可知，近年来，我国“执行合同”的全球排名，一直位居前列。从2015年第35名到近年来的第5名或者第6名，已经进入了全球先进经济体行列。但值得关注的是，由于其他经济体也在进步，我国的排名2019年比2018年略有退步，从全球第5名退步至第6名。

DB2019显示，当年度我国得分78.85分，总分比DB2018下降0.92分。两个指标城市中，上海得分78.85分，北京得分79.12分，北京比上海高0.27分。上海的随机自动分案机制建设获得了加分（0.5个得分点），并且在时间、成本两项二级指标上优于北京，但在“司法程序质量指数”中的“法院绩效评估报告的可得性”得分点方面，比北京少1分。

总体而言，我国此项指标位于全球前列，这与多年来我国法院系统依法审理各类商事案件，推动形成公平开放透明市场规则，充分发挥司法裁判规范、引导和保障功能，为营造优质营商环境提供司法保障和服务密不可分。

2018年，全国法院共审结一审商事案件341.8万件，通过合同案件的审理，尊重契约自由，维护契约正义，强化市场主体的契约意识、规则意识和责任意识，提升市场经济活力。审理金融借款、保险、证券等金融类案件83.9万件，保护合法交易，平衡各方利益。依法审理企业借贷、股权质押、互联互保等案件，以服务实体经济为宗旨，引导和规范各类金融行为，为优化营商环境提供金融司法支持。

围绕打造上海营商环境新高地的目标，对标最高标准、最好水平，在上海成立全国首家金融法院，对提升我国金融审判的专业化水平，营造我国良好金融法治环境具有重要意义。加大执行力度，切实提升商事纠纷的化解质效，促进法治建设和社会诚信建设。举办世界执行大会，展示中国法院执行成效和经验，讲好中国法治故事，传播好中国法治声音。[1]

二、DB2019与DB2020中国指标城市评估结果

(一) DB2020上海与北京评估结果

根据DB2020，上海与北京的评估结果如下表所示。

表9–5　DB2020“执行合同”分项指标评估结果

项目	中国	北京	上海	备注
得分	80.9	80.0	81.6	
时间（天数）	496	510	485	
成本（占索赔额百分比）	16.2	17.5	15.1	
司法程序质量指数（0～18）	16.5	16.5	16.5	

(二) 上海DB2019评估结果

表9–6　上海DB2019分项指标与前沿经济体的比较

索赔价值	107 637元人民币			
法院名称	上海市某区人民法院			
覆盖城市	上海			
指标	上海	东亚及太平洋地区	经合组织高收入经济体	最佳监管绩效
时间（天数）	485	581.1	582.4	2017/2018年无数据

1　http://www.chinatrial.net.cn/news/27254.html，2019年4月12日访问。

（续表）

指标	上海	东亚及太平洋地区	经合组织高收入经济体	最佳监管绩效
成本（占索赔价值百分比）	15.1	47.2	21.2	2017/2018年无数据
司法程序质量（0～18）	15.0	7.9	11.5	2017/2018年无数据

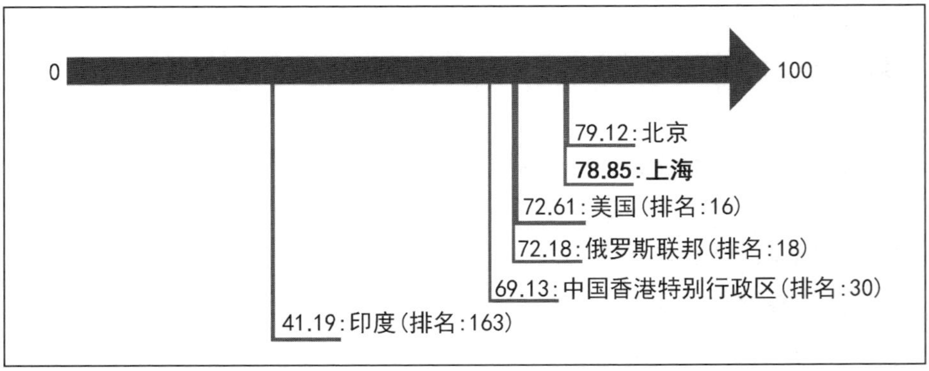

图9-2　上海和可比经济体"执行合同"：排名与得分

注：各经济体执行合同便利度排名由各自执行合同指标得分整理决定。这些得分为各项分指标得分的简单平均值。

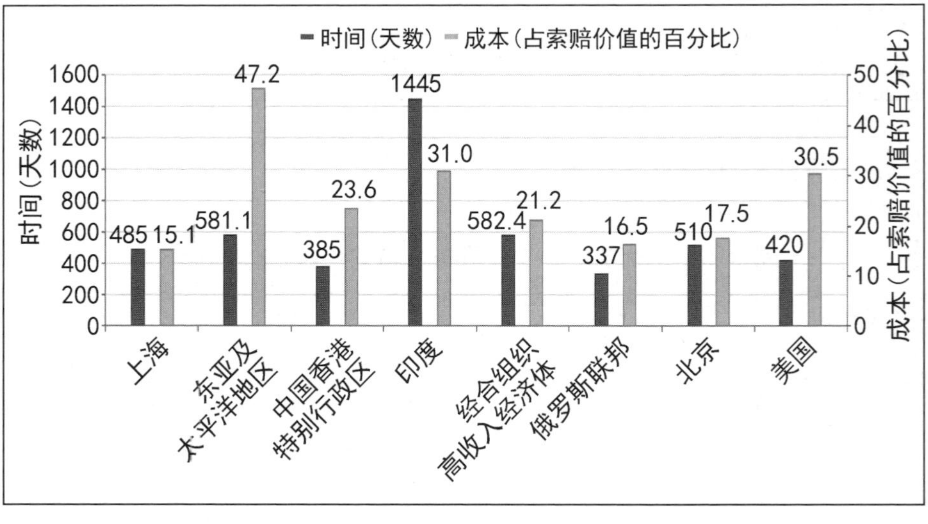

图9-3　上海"执行合同"：时间和成本

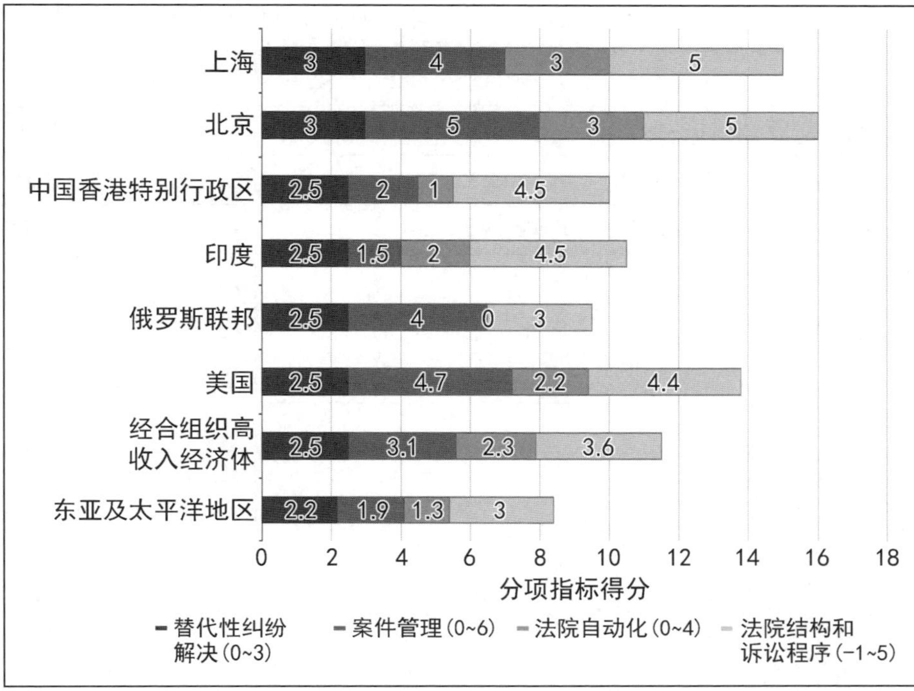

图9–4　上海和可比经济体“执行合同”：水平评估

表9–7　上海“执行合同”(详细信息)

	指标
时间(天数)	**485**
立案和服务	35
审判和判决	210
执行判决	240
成本(占索赔价值百分比)	**15.1**
律师费用	7.6
诉讼费	5
执行费用	2.5
司法程序质量指数(0～18)	**15.0**
法院结构和诉讼程序(−1～5)	5.0
案件管理(0～6)	4.0
法院自动化(0～4)	3.0
替代性纠纷解决(0～3)	3.0

表 9-8　上海“执行合同”：水平评估（详细信息）

	答案	得分
司法程序质量指数（0～18）		**15.0**
法院结构和诉讼程序（−1～5）		**5.0**
1. 是否存在法院或法院分院专门审理商业案件？	是	1.5
2. 小型申诉法院		1.5
2a. 是否存在小型申诉法院或小型申诉速裁程序？	是	
2b. 若是，是否允许自我陈述？	是	
3. 是否会在审前扣押财产？	是	1.0
4. 是否随机分案问题？	是，自动分配	1.0
5. 女性证词是否拥有与男性相同的证明力？	是	0.0
案件管理（0～6）		**4.0**
1. 时间标准		1.0
1a. 是否存在为民事案件中的重大法院程序设定整体时间标准的法律？	是	
1b. 若存在，是否为至少三次法院程序设定过时间标准？	是	
1c. 是否在超过 50% 的案件中都遵照了这些时间标准？	是	
2. 延期开庭		0.0
2a. 法律是否也规定了可授予延期开庭的最大数量？	否	
2b. 延期开庭是否受限于不可预见的例外情况？	否	
2c. 若存在延期开庭规则，是否在超过 50% 的案件中都遵照了这些规则？	无法得知	
3. 生成的以下四分报告中是否有两份关于管辖法院：(1) 处理报告时间；(2) 清除率报告；(3) 未决案件年限报告；和 (4) 单一案件进度报告？	否	0.0
4. 在管辖法院前使用的案件管理技术中是否有审前会议？	是	1.0
5. 在管辖法院内是否有电子案件管理工具供法官使用？	是	1.0
6. 在管辖法院内是否有电子案件管理工具供律师使用？	是	1.0
法院自动化（0～4）		**3.0**
1. 初始诉讼能否通过管辖法院的专用平台以电子方式提交？	否	0.0
2. 向管辖法院提请追偿前是否可以提供电子程序服务？	是	1.0

（续表）

	答案	得分
3. 诉讼费在管辖法院内是否可以用电子方式支付？	是	1.0
4. 判决公布		1.0
4a. 对于各级商业案件中作出的判决，是否可以公布在官方公报、报纸、互联网或法院网站上以便公众获取信息？	是	
4b. 对于上诉法院和最高法院级别的商业案件中作出的判决，是否可以在官方公报、报纸、互联网或法院网站上公布以便公众获取信息？	是	
替代性纠纷解决机制（0～3）		**3.0**
1. 仲裁		1.5
1a. 国内商业仲裁是否受统一的法律或适用民事诉讼法典的某统一章节（该法典基本上包含该章节的所有方面）的管辖？	是	
1b. 是否存在不得提请仲裁的任何商业纠纷（涉及公共秩序或公共政策的除外）？	否	
1c. 是否通常由法院执行有效的仲裁条款或协议？	是	
2. 调停/调解		1.5
2a. 自愿调停或调解是否可行？	是	
2b. 调停、调解或两者是否受统一的法律或适用民事诉讼法典的某统一章节（该法典基本上包含该章节的所有方面）的管辖？	是	
2c. 是否有对双方的任何激励来尝试调停或调解（比如，若调停或调解成功，退还法院立案费，所得税抵免或类似激励）？	是	

（三）北京DB2019评估结果

表9–9　北京DB2019分项指标与前沿经济体的比较

索赔价值	107 637元人民币			
法院名称	北京市人民法院			
覆盖城市	北京			
指标	北京	东亚及太平洋地区	经合组织高收入经济体	最佳监管绩效
时间（天数）	510	581.1	582.4	2017/2018年无数据

（续表）

指标	北京	东亚及太平洋地区	经合组织高收入经济体	最佳监管绩效
成本（占索赔价值百分比）	17.5	47.2	21.2	2017/2018年无数据
司法程序质量（0～18）	16.0	7.9	11.5	2017/2018年无数据

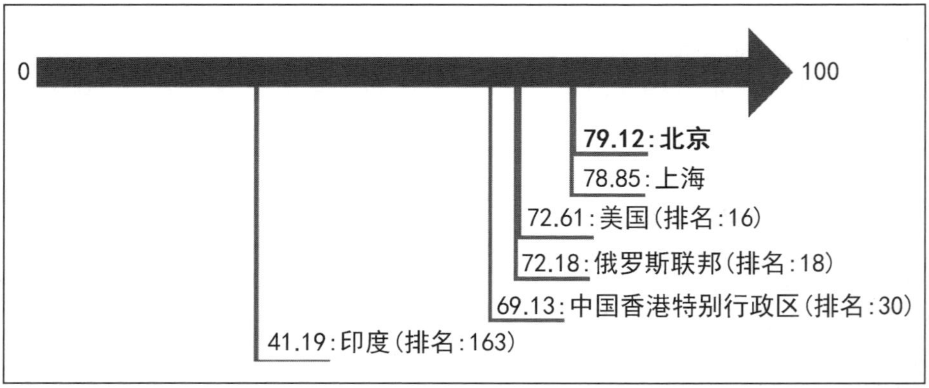

图9-5　北京和可比经济体“执行合同”：排名与得分

注：各经济体执行合同便利度排名由各自执行合同指标得分整理决定。这些得分为各项分指标得分的简单平均值。

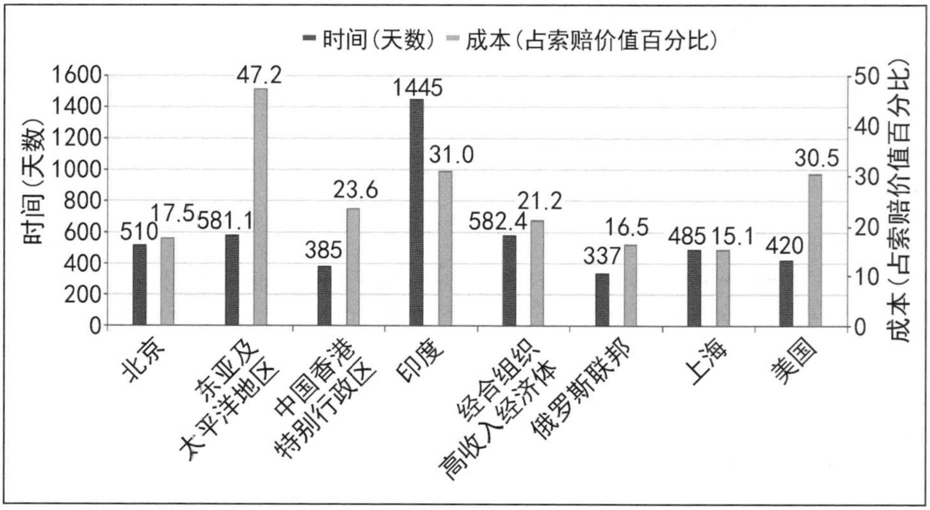

图9-6　北京“执行合同”：时间和成本

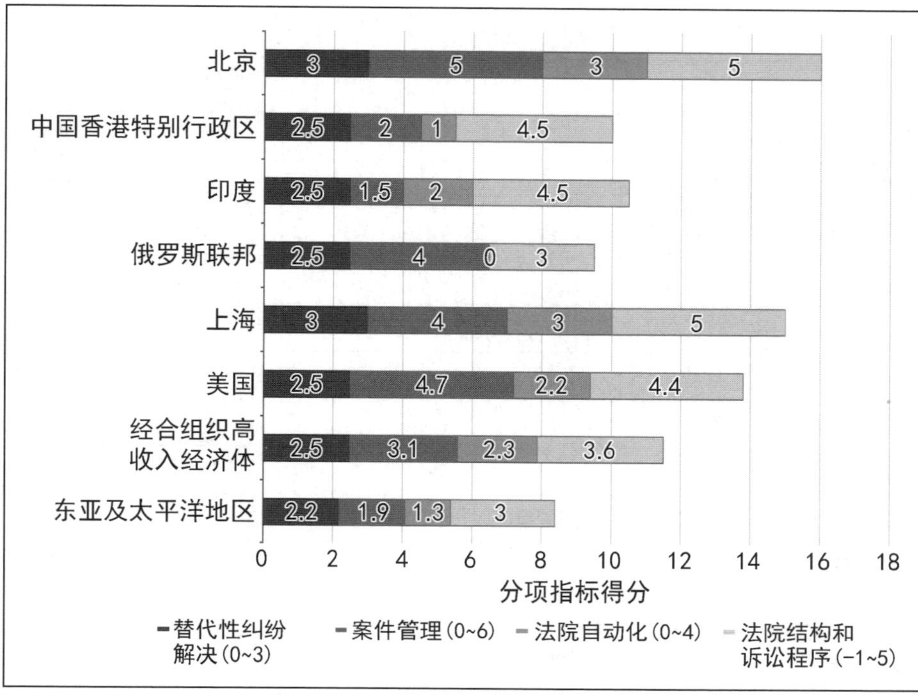

图 9-7　北京和可比经济体"执行合同"：水平评估

表 9-10　北京"执行合同"(详细信息)

	指标
时间(天数)	**510**
立案和服务	30
审判和判决	240
执行判决	240
成本(占索赔价值百分比)	**17.5**
律师费用	10
诉讼费	5
执行费用	2.5
司法程序质量指数(0～18)	**16.0**
法院组织和诉讼程序(−1～5)	5.0
案件管理(0～6)	5.0
法院自动化(0～4)	3.0
替代性纠纷解决机制(0～3)	3.0

表 9-11　北京“执行合同”：水平评估（详细信息）

	答案	得分
司法程序质量指数（0～18）		**16.0**
法院组织和诉讼程序（-1～5）		**5.0**
1. 是否存在法院或法院分院专门审理商业案件？	是	1.5
2. 小型申诉法院		1.5
2a. 是否存在小型申诉法院或小型申诉速裁程序？	是	
2b. 若是，是否允许自我陈述？	是	
3. 是否会在审前扣押财产？	是	1.0
4. 是否随机分案问题？	是，自动分配	1.0
5. 女性证词与男性证词是否拥有同等证明力？	是	0.0
案件管理（0～6）		**5.0**
1. 时间标准		1.0
1a. 是否存在为民事案件中的重大法院程序设定整体时间标准的法律？	是	
1b. 若存在，是否为至少三次法院程序设定过时间标准？	是	
1c. 是否在超过 50% 的案件中都遵照了这些时间标准？	是	
2. 延期开庭		0.0
2a. 法律是否乜规定了可授予延期开庭的最大数量？	否	
2b. 延期开庭是否受限于不可预见的例外情况？	否	
2c. 若存在延期开庭规则，是否在超过 50% 的案件中都遵照了这些规则？	无法得知	
3. 生成的以下四份报告中是否有两份关于管辖法院：(1) 处理报告时间；(2) 清除率报告；(3) 未决案件年限报告；和 (4) 单一案件进度报告？	是	1.0
4. 在管辖法院前使用的案件管理技术中是否有审前会议？	是	1.0
5. 在管辖法院内是否有电子案件管理工具供法官使用？	是	1.0
6. 在管辖法院内是否有电子案件管理工具供律师使用？	是	1.0
法院自动化（0～4）		**3.0**
1. 初始诉讼能否通过管辖法院的专用平台以电子方式提交？	否	0.0
2. 向管辖法院提请追偿前是否可以提供电子程序服务？	是	1.0
3. 诉讼费在管辖法院内是否可以用电子方式支付？	是	1.0

（续表）

	答案	得分
4. 判决公布		1.0
4a. 对于各级商业案件中作出的判决，是否可以公布在官方公报、报纸、互联网或法院网站上以便公众获取信息？	是	
4b. 对于上诉法院和最高法院级别的商业案件中作出的判决，是否可以在官方公报、报纸、互联网或法院网站上公布以便公众获取信息？	是	
替代性纠纷解决机制（0～3）		**3.0**
1. 仲裁		1.5
1a. 国内商业仲裁是否受统一的法律或适用民事诉讼法典的某统一章节（该法典基本上包含该章节的所有方面）的管辖？	是	
1b. 是否存在不得提请仲裁的任何商业纠纷（涉及公共秩序或公共政策的除外）？	否	
1c. 是否通常由法院执行有效的仲裁条款或协议？	是	
2. 调停/调解		1.5
2a. 自愿调停或调解是否可行？	是	
2b. 调停、调解或两者是否受统一的法律或适用民事诉讼法典的某统一章节（该法典基本上包含该章节的所有方面）的管辖？	是	
2c. 是否有对双方的任何激励来尝试调停或调解（比如，若调停或调解成功，退还法院立案费，所得税抵免或类似激励）？	是	

三、上海法院的改革措施

2018年5月22日下午，世界银行营商环境评估专家来上海磋商。上海市高级人民法院、浦东新区人民法院就相关情况做了介绍，本人陪同世界银行专家参与了该场会谈。看得出来，上海在建设电子法庭方面的努力，随机分案的技术实现，在线提交诉讼材料等便利诉讼当事人的制度设计，令世界银行专家印象深刻。私下交流时，世界银行专家非常感兴趣，在回程的中巴车上，世界银行专家问我：电子法庭在几年内可以向全市推广？

以下关于上海法院开展改革的情况，完全基于上海市高级人民法院与浦东法院提供的材料。鉴于2019年9月3日国务院办公厅印发《关于做好优化营商环境改革举措复制推广借鉴工作的通知》中，明确要求借鉴上海浦东新区自贸区法庭的信息化技术，建设“数字法庭”的经验，笔者将相关信息照录如下。为方便使用，下文保持了中英双语表述。

(一) 案件权重系数

在2018年5月22日的交流会上，世界银行专家对于上海法院系统推行的案件权重系数、浦东法院的电子法庭改革，兴趣浓厚。当天晚上，笔者将上海法院系统提供的以下材料，转给了世界银行专家，增进了世界银行对上海改革的了解。本书将其照录如下，以增进营商人士对这项做法的理解。

案件权重系数是什么？靠谱吗？

What is the case weight coefficient? Is it reliable?

五分钟让你读懂权重系数。

Help you understand the case weight coefficient in five minutes.

【摘要】为深入推进人员分类管理制度改革，落实员额制，完善法官业绩评价体系，上海高院在全国法院中率先制定了《上海法院案件权重系数设定办法》(以下简称权重系数)。该办法试行两年多以来，在科学确定法官实际办案工作量、调动法官办案积极性以及法官员额比例测算等方面发挥了重要的作用。下文力图以简练生动的图文阐述权重系数的设计思想，以便进一步加深大家对权重系数的理解和运用。

【Abstract】In order to further promote the reform of the personnel classification management system, implement the staffing system and improve the evaluation system of judges' performance, the Shanghai High Court has taken the lead in formulating the *Method for setting up the Case Weight Coefficient in the Court of Shanghai* (hereinafter referred to as the weight coefficient).For more than two years, the method has been playing an important role in scientific determination of the actual workload of the judges, the motivating of the judges and the calculation of the proportion of judges. This article tries to explain the design idea of weight coefficient with succinct and vivid pictures and texts, so as to further deepen the understanding and application of weight coefficient.

张院长是某法院负责考核的分管领导，最近他遇到一件头疼的事情。年终考核时，金法官办案190件，殷法官办案165件，按办案数量来说金法官办案量比殷法官多，可殷法官说自己办的案件较为复杂，不应该只唯绝对办案数论英雄。更令张院长头疼的是，这还仅仅是同一部门法官工作量的比较，如果从全院角度来看，岂不是更加复杂？不同业务庭的法官办理案件类型不同，应该如何比较？有的法官办理简单批量案件，有的办理执行案件，完全不同审判模式的案件又要怎么比较？如果在考核中衡量法官的工作量时，仅仅采用绝对办案数来比较，恐难以服众。

Mr. Zhang is the Vice President of a court in charge of performance appraisal. Recently, he encountered a headache. At the end of the year, 190 cases were handled by Judge Jin and 165 cases by Judge Yin. In the number of caseload, Jin's was bigger, but Yin contended that his cases were more complicated and that it was unfair to take only the number into account. What gives President Zhang a bigger headache is that the above scenario only involves a comparison of the workload among the judges of the same department. Wouldn't it be way more complicated if such a comparison were to be made across all the departments of the court? How to compare the workload of judges from different court divisions handling different types of cases? Some judges may handle simple batch cases, and some others may handle the execution cases. How to compare the cases falling into completely different trial modes? It is certainly unacceptable to most judges if only the absolute number of caseload is compared while assessing their workload.

这时，张院长如果在考核中引入案件权重系数这个工具就可以发挥作用了。经过权重系数的转换，殷法官因为办理了适用权重系数较高的案件91件，其中还有74件案件具备了浮动系数要件，最终工作量转换为276.59件，而金法官虽然办理的案件数多于殷法官，但办理了较多适用权重系数较低的案件，因此，办理的案件工作量转换为188.12件，比殷法官低。全院不同业务庭的绩效考核引入案件权重系数后，也会换算成具体直观的工作量。困扰张院长的难题也就此解开。

At this time, the case weight coefficient can be introduced into the assessment and play an active role. Judge Yin has dealt with 91 cases of high coefficient of weight, of which 74 cases meet the requirement of floating coefficient. Through the function of the weight coefficient, Jin's final workload is

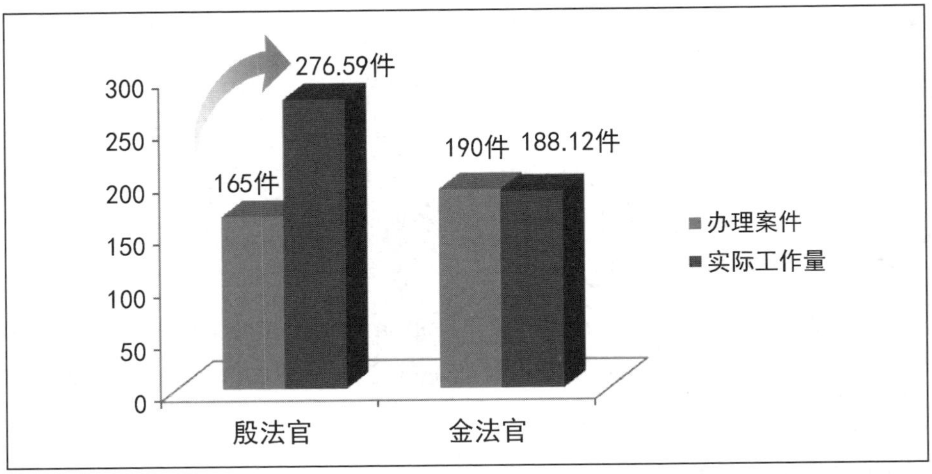

图9-8　案件权重系数的转换结果

converted to 276.59 cases. Meanwhile, although Judge Jin has handled more cases than Judge Yin, more of Jin's cases are of lower weight coefficient. As a result, Jin's workload was finally converted to 188.12 cases, fewer than those of Yin. With the introduction of the case weight coefficient, the performance appraisals of different divisions in the whole court will also be converted into concrete and intuitive workloads.The problem that bothers President Zhang is thus solved.

那么,问题来了,案件权重系数究竟是什么?

Now, the question is what is case weight coefficient?

要弄懂案件权重系数,首先要明白权重这个概念。权重是一个相对概念,是针对某一指标而言。某一指标的权重是指该指标在整体评价中的相对重要程度。比如,对学生期末成绩的综合评价中,平时成绩占30%,这个30%就是平时成绩的权重。因此,顾名思义,我们所称的案件权重系数就是指某类案件在全部案件审理中的相对难易程度。案件的难易程度又决定了办理案件时付出精力的多少和实际工作量的大小。上海法院的案件权重系数是以全部案件案由为索引,选取了近年来海量案件数据进行了大数据分析,通过比较不同案件办理的难易程度所得出的一个相对值。比如,离婚纠纷案件的相对难度是1.2,赡养纠纷案件相对难度是0.85。

To understand the case weight coefficient, we must first understand the concept of weight. Weight is a relative concept applied to a certain index. The weight of an index refers to its relative importance in the overall assessment. For example, in the overall assessment of the final grades of a student, if the class performance accounts for 30%, that means 30% is the weight of the class performance. Therefore, as the name suggests, the so-called case weight coefficient refers to the relative difficulty of certain cases in all cases. The difficulty of a case, in turn, determines the amount of effort and the actual workload that are needed in handling the case. Through indexing all cases and causes, the Shanghai court has compared the relative difficulty of different cases based on a big data analysis of huge numbers of cases in recent years. The case weight coefficient is the relative value obtained in this way. For example, the relative difficulty of divorce disputes is 1.2, and the relative difficulty of old-age supporting disputes is 0.85.

那么，案件权重系数具体又是怎么设计的？

Then, how is the case weight coefficient specifically designed?

案件权重系数的设计思想是，通过选择并分析一些可以反映案件办理难度的标志性要素来评价某类案件相对于全部案件难易的程度。但在现实中，可以评价案件办理难易程度的要素非常多，比如案件审理天数、当事人人数、涉案标的额等，到底选取哪些要素才更科学合理呢？当时选取的原则就是，必须同时具备以下两个方面的要素才算是符合“标志性要素”的标准：一是大多数案件审理中都具备的，二是可以最直接地区分不同案由案件的审理工作量的差异。例如，“涉案标的额”这个指标并不合适，因为并不是所有案件都具备这个要素。按照上述要素的选取要求，经过反复比较验算，最终选取了案件审理天数、笔录字数、庭审时间、法律文书字数这四项标志性要素。

The design idea of the case weight coefficient is to evaluate the difficulty of a certain case relative to all cases by selecting and analyzing some of the indicative factors that can reflect the difficulty of the case. But in reality, there are many factors that can be used to evaluate the degree of difficulty in handling a case, such as the number of trial days, the number of litigants, the amount of the claim involved, and so on. What are the factors that are more scientific and reasonable in the end? The principle for the selection at that time was that the following two requirements must be met at the same time to be a qualified “indicative factor”. One is that it must be possessed in most cases. The other is that it can distinguish the trial workloads of different cases in a most direct way. For example, "the amount of the claim" is not an appropriate index, because not all cases have this factor. According to the above standards, after repeated comparison and verification, the four indicative factors that are eventually selected are: the number of trial days, the word count of the trail records, the time of hearing, and the word count of the legal documents.

标志性要素选择好后，又如何进行评价呢？这里首先又涉及对案件权重系数的分类。案件权重系数共分三类，包括一般案件系数、固定系数和浮动系数。

How can we do the assessment with the indicative factors? First of all, it involves the classification of the case weight coefficients. The case weight coefficients are divided into three categories: the general case coefficient, the fixed coefficient and the floating coefficient.

一般案件系数是指根据具备上述全部四项要素的案件而计算的权重系数，也是最普遍适用的系数。

The general case coefficient is the weight coefficient calculated on the basis of cases containing all the above four factors, and is the most widely applicable coefficient.

固定系数是针对审判实践中存在的简单批量案件、公示催告等不完全具备上述四项要素的案件、整体工作量差异不大的案件，不再根据案由确定权重系数，而是设定一个固定值的系数。

The fixed coefficient is a coefficient of fixed value, which is not subject to the difference in the case causes, applicable to simple batch cases and public notifications which do not fully possess the above four factors and do not vary a lot from case to case.

浮动系数则是在考虑一般权重系数的基础上，还兼顾了影响案件审理难度或工作量的其他要素，比如当事人人数增加或提起反诉等，为此设置了浮动系数。对于此类情况，在计算案件权重系数时应在一般案件系数的基础上增加一定的浮动系数。

On the basis of the general weight coefficient, the floating coefficient is set up to take into account other factors that affect the difficulty or workload of a case, such as the increase in the number of the litigants or the filing of counterclaim, etc. For such cases, when calculating the case weight coefficient, a certain floating coefficient should be added on the basis of the general case coefficient.

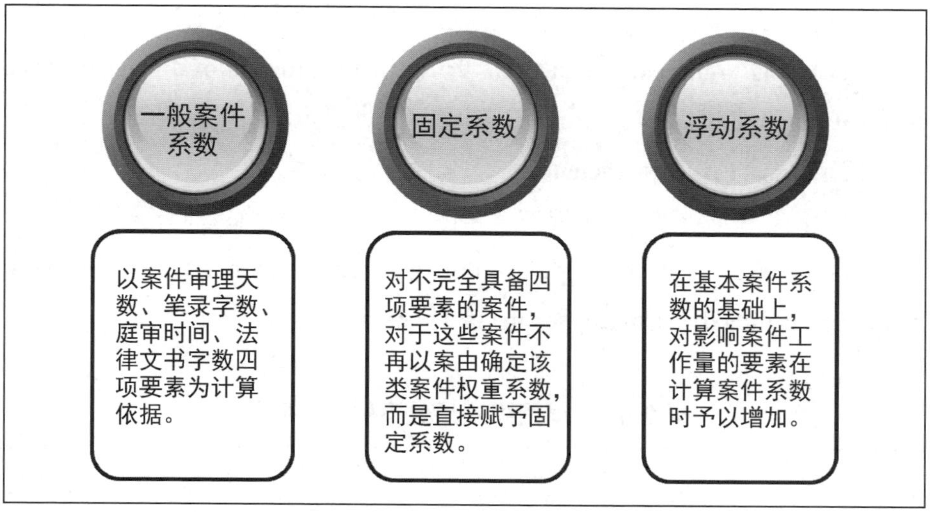

图 9–9　案件权重系数的分类

接下来的重头戏就是，案件权重系数到底怎么计算？

The next big thing is how to calculate the case weight coefficients?

一般案件系数（General case coefficient）

1. 采用案件审理天数、笔录字数、庭审时间、法律文书字数四项要素的平均值（或中位数）来测算案件权重系数，并对这四项要素各赋予25%的权重。

1. The general case coefficient is equal to the average number (or the median) of the four factors, namely, the number of trial days, the word count of the trail records, the time of hearing, and the word count of the legal documents, with each of them being given 25% of weight.

2. 确定四项要素在全部系数中的占比。以一审案件中离婚纠纷案件的权重系数计算为例：

2. The proportion of the four factors in the total coefficient is determined. Take the weight coefficient of a first instance divorce case as an example:

$$\text{离婚纠纷案件权重系数}=0.25\times\frac{\text{离婚纠纷案件案均庭审时间}}{\text{全部一审案件案均庭审时间}}+0.25\times\frac{\text{离婚纠纷案件案均笔录字数}}{\text{全部一审案件案均笔录字数}}+0.25\times\frac{\text{离婚纠纷案件案均审理天数}}{\text{全部一审案件案均审理天数}}+0.25\times\frac{\text{离婚纠纷案件案均法律文书字数}}{\text{全部一审案件案均法律文书字数}}$$

经大数据测算，一审案件中离婚纠纷案件的权重系数是1.2。

According to big data calculation, the weight coefficient of divorce cases in first instance trial is 1.2.

固定系数（Fixed coefficient）

对于简单批量案件、公示催告等案件，直接赋予固定系数（详见下表）。

For simple batch cases, public notifications and other cases, the fixed coefficient is directly assigned (see the table below).

表 9–12　适用固定系数案件表（部分）

适用固定系数的案件	独任审理的刑事简易程序案件
	合议审理的刑事简易程序案件
	简单批量案件
	诉前处理后的转换案件
	不予受理、督促、公示催告、诉前保全案件
	破产及破产清算案件
	非诉审查案件
	国家赔偿案件（分基层和中院）

Table 9–12　Table of cases applicable to fixed coefficient (part)

Cases fit for fixed coefficient	Sole-judge-trialed criminal cases of summary proceedings
	Panel-trialed criminal cases of summary proceedings
	Simple batch cases
	Conversion cases after pre-treatment
	Cases of inadmissibility, supervision, publicity, and pre-litigation preservation
	Bankruptcy and bankruptcy liquidation cases
	Non-prosecution examination cases
	State compensation cases (basic and intermediate courts)

浮动系数（Floating coefficient）

主要是对以下十类要素，适用浮动系数计算（详见下表）。

Mainly applicable for the following ten categories of factors (see the table below).

9–13　浮动要素表(部分)

适用浮动系数的要素	刑事附带民事诉讼
	刑事案件数罪并罚
	涉众型刑事犯罪案件
	判处无期徒刑以上刑罚的案件
	被告提起反诉
	判决和调解离婚涉及财产分割的
	案件当事人人数
	行政附带赔偿
	审计、鉴定、评估
	案件裁定数量

Table 9–13　Table of Floating Factors (part)

Factors applicable to floating coefficientw	Civil suits collateral to criminal proceedings
	Parallel punishment for several crimes in criminal cases
	Criminal cases involving the masses
	Cases sentenced to life imprisonment and above
	Counterclaim cases filed by the defendant
	Divorce cases settled through judgment and mediation involving division of property
	Number of litigants in the case
	Administrative incidental compensation
	Audit, appraisal, assessment
	Number of case adjudications

看到这里可能会有人问,案件权重系数一定准确吗?

So far, it may be asked: Is the case weight coefficient really accurate?

有的人可能会说自己办理的某个案件难度要高于某类案件的平均难度(权重系数),由此产生权重系数不合理、不靠谱的感觉。但实际上,权重系数的根本作用是用来反映某一类案件的相对难易程度，而不是针对某一个案。权重系数采用“平均”的思想，个案难易的差异在同类案件的海量数据中互相抵消，最终它的值会无限接近客观真实值。

Some people may say that the difficulty of a certain case is higher than the average degree of difficulty (weight coefficient) of its kind, and thus feel that the weight coefficient is irrational and unreliable? But in fact, the essential role of the weight coefficient is to reflect the relative difficulty of a certain kind of cases, rather than an individual case. The weight coefficient adopts the idea of "average", and the differences between difficult and easy cases are offset in the massive database. So, its value will be infinitely close to the objective reality.

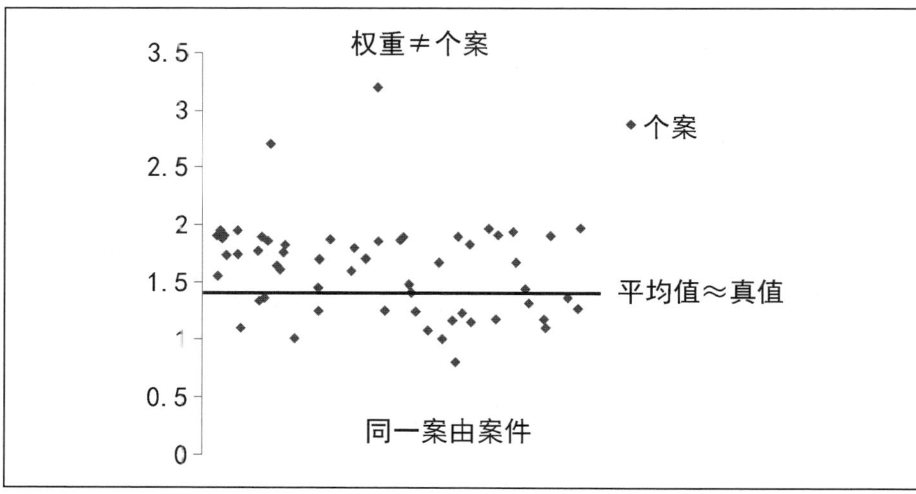

图 9–10　大数据与权重测算

最后，案件权重系数还会再改进吗？

Finally, will the case weight coefficient of the case be improved again?

案件权重系数利用大数据分析，一定程度上填补了用数据量化案件难易程度的空白，这是它的进步之处。当然，任何科学理论都不能穷尽真理，任何测算方法都有它的局限性和不足之处。案件权重系数同样也不能包治百病、包打天下。但在没有更好、更先进的测算方法之前，它的作用仍是重要而不可替代的。与此同时，相关部门也正在进一步根据审判实践的反馈，总结分析权重系数试行中的经验和不足，并将适时根据新的审判任务形势对权重系数做出优化调整，努力完善其科学性、合理性。因此，案件权重系数也是“与时俱进”的。

The case weight coefficient is obtained through big data analysis. To some extent, it has filled the gap of using data to quantify cases. This is a big progress. Of course, no scientific theory can exhaust the truth. Any measurement method has its limitations and shortcomings. The case weight coefficient also can not fit in all sizes. But before a better and more advanced measurement method is available, its role is still important and irreplaceable. At the same time, based on the feedback from the trial practice, the relevant departments are summarizing and analyzing the experience and shortcomings of the weight coefficient in trial operations, and further adjust and optimize the weight coefficient according to the new trial tasks in a timely manner, so as to improve its reliability and rationality. Therefore, the case weight coefficient is also“keeping pace with the times”.

(二) 上海浦东自贸区数字法庭

2017年，《人民法院信息化建设五年发展规划》中明确提出“智慧法院”建设规划。以此为指导，浦东法院以一审民商事案件全流程、全业务参与为目标，倾力打造上海浦东自贸区数字法庭（Shanghai FTZ E-Court），优化流程、创新机制、升级服务，实现一网概览整个案件。

In 2017, the Five-year Plan of Information Technology Development for People’s Court clearly stated the plan of“intelligent court”. Guided by this Plan, the Pudong Court, by engaging the full-process and full-service of first instance civil and commercial cases, has spared efforts to build Shanghai FTZ E-Court to optimize process, innovate mechanism, and upgrade service, which achieves a full overview of litigation cases in a single network platform.

数字法庭认证便捷，允许诉讼参加人使用具有高度安全性和唯一性的第三方实名认证系统认证身份，如个人以支付宝系统认证、单位以数字认证中心认证、律师以律协认证方式认证并获得通过的，法院均视其为实名认证用户，无须账号密码即可直接登录数字法庭查询本人或本人代理的案件，防止账户、密码被盗用的风险。

E-Court adopts a convenient approach to authenticate, allowing the litigation participants to use highly secure and unique third-party real-name authentication systems to verify their identities, such as the Alipay for ordinary persons, Electronic Certificate Authority Center for companies, and the Bar Association authentication for lawyers. The users that are authenticated by these systems will be deemed by the E-Court as real-name users. All the real-name users can directly log in the platform without user name and password and search for the cases that he becomes a party or the cases that he serves as an agent. The design of real name authentication is to avoid the risk of leaking user accounts and passwords.

数字法庭共有四大板块，分别是“我的案件”“我要立案”“我的提醒”“我要咨询”。

This E-Court has four sections: My Cases, To File, My Reminders, and To Consult.

“我要立案”板块，也就是网上立案功能。原告可通过数字法庭网上立案，无须到法院立案大厅排队等候，既可以节省当事人往返法院的时间成本，也可节省法院立案场所的空间资源，实现零往返、零等候，可谓“无忧立案”。对于立案送达等送达环节，数字法庭在诉讼参加人同意采用数字法庭送达的情况下，数字法庭即成为法院送达文书和诉讼参加人递交材料的一站式流转平台；较目前诉讼参加人与法院之间必须通过邮递部门二次流转的送达方式流程明显简化。

“To File” section enables users to file lawsuits. The plaintiff may file a case on E-Court, and he does not need to queue in the Docketing Office of the Court, saving the time for the parties going to and from the court as well as the space for case filing. All of these makes Easy Case Filing possible. In the document delivery procedures, if the participants agree with delivery by the E-Court, it adopts a direct delivery approach in which the litigation documents will be delivered from party A to party B only with the E-Courtas an one-stop information platform. Compared with the current approach between litigation participants and court in which the documents must be delivered through postal service, the procedures in the E-Court are much more streamlined and convenient approach.

“我的案件”板块，为诉讼参加人提供了案件查询及诉讼事务办理的一体化平台。依不同的案件办理状态，涵盖了民诉法规定的一审程序中的16大类几乎全部诉讼事项，每个事项下还有子菜单，如此实现了全面涵盖一审诉讼、审理的全业务办理。为方便办理，所有项目均提供了标准流程与模板，比如诉讼参加人需要申请财产保全，只需要在提供的模板中填入基本的数据信息，系统就会自动生成财产保全申请书并通过数字法庭送达审判人员，规范，快捷，省时省力。几乎所有诉讼材料均不再需要书面提供，都可通过数字法庭提供的平台和模板上传、输入、制作并自动提交，对方当事人可以即时查看材料，系统还会实时推送提醒信息，提示对方当事人或法官及时查阅、办理，极大提高信息流转的效率。

“My Cases” section provides the participants an integrated platform for case inquiry and handling. On the basis of the case handling status, this section covers, as required by China’s Civil Procedural Law, nearly all the litigations items in the 16 categories in the first instance cases. Each item has a submenu. In this way, this platform covers all the services for completing the procedures of first instance litigation and trial. For the sake of convenience, all the items are provided with standardized procedures and formatted documents. If you want to apply for property preservation, the only thing you do is to enter the basic information in the formatted documents, and the system will automatically generate a property preservation application which will be delivered to the judges via E-Court. It is standardized, fast and convenient. Nearly all the litigation documents are no longer required to provide in writing, instead, these documents will be uploaded, entered, made and delivered automatically through this platform. And the other parties may instantly check these documents and materials. The platform also sends reminders, reminding the parties or the judges to check and go through the procedures, which significantly improves the efficiency of information circulation.

与此同时，数字法庭会将诉讼参加人提交的所有材料、系统生成的各类诉讼文书自动生成具有规范格式、顺序的“数字卷宗”，当事人及其委托代理人可以随时登录数字法庭查看自己的“数字卷宗”，了解案件办理的相关信息，如同携带了一本实时更新的随身档案，法官也可通过数字卷宗查阅及掌握案件的全部信息。在缴费方面，数字法庭实现了全面的在线缴费，改变了以往法院开具书面缴费通知的做法，允许通过网上银行、付费通等途径网上缴费，省却了领取缴费单以及赴银行缴费的麻烦，缴费情况关联法院财务系统，及时反馈缴费情况，方便诉讼参加人查询。数字法庭不仅在流程性、事务性的业务上实现了数字化，更是一种庭审革新。一方面，举证便捷，在网络水平高度发达的今天，许多证据材料都以手机截图、电子单据的形式存在，数字化举证更符合现代证据形式的表达；另一方面，在线设置的“质证”“争点”等功能，为诉讼参与人提供了一个庭前交换信息和意见的平台，各方可以在数字法庭上提前进行证据交换，发表举证、诉辩意见、明确请求权基础和争议焦点，诉辩双方可以更好地围绕案件争议焦点进行庭前准备，提高当庭辩论的针对性和确定性，使正式庭审更具抗辩特征，辩论的焦点更加集中，有效防范“诉讼突袭”，提高庭审效率。

At the same time, in E-Court, all the materials uploaded by the participants and the documents automatically generated by the system will be transformed into standardized “digital archive” in a sequential order. The parties and their agents can log in the E-Court to view their own “digital archive” and check the procedures, just like a real-time updated archive in his pocket. The judges can also view these archives and keep updated of the case. Moreover, all the charges related with litigation can be paid in E-Court, changing the traditional way in which the bills are sent in writing, and allowing online payment through online banking service, One-Pass Payment and other channels. Online payment reduces the need for paper bills and improves convenience. The payment information is synchronized with the court's financial system, and all the information can be updated to allow the participants to check. E-Court not only successfully digitalizes procedural and routine services, but also offers a new perspective of trial reform. On one hand, it makes convenient evidence production possible. In an age of Internet, many evidence are represented in mobile phone screenshots and electronic notes. A digitalized evidence production follows the trend of modern representations of evidence. On the other hand, the “Cross-Examination” and "Focus of Disputes" functions of this E-Court help the participants to exchange information and ideas before trial. Each party can exchange their evidence, make cross-examinations, give arguments and clarify the basis for claims and the focus of disputes. The parties can better prepare before trial around the focus of disputes, making the court debate more specific and certain, the trial more of adversarial and the focus more outstanding, to prevent litigation raids and improve trial efficiency.

"我的提醒"板块，即系统的实时自动提醒功能。数字法庭不仅为诉讼参加人提供了信息查阅的平台，还充分利用短信、微信等即时通信工具，在诉讼信息交换与诉讼事务办理的同时，实时、自动发送提醒信息。比如，法院通过数字法庭送达民事诉讼文书时，系统会同步通过短信、微信向当事人发出提醒通知。同样，诉讼参加人通过数字法庭提交材料或申请办理诉讼事务，系统也会向法官的电脑工作台及手机发出提醒，以便及时办理相关工作，就像案件的"提醒助手"。

"My Reminders" section provides real-time notification functions. E-Court not only provides an information query platform the participants, but also makes full use of instant messaging tools, such as SMS and Wechat. During the information exchange and completion of items, the system will automatically send messages. For example, when the Court sends the civil litigation documents to the parties on E-Court, it can send notification messages to the parties through SMS service and Wechat. When the participants on E-Court submit their materials or apply for completing some litigation procedures, it also sends messages to the judges' computers or mobile phones to remind them to respond, just like a Reminder Assistant.

"我要咨询"板块，就是在线答疑与办事指南。该板块陈列了各类诉讼程序事项的相关规定与操作方法，并对使用中可能高频出现的问题进行答疑，诉讼参加人可以随时在线浏览查阅。

"To Consult" section makes online Q&A possible and provides guidelines on online services. This section lists the rules for various litigation items and the steps to compete them, and gives answers to some frequently asked questions. The participants can check and search online at any time.

上海浦东自贸区数字法庭，不仅为诉讼参加人提供了最简在线诉讼流程，更促进了审判体系和审判能力的现代化，实现了全业务网络办理与全流程要素依法公开，提升诉讼便利度与司法透明度，是司法系统构建全方位智慧法院的有益尝试，让人民群众在每一个司法案件中都感受到便捷便利、公平公正。

The Shanghai FTZ E-Court not only provides the participants with a most streamlined online litigation platform, but also modernizes the trial system and capabilities in dealing with trial. It enables a full-service and full-process network to be open to the public, improves litigation convenience and judicial transparency. It is a constructive attempt for the judicial system to establish a full-scale intelligent court and, in every judicial case, to have the people feel convenience, fairness and justice.

(三) 上海法院的随机分案制度（Rules and Flowchart of Random and Automated Assignment Operation of Shanghai Courts）

On February 28, 2018, Shanghai High People's Court issued the "Opinions on the Implementation of Random Automated Assignment of Cases", requiring all courts in Shanghai to implement random, computerized and automatic assignment of various types of commercial disputes and civil contract disputes. Based on the above Opinions, Shanghai courts established a computerized random case assignment system. The cases that meet conditions are put into the computer system after being accepted and randomly assigned by such computer system.

The following is the rules and a flowchart of the operation of the computerized random case assignment system of Shanghai court.

I. Rules of Random Automated Assignment of Cases ("Opinions on the Implementation of Random Automated Assignment of Cases", issued by Shanghai High People's Court)

Opinions of Shanghai High People's Court on Implementing an Automated Case Assignment System

Article 1　An Automated Case Assignment System is a case assignment system under which a people's court, following certain case-assignment rules and applying modern information technology, assigns the filed cases randomly, automatically, and directly to specific judges through a computer system.

Article 2　All courts shall adopt an Automated Case Assignment System in dealing with commercial cases and cases involving civil contracts.

Article 3　Automated case assignment shall comply with the principle of public access and transparency, the principle of fairness and justice, the principle of balancing and at random, the principle of encouraging judges to try cases, and the principle of efficiency and facilitation.

Article 4　The Case-Filing Division shall timely determine which Division is to try the case based on the specialty of each Division in the same day the case is filed, and then the case shall, through a computer system, be randomly, automatically, and directly assigned to the judge or judges who have less caseload or who have less pending cases, considering factors including the number of judges in each specific Division, the coefficient of each judge's trial work, and the accumulated number of filed cases and un-assigned cases.

Where a special collegial panel is organized, the case shall be randomly, automatically, and directly assigned to the judges in the special collegial panel.

Article 5　Where a case is filed and registered immediately, the parties shall be notified immediately about the judges determined by the automated case assignment system and the contact information thereof.

Where a case is filed but not registered immediately, the parties shall be notified, at the time the case is registered, about the judges determined by the automated case assignment system and the contact information thereof, through ways of, among others, text messages via 12368.

Article 6　After the judge or judges are determined through the automated case assignment system, the Case-Filing Division shall timely deliver the assigned case to the assigned judge(s) and follow the case-transfer procedure; the assigned judge(s) shall timely accept the assigned case and shall not refuse to accept the case for any reason.

Article 7　Where a specific Division believes that the case randomly and automatically assigned to it does not fall within the Division's scope of specialty, the Division shall, within two days after the case file is received, and in accordance with article 17 of the Provisional Rules of Supreme People's Court on Case-Filing, report it to the Judicial Management Office, and for the court leaders in charge of trial management to make the decision.

Article 8 Where a case falls under any of the following circumstances, the judge handing the case may apply for a change of the judge in the case assignment system, and give detailed reasons for such application. The decision on whether or not to grant the change will be made after the approval of the person in charge of the division, the review of the inspection and management office, and the approval of the leader of the court who has specific duties.

(1) Judges should be avoided due to statutory avoidance situations;

(2) The case is a series of cases of the same plaintiff or the same defendant;

(3) For major, difficult, complex or relevant cases;

(4) The judge handling the case needs to be off-duty for more than 30 days for off-products due to objective reasons such as health issues, business trip, or to study(certification provided by personnel department is needed);

(5) Other situations in which it is really necessary to change the judge handling the case.

Without a prescribed procedure, the trial division should not alter the judge handling the case without certain authorization.

Except for statutory reasons, the judge handling the case should not be changed after the first case hearing.

Article 9 Cases that have been approved to change the judge should be promptly returned to the case assignment system. The Case-filing Division shall directly and randomly assign the case to other judge in the previous division. The trial court has no authorization to to exercise its discretion to appoint the judge directly.

Article 10 If the judge of a case is changed, the case assignment system should inform the relevant litigants through 12368 SMS, and be under the supervision of the litigants.

Article 11 To perfect the internal public announcement of the case assignment system, the case assignment mechanism and specific operations should be published in the system. And for the change of trial panel or the judge, the reason should also be published.

Article 12 If the judge needs to take the time off for more than 30 days due to health issues, business trip, or to study, his/her trial division may apply for a moratorium to suspend the case assigning to him/her, and input the cause of suspension and the start and end time of the period. Such suspension may take effective after the review and approval from the leader of the court.

After the suspension cause has disappeared, the case assignment system automatically recovers the randomly case assignment for that judge.

Article 13 If there is any change in the post or qualification of the personnel in trail division, the Personnel Department should inform the Trial Management Office in writing within 3 days after such change, and then the Trial Management should inform the Information Technology Division to adjust his/her corresponding authorities for case handling.

Article 14 The courts at all levels shall strengthen the capability building for judges for case hearing, continuously improve the ability of judges in case trials, to facilitate the judges to better adapt the computer-randomized case assignment system, and be capable of hearing various kinds of randomly assigned cases to guarantee the quality of trials.

Article 15 The courts should improve the performance evaluation and rewards and punishments mechanism, strengthen judges' trail performance appraisals on caseloads, timely report results, change rates and other trial index, to encourage judges to handle more cases, handle them more quickly and handle them well, and create good competition for excellence. Efforts should be taken to avoid negative practices such as slow settlement, less case closing, and late reporting.

Article 16 This opinion shall be implemented as of the date of issue.

II. Flowchart of Random and Automated Assignment Operation of Shanghai Courts

1. Log in to the Shanghai Court Trial Process Management System. Log into the Shanghai Judicial Process Management System through CA.

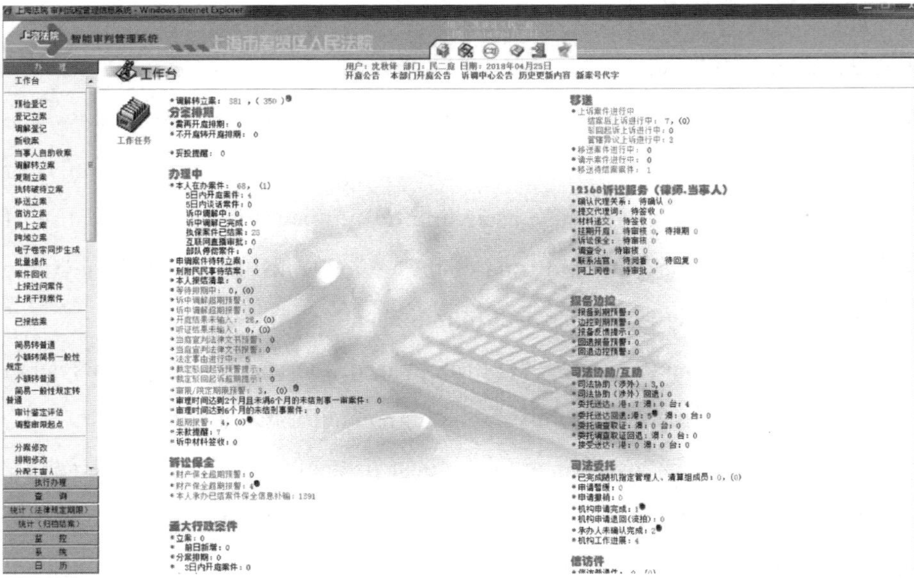

2. After the case is filed, the case is sent to a random automated assignment system. After the judge who is in charge of case-filing formally files the case, he/she would click the "Random Assignment" button on the Sent Case page to conduct the operation. Specific random assignment rule: Using the number of unsolved cases as an indicator, the judge with the fewest number of cases within the division/court

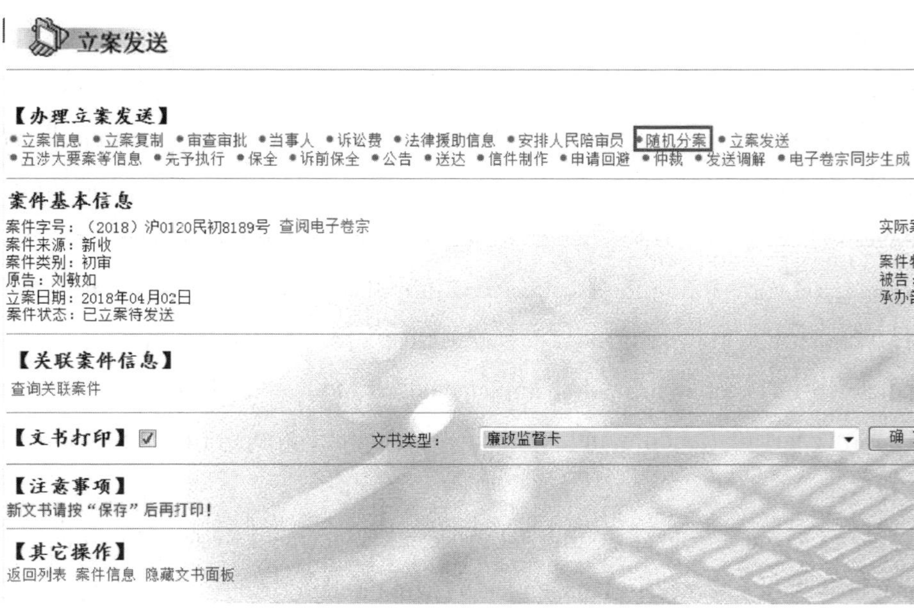

would be selected. After the random assignment operation is completed, the system displays the automatic screening process of the presiding judge.

Click “Random Assignment” to open the random case assignment operation page.

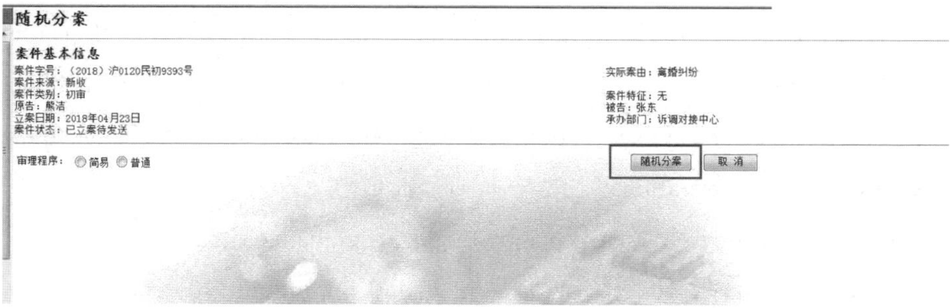

Select the applicable procedure and click “Random Assignment”. In accordance with the random assignment rule, judges will be screened within the scope of the division and then choose the presiding judge. At the same time, the page of presiding judge screening process is provided.

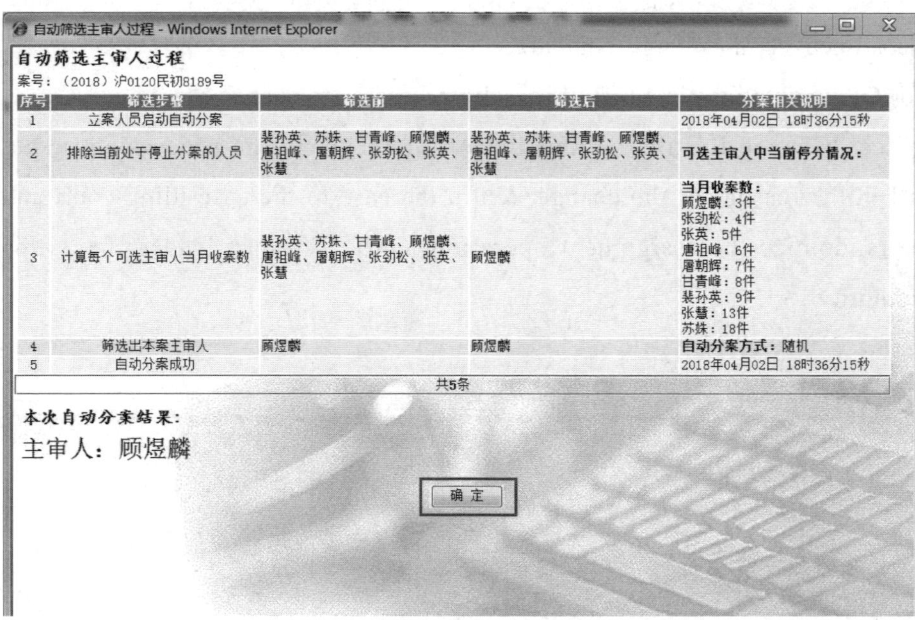

3. Change the result of random case assignment. In one of the following situations, the judge may be changed in the case assignment system, and the reasons for such change application may be filled in in detail. After the change, the status of the case is reset to "already filed, pending to be sent", and the case-filling court will conduct a random assignment operation again. This random assignment excludes the assignee who was assigned before. The background records the time of filling the reason for such change, and the person who conduct the change is the current user. The time of filling the reason for such change is the save time for such operation.

(1) Judges are required to be avoided by the legal avoidance situation

(2) The case is a series of cases of the same plaintiff or the same defendant;

(3) After remanding the retrial case and appealing it again, it shall be adjusted to the previous judge;

(4) Special circumstances such as major, difficult, complicated or related relations with the case;

(5) Judges need to be released from regular work for objective reasons such as health, business trip or study, etc., for more than 30 days (the personnel department certification is required);

(6) Other situations in which it is really necessary to change the judge

Click "Change Results of Random Assignment" in the processing menu, fill in the reason for the change, return the case to the case-filing court and re-randomize the assignment operation. Only the court leaders have this authority.

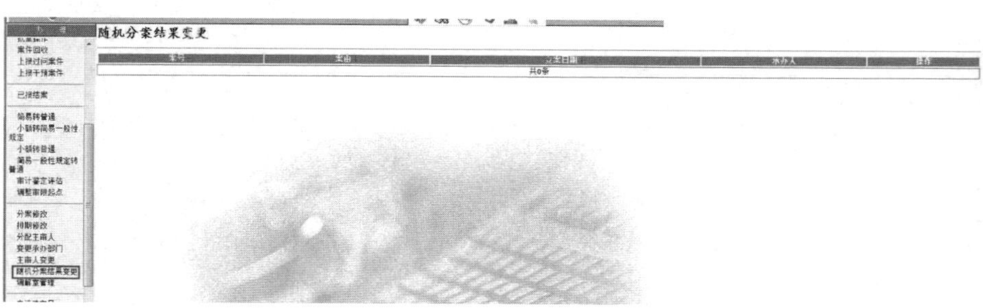

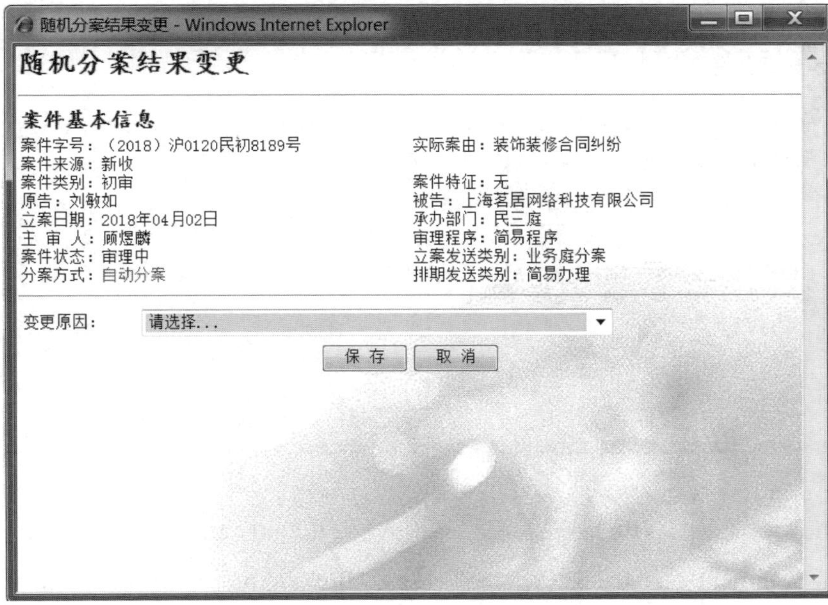

4. Suspend assignment settings. If the judge need to be released for more than 30 days due to objective reasons such as health or going out to work and study, he/she may be suspended from the random assignment of the case. The suspension reason and the start and end date of such suspension should be filled in the assignment system. Click "Suspension Assignment Settings" in the processing menu, and the judge can be suspended from the random assignment.

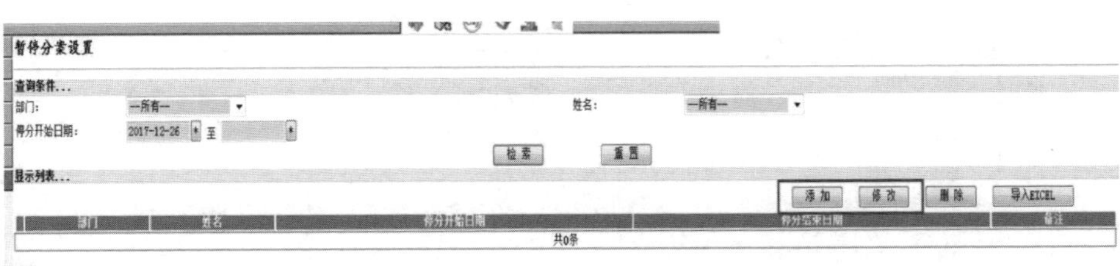

Click the "Add" button to open the Add Assignment Suspension Information page, select the person on this page, fill in the start date and end date of the suspension, and save the operation. When the case is randomly assigned during this period, such person will be excluded.

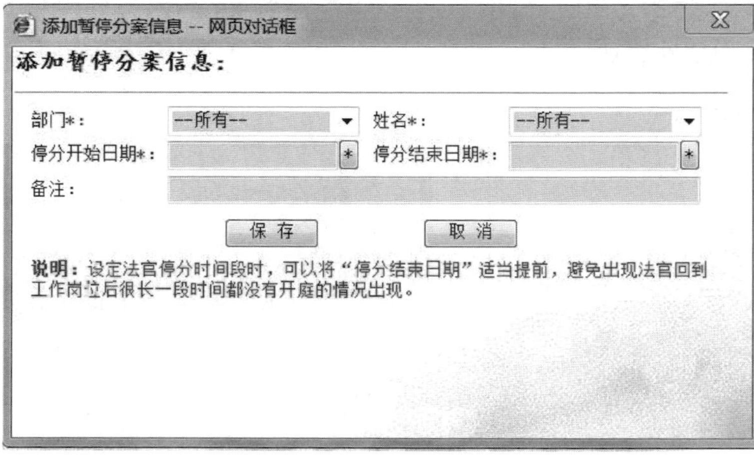

5. Statistics for Case Assignment. It is used to see the random assignment and manual assignment of various types of cases. Click "Automatic Assignment Settings in Shanghai"→"Statistics for Case Assignment" in the processing menu.

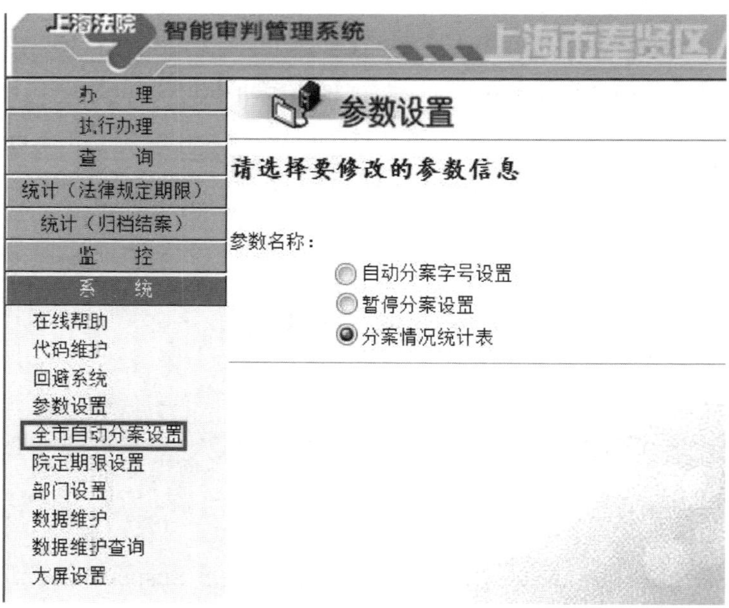

Open "Choose the Statistic Conditions" page for Statistics for Case Assignment.

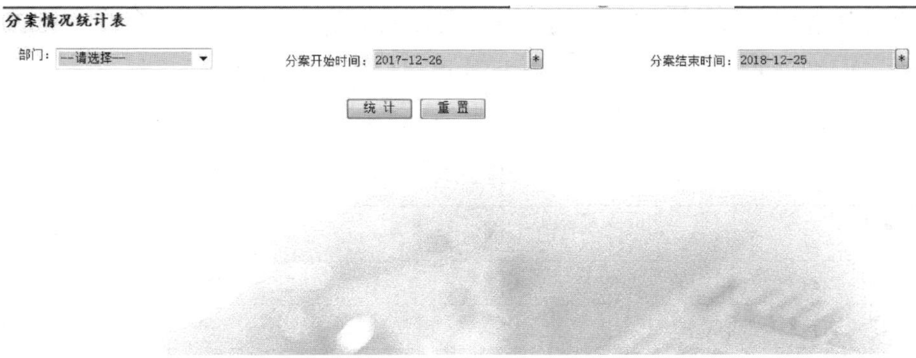

Select “Department”, “Assignment Start Time”, “Assignment End Time” and click “Statistics” to open the statistics table for the assignment of cases in this court. You can count the number of random assignments and manual assignments according to the departments and specific judge respectively. You can also count the number of ordinary procedure cases and simple cases that are within the statistical deadline.

“执行合同”这项指标，我国从DB2018全球第5名，小幅波动至DB2019的全球第6名，仍处于全球先进经济体的水平，故而，DB2018的表现，也值得列示如下。

四、上海“执行合同”DB2018的得分情况

下表为DB2018中上海相关指标的得分情况：

表9-14　上海“执行合同”DB2018的得分

编号	DB2018问卷题目	现状水平
1	执行合同时间	485
2	执行合同成本	15.1
3	是否有专事审理商事案件的法庭或部门？	1.5
4	是否存在小额诉讼法院或快速通道程序处理小额纠纷案件？	1.5
5	如果原告担心被告的动产可能被转移到司法管辖区之外或者被挥霍掉，原告能否获得对被告的动产的审判前的财产扣押？	1.0
6	案件是否会被随机地和自动地分配给管辖法院中的法官？	0.5
7	女性的证词与男性的证词是否在法庭上有同等的效力？	0.0
8	有关民事诉讼的任何适用的法律或法规是否包含有关如下的关键法院事件中的至少三个事件的时间标准：(i) 送达法律程序文件；(ii) 第一审；(iii) 提交答辩陈诉书；(iv) 举证期结束；(v) 提交专家证词；以及 (vi) 提交终审判决？	1.0
9	是否有任何法律来规范可以被允许的休庭或诉讼延期的最大次数，法律是否将休庭限定在意外的和异常的情况下，以及这些规则是否在超过50%的案件中得到了遵守？	0.0
10	是否能够存在针对管辖法院的表现评估报告，以监督该法院的表现、案件在该法院的进展以及确保既定的时间标准被遵守？这四份报告是：(i) 处置时间报告（衡量法院处理/判决案件的时间）；(ii) 结案率报告（对比已解决的案件和受理的案件数）；(iii) 待决案件案龄报告（根据案件类型、案龄、上一个诉讼案件和下一个已确定的讼诉案件，提供待解决案件的概览；以及 (iv) 单一案件进展报告（提供单一案件的进展情况的概览）。	1.0
11	主管法院是否在案件管理技巧中运用了审前会议，以及在审前会议中是否探讨了如下问题中的至少三个问题：(i) 日程安排（包括向法院提交动议和其他文件的时间流程）；(ii) 案件复杂性和审理的预计长度；(iii) 和解或替代性的纠纷解决的可能性；(iv) 交换证人名单；(v) 证据；(vi) 管辖权和其他程序性问题；以及 (vii) 缩小有争议的问题的范围？	1.0
12	管辖法院中的法官是否能够为如下目的中的至少四种目的运用电子案件管理系统：(i) 获取法律、法规和判例法；(ii) 为其诉讼事件表中的所有的案件自动生成一个审理时间表；(iii) 向律师发送通知（例如，电子邮件）；(iv) 追踪其诉讼事件表中的案件的状况；(v) 查看和管理案件文件（诉书、动议）；(vi) 协助撰写判决书；(vii) 半自动地生成法院判令；以及 (viii) 查看特定的案件的法院判令和判决？	1.0

（续表）

编号	DB2018问卷题目	现状水平
13	律师是否能够为如下目的中的至少四种目的运用电子案件管理系统：(i) 获取法律、法规和判例法；(ii) 获取将被提交给法院的表格；(iii) 接受通知（例如，电子邮件）；(iv) 追踪案件的状况；(v) 查看和管理案件文件（诉书、动议）；(vi) 向法院提交诉书和文件；以及 (vii) 查看特定的案件的法院判令和判决？	1.0
14	能否通过管辖法院内的一个专用平台（不是电子邮件或传真）以电子的方式提交最初的诉状？	0.0
15	对于在管辖法院提交的案件，能否通过一个专用的系统或者通过电子邮件、传真或SMS（短消息服务）将最初的诉状以电子的方式送达被告人？	1.0
16	对于在管辖法院提交的案件，能否通过一个专门的平台或者通过网上银行以电子的方式支付诉讼费？	1.0
17	地方法院作出的判决是否通过在官方公报、报纸或互联网上的发布提供给公众？	1.0
18	国内商业仲裁是否由一部完整的涵盖所有方面的法律或者适用的民事诉讼法的完整的章节所管辖？	0.5
19	是否所有的商业纠纷，除了那些涉及公共秩序、公共政策、破产、消费者权利、就业问题或知识产品的纠纷以外，均可以提交仲裁？	0.5
20	地方法院是否在超过50%的案件中执行了有效的仲裁条款或协议？	0.5
21	自愿调停或者调解是否是被认可的解决商业纠纷的方式？	0.5
22	自愿调停或者调解是否被一部完整的涵盖所有方面的法律或者适用的民事诉讼法的完整章节所管辖？	0.5
23	是否有任何的财务激励促使当事方尝试调停或调解（例如，如果调停或调解成功，将退还立案费、提供所得税抵免等）？	0.5

表9-15 DB2018上海“执行合同”与亚太及OECD数据的对比

二级指标	定义	计量方式	上海数据	亚太数据	OECD数据
时间	从卖方决定向法院提起诉讼之时起计算，到货款支付时止，其中包括采取行动所需的天数以及其间的等候期。一年一次计。	日历天数	485.0	565.7	577.8
成本	包括平均律师费、法庭成本和执行费用。	索赔的百分比，假定为人均收入的200%或5 000美元	15.1	47.3	21.5

（续表）

二级指标	定义	计量方式	上海数据	亚太数据	OECD数据
司法程序质量	衡量是否在司法体系的四个领域中采取了一系列的良好实践：法院结构和诉讼程序、案件管理、法院自动化和替代性纠纷解决。	判断题	15.5	7.9	11.0

简要说来，上海“执行合同”DB2018的时间与成本数据如下：

表9–16　上海“执行合同”DB2018的时间与成本

项目	数值
1. 时间（天）	**485**
文书准备	35
庭审与判卷	210
判决执行	240
2. 成本（%）	**15.1**
律师费	7.6
庭审费	5.0
执行费	2.5

除了时间与成本之外，第三项指标“司法程序质量指数”的分值与实际得分如下：

表9–17　上海“执行合同”DB2018的“司法程序质量指数”得分

编号	题目（指标）	分值	实际得分	回答
1	**司法程序质量指数**	**18**	**15.5**	
1.1	**法院结构与诉讼程序**	**5**	**4.5**	
1.1.1	是否有专事审理商事案件的法庭或部门？	1.5	1.5	
1.1.2	是否存在小额诉讼法院或快速通道程序处理小额纠纷案件？	1.5	1.5	

（续表）

编号	题目（指标）	分值	实际得分	回答
1.1.3	如果原告担心被告的动产可能被转移到司法管辖区之外或者被挥霍掉，原告能否获得对被告的动产的审判前的财产扣押？	1	1	
1.1.4	案件是否会被随机地和自动地分配给管辖法院中的法官？	1	0.5	随机，但是人工派发的。
1.1.5	女性的证词与男性的证词是否在法庭上有同等的效力？	-1（不同等则倒扣）	0	
1.2	**案件管理**	**6**	**5**	
1.2.1	有关民事诉讼的任何适用的法律或法规是否包含有关如下的关键法院事件中的至少三个事件的时间标准？	1	1	
1.2.2	是否有任何法律来规范可以被允许的休庭或诉讼延期的最大次数，法律是否将休庭限定在意外的和异常的情况下，以及这些规则是否在超过50%的案件中得到了遵守？	1	0	没有最大次数限制，休庭条件没有限制于意外和异常情况。
1.2.3	是否能够存在针对管辖法院的表现评估报告，以监督该法院的表现、案件在该法院的进展以及确保既定的时间标准被遵守？	1	1	
1.2.4	主管法院是否在案件管理技巧中运用了审前会议，以及在审前会议中是否探讨了如下问题中的至少三个问题？	1	1	
1.2.5	管辖法院中的法官是否能够为如下目的中的至少四种目的运用电子案件管理系统？	1	1	
1.2.6	律师是否能够为如下目的中的至少四种目的运用电子案件管理系统？	1	1	
1.3	**法庭自动化**	**4**	**3**	
1.3.1	能否通过管辖法院内的一个专用平台（不是电子邮件或传真），以电子的方式提交最初的诉状？	1	0	没有这样的平台。
1.3.2	对于在管辖法院提交的案件，能否通过一个专用的系统或者通过电子邮件、传真或SMS（短消息服务）将最初的诉状以电子的方式送达被告人？	1	1	

（续表）

编号	题目（指标）	分值	实际得分	回答
1.3.3	对于在管辖法院提交的案件，能否通过一个专门的平台或者通过网上银行以电子的方式支付诉讼费？	1	1	
1.3.4	地方法院作出的判决是否通过在官方公报、报纸或互联网上的发布提供给公众？	1	1	
1.4	**替代性纠纷解决**	**3**	**3**	
1.4.1	国内商业仲裁是否由一部完整的涵盖所有方面的法律或者适用的民事诉讼法的完整的章节所管辖？	0.5	0.5	
1.4.2	是否所有的商业纠纷（除了那些涉及公共秩序、公共政策、破产、消费者权利、就业问题或知识产品的纠纷以外）均可以提交仲裁？	0.5	0.5	
1.4.3	地方法院是否在超过50%的案件中执行了有效的仲裁条款或协议？	0.5	0.5	
1.4.4	自愿调停或者调解是否是被认可的解决商业纠纷的方式？	0.5	0.5	
1.4.5	自愿调停或者调解是否被一部完整的涵盖所有方面的法律或者适用的民事诉讼法的完整章节所管辖？	0.5	0.5	
1.4.6	是否有任何的财务激励促使当事方尝试调停或调解（例如，如果调停或调解成功，将退还立案费、提供所得税抵免等）？	0.5	0.5	

五、下一步的改革方向

为优化营商环境，上海法院系统正从以下方面推进改革：

其一，积极推动国家修订法律，建议国家出台诉讼档案相关规范，允许用网上立案平台归集的当事人诉状替代纸质诉状。

随着现代信息技术的快速发展及其在司法工作中的深度运用，目前当事人通过网络诉讼平台起诉立案时可以实现有效的身份认证，相关的数据材料也可以实现电子化归档，并长期安全保存。这有助于减少国家制作、保存档案的成本，增加当事人参讼办事的便利。另一方面，如果能够通过修法或出台新的政策，使诉讼材料中的当事人诉状实现从网上诉讼平台自动收集和归档，而无须当事人另行提交纸质诉状，有望使“执行合同”指标中的相应得分点获得相应加分。

故而，建议在《人民法院诉讼文书材料立卷规范》第8条的“诉讼文书正卷材料：……(2) 起诉状、上诉状、抗诉书、案件移送函等表明案件来源的材料”之后，增加一条规定：当事人通过人民法院网上工作平台提交的诉讼材料，符合诉讼归档规范的，应当从网上工作平台直接收集和归档，当事人无须另行提交纸质材料。

类似地，《人民法院诉讼文书立卷归档管理办法》也要做相应修订，承认电子归档的法律效力。

其二，用好用足最高院司法解释，通过说理获得得分。

2019年3月，最高法院发布《关于修改〈最高人民法院关于严格规范民商事案件延长审限和延期开庭问题的规定〉的决定》。新修订的司法解释将延期开庭事由严格限定为“因不可抗力或者意外情况导致庭审无法正常进行的情形”，并明确规定:“适用普通程序审理民商事案件，延期开庭审理次数不超过2次；适用简易程序以及小额速裁程序审理民商事案件，延期开庭审理次数不超过1次。”根据我国《人民法院组织法》《全国人民代表大会常务委员会关于加强法律解释工作的决议》等法律规定，司法解释属于我国法律体系中具有普遍约束力的法律渊源之一，全国各级法院都必须严格遵照执行。因此，上述关于延期开庭的司法解释规定与世界银行报告的评分标准相符，在DB2020中应当得到体现。DB2020显示，这一变化确实得到了体现，中国分值得以提升。

其三，积极推进上海自身的改革。[1]

1. 公开司法绩效评估数据（司法程序质量指数2.3)：上海高院已于2019年2月28日印发相关文件（《上海市高级人民法院关于在互联网公开相关司法数据的若干规定（试行）》），在上海高院互联网站建设专门的司法数据公开平台，向社会公众公开上海法院商事、金融案件结案率，以及平均审理执行时间等司法数据。同时，上海法院通过中国法院流程信息公开网、上海法院

1　这些数据和表述，来自上海法院系统提供的资料。

审判流程信息公开网、12368诉讼服务平台（律师服务平台）等网络平台，向当事人及其委托诉讼代理人公开相关个案的审判流程信息。因而，司法绩效评估机制此项，DB2020上海应当得分。而且，上海在2018年以前，在该项指标上已连续多年得分，2018年世界银行问卷答题者对该项目做了肯定回答，但世界银行未给予上海得分，应当属于误判。

2. 推进网上立案（司法程序质量指数3.1）：上海法院于2009年就开通了网上立案系统。当事人及律师可以通过网上立案平台提交立案申请，无须往返法院和提交纸质诉状即可完成立案受理。从2017年开始，上海法院研发运用电子卷宗随案同步生成系统，当事人在网上立案及其他诉讼平台提交的电子文书、证据材料等可以同步生成电子卷宗，有效解决电子诉状、证据材料等无法归档的问题，免除当事人事后提交纸质材料的负担，从技术上实现了“无纸化立案”。上海高院于2019年2月28日发布《关于网上立案、电子送达、电子归档的若干规定》，明确规定当事人通过网上立案平台提交电子诉状，在后续程序中无须再提交纸质诉状。这一做法，应当已经与世界银行报告评分标准相符合，在DB2020中应当得到体现。

3. 进一步夯实基础，确保相关指标不失分：

(1) 夯实时间指标：落实立、审、执、破全流程精细化管理的理念，从2019年开始，将世界银行关注、直接影响“执行合同”效率的重点环节全面纳入案件质效评估体系和常态化管理，督促全市法院从各环节进一步压缩时间，提高效率。一是单列执行指标数据，将事项委托期限内办结率、有财产可供执行案件在法定权限内实际执结率、一个月以上未发放且未审批执行案款率等纳入执行质效评估范畴，督促全市法院及时跟踪委托事项，及时发放执行案款，确保在法定期限内及时执结案件。二是增设审判效率指标数据。将审计鉴定评估平均天数、诉讼档案及时扫描率、上诉及管辖案件延期移送率、最后一次开庭至结案平均天数等纳入审判效率评估指标，督促全市法院及时跟踪审计鉴定评估事项，及时移送案件，及时撰写文书和归档报结，从各个环节进一步压缩审理耗时，进一步提高审判效率。

(2) 进一步改进随机自动分案系统，推进全市三级法院商事、知产、执行条线全面实行随机自动分案，争取年底前实现全市法院民商事审判全覆盖。

(3) 2019年3月1日，上海法院12368诉讼服务平台入驻上海市民与企业办事平台“一网通办”，使平台原有的认证功能被打通，网上缴费渠道更多样，信息共享范围大大拓宽，法院客服平台与“一网通办”总客服实现对接，诉讼服务质量更有保障，有利于巩固和提升针对律师的各类诉讼服务水平。

(4) 针对“司法程序质量指数”中“是否建立针对法院表现的评估机制”得分点，与世界银行专家加强沟通，力争DB2020恢复得分，达到与DB2018一样的水平。DB2020显示，得分确实得以恢复，中国分值获得提升。

从DB2020情况看，以下改革措施获得了认可：其一，最高法院出台司法解释，明确民商事案件的延期开庭最长次数，司法程序质量指数增加了0.5分；其二，上海高院建设司法绩效评估机制，向社会常态化公开结案时间、结案率等数据，通过审理流程信息平台公开个案流程信息，司法程序质量指数增加1分。

第十章　办理破产

第一节　世界银行方法论

世界银行评估指标"办理破产"(Resolving Insolvency)[1]的方法论，源于《世界各地的债务执行》("Debt Enforcement around the World")一文。该文是世界银行与哈佛大学合作的结果，发表于《政治经济学杂志》(*Journal of Political Economy*) 2008年总第116期，作者是西梅昂・詹科夫(世界银行)、奥利弗・哈特(Oliver Hart，哈佛大学)、卡拉利・麦卡利斯(世界银行)与安德烈・施莱费尔(哈佛大学)。[2]

在该文中，作者针对同一家即将债务违约的酒店的案例，请来自88个国家的破产从业者描述在其国家的债务执行流程。作者使用关于时间、成本和对资产的处置数据来构建衡量各国债务执行效率的指标。[3]

1　国内的译本，多将"Resolving Insolvency"译为"办理破产"。但通观该项指标，它解决的是债务人资不抵债时如何保障债权人权益的问题。故而，更为准确的翻译应当为"解决债务清偿"。但该种译法既已为人所熟知，还是保留为妥。

2　在该文中，作者感谢Osborne Jackson、Julien Levis、Tatiana Nenova和Justin Yap为本项目提供的帮助；感谢Douglas Baird、Julian Franks、Nicola Gennaioli、Rafael La Porta、Giacomo Ponzetto、Stefano Rossi、David Scharfstein、编辑Ivo Welch的帮助；感谢世界银行、考夫曼基金会和美国国家科学基金会提供资金支持；也感谢国际律师协会与本项目的实质性合作。本文所用数据可从以下地址获取：http://www.economics.harvard.edu/faculty/shleifer/files/Debt_enforcement_database_JPE.xls。

3　该部分的初译，由华东政法大学国际金融法律学院研究生张萍同学完成；笔者进行了校译和编辑，并调整了结构及相关表述。

一、问题的提出

在该文中，作者首先指出，债务是各个经济体中最有用的合同之一，因为它使企业能够顺利融资，个人能够顺利消费。但是，像其他合同一样，债务也需要被执行。为履行债务合同，社会创建了种种机构和机制，使之可以追及债务人的收入和资产，而不必诉诸暴力。一些债务执行制度并不需要法院，如丧失抵押物赎回权程序（即"止赎程序"[foreclosure proceedings]）。然而，一旦公司面临多个债权人，就通常会依靠法院通过破产诉讼来执行债务合同。

尽管债务执行非常重要，但通常而言，破产机构表现欠佳，即便是在最先进的市场经济体中，亦复如此，而发展中国家尤甚。这引出了几个问题：这些机构的功能究竟有多差？为何它们功能不佳？有没有办法改进它们？这些改革策略是否与一国的其他机构和能力相协调？

为解决这些问题，作者研究了88个国家的破产企业的债务执行情况，研究路径如下：

作者向每个国家的破产从业者提供同一破产企业案例。该案例是与国际律师协会破产委员会共同制定的，在许多国家中具有代表性。该企业是一家拥有一定数量雇员、资本和所有权结构，具有持续经营价值的酒店。[1]除经济价值全部按照各国人均收入进行标准化处理以外，酒店其他方面在各国都相同。

然后，作者要求每位从业者详细描述，如果这一案例发生在其国内，债务执行程序将如何进行。此外，作者还收集描述每个国家债务执行程序的法律和经济特征的详细数据。因此，作者可以评估哪些制度有利于提高资产处理的经济效率和整体效率。

对于不同国家大致相同的债务执行进行比较，拥有很多优点：第一，它能够分析这些程序的效率及其决定因素，而不必太过担心作者会将苹果与橘子进行比较，它们本身是风牛马不相及的事物。第二，作者对执法措施进行量

1 作者还向他们提供一个分割出售价值较高的案例，但这种情况存在一些问题，本文不做详细讨论。详情参见詹科夫等（2006）。

化分析，因而能够避免"只关注纸面上的法律"的质疑。第三，各国通用的执法措施可用于其他比较研究，以形成优劣分析。

根据受访者反映，在解决酒店破产问题方面，世界上只有三种基本程序：(1) 优先债权人丧失抵押物赎回权，这可能涉及法院，也可能不涉及法院；(2) 清算；(3) 重组，这往往导致后续的清算（作者称这种程序为"先行重组"）。[1]在作者设定的案例事实中，丧失抵押物赎回权可以是没有法院参与或只有基层法院参与的合同解决方案，可以在未正式破产的情况下解决破产问题，因此，本文的标题是"债务执行"而非破产（bankruptcy）或无力偿债（insolvency）。

纵观世界范围内的平均值，作者发现，所有程序都非常耗时，成本高而且效率低。只有36%的国家实现了保持酒店持续经营的效果。在债务执行的交易成本、诉讼的延迟成本和造成错误结果的损失之间，全球平均48%的酒店在债务执行中损失了价值。作者还发现，法律起源和人均收入是影响效率的最重要的跨国决定因素。此外，较富裕的国家在更复杂的程序中具有比较优势。[2]

二、案例的描述

作者先行假设一个案例，然后向相关人士采集数据。数据源于律师和法官填写的调查问卷，他们是国际律师协会（IBA）J组的成员。J组成员是破产、重组和债权人权利等领域的从业者。2002年，作者与该部门的主席进行沟通，寻求开展一项研究调查，比较世界各地的破产制度。作者建议开展公益性合作，在问卷设计和试点工作中，以J组成员为受访者，并在世界范围内实施。国际律师协会批准了该提案，并指定英国、德国和西班牙的律师以及日本和美国的破产法官与作者合作，进行初步案例研究和问卷调查。这些案例和问卷随后在阿根廷、巴西、捷克、法国、德国、希腊、意大利、日本、南非、西

---

1 Baird (1986)、White (1989)、Baird and Rasmussen (2002)，以及LoPucki (2003) 讨论了美国适用的程序。Thorburn (2000) 提出在瑞典支持清算的证据。Bris, Welch and Zhu (2006) 提出的证据表明，重组产生的资产价值高于美国清算程序所产生的。

2 Djankov, Simeon, Edward Glaeser, Rafael La Porta, Florencio Lopez-de-Silanes, and Andrei Shleifer, "The New Comparative Economics", *Journal Comparative Economics*, Volume 31, December 2003, pp. 595–619.

班牙、英国和美国进行试点。试点之后，作者进行了一些修改，以确保案件事实与不同法律制度之间能够兼容。

此后，作者咨询了六位来自发展中国家（博茨瓦纳、埃及、加纳、危地马拉、印度和哈萨克斯坦）的破产律师，让他们完成经过修订的问卷，点评问卷与国家的相关性，并提出修改建议。第二次试点达成了几项修改，其中最重要的是将案件简化为单一银行债权人，因为对这些律师来说，一家酒店与多家银行打交道的情况并不常见。律师们还建议将多个供应商列为非财务债权人（nonfinancial creditors），因为这是破产案件的共同特征。作者还被要求增加一些关于庭外止赎和重组程序之间关系的问题。最后，律师们坚持认为作者应该更加重视国家税务部门，在这些国家中，有几个国家的税务部门可能是启动破产程序的一方。该案件随后进行了调整，以采纳这些建议。

新修订的调查问卷由主席发给各个国家的J组成员。问卷一旦完成，研究团队与每个受访者进行多次电话联系，以明确他们的答案，然后与来自同一国家的所有受访者进行电话会议，以形成一致的答案（大多数分歧源于对案件事实的误解）。总共有来自88个国家的344名律师和34名法官参与了这项调查，但作者仅使用每个国家形成的一个共识答案。目前已经进行了四轮调查，包括2003年1月（试点调查）、2004年、2005年和2006年。本文使用的是2006年1月的基准数据。

样本涵盖了2005年所有人均收入超过1 000美元、人口超过150万的国家。[1]它包括30个高收入国家、20个中高收入国家和38个中低收入国家。其中东亚地区8个，东欧地区22个，拉丁美洲18个，中东地区13个，非洲4个，南亚地区1个，还有22个国家是经合组织成员。

为受访者设计的标准化案例是一家名为米拉其（Mirage）的破产公司。米拉其是一家营运酒店业务的有限责任公司，位于人口最多的城市，为内资企业。米拉其有201位雇员和50位供货商，并因此前的交易而对每家供货商都负有债务。5年前，米拉其向一家内资银行比兹银行借款购买了房地产（酒店大楼），并将之作为比兹银行贷款的担保。贷款为10年期。迄今为止，米拉其遵守了还款计划和所有的其他贷款条件。

1　世界银行对小国的定义是人口少于150万的国家。

米拉其的创始人道格拉斯先生持有51%的股份，道格拉斯先生同时兼任监事会主席。没有其他股东拥有超过5%的投票权。有一个专职的总经理，没有特殊的人力资本。未偿还债务总额为136单元（units）。无担保债权人（包括供应商、税务机关和雇员）作为一个整体持有36单元（26%）。其他债权由比兹银行持有（74%），相当于100单元。只有一个大的担保债权人，米拉其的破产是一个相对简单的案例。

过去数年来，米拉其一直盈利，能覆盖所有成本，并定期向比兹银行还款。近年来，由于行业情况恶化，米拉其发生了意想不到的经营亏损，即将对比兹银行构成违约。按照作者的设定，米拉其如果持续经营，其价值高于将其分割出售的价值。具体而言，米拉其持续经营的价值为100单元（相当于对比兹银行欠款的价值），如果分割出售（建筑物，家具等）则价值70单元。和比兹银行一样，供应商等其他债权人也倾向于保持米拉其持续经营。

作者描述的案例相对简单，有如下预设：

第一，作者关注正式的破产程序，忽视非正式的解决方式（workouts）。[1]克莱森斯和克拉佩尔（Claessens and Klapper，2005）发现，在银行关系密切的国家，和解十分常见。[2]弗兰克斯和洛兰斯（Franks and Loranth，2005）对匈牙利也有类似发现，其破产效率非常低。[3]然而，如果有多个无担保债权人，和解往往会失败。

第二，米拉其发生的是直接的债务违约。作者假定，米拉其不存在可以规避正式破产的复杂的金融结构，例如可转换债券（convertible debt）。尽管金融合同确实有助于改善法律环境，但贫穷国家的法官往往无法执行这些合同。[4]

第三，参照发展中国家破产专家的建议，作者假定只有一位优先担保债权人（雇员、供应商和政府是无担保的权益索取人）。而且，在中型公司中，更

---

1 Gilson, Stuart, Kose John, and Larry Lang, "Troubled Debt Restructurings: An Empirical Study of Private Reorganization of Firms in Default", *Journal of Financial Economics*, Volume 27, October 1990, pp. 315–353.

2 Claessens, Stijn, and Leora Klapper, "Bankruptcy around the World: Explanations of Its Relative Use", *American Law and Economics Review*, Volume 7, 2005, pp. 253–283.

3 Franks, Julian, and Oren Sussman, "Financial Distress and Bank Restructuring of Small and Medium Size UK Companies", *Review Finance*, Volume 9, March 2005, pp. 65–96.

4 Lerner, Josh, and Antoinette Schoar, "Does Legal Enforcement Affect Financial Transactions? The Contractual Channel in Private Equity", *The Quarterly Journal of Economics*, Volume 120, February 2005, pp. 223–246.

复杂的资本结构并不常见，同时这一结构将带来更多难题。[1]

第四，作者假设，债权人从一开始就知道，对米拉其而言持续经营是富有效率的。在法院监督下实施破产程序的一个论据是，这种知识是无法获得的，而破产则有助于发现有效的处置方式。

第五，酒店不需要任何额外的融资来继续经营，其面临的问题在于无力偿付未偿还的债务。实行破产保护的原因之一是允许公司筹集额外的资金。

第六，酒店规模小，对政治家或法官而言，尚未重要到需要使其继续运营以“保护公共利益”。而在人们普遍的认识之中，破产的政治化也是一个重要的问题。[2]

第七，作者假定，案件事实明确排除了债务执行期间酒店资产的利益输送行为。利益输送对于债权人损害尤大，特别是在发展中国家，控股股东操纵的利益输送行为可能给债权人带来重大伤害。[3]这意味着一些制度安排，比如在破产程序期间自动关闭该公司，在无利益输送的假定下会表现得非常糟糕。

作者向受访者提供案例，并要求他们先概要描述米拉其一案可用的法律程序，然后根据自身经验、所在国家的法律和案情设定，指出米拉其一案最可能适用的法律程序。受访者解释选择哪一程序以及由哪一方选择，是比兹银行、米拉其还是其他主体。因为管理层知道公司即将违约的情况，故而米拉其具有先行优势。在债务人可单方面申请重组来寻求救济的国家，米拉其很可能会启动重组程序，因为管理层希望它能继续经营。在其他国家，清算和

---

1 Bebchuk, Lucian, “A New Approach to Corporate Reorganizations”, *Harvard Law Review*, Volume 101, January 1988, pp. 775–804; Gertner, Robert, and David Scharfstein, “A Theory of Workouts and the Effects of Reorganization Law”, *J. Finance* 46, September 1991, pp. 1189–1222; Aghion, Philippe, Oliver Hart, and John Moore, “The Economics of Bankruptcy Reform”, *Journal of Law, Economics and Organization*, Volume 8, October 1992, pp. 523–546.

2 Weiss, Lawrence, and Karen Wruck, “Information Problems, Conflicts of Interest and Asset Stripping: Chapter 11’s Failure in the Case of Eastern Airlines”, *Journal of Financial Economics*, Volume 48, April 1998, pp. 55–97; Chang, Tom, and Antoinette Schoar, “The Effect of Judicial Bias in Chapter 11 Reorganization”, Manuscript, Department of Economics, Massachusetts Institute of Technology; Ariane Lambert-Moglianski, Konstantin Sonin, and Ekaterina Zhuravskaya, “Are Russian Commercial Courts Biased? Evidence from a Bankruptcy Law Transplant”, *Journal of Comparative Economics*, Volume 35, June 2007, pp. 254–277.

3 Johnson, Simon, Rafael LaPorta, Florencio Lopez-de-Silanes, and Andrei Shleifer, “Tunneling”, *A.E.R. Papers and Proceedings*, Volume 90, May 2000, pp. 22–27.

重组不能自动中止止赎程序，且止赎比其他程序更快、成本更低，则比兹银行将启动止赎程序。还有些国家，米拉其的财务状况（资产净值为负且存在违约）会自动触发清算，则清算是最有可能的程序。

例如，在美国，米拉其将成功地运用第11章的重组程序。重组能自动中止强制执行，并提供保持公司运营的最佳机会。在英国，受访者称，比兹银行保留在止赎措施下指定接管人的权利。在希腊，启动重组程序需要经过60%的债权人同意，且其中包括至少40%的担保债权人，因此本案中，只有经过比兹银行同意才能进行重组……凡此种种，不一而足。

作者还要求受访者描述，基于案例假定，在最有可能的情况下，破产过程是如何演进的。他们描述了整个流程（从申请到向各方还款）的先后步骤和相关时间，包括上诉等造成延迟的关键点。例如，在新加坡，破产案件主要有八个步骤……受访者还必须预测米拉其在整个过程中能否继续经营，并对其观点进行书面阐述。例如，在意大利，只有无担保债权人40%的债务和担保债权人全部的债务得到满足时，法院才可以批准重组计划。由于米拉其的价值完全等同于对比兹银行的欠款，而不足以偿付无担保债权人，故重整计划不被批准，公司只能分割出售。在捷克共和国，每进行一次销售，管理者都会得到更多报酬，因此增加了分割出售的激励。

最后，受访者需要估算所有各方承担的费用，包括法院诉讼费、律师费，通知费、出版费、管理人费、评估人和督察员费、资产存储和保全费、清算费或拍卖人费、税费以及受访者提到的其他费用。在大多数国家，费用的最大组成部分是律师费。

向受访者发送的问卷，设计了以下变量：

表10-1　变量的描述

变量	描述
A. 主要变量	
止赎	如果米拉其很有可能进行止赎程序或其他类似的债务强制执行程序，得1分；否则，得0分。
清算	如果米拉其很有可能进行清算程序，得1分；否则，得0分。
重组	如果米拉其很有可能进行重组程序，得1分；否则，得0分。

（续表）

变量	描述
时间	以年为单位，估算米拉其破产程序的时间；从米拉其违约起算，直到其最终结果实现（即米拉其是作为持续经营企业被出售，还是被分割出售，还是成功重组）。
还款时间	以年为单位，估计从米拉其违约到担保债权人收到欠款的时间。
成本	估算米拉其的债务强制执行程序中所有当事人的成本，并以破产资产百分比表示；成本包括法院或破产管理机构的费用、律师费、破产管理人费、会计师费、通知和公布费、评估人和督察员费、资产存储和保全费、拍卖费、税费和其他相关破产费用。
持续经营	如果米拉其在整个破产程序中和完成破产程序后，都持续经营，得1分；否则，得0分。
贷款利率	银行对私营部门的贷款利率（来源：国际货币基金组织的《国际金融统计》[IFS]在线数据库，line 60P.ZF）。line 60P.ZF被定义为“通常满足私营部门中短期融资需求的银行利率”（如果IFS中没有该数据，则直接从中央银行处获取）。
法律起源	用于确定各国破产法的法律来源的虚拟变量（四个法律起源：英国法系、法国法系、德国法系和斯堪的纳维亚法系）。
人均国内生产总值	人均国民总收入（阿特拉斯法），2004（来源：《2005年世界发展指标》）。
B. 破产制度的特征	
法定上诉时限	如果任何一方对判决上诉，其上诉程序有时间限制，得1分；否则，得0分。
庭外扣押和出售	如果担保债权人在无法院批准、判决或强制执行的情况下，可以没收并出售其抵押物，得1分；如果需要法院批准、判决或强制执行为前提，得0分。
无须判决即可强制执行	如果担保债权人可通过执行法庭或庭外程序强制执行其抵押物，而无须经过判决批准，得1分；如果在强制执行前需要法院判决，得0分。
浮动抵押	如果整个企业可被用作抵押，得1分；否则，得0分。
特别法院	如果米拉其案中的司法机关是专门的破产法院或专门的破产管理机构，得1分，否则得0分；专门的破产法院一般对清算和重组具有管辖权，但不包括止赎或债务强制执行程序。
破产上诉不中止程序	如果对破产认定提起上诉，破产流程不会自动中止，或者根本不能上诉，得1分；如果案件中止直至上诉程序结束，得0分。
审理破产上诉案件的法官与原审法官是否同一	如果对破产认定提起上诉，上诉法官即为负责破产案件的法官，得1分；如果上诉由上诉法院的另一法官审理，得0分。

（续表）

变量	描述
清算上诉不中止程序	如果对清算令提起上诉，清算出售不会中止，或者根本不能上诉，得1分；如果案件中止直至上诉程序结束，得0分。
清算上诉的法官同一	如果对清算提起上诉，上诉法官即为负责破产案件的法官，得1分；如果上诉由上诉法院的另一法官审理，得0分。
偿付金额争议上诉不中止程序	如果债权人对偿付金额有争议提起上诉，破产案件不会自动中止，或者根本不能上诉，得1分；如果案件中止直至上诉程序结束，得0分。
偿付金额争议上诉的法官与原审法官是否同一	如果对偿付金额争议提起上诉，上诉法官即为负责破产案件的法官，得1分；如果上诉由上诉法院的另一法官审理，得0分。
必须尝试重组	如果根据法律，米拉其在清算程序前必须尝试重组，得1分；如果米拉其可以直接进入清算程序，得0分。
担保物执行自动中止	如果破产程序启动后，担保债权人不能对米拉其执行其担保物，得1分；否则，得0分。
诉讼自动中止	如果破产程序启动后，针对米拉其的诉讼自动中止，得1分；否则，得0分。
公司必须停止运营	如果破产程序启动后或进行中，米拉其必须停止运营，得1分；否则，得0分。
可解除合同	如果供应商和客户可在破产程序启动后解除其与米拉其之间的合同，且不受处罚，得1分；否则，得0分。
禁止解雇	如果破产程序启动后，米拉其不得解雇雇员，得1分；否则，得0分。
保留管理层	如果在破产程序中，管理层仍可对正常业务作出决定，得1分；如果管理层被自动解雇，或者管理层作出决定必须受到监督，或需要经破产管理人或法院的批准，得0分。
债权人任命管理人	如果担保债权人有权批准破产管理人的任命，得1分；如果仅仅法院、债务人和/或其他参与者有权任命管理人，得0分。
债权人解雇管理人	如果担保债权人能够解雇破产管理人，或解雇需经其批准，得1分；如果仅仅法院、债务人和/或其他参与者有权解雇管理人，得0分。
按市场价值支付管理人薪酬	如果按破产资产的市场价值向破产管理人支付薪酬，得1分；如果按资产的账面价值或日利率（daily rate），得0分。
自动触发清算	如果存在能启动破产程序的“自动触发”机制，得1分；自动触发是一系列条件，如处于违约期或资产负债比等，在这些条件下，米拉其必须依法申请破产，如果无，则得0分。
重组可行的证据	如果米拉其必须在启动重组程序前提交重组可行的证据，得1分；如果米拉其可启动重组程序而无须证据，得0分。

（续表）

变量	描述
债权人直接投票表决	如果担保债权人可直接对重组计划投票表决，得1分；如果由担保债权人委员会表决或根本不能表决，得0分。
C. 其他变量	
债权人权利	债权人权利的综合指数，参照拉波塔尔等人研究（1998）；[1]指数范围为0～4。（来源：詹科夫等人，2007。）[2]
信息披露	如果有公共信贷登记处或私人信贷局在国内运作，得1分；否则，得0分。（来源：詹科夫等人，2007。）
私人信贷额与GDP之比	存款性金融机构和私营部门（IFS lines 22d和42d）的信贷总额与GDP的比率。（IFS line 99b；来源：IMF IFS数据库。）
GDP	国民生产总值（以美元为单位，按当前汇率换算），取2002年到2004年均值。（来源：《2005年世界发展指标》。）
人均GDP增长	从1980年到2004年人均GDP的平均年增长。（来源：《2005年世界发展指标》。）
合同执行天数	通过法院解决还款纠纷的天数；记录对于价值为该国人均GDP 50%的未偿付债务，强制执行所需的自然天数；该变量于2003年1月构建。（来源：詹科夫、拉波塔尔等人，2003。）[3]

三、研究结论

通过研究，作者得出了以下结论：

（一）关于发展中国家的债务执行效率

总体而言，发展中国家的债务执行效率非常低。其原因可能在于国家公共部门的能力低下，也可能是债务执行过程中过度的形式化。另外，低效还与债务执行的结构特征息息相关，如无效的担保系统、上诉结构不良、破产期间的中断经营以及债权人投票效率低下。

基于这些发现得出的结论也非常简单：在富裕国家，虽然破产和重整程

1 La Porta, Rafael, Florencio Lopez-de-Silanes, Andrei Shleifer, and Robert Vishny, "Legal Determinants of External Finance", *Journal of Finance*, Volume 52, July 1997, pp. 1131–1150.

2 Djankov, Simeon, Caralee McLiesh, and Andrei Shleifer, "Private Credit in 129 Countries", *Journal of Financial Economics*, Volume 84, May 2007, pp. 299–329.

3 Djankov, Simeon, Rafael La Porta, Florencio Lopez-de-Silanes, and Andrei Shleifer, "Courts", *The Quarterly Journal of Economics*, Volume 118, May 2003, pp. 453–517.

序旷日持久且成本高昂，但它们通常能够成功保证企业持续经营。为了挽救和恢复破产企业，发展中国家往往会效仿富裕国家，引入复杂的破产程序。相比之下，这些发展中国家往往在达成挽救企业的基本目标方面即宣告失败，而且，事实上，80%的破产企业最终都以分割出售告终。在破产程序高度形式化的法国法系国家，企业被挽救的可能性极低。

根据目前的制度安排，无论时间、成本多少，中等收入国家几乎总是无法挽救一家有望复活的企业。这表明，对于中小企业而言，穷国的债务执行机制应避免涉及详细且广泛的法院监督，因为法院的管理能力不足以支撑这套监督体系。一种较简单的做法是，将公司控制权转移给担保债权人。普遍而言，在发展中国家，更加不注重形式主义的机制可能会改善债务执行。例如，在墨西哥的案例中，[1]限制上诉可能会缩短诉讼时间并提高效率。随着一个国家越来越富裕，该国国内更多企业的财务结构将越来越复杂，包括重组在内的更多的精细程序，也往往会得到更为频繁的使用。而债务执行组织方式方面的许多微小变化，都可能产生积极的社会收益。

（二）关于发达国家的债务执行效率

作者发现，在发达国家中，普通法系国家的债务执行效率远高于德国法系和法国法系国家（参见表10–2）。部分原因是，这些国家的利率低于德国法系，尤其是低于法国法系的国家。德国法系国家在止赎和清算方面的效率高于法国法系国家，但在重组方面略有落后。普通法系国家在所有程序方面都比法国法系和德国法系国家效率高，当然，在清算程序上，它们仅略高于德国法系国家。后者在清算方面具有比较优势，普通法系国家在止赎方面具有比较优势。

数据显示，法国法系国家债务执行效率低下的直接原因是：无论采用何种程序，米拉其能够持续经营的案例只占16%。普通法国家的对应数据为75%。法国法系国家完成债务执行程序需要3.4年，而普通法系国家仅需1.56年。

---

1 Gamboa-Cavazos, Mario, and Frank Schneider, “Bankruptcy as a Legal Process”, Manuscript, Department of Economics, Harvard University, 2006.

表 10–2　程序组和法律起源组的数据

国家/地区	时间	成本（%）	*GC*	利息	效率
	A. 普通法系国家和地区				
	止赎				
新加坡	0.58	1	1	5.3	96.1
英国	0.50	6	1	3.7	92.3
新西兰	0.67	4	1	9.8	90.7
中国香港	0.63	9	1	5.0	88.3
澳大利亚	0.58	8	1	8.4	87.8
牙买加	1.00	18	1	18.9	69.0
斯里兰卡	1.42	18	0	9.5	45.7
平均	0.77	9	0.86	8.65	81.40
	清算				
博茨瓦纳	1.33	15	1	16.6	69.7
以色列	1.50	23	1	10.7	66.2
马来西亚	2.25	15	0	6.3	48.4
南非	1.92	18	0	15.0	39.8
平均	1.75	18	0.50	12.12	56.01
	重组				
日本	0.58	4	1	1.8	95.5
加拿大	0.75	4	1	4.7	93.2
爱尔兰	0.42	9	1	2.9	89.9
韩国	1.50	4	1	6.2	88.1
美国	2.00	7	1	4.1	85.8
波多黎各	3.79	8	1	4.7	77.4
泰国	2.67	36	1	5.9	54.9
纳米比亚	1.50	15	0	14.7	45.2
菲律宾	5.67	38	0	11.2	17.5
平均	2.10	14	0.78	6.25	71.95
普通法系国家和地区平均	1.56	13	0.75	8.3	72.1

（续表）

国家/地区	时间	成本（%）	*GC*	利息	效率
	B. 法国法系国家				
	止赎				
科威特	4.00	1	0	5.4	55.9
阿曼	2.75	4	0	8.2	53.5
巴拿马	2.00	18	0	9.9	43.0
智利	5.08	15	0	6.2	40.9
萨尔瓦多	3.67	9	0	14.0	37.8
洪都拉斯	2.88	8	0	19.9	36.8
危地马拉	3.00	15	0	15.0	36.5
黎巴嫩	4.00	22	0	13.4	29.0
乌拉圭	1.92	7	0	50.9	29.6
阿拉伯联合酋长国	4.96	38	0	8.1	21.8
巴拉圭	3.92	9	0	50.0	12.5
平均	3.47	13	0.00	18.27	36.03
	清算				
荷兰	1.42	1	1	3.0	94.9
希腊	1.92	9	0	6.8	53.8
约旦	3.25	9	0	6.8	53.8
沙特阿拉伯	2.71	22	0	6.4	40.6
俄罗斯	3.67	9	0	13.0	39.0
叙利亚	5.42	9	0	9.0	38.2
埃及	4.08	22	0	13.5	28.6
巴西	3.67	12	1	67.1	13.4
委内瑞拉	3.96	38	0	25.2	13.1
多米尼加共和国	3.33	38	0	31.4	12.9
平均	3.34	17	0.20	18.55	37.91
	重组				
比利时	0.92	4	1	6.9	90.8

（续表）

国家/地区	时间	成本（%）	*GC*	利息	效率
葡萄牙	2.00	9	1	5.2	82.3
西班牙	1.00	15	1	4.3	82.0
墨西哥	1.83	18	1	6.9	72.6
哥伦比亚	3.00	1	1	15.2	64.8
瑞士	3.00	4	0	3.3	60.4
突尼斯	1.25	7	0	9.0	56.6
法国	1.89	9	0	6.6	54.1
阿尔及利亚	3.50	7	0	8.0	48.1
新加坡	3.33	9	0	8.8	46.0
意大利	1.17	22	0	5.0	45.3
摩洛哥	1.83	18	0	12.6	41.9
秘鲁	3.08	7	0	14.2	41.8
新加坡	2.75	12	0	19.2	35.8
伊朗	4.50	9	0	17.5	29.5
印度尼西亚	5.50	18	0	14.1	25.1
哥斯达黎加	3.50	15	0	25.6	25.0
白俄罗斯	5.75	22	0	16.9	19.5
厄瓜多尔	8.00	18	0	13.1	19.4
罗马尼亚	4.58	9	0	45.4	11.0
土耳其	5.88	7	0	46.7	6.6
安哥拉	6.17	22	0	82.3	1.2
平均	3.38	12	0.23	17.58	43.63
法国法系国家平均	3.40	13	0.16	18.0	40.4
	C.德国法系国家和地区				
	止赎				
波黑	1.83	9	1	10.3	76.1
斯洛文尼亚	1.67	8	0	10.8	52.3
亚美尼亚	1.58	4	0	18.6	50.4
匈牙利	1.88	15	0	9.6	46.7

（续表）

国家/地区	时间	成本（%）	*GC*	利息	效率
克罗地亚	1.92	15	0	11.6	45.0
中国	1.79	22	0	5.6	43.6
格鲁尼亚	2.83	4	0	31.2	30.8
平均	1.93	11	0.14	13.95	49.25
	清算				
奥地利	0.92	18	1	5.6	78.0
波兰	2.00	22	1	7.3	67.7
斯洛伐克共和国	4.08	18	1	8.5	58.9
立陶宛	1.25	7	0	5.8	58.7
德国	0.92	8	0	9.7	57.0
爱沙尼亚	2.00	9	0	5.5	54.8
拉脱维亚	2.75	13	0	5.4	49.3
阿尔巴尼亚	3.50	38	1	11.8	42.0
捷克共和国	6.00	15	0	5.3	40.7
哈萨克斯坦	2.83	18	0	19.5	31.4
平均	2.63	17	0.40	8.44	53.85
	重组				
中国台湾	0.83	4	1	3.4	93.8
塞尔维亚和黑山	2.67	23	0	21.0	28.3
马其顿	3.67	28	0	12.4	27.3
乌克兰	2.92	42	0	17.4	17.5
平均	2.52	24	0.25	13.56	41.74
德国法系国家和地区平均	2.37	16	0.29	11.3	50.0
	D. 斯堪的纳维亚法系国家				
	止赎				
无					

（续表）

国家/地区	时间	成本（%）	*GC*	利息	效率
			清算		
瑞典	1.00	9	1	5.8	86.0
丹麦	2.50	9	1	7.1	76.7
平均	1.75	9	1.00	6.46	81.33
			重组		
芬兰	0.92	4	1	4.8	92.4
挪威	0.92	1	1	8.5	91.8
平均	0.92	2	1.00	6.68	92.13
斯堪的纳维亚法系国家平均	1.33	6	1.00	6.6	86.7

注：本表数据是根据相关国家法律起源和该案适用的债务执行程序所进行的整理。对于每个国家，表格显示了债务执行程序的时间和成本（衡量米拉其是否会持续经营的指标）、贷款利率和债务执行效率。

（三）关于债务执行效率的影响因素

债务执行效率受人均收入和法律起源的影响，这两个变量很难快速改变。总体而言，人均收入更高的经济体，债务执行效率更高。不同的法律起源，也影响着债务执行的效率。

表 10-3　从法律起源看债务执行程序的平均发生率

	相关程序	观测结果	全部	民法法系	普通法系	法国法系	德国法系	斯堪的纳维亚法系	t测试：民法法系vs普通法系
法定上诉时限	全部	84	0.476	0.508	0.368	0.500	0.526	0.500	0.139
庭外扣押和出售	止赎	24	0.417	0.235	0.857	0.100	0.429		−0.622*
无须判决即可强制执行	止赎	24	0.625	0.471	1.000	0.300	0.714		−0.529*
浮动抵押	止赎	24	0.542	0.353	1.000	0.200	0.571		−0.647*
特别法院	清算/重组	63	0.302	0.240	0.538	0.188	0.214	0.750	−0.298**

（续表）

	相关程序	观测结果	全部	民法法系	普通法系	法国法系	德国法系	斯堪的纳维亚法系	t测试：民法法系vs普通法系
破产上诉不中止程序	清算/重组	63	0.825	0.800	0.923	0.781	0.786	1.000	−1.23
破产上诉的法官同一	清算/重组	63	0.222	0.240	0.154	0.219	0.357	0.000	0.086
清算上诉不中止程序	清算/重组	63	0.556	0.520	0.692	0.500	0.571	0.500	−0.172
清算上诉的法官同一	清算/重组	63	0.206	0.260	0.000	0.313	0.214	0.000	0.260**
偿付金额争议上诉不中止程序	清算/重组	63	0.841	0.840	0.846	0.781	1.000	0.750	−0.006
偿付金额争议上诉的法官同一	清算/重组	63	0.683	0.700	0.615	0.844	0.500	0.250	0.085
必须尝试重组	清算/重组	60	0.183	0.224	0.000	0.281	0.154	0.000	0.224***
担保物执行自动中止	清算/重组	58	0.759	0.787	0.636	0.774	0.833	0.750	0.151
诉讼自动中止	清算/重组	60	0.617	0.604	0.667	0.613	0.615	0.500	−0.063
公司必须停止运营	清算/重组	61	0.230	0.245	0.167	0.344	0.077	0.000	0.078
可解除合同	清算/重组	60	0.217	0.250	0.083	0.258	0.308	0.000	0.167
禁止解雇	清算/重组	60	0.283	0.313	0.167	0.258	0.385	0.500	0.146
保留管理层	清算/重组	50	0.380	0.333	0.545	0.407	0.250	0.000	−0.212
债权人任命管理人	清算/重组	63	0.508	0.420	0.846	0.406	0.357	0.750	−0.426*
债权人解雇管理人	清算/重组	48	0.146	0.132	0.200	0.077	0.250	0.250	−0.068
按市场价值支付管理人薪酬	清算/重组	63	0.397	0.380	0.462	0.313	0.500	0.500	−0.082

（续表）

	相关程序	观测结果	全部	民法法系	普通法系	法国法系	德国法系	斯堪的纳维亚法系	t测试：民法法系vs普通法系
自动触发清算	清算	25	0.360	0.381	0.250	0.400	0.444	0.000	0.131
重组可行的证据	重组	36	0.611	0.571	0.750	0.500	1.000	0.500	−0.179
债权人直接投票表决	重组	37	0.676	0.643	0.778	0.636	0.500	1.000	−0.135

注：该表显示了每个法律起源债务执行程序特征的平均发生率。结果仅限于程序与各个特征相关的国家子样本。也列出了普通法系和民法法系之间债务执行特征平均发生率的等价t测试（t-test for equivalence）。

*** 在1%水平具有显著性；** 在5%水平具有显著性；*** 在10%水平具有显著性。**

表10-4　债务执行程序与主要变量的相关性

	相关程序	观测结果	人均GDP	民法法系	时间（年）	成本（%）	有效结果	效率
法定上诉时限	全部	84	−0.278* （0.010）	0.117 （0.291）	0.051 （0.648）	0.027 （0.810）	−0.186*** （0.091）	−0.188*** （0.086）
庭外扣押和出售	止赎	24	0.093 （0.664）	−0.573* （0.003）	−0.575* （0.003）	−0.451* （0.027）	0.759* （0.000）	0.671* （0.000）
无须判决即可强制执行	止赎	24	0.156 （0.466）	−0.497* （0.014）	−0.400** （0.053）	−0.011 （0.959）	0.497* （0.014）	0.394*** （0.057）
浮动抵押	止赎	24	0.028 （0.899）	−0.590* （0.002）	−0.605* （0.002）	−0.429** （0.036）	0.590* （0.002）	0.603* （0.002）
特别法院	清算/重组	63	0.490* （0.000）	−0.263** （0.037）	−0.309* （0.014）	−0.267** （0.034）	0.386* （0.002）	0.430*** （0.000）
破产上诉不中止程序	清算/重组	63	0.055 （0.667）	−0.131 （0.305）	−0.229*** （0.071）	−0.136 （0.289）	0.117 （0.363）	0.233*** （0.066）
破产上诉的法官同一	清算/重组	63	0.117 （0.360）	−0.084 （0.514）	−0.057 （0.659）	−0.043 （0.736）	0.035 （0.787）	0.022 （0.866）
清算上诉不中止程序	清算/重组	63	0.180 （0.159）	−0.140 （0.273）	−0.334* （0.007）	−0.113 （0.379）	0.203 （0.110）	0.329* （0.009）
清算上诉的法官同一	清算/重组	63	0.006 （0.962）	0.260** （0.040）	−0.076 （0.553）	−0.136 （0.287）	0.148 （0.248）	0.131 （0.307）
偿付金额争议上诉不中止程序	清算/重组	63	0.170 （0.183）	−0.007 （0.958）	−0.254** （0.045）	−0.160 （0.211）	0.086 （0.503）	0.266 （0.035）

（续表）

	相关程序	观测结果	人均GDP	民法法系	时间（年）	成本（%）	有效结果	效率
偿付金额争议上诉的法官同一	清算/重组	63	−0.062 (0.629)	0.074 (0.567)	0.138 (0.281)	−0.112 (0.381)	−0.074 (0.564)	−0.065 (0.615)
必须尝试重组	清算/重组	60	−0.347* (0.007)	−0.225*** (0.085)	−0.198 (0.130)	−0.111 (0.399)	−0.285** (0.027)	−0.236*** (0.070)
担保物执行自动中止	清算/重组	58	0.071 (0.599)	−0.138 (0.301)	−0.065 (0.628)	−0.148 (0.268)	0.045 (0.735)	0.049 (0.714)
诉讼自动中止	清算/重组	60	0.066 (0.619)	−0.051 (0.696)	−0.000 (0.998)	−0.242*** (0.063)	−0.126 (0.338)	0.078 (0.552)
公司必须停止运营	清算/重组	61	−0.180 (0.165)	0.074 (0.571)	0.264** (0.040)	0.138 (0.288)	−0.440* (0.000)	−0.349* (0.006)
可解除合同	清算/重组	60	−0.226*** (0.083)	0.162 (0.217)	0.311** (0.016)	0.208 (0.111)	−0.347* (0.007)	−0.367* (0.004)
禁止解雇	清算/重组	60	−0.069 (0.600)	0.130 (0.324)	0.153 (0.245)	−0.141 (0.282)	−0.211*** (0.105)	−0.121 (0.358)
保留管理层	清算/重组	50	−0.117 (0.417)	−0.181 (0.208)	−0.023 (0.877)	−0.006 (0.968)	0.002 (0.991)	0.032 (0.827)
债权人任命管理人	清算/重组	63	−0.015 (0.909)	−0.345* (0.006)	0.012 (0.928)	0.040 (0.759)	−0.045 (0.724)	−0.075 (0.557)
债权人解雇管理人	清算/重组	48	0.283** (0.051)	−0.079 (0.595)	−0.196 (0.181)	−0.127 (0.391)	0.350* (0.015)	0.322** (0.026)
按市场价值支付管理人薪酬	清算/重组	63	0.274** (0.030)	−0.067 (0.599)	−0.107 (0.405)	−0.007 (0.956)	0.072 (0.577)	0.154 (0.229)
自动触发清算	清算/重组	25	−0.142 (0.498)	0.100 (0.634)	−0.055 (0.793)	−0.120 (0.570)	−0.102 (0.627)	−0.142 (0.497)
债权人直接投票表决	重组	37	0.330** (0.046)	−0.124 (0.466)	−0.140 (0.410)	−0.406* (0.013)	0.572* (0.000)	0.455* (0.005)
重组可行的证据	重组	36	−0.163 (0.342)	−0.152 (0.375)	−0.062 (0.718)	0.100 (0.563)	0.169 (0.325)	0.100 (0.561)

注：该表显示了债务执行程序特征与人均收入、民法法系模型（如果一国破产法的法律起源是民法法系则民法法系模型等于1）、债务执行程序的时间、成本、结果和效率之间的关系。表10-1对这些变量进行了详述。相关性仅限于程序与各特征相关的国家子样本，括号内为p值。* 在1%水平具有显著性；** 在5%水平具有显著性；*** 在10%水平具有显著性。

第二节 世界银行评估标准的定义与假设

遵循以上方法论，世界银行《营商环境报告》中的一级指标“办理破产”，评估的是企业破产程序的债权回收率、时间、成本，以及适用于清算和重组程序的法律框架的力度。该指标的相关假设如下：

一、关于企业的假设

“办理破产”指标对企业的假设如下：

1. 企业为有限责任公司；

2. 企业在该经济体最大的商业城市运营，对于11个经济体也收集第二大商业城市的数据；

3. 企业为100%内资企业，创办者拥有企业51%的股份（其他股东持股均不超过总股份的5%）并担任董事会主席；

4. 企业在市中心区有不动产，企业在那里经营一家酒店，为其主要资产；

5. 企业聘有一名职业总经理，共有员工201人，供应商50家，每家供应商最后一次交货后，货款均拖欠未付；

6. 企业与一家国内银行签有10年期贷款协议，（在承认此类担保的经济体内）采用全面业务抵押制度担保（如财团抵押制度），或者以酒店财产担保。如果此经济体的法律未就财团抵押制度作出明确规定，但合同中常使用其他类似规定，则须在贷款协议中明确作出此类规定；

7. 企业到目前为止始终遵守贷款的还款约定以及所有其他与本次贷款有关的条件；

8. 如果酒店能够持续经营，其市值为人均收入的100倍或200 000美元，取两者中金额较大者。如果酒店分割出售资产，最多可回收现市值的70%。

二、关于案例的假设

“办理破产”指标对案例的假设如下：

1. 该企业遇到流动资金问题。2017年企业亏损，导致其资本净值为负。现在时间为2018年1月1日。企业无现金全额偿付于第二天（即1月2日）到期的银行贷款利息或本金。企业因此将无法偿还贷款。企业管理层认为2018年和2019年也都将出现亏损。企业预计2018年的现金流可以支付所有经营费用，包括供应商付款，工资，维修费用和税收，但不足以支付银行本金或利息款项；

2. 贷款协议中的未偿付金额与酒店营业的市场价值正好相等，而且占公司总债务的74%，其余26%的债务由无担保债权人（供应商、员工、税务机关等）持有；

3. 企业的债权人太多，无法协商一个非正式的庭外解决方案，但有以下几种解决方案可供选择：通过司法程序对公司进行重建或重组，使之能继续运营；通过司法程序对公司进行清算或停业；对公司启动债务执行程序（抵押物没收或破产）。

三、关于其他相关方的假设

“办理破产”指标对有关各方的假设如下：

1. 银行希望尽可能地以最快的速度和最低的成本，最大限度地收回贷款；

2. 无担保债权人希望采取法律所允许的任何措施来避免企业资产的分割出售；

3. 多数股股东想要继续控制企业并保持运营；

4. 管理层想要使企业保持运营以保住员工的工作。

以上各方均为本地法律主体，不涉及外国当事方。

必须说明的是，以上假设为程式性表述，具体到受访经济体，问卷可能会会变换主体的名称。例如，2019年针对上海的问卷，酒店化身为米拉其，而银行则为比兹银行，这并不影响答卷。

第三节 世界银行评估的指标

世界银行“办理破产”一级指标，由下述二级指标构成：

表10–5 “办理破产”二级指标

二级指标	定义	计量方式
回收率	回收率按债权人通过重组、清算或债务执行（抵押物没收或破产）等法律行动收回的债务占债务额的百分比来记录。	回收债务占债务额的百分比
时间	债权人收回贷款的时间，从公司违约之时开始，直至其拖欠银行的款项部分或全部偿付之时结束。	日历年数
成本	诉讼成本，包括法庭费用和政府税费、破产管理费、拍卖费、评估费和律师费以及其他一切费用和成本。	占债务人不动产价值的百分比
破产框架力度	分成启动程序指数、债务人资产管理指数、重整程序指数和债权人参与指数4个分指标。	判断题

具体说明如下：

一、时间

时间是指债权人收回贷款的时间，按日历年数记录。《营商环境报告》所测量的时间段从企业违约时开始，直至其拖欠银行的款项部分或全部偿付之时结束。各方可能采取的拖延战术，比如提出申诉或延期申请以拖延时间，均考虑在内。

二、成本

成本按债务人不动产价值的百分比记录。成本计算以调查答卷为依据，包括法庭费用和政府税费、破产管理费、拍卖费、评估费和律师费以及其他一切费用和成本。

三、回收率

回收率按债权人通过重组、清算或债权执行（抵押物没收或破产）等法律行动收回的债权占债权额的百分比来记录。计算时必须将结果考虑在内，即法律行动完成后企业是继续运营，还是会被分割出售，然后将法律行动的成本扣除。最后，资金在破产程序期间被冻结所产生的价值损失，也须考虑在内，其中包括因酒店家具折旧而产生的价值损失。与国际会计惯例一致，家具的年折旧率按20%计算。这里假设家具占资产总价值的1/4。回收率为剩余收入的现值，依据是国际货币基金组织《国际财务统计数据》公布的2017年末的贷款利率，以各国央行和《经济学人》信息部的数据为补充。

如果一个经济体在过去5年中没有任何案件涉及司法重组、司法清算或债务执行程序（抵押物没收或破产），则该经济体会在时间、成本和结果指标中得到“无实践”标记。这就意味着，债权人不可能通过正式法律程序收回其款项。“无实践”经济体的回收率为0。此外，“无实践”经济体的破产框架力度指数得0分，即使其法律框架包括了破产程序（清算或重组）的规定。

四、破产框架力度

破产框架力度指数由4个指数构成：启动程序指数、债务人资产管理指数、重整程序指数和债权人参与指数。该指数取值范围为0～16，数值越高，表示破产法律制度越利于恢复可存活的企业和清算不可存活的企业。

1. 启动程序指数

启动程序指数有3个组成部分，该指数取值范围为0～3，数值越高表示破产程序更容易获得。

(1) 债务人是否可以启动清算和重组程序？如果债务人可以启动两种类型的程序，得1分；如果他们只能启动其中一种类型（清算或重组），得0.5分；如果不能启动破产程序，得0分。

(2) 债权人是否可以启动清算和重组程序？如果债权人可以启动两种类型的程序，得1分；如果他们只能启动其中一种类型（清算或重组），得0.5分；如果不能启动破产程序，得0分。

(3) 启动破产程序使用什么标准？如果使用流动性标准（债务人在债务到期时一般无法偿还其债务），得1分；如果使用资产负债表标准（债务人的负债超过其资产），得0.5分；如果流动性标准和资产负债表标准都可使用，但只要求使用其中一个以启动破产程序，得1分；如果两个标准都是必需的，得0.5分；如果使用不同标准，得0分。

2. 债务人资产管理指数

债务人资产管理指数有6个组成部分，该指数取值范围为0～6，数值越高，表示从公司股东的角度对处理债务人的财产更有优势。

(1) 债务人（或其破产管理人代表）是否可以继续履行对于债务人生存所必需的合同？如果是，得1分；如果不可能持续履行合同或者法律对此没有规定，得0分。

(2) 债务人（或其破产管理人代表）是否可以拒绝过于烦琐的合同？如果是，得1分；如果不可能拒绝合同或者法律对该问题没有规定，得0分。

(3) 破产程序启动前达成的给予一个或多个债权人优惠的交易，诉讼开始后是否可以撤销？如果是，得1分；如果不能撤销这样的交易或者法律对该问题没有规定，得0分。

(4) 破产程序启动前达成的被低估的交易，诉讼开始后是否可以撤销？如果是，得1分；如果不能撤销这样的交易或者法律对该问题没有规定，得0分。

(5) 破产法律框架是否包括以下规定：允许债务人（或其破产管理人代表）在破产程序启动后，为履行其职责而获取融资？如果是，得1分；如果启动后不可能获得融资或者法律对该问题没有规定，得0分。

(6) 在财产分配期间，启动后融资的债权人是否优先于普通无担保债权人？如果是，得1分；如果启动后融资的超级优先权被授予所有债权人（有担保和无担保)，得0.5分；如果没有给予启动后融资的债权人优先权，或者法律对该问题没有规定，得0分。

3. 重整程序指数

重整程序指数有3个组成部分，该指数取值范围为0～3，数值越高，表示越符合国际惯例。

(1) 对于重组计划的表决权，是否只有权利被该计划改变或受其影响的债权人才可以行使？如果是，得1分；如果所有债权人都有表决权（不管其对自身利益是否有影响)，得0.5分；如果债权人不表决或者重组不可用，得0分。

(2) 有权表决计划的债权人是否分成若干类，每个类单独表决并且每一类的债权人都同等对待？如果表决程序有以上3个功能，得1分；如果投票过程不具备这3个功能或者重组不可用，得0分。

(3) 破产框架是否要求持反对意见的债权人在重组计划下获得和他们将在清算中同样的所得？如果是，得1分；如果没有这样的规定或者重组不可进行，得0分。

4. 债权人参与指数

债权人参与指数有4个组成部分，该指数取值范围为1～4，数值越大，表示债权人参与程度越高。

(1) 债权人是否可以任命破产管理人，或有权批准或拒绝破产管理人的任命？如果是，得1分；如果否，得0分。

(2) 破产程序中债务人出售大额资产，是否需要经过债权人批准？如果是，得1分；如果否，得0分。

(3) 个人债权人在破产程序中是否有权获得有关债务人财务的信息。如果是，得1分；如果否，得0分。

(4) 个人债权人是否可以反对法院或破产管理人的决议？如果是，得1分；如果否，得0分。

第四节　中国的改革及成效

一、中国排名上下波动

我国“办理破产”近六年的分项得分、总得分与排名，如下表所示：

表 10-6　中国“办理破产”分项指标近六年的得分

二级指标	定义	计量方式	中国(2015)	中国(2016)	中国(2017)	中国(2018)	中国(2019)	中国(2020)
回收率	债权人通过重组、清算或债务执行（抵押物没收或破产接管）等法律行动收回的债权占债权额的百分比。	百分比	36.0	36.2	36.9	36.9	36.9	36.9
时间	债权人收回贷款的时间。	年数	1.7	1.7	1.7	1.7	1.7	1.7
成本	包括法庭费用和政府税费、破产管理费、拍卖费、评估费和律师费，以及其他一切费用和成本。	占资产价值百分比	22.0	22.0	22.0	22.0	22.0	22.0
结果	取决于法律程序完成后酒店业务是否会继续运营下去或者企业的资产是否会被分割出售。	0为分割出售，1为持续经营	0	0	0	0	0	0

（续表）

二级指标	定义	计量方式	中国（2015）	中国（2016）	中国（2017）	中国（2018）	中国（2019）	中国（2020）
破产框架力度指数	基于以下4个指数：启动程序指数，债务人资产管理指数，重整程序指数和债权人参与指数。	0～16	11.5	11.5	11.5	11.5	11.5	13.5
“办理破产”排名			**53**	**55**	**53**	**56**	**61**	**51**

下图为我国近六年的排名情况：

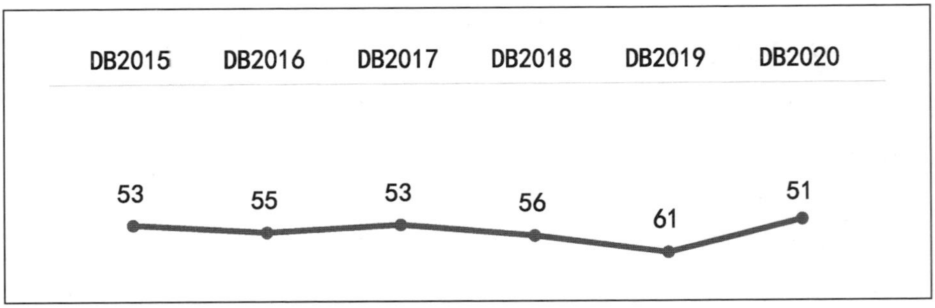

图10-1 中国“办理破产”指标2015—2020年的全球排名

由上表可知，近年来，除了“回收率”这项指标略有提升之外，我国的其他指标均保持不变。即便是“回收率”这项指标，我国近三年的得分也停滞不前。DB2019与DB2018均显示，我国得分55.82分，而且，北京与上海并无差异。但由于其他经济体进步了，我国不进则退，排名反而退步了5名。

二、DB2019与DB2020中国指标城市评估结果

(一) DB2020上海与北京评估结果

根据DB2020，上海与北京“办理破产”指标的评估结果如下表所示。

表 10-7　DB2020“办理破产”分项指标评估结果

项目	中国	北京	上海	备注
得分	62.1	62.1	62.1	
时间（年数）	1.7	1.7	1.7	
成本（占资产价值百分比）	22	22	22	
回收率（百分比）	36.9	36.9	36.9	
破产框架力度指数（0～16）	13.5	13.5	13.5	

（二）上海DB2019评估结果

表 10-8　上海DB2019分项指标与前沿经济体的比较

指标	上海	东亚及太平洋地区	经合组织高收入经济体	最佳监管表现
回收率（收回的债权占债权总额的比率）	36.9	35.5	70.5	2017/2018年无数据
时间（年）	1.7	2.6	1.7	0.4（爱尔兰）
成本（占财产的百分比）	22.0	20.6	9.3	1.0（挪威）
结果（0为分割出售，1为持续经营）	0	……	……	……
破产框架力度指数（0～16）	11.5	6.8	11.9	2017/2018年无数据

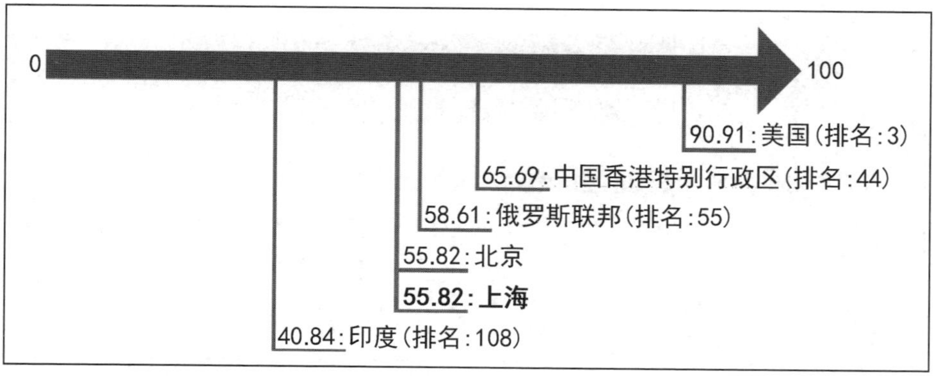

图 10-2　上海和可比经济体“办理破产”：排名与得分

注：经济体的便利度排名按办理破产指标的分数确定。分数是回收率和破产框架力度指数分数的简单平均值。

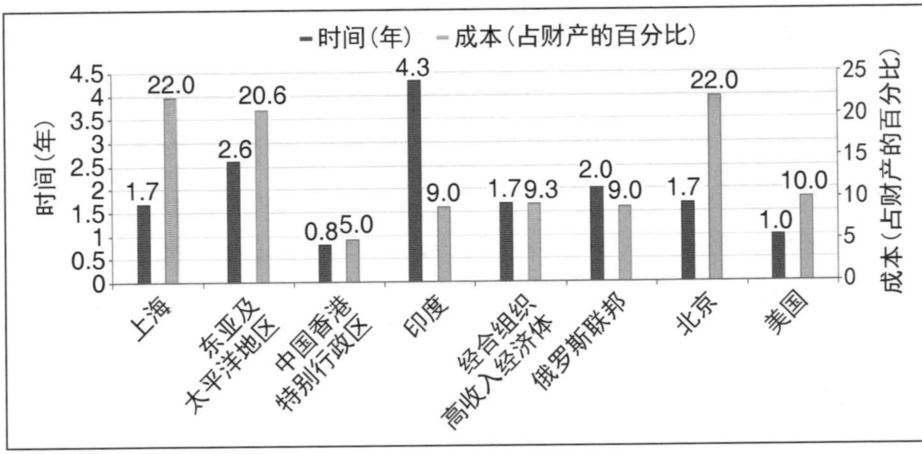

图10-3　上海“办理破产”：时间和成本

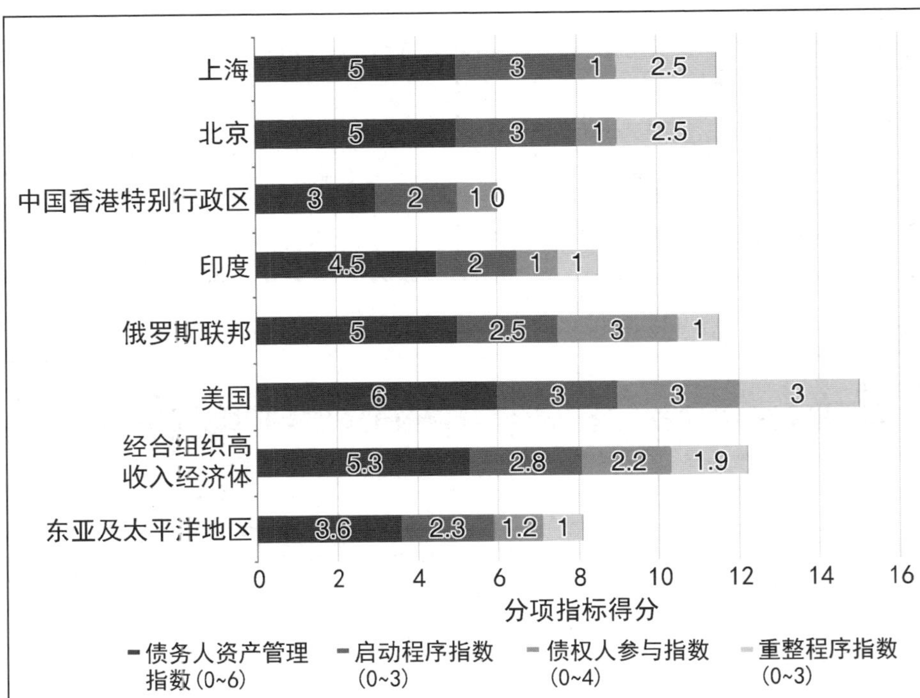

图10-4　上海和可比经济体“办理破产”：水平评估

注：即使该经济体的法律框架包括与破产程序（清算或重整）相关的条款，如果其时间、成本和结果指标标记为“无实践”，则其破产框架力度指数得分为0。

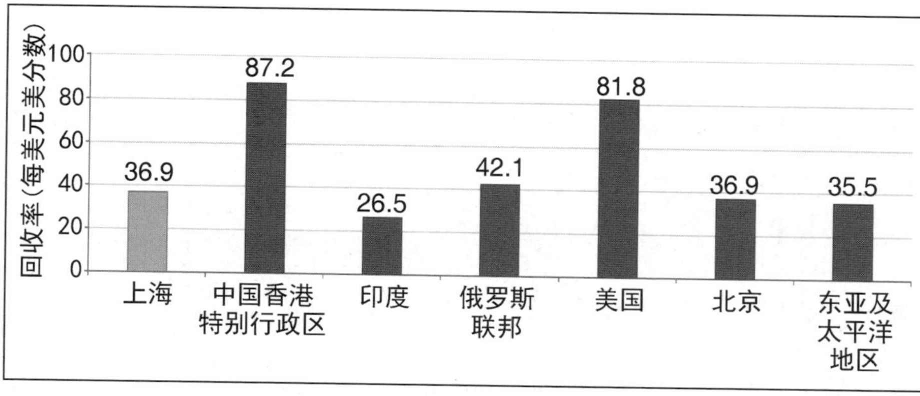

图 10-5　上海和可比经济体“办理破产”：回收率

表 10-9　上海“办理破产”（详细信息）

指标	答案	得分
程序	清算（重整尝试失败后）	未按期偿还贷款后，米拉其根据《企业破产法》第 70 条启动重整。如果米拉其的业务经营和财务状况继续恶化，且没有复苏的希望，经比兹银行要求，法院应当裁定重整程序终止，并宣布债务人破产，转为清算程序。在清算程序中，法院将任命一名破产管理人。破产管理人负责召集债权人会议，最终确定债权人债权清单，并起草分配计划。一旦分配计划获得法院批准，米拉其的资产将以零星出售的方式进行公开拍卖，所得收益将用于支付比兹银行。
结果	分割出售	不会。酒店将停止运营。由于启动了清算程序，米拉其的资产将由法院指定的破产管理人以零星出售的方式进行公开拍卖。
时间（年）	1.7	重整程序转换为清算程序大约需要1.67年。根据《中华人民共和国企业破产法》，重整计划必须在重整程序启动后 180 天（个人诉讼的最长时效期间）内，取得债权人的批准。实际操作中，编制债权人债权清单、起草计划并投票通过需要8个月。这点与我们的案例研究假设相悖。之后，该案将被转换为清算程序，而进行正式转换、组织实施销售还需要1年时间（直到销售所得最终分配给债权人）。
成本（占财产的百分比）	22.0	该案涉及的成本约为债务人资产价值（3 500 688元人民币）的22%。总成本分为：法院费用（0.5%），律师费用（5%～10%），通知与发布费用（1%），破产代表费用（5%～10%），会计师、估价师、审计师及其他专业人员的费用（7%），拍卖师的费用（1%～5%），服务提供商的费用及/或政府征税（5%）。
回收率（每美元美分数）		36.9

表10-10 上海“办理破产”：水平评估（详细信息）

	答案	得分
破产框架力度指数（0～16）		**11.5**
启动程序指数（0～3）		**3.0**
开启破产程序时，债务人可以使用哪些程序？	(A) 债务人可以同时申请清算和重整。	1.0
破产框架是否允许债权人提出债务人破产申请？	(a) 是的。债权人可以同时申请清算和重整。	1.0
破产程序框架下，允许启动破产程序的依据是什么？	(a) 债务人无法偿还到期债务。	1.0
债务人资产管理指数（0～6）		**5.0**
破产框架是否允许向债务人提供主要货物和服务的合同继续生效？	是。	1.0
破产框架是否允许债务人拒绝过于烦琐的合同？	是。	1.0
破产框架是否允许避免优惠交易？	是。	1.0
破产框架是否允许避免低价交易？	是。	1.0
破产框架是否规定了债务人在破产程序启动后获得信贷的可能性？	是。	1.0
破产框架授予债权人获得启动后信贷的优先权？	(c) 启动后，抵押债权人不享有优先权。	0.0
重整程序指数（0～3）		**2.5**
哪些债权人对拟议的重整计划进行投票？	(a) 所有债权人。	0.5
破产框架是否规定重整中持不同意见的债权人至少得到他们在清算中获得的数额？	是。	1.0
为了对重整计划进行投票，债权人是否被分为不同类别，每个类别是否分别投票，同一类别的债权人是否同等对待？	是。	1.0
债权人参与指数（0～4）		**1.0**
破产框架是否规定债权人对甄选或任命破产代表作出批准？	否。	0.0
破产框架是否要求债权人对出售债务人的大部分资产作出批准？	否。	0.0
破产框架是否规定债权人有权要求破产代表提供信息？	否。	0.0
破产框架是否规定债权人有权反对接受或拒绝债权人债权的决定？	是。	1.0

注：即使该经济体的法律框架包括与破产程序（清算或重整）相关的条款，如果其时间、成本和结果指标标记为“无实践”，则其破产框架力度指数得分为0。

(三) 北京DB2019评估结果

表10-11 北京DB2019分项指标与前沿经济体的比较

指标	北京	东亚及太平洋地区	经合组织高收入经济体	最佳监管表现
回收率(每美元美分数)	36.9	35.5	70.5	2017/2018年无数据
时间(年数)	1.7	2.6	1.7	0.4(爱尔兰)
成本(占财产的百分比)	22.0	20.6	9.3	1.0(挪威)
结果(0为分割出售,1为持续经营)	0	……	……	……
破产框架力度指数(0~16)	11.5	6.8	11.9	2017/2018年无数据

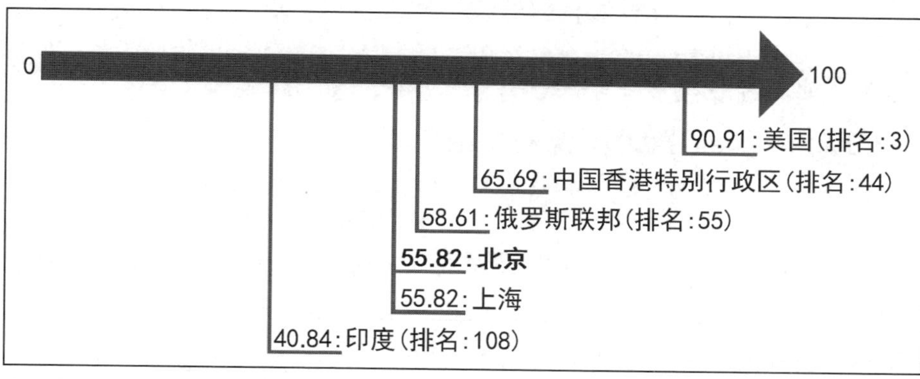

图10-6 北京和可比经济体"办理破产":排名与得分

注:经济体的便利度排名按办理破产指标的分数确定。分数是回收率和破产框架力度指数分数的简单平均值。

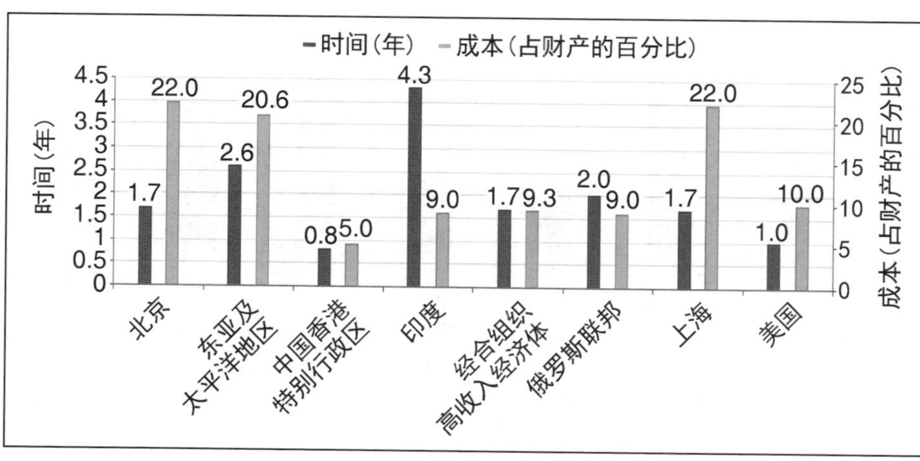

图10-7 北京"办理破产":时间和成本

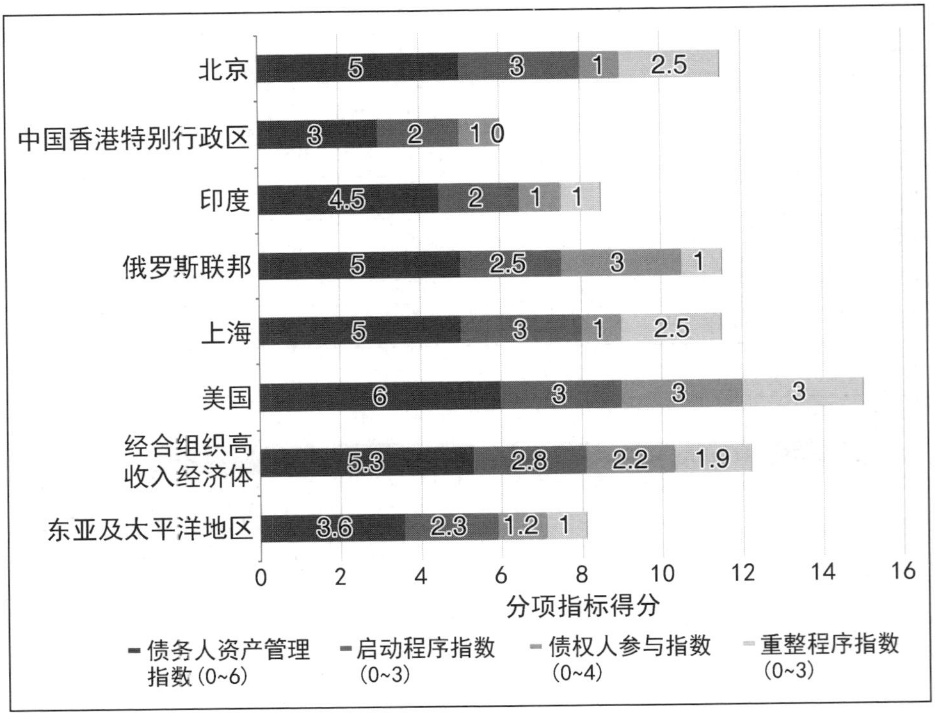

图 10-8　北京和可比经济体"办理破产"：水平评估

注：即使该经济体的法律框架包括与破产程序（清算或重整）相关的条款，如果其时间、成本和结果指标标记为"无实践"，则其破产框架力度指数得分为 0。

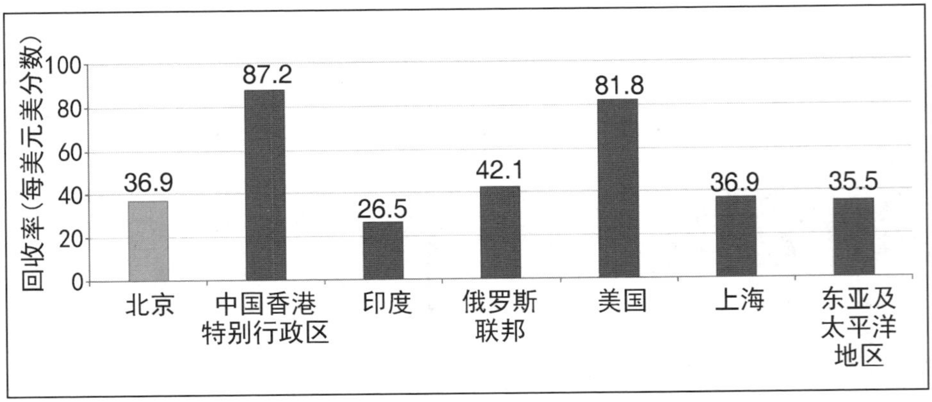

图 10-9　北京和可比经济体"办理破产"：回收率

表 10-12　北京“办理破产”（详细信息）

指标	答案	得分
程序	清算（重整尝试失败后）	未按期偿还贷款后，米拉其根据《企业破产法》第 70 条启动重整。但是，根据第75条，在重整期间，对债务人的特定财产享有的担保权暂停行使。因此，重整计划将不会被比兹银行批准，因为其重整期间其担保权将受到最大影响。比兹银行不批准将导致法院终止重整程序。法院将宣布 米拉其破产，将重整程序改为清算程序。在清算程序中，法院将任命1名破产管理人。破产管理人负责召集债权人会议，最终确定债权人债权清单，并起草分配计划。一旦分配计划获得法院批准，米拉其的资产将以分割出售的方式进行公开拍卖，所得收益将用于支付比兹银行。
结果	零星出售	不会。酒店将停止运营。由于启动了清算程序，米拉其的资产将由法院指定的破产管理人以零星出售的方式进行公开拍卖。
时间（年数）	1.7	重整程序转换为清算程序大约需要 20 个月。法院应在收到申请之日起 15 日内决定是否接受申请。法院如接受申请，应在5天内向申请人送达裁决，并在裁定之日起 25 日内通知已知债权人接受破产呈请，并发表公告。（《企业破产法》第10—14条）。重整计划必须在重整程序启动后 180 天（个人诉讼的最长时效期间）内，取得债权人的批准。（《企业破产法》第79条）实际操作中，编制债权人债权清单、起草计划并投票通过需要8个月。这点与我们的案例研究假设相悖。之后，该案将被转换为清算程序，而进行正式转换、组织实施销售还需要1年时间（直到销售所得最终分配给债权人）。
成本（占财产的百分比）	22.0	该案涉及的成本约为 米拉其资产价值的 22%。总成本分为：法院费用（0.5%），律师费用（5%～10%），通知与发布费用（1%），破产代表费用（5%～10%），会计师、估价师、审计师及其他专业人员的费用（7%），拍卖师的费用（1%～5%），服务提供商的费用及/或政府征税（5%）。
回收率（每美元美分数）		36.9

表 10-13　北京“办理破产”：水平评估（详细信息）

	答案	得分
破产框架力度指数（0～16）		**11.5**
启动程序指数（0～3）		**3.0**

（续表）

	答案	得分
开启破产程序时，债务人可以使用哪些程序？	（A）债务人可以同时申请清算和重整。	1.0
破产框架是否允许债权人提出债务人破产申请？	（a）是的。债权人可以同时申请清算和重整。	1.0
破产程序框架下，允许启动破产程序的依据是什么？	（a）债务人无法偿还到期债务。	1.0
债务人资产管理指数（0～6）		**5.0**
破产框架是否允许向债务人提供主要货物和服务的合同继续生效？	是。	1.0
破产框架是否允许债务人拒绝过于烦琐的合同？	是。	1.0
破产框架是否允许避免优惠交易？	是。	1.0
破产框架是否允许避免低价交易？	是。	1.0
破产框架是否规定了债务人在破产程序启动后获得信贷的可能性？	是。	1.0
破产框架授予债权人获得启动后信贷的优先权？	（c）启动后，债权人不享有优先权。	0.0
重整程序指数（0～3）		**2.5**
哪些债权人对拟议的重整计划进行投票？	（a）所有债权人。	0.5
破产框架是否规定重整中持不同意见的债权人至少得到他们在清算中获得的数额？	是。	1.0
为了对重整计划进行投票，债权人是否被分为不同类别，每个类别是否分别投票，同一类别的债权人是否同等对待？	是。	1.0
债权人参与指数（0～4）		**1.0**
破产框架是否规定债权人对甄选或任命破产代表作出批准？	否。	0.0
破产框架是否要求债权人对出售债务人的大部分资产作出批准？	否。	0.0
破产框架是否规定债权人有权要求破产代表提供信息？	否。	0.0
破产框架是否规定债权人有权反对接受或拒绝债权人债权的决定？	是。	1.0

注：即使该经济体的法律框架包括与破产程序（清算或重整）相关的条款，如果其时间、成本和结果指标标记为“无实践”，则其破产框架力度指数得分为 0。

三、上海"办理破产"DB2018的得分情况

作为指标城市的上海，"办理破产"指标DB2018的整体情况如下表所示：

表10-14　上海"办理破产"DB2018总体得分

项目	受访者回答	解释
行动	清算	在发生付款违约之后，企业可根据破产法第70条启动重组。如果企业的经营与财务状况持续恶化，并没有好转的可能，则根据企业的主要债权人的请求，法院可判决重组终止，企业破产并进入清算程序。在清算过程中，法院会指定负责人来召开债权人会议，列出债权人申明的债务，并拟出分配方案。经法院核准后，破产企业的资产会被分割拍卖，而后将所得分配给债权人。
结果	分割出售	
时间	1.7年	破产前的重组一般会持续1.67年。根据《中华人民共和国企业破产法》规定，自重组开始最迟180天内，债权人必须对重组方案进行表决。实践中，准备债权人名单，起草重组方案会花费8个月时间。方案被否决后会转入清算程序，则进行拍卖直到回收债务全部分配给债权人需要1年时间。
成本	22%	办理破产的成本占债务人的债务总额的22%。包括庭审费(0.5%)、律师费(5%～10%)、公证费(1%)、破产管理人费(5%～10%)、会计师估价师等专业人士收费(7%)、拍卖费(1%～5%)和政府行政费(5%)。
回收率	36.9%	

上海"办理破产"指标DB2018的二级和三级指标的具体得分如下表所示：

表10-15　上海"办理破产"DB2018具体得分

编号	题目(指标)	分值	实际得分	受访者回答
1	**破产框架力度指标**	**16**	**11.5**	
1.1	**启动程序指数**	**3**	**3**	
1.1.1	债务人是否可以启动清算和重组程序？	1	1	
1.1.2	债权人是否可以启动清算和重组程序？	1	1	

（续表）

编号	题目（指标）	分值	实际得分	受访者回答
1.1.3	启动破产程序使用什么标准？	1	1	
1.2	**债务人资产管理指数**	**6**	**5**	
1.2.1	债务人（或其破产管理人代表）是否可以继续履行对债务人生存必需的合同？	1	1	
1.2.2	债务人（或其破产管理人代表）是否可以拒绝过于烦琐的合同？	1	1	
1.2.3	破产程序启动前进入的给予一个或多个债权人优惠的交易，诉讼开始后是否可以撤销？	1	1	
1.2.4	破产程序启动前进入的被低估的交易，诉讼开始后是否可以撤销？	1	1	
1.2.5	破产框架是否包括允许债务人（或其破产管理人代表）在破产程序启动后，为履行其职能而获取融资的条款？	1	1	
1.2.6	在资产分配期间，破产程序启动后的债权人是否优先于普通无担保债权人？	1	0	无优先权存在。
1.3	**重整程序指数**	**3**	**2.5**	
1.3.1	重组计划是否只有权利被计划改变或受其影响的债权人可以表决？	1	0.5	所有债权人都可以。
1.3.2	有权表决计划的债权人是否分成若干类，每个类单独表决并且每一类的债权人都同等对待？	1	1	
1.3.3	破产框架是否规定持反对意见的债权人在重组计划下获得和他们在清算中获得的数额？	1	1	
1.4	**债权人参与指数**	**4**	**1**	
1.4.1	债权人是否可以任命破产管理人，或有权批准或拒绝破产管理人的任命？	1	0	不可以。
1.4.2	破产程序过程中债务人的大量资产的出售，是否需要债权人批准？	1	0	不需要。
1.4.3	个人债权人在破产程序进行中是否有权获得有关债务人财务的信息？	1	0	无权。
1.4.4	个人债权人是否可以反对法院或破产管理人的决议，从而批准或拒绝债权人本身或其他债权人对债务人提出的要求？	1	1	

四、下一步的改革方向

近日，笔者与上海市高级人民法院沟通优化营商环境事宜。一个有趣的细节是，法院某领导介绍，上海设立破产法庭后，由于没有现成的办公场所，想从某公司租借房间若干，挂牌“破产法庭”。公司表示，场地可以出租，但千万不要挂牌，因为这对公司来说“非常不吉利”！不难想象，公司初闻要挂牌“破产法庭”时惶恐不安的神情。笔者不禁想起，在某次会议上，一位领导认为，如果上海的破产案件受理率提高了，会不会反而被误解为上海的企业要纷纷破产了，上海的营商环境不好啊！看来，对于破产这一优化资源配置的良好机制，各个层面都存在误解。

在这种情况下，起名就显得相当重要。在日本，公司破产名为“会社更生”，破产法名为“再生法”或“更生法”，因为它调整的不仅是破产事宜，还包括重整等。中国人也愿意相信来生，将来不妨也把“企业破产法”改为“企业再生法”，以收“近悦远来”之效。

玩笑归玩笑，我国办理破产的绩效不彰，是众所周知的事实。

根据上述分析，要提升我国的“办理破产”全球排名，应当聚焦重点，分类施策。

（一）针对回收率低下的问题，我国要积极推动破产案件的受理，特别是在上海和北京，更要加大受理率，提升债权回收率。在这方面，法院付出了艰苦卓绝的努力。最高人民法院的统计数据表明，2018年，全国法院新收强制清算与破产类案件18 823件，同比增长97.3%；审结11 669件，同比增长86.5%，其中就包含北京和上海的案件。例如，北京昌平法院审理的北京华都肉鸡公司破产重整案，以破产企业股权整体出让的方式，通过互联网公开竞价招募投资人引进9.6亿元投资，职工债权获100%清偿，普通债权清偿率从模拟破产清偿率11%大幅提高到83%。在这方面，在政府或者企业协会层面设立有关推动破产受理的基金，或许是一种有益的尝试。

（二）出台司法解释，优化破产案件审理，提升“破产框架力度指数”的分值。在这方面，最高法院不遗余力。继2018年3月出台《全国法院破产审判工作会议纪要》后，2019年3月28日发布的《企业破产法》司法解释（三），通过明确破产受理后借款的清偿顺序、单个债权人的知情权、债权人会议表决机制、管理人处分债务人重大财产的权限和程序等问题，进一步保障债权人等利害关系人在破产程序中的合法权利，促进债务人财产保值增值。以此为基础，一方面，需要在实践中落实落地，增强感知度；另一方面，则是强化说理，力争世界银行认可。

（三）推进破产审判专业化建设，推动破产费用保障、管理人行业自律等破产审判配套机制的优化。2019年初，深圳、北京、上海三地先后设立破产法庭，破产审判专业化上了新高度，具有标志性意义。2019年2月28日，最高法院下发《关于强制清算与破产案件单独绩效考核的通知》，为破产审判专业化提供审判管理保障。与此同时，北京和上海作为世界银行评估指标城市，必须着力推进破产管理人协会的建立，同时持续推进破产审判的信息化应用。实现破产信息平台与执行查控系统的对接，便利破产案件中对债务人财产的查询，降低企业破产成本，提高债权人清偿率。

（四）基于最新破产法司法解释，努力说理，提升得分。“办理破产”指标的“破产框架力度指数”，满分为16分，我国得了11.5分，其中4个得分项，有望根据《企业破产法》司法解释（三）的规定，提升得分。我国应当强化以下方面的说理：

1. 关于破产程序中发生债权的优先性问题。根据《企业破产法》司法解释（三）第2条，破产程序中发生的债权优先于普通无担保债权，故我国可以争取二级指标“破产框架力度指数”之下的三级指标“债务人资产管理指数”第6项获得加分，该项的表述是“在资产分配期间，破产程序启动后的债权人是否优先于普通无担保债权人”，如果是，则得分。

根据《企业破产法》司法解释（三）第2条，破产案件受理后，为继续经营债务人企业而新发生的借款，应当作为《企业破产法》第42.4条规定的共益债务，由债务人财产随时清偿。在这方面，我国已经有了相关案例，深圳市亿商通进出口有限公司与东莞市清溪金卧牛实业有限公司破产债权确认纠纷二审民事判决书（[2014]粤高法民二破终字第2号）即为适例。此次《企业破产法》司法解释（三）第2条明确了裁判规则，确立了此种请求权，应当力争世界银行认可，获得加分。最后果然获得了世界银行认可，在DB2020中体现了这一点。

2. 关于债权人分类表决的问题。根据《企业破产法》司法解释（三）第11条，权益因重整计划草案受到调整或者影响的债权人或者股东，有权参加表决；权益未受到调整或者影响的债权人或者股东……不参加重整计划草案的表决，故我国可以争取二级指标“破产框架力度指数”之下的三级指标“重整程序指数”第1项获得加分，该项的表述是“重组计划是否只有权利被计划改变或受其影响的债权人才可以表决”，如果是，则得分。

3. 关于破产企业处分重大财产须经债权人表决的问题。根据《企业破产破产法》司法解释（三）第15条，管理人处分破产法第69条规定的债务人重大财产的，应当事先制作财产管理或者变价方案并提交债权人会议进行表决，债权人会议表决未通过的，管理人不得处分。也就是说，在破产程序中，管理人处置价值超过债务人全部资产价值30%以上的资产的，经债权人会议通过后方可实施。故我国可以争取二级指标“破产框架力度指数”之下的三级指标“债权人参与指数”第2项获得加分，该项的表述是“破产程序过程中债务人的大量资产的出售，是否需要债权人批准”，如果是，则得分。

4. 关于债权人查阅权的问题。根据《企业破产法》司法解释（三）第10条，单个债权人有权查阅债务人财产状况报告、债权人会议决议、债权人委员会决议、管理人监督报告等参与破产程序所必需的债务人财务和经营信息资料。故我国可以争取二级指标“破产框架力度指数”之下的三级指标“债权人参与指数”第3项获得加分，该项的表述是“个人债权人在破产程序进行中是否有权获得有关债务人财务的信息”，如果是，则得分。此点获得了世界银行认可。

最后，也是最为重要的是，2019年4月16日，法院系统的人士与世界银行评估团队进行了预磋商，对方称，他们只看法律是否有清晰明确的规定，不考虑其他因素，包括司法解释在内。这实在是世界银行专家对其自身评估体系“规定”（regulation）一词以及中国法律体系的双向误解，世界银行具有约束力的“规定”并不限于法律，而是一个具有约束力的规则体系，在美国，包括具有拘束力的判例，也包括纽交所和纳斯达克的上市规则。在中国，当然既包括全国人大及其常委会颁布的法律，也包括行政法规、部门规章，北京和上海的地方性法规、政府规章，国家和地方发布的规范性文件，以及最高法院的司法解释、证券交易所依照法律授权制定的规则等，而且，我国在2018年就援引了《公司法》司法解释，提升了“保护少数投资者”的得分与排名。这一点，务必给世界银行专家讲深讲透。所幸的是，2019年6月，通过在世界银行华盛顿总部的艰辛磋商，世界银行专家终于认可了最高法院司法解释的法律效力，这一例子告诉我们，我们在提交相关材料时，要以全面理解世界银行评估体系与评估指标为基础，按照“测评问题、中国答案、作为支撑的法律法规或规范性文件、具体条文、实践做法与典型案例”等五个要素，逐一准备材料，不能运用传统的公文形式，而要尽可能突出政策中的“干货”，以使世界银行专家一目了然。并且，提供中文材料的同时，宜另准备英文译本供世界银行专家参阅。

（五）推动税收法律制度的修改。根据世界银行报告，我国“办理破产”的成本过高，部分原因在于，国家对破产财产处置中的交易税费按正常交易征税。这不仅直接加大了“办理破产”的成本，而且使通过破产（重整）程序挽救有运营价值的危困企业的成本过高，直接影响破产程序的效率——在“办理破产”指标中，如果有挽救价值的危困企业不能成功拯救，“回收率”直接打7折（最多70%）。因此，缺乏税费优惠政策，是当前“办理破产”指标中“回收率”较低的重要原因。从国际上看，许多国家都对破产程序中的交易环节免征税费，甚至出台其他支持破产重整的特殊政策——虽然这可能部分降低了国家税收，但社会收益巨大。据此，可以请税务部门加强调研，尽快出台破产财产处置环节税费减免的政策，促进“僵尸企业清理”，打造企业退出市场环节的良好营商环境，具体内容如下：

1. 减免相关税收。建议国家税务、财政等部门修改《增值税暂行条例》《契税条例》等涉及交易税费法规中关于税费减免的条款，或者出台专门政策，对破产程序（包括清算、重整）中处置破产财产的交易活动实行税费减免，大幅降低破产企业退出市场及拯救危困企业的制度性成本，促进“僵尸企业”退出市场。如此修法的法理基础在于，陷入破产境地的企业处置资产的行为，不是为了营利，而是为了清偿债务，可以免除其契税。

2. 确立担保债权优先原则。我国法律确立了国家税收优先于担保债权的原则，这体现在《税收征管法》第45.1条的规定，即“税务机关征收税款，税收优先于无担保债权，法律另有规定的除外；纳税人欠缴的税款发生在纳税人以其财产设定抵押、质押或者纳税人的财产被留置之前的，税收应当先于抵押权、质权、留置权执行”。这一规定在一定程度上与世界银行关于充分保护担保债权人的理念不相符，也与《企业破产法》第113条有关国家税收劣后于职工工资、基本保险等法定债权的定位存在一定的冲突，更与《企业破产法》第109条“对破产人的特定财产享有担保权的权利人，对该特定财产享有优先受偿的权利”直接冲突，导致实践中法律适用存在诸多争议。

从保护担保债权人利益的角度出发，建议明确适用两个条款的优先顺序，或者参照国际通行规则，删除《税收征管法》第45.1条第2句规定，即删除“纳税人欠缴的税款发生在纳税人以其财产设定抵押、质押或者纳税人的财产被留置之前的，税收应当先于抵押权、质权、留置权执行”。当然，另有观点认为，税收事关公共利益，确立税款优先原则，并无不当。

（六）推动破产法修订，优化破产审理机制。建议修改《企业破产法》，完善有利于破产企业成功重整的制度设置，建立促进利害关系人及时启动破产程序的激励约束机制，完善破产行业行政监管机制，设立破产事务管理部门。

1. 建议在《企业破产法》中增加如下内容：(1) 对债权人通过重整计划的投票机制进行优化，原则上仅受重整影响的债权人有投票权，提高破产企业的重整成功率。通过《企业破产法》司法解释（三），此条已经在一定程度上解决了。(2) 建立促进利害关系人及时启动破产程序的激励约束机制，防止程序启动不及时导致本有挽救希望的破产企业最后无法挽救、加大债权人利益受损的现象发生。(3) 在县级以上人民政府中设立专门的破产事务管理局，建立健全对于破产管理人执业行为的行政监管和问责机制。(4) 在县级以上行政区域内成立破产管理人协会。(5) 在县级以上政府设立“无产可破”案件费用保障专项资金。

2. 提升破产审理机制规范度，探索破产处置“快车道”。制定《上海法院破产审判工作规范指引》，确保全市法院破产案件审判程序和实体处理规范统一，进一步提升破产审判整体水平。制定《关于简化程序加快推进破产案件审理的办案指引》，积极推进破产案件繁简分流，打通简易破产案件的“快车道”。探索建立对破产财产处置的网络拍卖通道，有效降低企业破产成本，促进债权人利益实现最大化。

3. 深化破产重整机制建设，发挥破产制度市场救治功能。完善破产企业识别机制，及时甄别具有拯救价值和可能性的困境企业，依法导入重整、和解等程序，促进有价值的困境企业拯救再生。坚持市场化导向推进破产重整工作，精心筛选和打造成功重整典型案例，让有营运价值的困境企业及时获得破产重整救济，充分释放破产重整程序在市场配置资源中的程序价值。

4. 完善破产管理人制度，推动信息化管理和考核。依法完善破产案件管理人指定机制，建设破产管理人信息化管理平台，加强考评考核，督促管理人依法勤勉履职。继续推动建立破产管理人协会。

DB2020显示，我国以下改革措施获得了世界银行的认可：其一，最高院出台司法解释，规定破产程序中的融资债权优先于普通无担保债权；其二，最高院出台司法解释，规定个体债权人有权获得债务人相关财务信息。这样，通过司法解释，我国此项指标提升了2分。[1]

---

1 关于《北京市、上海市优化营商环境典型做法》，参见www.gov.cn/xinwen/2019-09/19/content_5431347.htm。

代后记

春种一粒粟，秋收万颗子

因了近二十年的教师生涯，平日里，总能收到一些表达感激的函件，哪怕是只言片语，也足以温暖心扉。而以下两次，则最为特殊。

2019年7月2日（星期二）21：32，世界银行负责规则评估的专家、世界银行发展经济学家K先生发来邮件："亲爱的培新教授，我确认收到了您的论文，它将对我们的分析很有帮助。这篇文章，我会在我们的评估团队中传阅。"我非常兴奋。熬了一个通宵，就我国最高人民法院司法解释的法律效力，写了一篇数千字的小文章，又连夜翻译成英文，看来功不唐捐。2019年9月3日，世界银行发来了备忘录，全面认可了司法解释的法律效力。

2018年12月25日（星期二），圣诞节。收到一封来自世界银行营商环境评估全球总负责人R女士的感谢信，感谢本人在世界银行营商环境评估工作中所做的贡献。尽管我知道，这样的感谢函，世界银行团队一定是发给了许许多多和我一样的受访者，我仍然由衷地感到欣慰。

世界银行对中国营商环境评估的得分，由上海和北京两个指标城市构成。其中，上海占比55%。由于工作关系，笔者两度亲历了营商环境评估的全过程，以学者身份作为受访专家填写了问卷，组织完成了涉法问卷翻译、世界银行评估方法论翻译和上海改革措施校译，向世界银行专家推荐了受访律师和政府采购专家，多次与世界银行专家磋商，纠正误答误判题目，并作为中国代表团成员之一，于2018年6月赴世界银行华盛顿总部，与世界银行专家进行了最终磋商。通过与同事们勠力同心、艰苦奋斗，帮助国家大幅提升了全球排名。在新的一轮评估来临之际，2019年6月，笔者再度作为中国代表团成员之一，赴世界银行华盛顿总部，全程参与了10项指标的磋商。

事非经过不知难。作为参与这项工作的众人中的普通一员，笔者的一个切身体会是：尊重世界银行方法论，细致研读指标，客观审视不足，积极推进改革，是这项工作取得成效的关键。而在此过程中，争取政府内外各方的理解支持，与世界银行专家耐心细致地沟通，同样非常重要。

感谢自己记录生活的习惯。这篇后记，以日历为轴，逐一记载那段难忘的时光，以及在光影里流动的人和事。希望能够以这种朴素的叙事方式，表达对于他们的由衷谢意。

风起于青萍之末，浪成于微澜之间。

意识到世界银行营商环境与法律的密切关系，还是缘于一场看似平常的会议。

2018年1月16日（星期二）10：30，上海市政府1117会议室，市领导牵头研究提升营商环境指标有关工作。世界银行评估某指标牵头部门提出，我国失分的原因，主要是我国的法律制度与世界银行认可的制度差异较大。目前全世界仅有20多个经济体符合世界银行评估标准，如果我国不改法律，势难提升得分。也就是说，提升这些涉法指标分值的所有希望，都寄托于人大修改法律了。彼时，笔者对世界银行评估知之甚少，未能发现有哪里不妥，也就这样相信了。

根据那次会议的安排，我们迅速介入相关指标的研判之中。感谢诸多好友帮助，我们很快发现了问题。

2018年1月25日（星期四）14：00，市政府213会议室，我们牵头召开营商环境评估专家研讨会，研究“获得信贷”指标的涉法问题。金可可教授、朱晓喆教授、韩强教授、张鹏峰律师和苏萌律师就其中的“合法权利力度指数”，进行了法律研判，指出了若干误答误判之处，也就是说，如果沟通得更好一些，我们本来可以争取更多得分。

2018年2月12日（星期一）14：00，市政府205会议室，再次召开营商环境评估专家研讨会，研究“保护少数投资者”指标的涉法问题。徐明总经理、韩长印教授、葛伟军教授、丁勇副教授、梁爽副教授、李诗鸿博士、陈克法官、吴晶法官、李志强律师和刘克尔律师等，就该指标的四十余个问题，逐一研判。我们发现，由于受访者大量错答误答，我国大量冤枉失分。更令人匪夷所思的是，我们拿到的问卷中译本存在大量错译和漏译，例如，将“regulation”译为“法律”，遗漏了其他大量的足以支撑得分的法律渊源；再如，将“limited company”译为“有限公司”，事实上，在中国语境下，应当译为“有限责任公司及非上市股份有限公司”……一种深深的不安与惶恐，开始笼罩着我们：如果中国的受访者在填写英文问卷时，拿到的是这样的参考译文，其结果将是多么可怕！我国应当组织专业力量，将世界银行调查问卷进行精准翻译，特别是把有关英美法的表述，翻译成中国人习惯接受的语言。既保留法言法语，又明白晓畅，实在是太重要了！否则，面对一堆晦涩难懂的专业术语，受访者理解尚且困难，何谈正确作答？

机会来了。研讨会结束之后的第二天，本人受命与市发改委Z副主任一起，陪同某市领导赴京汇报上海迎接营商环境评估事宜。

2018年2月13日（星期二）11：00左右，飞机抵达首都机场。在赶往上海驻京办的车上，经商Z副主任，我们向市领导汇报，称当前流行的世界银行问卷存在大量错译，极大地影响了受访者正确作答，建议下午向国务院领导汇报时，提请关注。市领导要求准备若干例子，本人随即打开电脑，在颠簸的车里录入文字，准备了目前流行的译本中十个错译的例子。12：30，抵达上海驻京办，本人请工作人员帮忙，排好版式，打印若干份。15：00，国务院第四会议室召开会议，研究部署提升我国《全球营商环境报告》排名的相关工作。上海市领导除了汇报上海迎接评估的举措之外，还提到了翻译错谬引发误答的问题，国务院领导责成两个指标城市重视这一问题，并要求国家相关部门配合。本人也把材料交给了原国务院法制办协调司的一位副司长，供她参考。

2018年2月23日（星期五），鉴于社会对于营商环境评估认知不足的判断，本人在上观新闻发表《世界银行全球营商环境评估，上海权重占55%，魔鬼在法律的细节里》一文。文章指出，世界银行评估体系普遍适用于全球190个经济体，为保证评估标准协调一致，世界银行不可能为任何一个经济体单独设计一套评价指标。因而，在与世界银行交流时，不宜强调本国的独特性，切忌称“你们不了解中国情况，中国很大……”殊不知，过分强调特殊性，只会被误读为“权力的傲慢”或者对世界银行评估的排斥，反而导致失分，而且“中国很大”无法成为理由，因为世界银行只评估上海和北京两个城市。

2018年2月26日（星期一），结合前期研究情况，上海市原法制办向市领导提交工作专报《关于进一步提升本市营商环境评估水平的建议》，提出了三点建议：其一，在全面理解我国制度规范体系的基础上，加强与世界银行沟通。在我国，世界银行具有约束力的“规定”（regulation），并不限于法律，而是一个具有约束力的规则体系：既包括全国人大及其常委会颁布的法律，还包括行政法规、部门规章，北京和上海的地方性法规、政府规章，国家和地方发布的规范性文件，以及最高法院的司法解释、证券交易所依照法律授权制定的规则等。其二，在提交相关材料时，要以全面理解世界银行评估体系与评估指标为基础，按照“测评问题、中国答案、作为支撑的法律法规或规范性文件、具体条文、实践做法与典型案例”等五个要素，逐一准备材料，不能运用传统的公文形式，而要尽可能突出政策中的“干货”，以使世界银行专家一目了然。提供中文材料的同时，宜一并准备英文译本供世界银行专家参阅。其三，准确翻译评估指标，提高培训的针对性。建议尽快组建由具有深厚法律功底与较高外语能力（特别是法律外语）的专家组成的工作团队，对世界银行评估指标与问卷进行全面准确的翻译与梳理。在此基础上，培训辅导相关人员，以帮助潜在的受访者准确理解世界银行问卷，以及全面了解国家和本市的相关规定。时任常务副市长随后作出重要批示，要求市里相关部门与我们对接，采纳相关意见和建议，积极开展工作。

同一日，本人在上观新闻发表了《世界银行营商环境评估，占55%权重的上海如何提高中国得分率？》一文。该文对“获得信贷”指标，按照“法律已有规定，通过与世界银行专家沟通可以得分的”、“法律没有规定，可以通过后期修法得分的”以及“世界银行评估标准不符合我国国情，没有必要勉强得分的”这三种情况进行了分析，以帮助受访专家做出正确的应答。

为了寻求理想的翻译与校译，本人把目光投向了母校。2018年2月28日，本人与华东政法大学外语学院院长屈文生教授取得了联系。他非常热心，表示愿意帮助政府完成这项工作。

2018年3月1日（星期四）14：00，华东政法大学松江校区集英楼C103

室。本人与法制办常江、李倩，会同发改委外资处张庆宁，拜访了外语学院。屈文生院长、余素青书记和杨焯、董翔、詹继续等老师非常热情，愿意为国家战略贡献心力，翻译密集涉法的“获得信贷”、“缴纳税费”、“保护少数投资者”、“执行合同”与“办理破产”等五项指标。专业的人，做专业的事。他们的翻译质量，比流行在外的各种版本，无疑好多了。

2018年3月26日（星期一）15∶00，市政府举行新闻发布会，就优化营商环境的专项计划予以发布。本人解读了营商环境的法治保障体系，特别提及，在满足合法性要求的前提下，市级层面出台的大量规范性文件也是法治保障体系的一部分。

2018年3月27日（星期二）21∶00，参加了《优化营商环境的国际经验及对中国的启示》高级别研讨会，聆听了世界银行首席执行官克里斯塔利娜·格奥尔基耶娃等世界银行官员和来自俄罗斯、印度、马来西亚、中国香港等经济体的十多位专家的演讲，学到了很多。克里斯塔利娜在演讲中提到，正如全球不同国家和种族的人，可以在一个奥运赛场上同台竞技，比试篮球、足球等技艺一样，我们也能够用同样的标准来评估各经济体的营商环境。另外，世界银行营商环境评估中国区负责人、高级经济学家M博士在演讲中提到，建议中国考虑“允许在微信上开办企业”，并说，他们的经验告诉他们，如果问官员营商环境如何，每个人都说自己是第一，但如果问中小企业，感受度则差了很多。现场发出了一片会心的笑声。

2018年3月28日（星期三）13∶00，与M博士进行了面对面的沟通交流。本人把“保护少数投资者”与“获得信贷”两项指标被误答误判的情形，逐一解释，并提交了核验表，同时把译著（180余万字的《现代公司法律原理》）送给了M博士，希望这本书能够证明自己的专业能力。我说，中国的受访商业律师，业务能力都很强，但他们通常太忙，缺乏耐心仔细审读题目，或许也没有时间去体系性地理解规则。M博士初步相信，中国诸多涉法指标问题被受访者误读误判，导致大量冤枉失分。我们商定，我会提供一份中英双语的“世界银行问题、中国答案、支撑的规则、相应法条、典型案例”的备忘录，供世界银行专家核对答案时参考。

2018年4月3日（星期二），感谢市新闻办，长达12 000余字的《如何正确理解世界银行营商环境评估指标》一文，澎湃新闻予以全文刊载。感谢上观新闻、东方网（上海政务）、上海律协、智合、律新社等新媒体的转载，我把被误答错答的所有法律问题，都梳理在这篇文章中了。我们希望通过这种方式，提升法律和政策的知晓度，帮助中国获得应有的全球排名。

2018年4月15日（星期日），应上海市发改委的请求，我们对上海优化营商环境的改革举措进行校译，本人动员了一批师生投入其中。当天工作结束后，带着一身的疲惫，我发了一则朋友圈：在这个世界上，总有些事，总有些人，令我们莫名感动。今天，那些已经辛劳一周的老师、供职于知名律所的学生、在长宁读研的同学一干人等，收到邀请后纷纷赶到松江校区，义无反顾地投身于这项情怀满溢的事业之中。统一标题，斟酌术语，分头翻译，交叉互校……20余位师生自带电脑，埋首其中，迎来了晨曦，送走了夕阳，高强度的整整一天之后，世界银行营商环境十大板块核验表数百项指标的校译、补译和重译，终告结束，万里长征的最后一公里，终于画上一个圆满的句号。感谢你们，可爱的华政师生！（参与这项工作的师生有屈文生、余素青、杨焯、伍巧芳、董翔、李明倩、宋丽珏、詹继续、廖宁、万立、胡青青、徐粤慧、董元杰、常恩宁、张园园、张竞博、李晋、杨雅婷、侯卉程、应元中、王倩、张天颖、梁午霄。）

我清楚地记得，当天凌晨5：00左右醒来，想到一天任务繁重，再无睡意，于是开始思考任务分解。7：00左右，我在微信工作群里发了一条消息：各位老师同学，早上好！关于营商环境的校核安排如下：第一，繁简排序。十项核验表，已经拿到八项。依繁简难度排序，依次为“保护少数投资者、获得电力、缴纳税费、开办企业、跨境贸易、获得信贷、执行合同、办理破产”，尚有“办理建筑许可”和“登记财产”两项指标，政府部门没有提交。截至中午，他们应当能够提交。第二，分工安排。罗培新总负责。“保护少数投资者”由屈文生负责，其他板块的校译，由詹继续负责，老师们在其协调下分头负责一个或者两个板块，学生配合。第三，“保护少数投资者”。鉴于该板块要重新翻译，而且本人已经让学生从万律中国法律法规双语数据库中查找相关法律，建议流程如下：其一，根据已经找好的法条，将中文替换成英文（王倩、侯卉程、李晋、张竞博）；其二，与此同时，将找不到的法条告知闵舒晴、张天颖，两位同学将其译为英文；其三，合并以上两步内容，整合成统一的核验表；其四，交叉校对（承担原来替换部分的同学，校对别人承担的部分，闵舒晴和张天颖同学对各自译文交叉校对）。第四，其他板块。詹继续负责，建议流程如下：其一，根据繁简程度，参照上次分工情况，安排老师负责的相应板块；其二，统一各板块的标题及关键字段的翻译，例如，“模拟分数”一词，有的译为“expected result”，有的译为“simulation”，宜统一译为“expected result”；再如，制度规则中的“通知”，有的译为“notice”，有的译为“circular”，都统一为“circular”；其三，各位老师按照分工，完成相应板块的校译；其四，各板块之间交叉校译。撸起袖子加油干！

上午，师生们如期抵达。我们一边校译，一边等另外两个板块的核验表。12∶00左右，常江在群里发来了最新的核验表汇总，仍缺少“办理建筑许可”的英文翻译，目前住建委还在翻译，其他板块都齐了。发改委Z副主任在微信群里致谢:“感谢法律大咖们的倾力相助！”

总体来看，这次校译成效极其明显，其中的一大成果是，将林林总总的术语汉译予以统一，例如：通知（Circular），办法（Procedures），细则（Rules），实施细则（Rules of Implementation for），意见（Opinions），决定（Resolution），条例（Regulations），规章（Ordinance），规定（Provision），政策出台时间（Time of issuance），施行（is effective since），实施（implement），颁布（Promulgate），通过（adopt），官方费用、政府费用、政府收费等统一译为“Fees collected by the Government”，DB2018情况（data in DB2018），模拟分数（Expected Result），改革举措（Reforming Measures），依据文件（Laws and Regulations），指标内容（Indicators）……

当天晚上，在工作群里，大家感慨万千，现摘录只言片语如下：A. 感谢各位老师和同学，优化营商环境是功在当代、利在千秋的国家战略，也是改造与我们生活息息相关的各行各业，你们的辛勤付出必将被历史铭记，感谢你们！B. 谢谢法制办和发改委给我们这样的机会！太充实的一天。特别是刚刚结束战斗的“登记财产”小队！ C. 谢谢提供的宝贵学习机会，非常充实，期待以后在更多社会公益活动中和大家再会。D. 实在不容易啊！各位老师和同学们既有情怀，又身怀绝技，仅用一天时间就完成了这个看似不可能的任务！向大家致敬！ E. 一个精英团队，这个群不要解散，以后继续合作！ F. 钦佩，感动，鼓舞。因周末在北大开会未能加入此次校译工作，甚以为憾！祝福培新和同事此行顺利，代表所有关心支持此项事业的人们建立起大的功业……

2018年4月25日（星期三）12∶24，收到世界银行问卷。前面是一段温情的谢辞：为了感谢您为我们项目提供的帮助，我们也将在报告和世界银行的网站上特别鸣谢您的参与（如果您希望保持匿名，我们也可以隐藏您的名字），并免费寄送一份报告。两份全英文问卷，近百个问题，当天下午开始填写，晚上21：10，疲惫不堪，带着篮球，骑着摩拜到绿地球场，但非常累，实在是打不动了，拖着疲惫的身体回到家里，硬着头皮继续填。世界银行的问卷是结构性的，很容易激发填写人的惰性。例如，世界银行问，“能否提起起诉？”如果回答“是”，则还要填“适用的法律”。然后再问，“能否主张民事赔偿？”如果回答“是”，则照例还要填“适用的法律”。然后再问，“当事人是否会遭到罚款或监禁？”如果回答“是”，则照例还要填“适用的法律”……如果第一个问题填“否”，则后面都不用再填了，而且提交问卷的时候选择“不愿公开”，就可以无须公开答卷……由此不难想见，要求受访者耐心认真对待问卷，的确并不容易。因而，填写问卷，既是一个体现技术能力的过程，也是一个涵养家国情怀的过程。

2018年4月30日（星期一）23：23，终于完成了两份问卷，身心俱疲，发了一则朋友圈，纪念这个特殊的时刻：曾经读书、教书三十余载，历经试卷无数。这次的两份试卷，算是用尽了平生所学，倾尽了所有心力，耗尽了所有人脉……其间种种繁复曲折，不可尽数。终于赶在4月底大限来临之前，发给了世界银行。劳动节，算是名副其实了！尽力了，便问心无愧。要感谢的人太多，日后一定好好写篇杂文，逐一感谢大家！（这篇后记，算是兑现了当时的那份承诺。）

2018年5月2日（星期三），针对“获得信贷”指标的20个问题，我逐一梳理，完成了《世界银行营商环境评估，如何挽回我国的每一个冤枉失分点》一文，发表于上观新闻。的确，在沟通之前，全面吃透世界银行指标体系和评估方法，系统精准解读世界银行问题，进而根据我国法律法规做出针对性回应，对于增强沟通的有效性，无疑至为关键。

2018年5月3日（星期四），应证监会的邀请，与常江一起，乘坐东航班机，赶赴北京，应邀与世界银行专家召开预沟通会。9：04，登上飞机，给好友郭雳发微信：郭雳，你好！今天赴京与世界银行沟通营商环境事宜，顺便想回北大感受120周年校庆的氛围，担心进不来，你能否安排学生届时将我领进校园。我们一行两人，大概12时到，你可以把我的手机号给学生，谢谢你了。我们大概在学校待30分钟就好，下午有会议。谢谢。郭雳非常帮忙，安排了孙骥韬博士带领我们进了校园。她非常热心，请我们在农园吃饭，花了17元，还带着我们转，拍了很多难忘的照片。

下午在证监会，与投保局的领导和工作人员一起，商议次日与世界银行预磋商工作。证监会的工作水平与敬业精神均值得嘉许。当晚发了一则朋友圈“初心犹在，身未远离”：十八年前，进入这个园子，彼时，北大百年校庆余音缭绕。经年之后，穿着博士袍，抱着初生的儿子，光影驻停于百年讲堂。草木荣枯，岁月悠悠，倏忽间，北大已届两个甲子，小儿已成风华少年，而自己，则背负着沉重的家国责任。北大百廿，重返校园，在这一刻，我终于明白，十八年来，自己的内心，从未走出北大。这片园子赋予我的，不仅是法律与外语能力，更重要的是，她在我的内心，播下了一颗家国情怀的种子，她告诉我，坚持做“对”的事情，不论未来多苦多难，都要勉力去完成。数月来，经过艰辛的文本梳理、法律体系架构、规范分析、撰文宣传、耐心细致的沟通，世界银行终于给我这位现职公务人员以“营商人士”待遇，将我作为受访专家，给我发放了“保护少数投资者”和“获得信贷”两份问卷。全英文的试卷，上百个问题，种种繁复艰辛，4月30日深夜发给对方，今天收到回复，世界银行专家除表示感谢外，还请我推荐专业的商业律师做一个访谈，并约我于5月21日下午与世界银行专家单独会面。本人今日赴京，与证监会、最高法院、工商局、北京市高院等同仁通力合作，明天开始与世界银行沟通，接下来有两场重要的会面……责任重大，战战兢兢，如履薄冰，在这个关键的时刻，想起北大教授胡适先生的名言——“功不唐捐”！是的，一切努力都不会白费，至少，她会在你的内心，盛开出希望的花朵！

2018年5月5日（星期六），为了证明在关联交易案件中，股东可以起诉并且获得胜诉，我在学生群里广泛动员，李诗鸿、华花、于雪、陈思等同学热心投入其中。最终，华花同学帮忙找到了最为接近的案件：湖北省高级人民法院，卢伟、宜昌山水投资有限公司公司决议效力确认纠纷再审民事判决书（[2017]鄂民再57号）。被告股东持有A公司80%左右的股权，持有B公司95%左右的股权，A公司股东会决议对B公司的项目补偿5 000万，后A公司的小股东提起诉讼要求决议无效，胜诉了。我发给了证监会和最高法院的同仁，说再次体会到了做老师的好处，关键时刻，学生给力！我决定给找到这个案例的学生华花戴一朵大红花！

同一天，在工作微信群里，我们就“法律是否规定了特定时间内必须完成分红”展开讨论，本人的论说逻辑如下：第一，有关上市公司的规定非常明确，必须在分红决定作出后两个月内完成。第二，非上市股份有限公司与有限责任公司的分红，没有明确的法律规定，但依以下逻辑，应当可以推演出在一年内必须完成分红：《公司法》司法解释（四）第14条规定，股东提交载明具体分配方案的股东会或者股东大会的有效决议，请求公司分配利润，公司拒绝分配利润且其关于无法执行决议的抗辩理由不成立的，人民法院应当判决公司按照决议载明的具体分配方案向股东分配利润。换言之，依题设，非上市的股份有限公司或有限责任公司既然已经作出了分红的决定，股东即依此产生了请求权，而且，依惯例，既是年度分配，通常会在分配方案中规定在宣布之日起一年（通常是数月）之内完成分红。第三，我国《民法总则》第10条规定，法律没有规定的，可以依惯例。故而，一年之内完成分配此题，我国应当得分。对此，陈克法官表示赞同，但建议理由二与理由三合并，而且，到底是运用《民法总则》第142条还是第10条，也就是说，到底是运用意思表示的解释规则，还是法律渊源规则，这是两个不同的进路，陈克表示还没想清楚。

2018年5月11日（星期五），再次赴京。这是一周之内，两度奉命赴京，全力提升我国全球营商环境排名。有几项体会：其一，一切真诚的努力，智慧与辛劳的付出，总会浇灌出美丽的花朵。前期无数次研判、翻译、案例遴选、场景假设、模拟演练，终于在今天与世界银行的正式磋商，结出了美丽的硕果。其二，学术外交，永不言败。所有的人，对学术总是保持一份虔敬，世界银行专家也是如此。前期寄了十余本译著给世界银行专家，多次邮件微信往来，建立起了初步信任。但世界银行核验专家与数据采集专家往往并不一致。昨天在赴京高铁上，拿到磋商专家名单，已近21：00，临时动念，请北京大学出版社的王晶老师帮忙，找几本我译的著作，明天一早托人送过来。王晶帮我完成了这项几乎不可能完成的任务，她迅速搜罗了还放在展示柜上的我的著作，托在北大读书的何昕校友的同学蹇新华，及时送给了我。我将译著送给世界银行评估全球总负责人R女士等人时，她们很高兴地称我为“法学教授”，为交流奠定了愉快的基础。其三，人无完人，团队可以完美。对于这项指标，证监会、最高法院、北京和上海高院、北京和上海的证监局、北京和上海的工商局、上海的法制部门做了大量的工作。我们精诚团结，合作非常愉快。今天，证监会投保局的郑晓毅处长针对20个可以争取的得分点(也是去年的冤枉失分点),逐项做了清晰释明,辅之以条文和案例,非常有说服力。针对世界银行专家的提问,我补充说,谢谢世界银行专家的耐心,我是一位法学教授,在大学教了十多年商法课程。我深深地知道,就任何一个经济体而言,法律规则体系总是繁复而精细的,要在这么短的时间内,接收这么多信息,包括法律法规、最高院司法解释、典型案例、交易所上市规则等,非常辛苦。同时,也正因为是法学教授,感谢你们的信任,我成了世界银行问卷的受访者。即使我比较专业,完成"保护少数投资者"和"获得信贷"两项指标问卷的填写,也耗费了大量的时间。可以想见,中国的律师非常忙碌,他们缺乏足够的耐心,来完成这些需要系统检索法律后才能完成的工作,世界银行问卷的很多题目,被错答和误答了。而且,十多年来的教学经历告诉我,中国的公司与商事法律制度,学习借鉴了大量英美法律制度,我们的投资者保护水平,不至于如此之低(满分100分,我们只得到48.33分,排名全球第119名,而哈萨克斯坦得分85分),否则无法解释中国资本市场的迅猛发展,也无法解释中国何以成为全球第二大经济体。我们今天的交流完全以规则为基础,案例只是作为支撑。这些规则,都具有普遍的约束力,并且可以公开获得。后面的问答环节,也进行得非常好。他们将于21日—25日到上海,我们还将举行会谈,他们还会个别访谈律师。感谢这个时代,使我有机会以学识与技术能力,报效祖国!

2018年5月14日(星期一),应世界银行专家请求,我们推荐了上海商事领域业务能力与外语水平均堪称优秀的二十余位律师,接受世界银行的问卷与当面访谈。感谢他们,这是一份没有任何报酬的情怀驱动的工作。

2018年5月18日(星期五),世界银行专家请求我们推荐政府采购专家,我们推荐了上海市财政局、上海市政府采购中心、上海国际招标有限公司的三位专家,接受世界银行关于政府采购的访谈。

2018年5月20日(星期日),众多律师发来信息,称已经收到访谈邀请或者问卷,会认真负责地填写。我回复说,请按照自己对法律法规的理解来作答,我们梳理的法律体系仅供参考,世界银行会尊重每一位专家的独立判断。我们要诚信不欺,实事求是。

2018年5月22日(星期二),世界银行专家抵沪,磋商开始,下午有两场。第一场是"登记财产",由本人主持。世界银行专家对中国建立统一的财产登记机构、有没有浮动抵押制度很感兴趣。下午，在浦东新区人民法院（简称“浦东法院”）举行了“执行合同”与“办理破产”两个板块的现场会。今天的谈判与磋商非常顺利。结束后，世界银行专家由衷感叹，中国的变化是真实的，中国政府改善营商环境的努力是真诚的，尽管很多努力要在若干年以后，才会显现出实效，但方向都是正确的，包括浦东法院建设电子法庭的努力、随机分案的技术实现、在线提交诉讼材料等便利诉讼当事人的制度设计，令他们印象深刻。私下交流时，世界银行专家非常感兴趣，问电子法庭在几年内可以向全市推广，中国是否能够建立统一的担保财产登记系统（平台），能否实现以通知为基础的财产登记制度……看得出来，他们为推动了全球190个经济体营商环境的改善而深感自豪。18∶30，某市领导会见世界银行专家，我们陪同。世界银行专家说，这次到上海来核验数据，得到政府部门与营商人士的认真对待，非常高兴地看到，中国的很多指标都发生了显著的进步。市领导感谢他们的努力，说，世界银行的评估，在客观上督促我们深化改革，推动发展，特别是简政放权，放管结合，优化服务，有的时候，老百姓甚至觉得“幸福来得太突然”！席间闲聊，看得出来，世界银行专家对自己的努力推动着经济体的变革，深感自豪。我们在聊到世界银行的方法论时，问及为什么问卷要涉及性别（gender）的问题，专家K先生很认真地说，在一些国家，女性要出门工作，必须获得丈夫的许可。故而，性别平等也是世界银行很在意的一项指标。市领导说，在上海，女性地位最高了，丈夫要把所有的钱交给太太，包括私房钱；要吃完所有的饭菜，包括剩饭剩菜；要干完所有的家务，包括丈母娘的家务。这番话引发了一阵哄笑，现场气氛非常轻松。另一位世界银行专家是中国人，名叫张木桥，来自哈尔滨，她说，自己经常被称为先生，同桌的一位领导说，原来以为是“木乔”，没有想到是“木桥”。人生经常会发生错误的会意，对世界银行规则的理解，经常也是如此！

2018年6月19日（星期二），启程赴世界银行华盛顿总部磋商，发了一则朋友圈。一代人有一代人的使命。值此中美贸易争端紧张时刻，练好内功，提升世界银行对我国的全球营商环境排名，愈显重要。在关键的问题上，我们只能依靠自己。此刻已经登机，先飞纽约，14 000公里，14小时，再经数小时车程，抵世界银行华盛顿总部。未来的两天，将有六场谈判，每场两小时，分别是办理建筑许可、获得电力、跨境贸易、开办企业、登记财产、保护少数投资者，然后是会见世界银行首席执行官。根据国家安排，我有幸参加所有的议程。期待央地合力，京沪合作，结出美丽硕果！万水千山，祝福国运隆昌，百姓安康！

辗转多地，整整24小时，终于到达华盛顿。虽然旅途困顿，仍有若干心得须及时记下。2018年6月19日（星期二）9∶45，浦东机场一号航站楼。发改委殷少杰把我们送到安检口，挥手与我们告别，回人民大道200号继续工作。此前，他与郭剑飞一起，努力协调各方，做好磋商材料准备、签证等各项事务，种种细致与烦琐，不可尽数。在新时代，我国面临的国内外形势愈发错综复杂，政府承担的责任愈发繁重。而这种责任的承担，是由一个个具体的人、一件件具体的事情构成的。在政府工作数年，见证了很多同事的勤勉。他们默默付出，极少言语，不在其中，很难体会到他们工作的艰辛。

代表团过安检，例行被要求解下皮带，检查完毕后重新系上。营商环境十大指标中，有一项是“跨境贸易”，考察的是通关的流程、环节、时间与费用。我们开玩笑说，皮带一解一系，两个环节，如果都省了，中国的跨境贸易又能减少两个环节，营商环境排名就又能提升了。玩笑归玩笑，到了纽约之后，我们才知道，有一名成员居然忘了系皮带，我们急急地问他，是不是在安检时忘了取回，答曰，出门时忘了，呵呵，他的通关，倒是真省了两个环节！我们担心，正式磋商时，他一身正装，没有皮带，如何hold得住啊？

非常幸运，飞机在12∶00左右起飞。午后，上海暴雨倾盆，如果晚一些，恐怕都无法正常起飞了。

在飞机上，我把带来的几份答辩材料过了一遍，读了几篇关于世界银行营商环境方法论的文章，感慨应当有更多的专业人士，把世界银行的方法论搞懂弄通。世界银行的十大指标中，几乎每一项都能找到对应的一篇经典论文，读了这些论文，就能大致明白世界银行的方法论了。累了，看了一部电影，然后是迷迷糊糊地睡了数小时，终于把14小时熬过去了。上海与纽约时差12小时，与纽约正好黑白颠倒。上海时间凌晨2∶00左右，飞机降落在纽约肯尼迪机场。阳光明媚，团队成员心情大好，当时浑然不知，接下来居然还有近10小时的车程。

地接姓刘，司机姓郭，我坐在前座第二排，笑着说，咱仨合称“刘罗锅”了，众笑。车行一段，极为拥堵，驶上离开纽约的大桥，就花了2小时，纽约与华盛顿之间400多公里，4小时左右即可到达的梦想，瞬间破灭。这个时候，我们特别想念国内的高铁。上海没有直飞华盛顿的航班，只能在纽约转。如果当时先乘高铁至北京，从北京直飞华盛顿，或许是更好的选择。但世间从来没有后悔药，既来之，且安之罢！

当地时间20：00左右，经过费城，找了一家川菜馆，简单用毕晚餐，继续赶路。那位忘了带皮带的队员，本想在费城买一条，无奈商店都关门了，只好把这一问题，留到华盛顿去解决了。或者轮到他磋商时，没有任务的队友，先把皮带借给他，总之，办法总比困难多。

车辆在黑夜的静谧中前行，成员困了，车厢里一片静默。23：10左右，刘导突然说道，这就是五角大楼了。透过车窗，电视里常见的那座楼，兀然就在眼前，仍旧灯火通明。又行进了半个多小时，终于，在当地时间23：45，我们赶到假日酒店（Holiday Inn），一番折腾，算是安顿了下来。

没有事情是容易的，哪怕是赶路。明天或许会更加艰难，我们会尽力做好。明天6：00起来，离现在还有四个小时，休息罢！

2018年6月19日（星期二），向来不善于调整时差，这次也不例外。几乎一夜无眠，靠浓茶提神，坚持了下来。但辛苦的何尝只是自己，所有人，包括在场的翻译，虽然受困于时差而困顿不已，但内心却无比坚强，出色地完成了各自的任务。对于那段真诚的努力，感受颇深。

其一，家国情怀。营商环境评估，关涉我国全球排名，兹事体大。参与磋商的央地、京沪多方人员，均极为勤勉。当地时间6月20日7：00左右，国家相关部委、北京和上海方面的代表，早早赶到世界银行总部，举行了一次预备会。财政部一位王副司长主持，要求每个指标分别演示和讲解十分钟，北京与上海分别汇报各自改革情况，中央部门介绍国家改革部署和政策措施，汇报次序是北京、上海、中央部门。北京与上海各自完成翻译，对方提问的时候，上海翻译。分工明确之后，双方还就前几次与世界银行专家沟通涉及的焦点问题，进一步交换了意见。短短的半小时预备会，充溢着浓浓的家国情怀。接下来进行的“办理建筑许可”“获得电力”“跨境贸易”三个指标的磋商，北京、上海和中央部门的发言，条分缕析，富有针对性，这离不开前期细致的工作。

其二，重视方法论。世界银行的每一套指标都有价值观和方法论的支撑。其评估目标，可以笼统归纳为“精简环节、优化流程、缩短时间、减少费用”，而这一切，都需要制度规则作为保障。举例而言，通过改革，上海的施工许可环节，从改革前的279天减少了232天，现在为47天。费用从原来的205 768元，降低为改革后的550元（不动产登记费用），占案例仓库价值的百分比从7.6%，降低为0.02%。这就极大地降低了企业的开工成本，但在这一过程中，涉及诸多制度规则的调整。在磋商过程中，双方存在争议的一个焦点是，世界银行认为，根据他们的方法论，程序不仅限于官方程序，即使公共部门不要求，但在实践中普遍采取的流程也要计入。因而，土壤检测与地质勘探，如果项目公司和建设单位仍然在做，世界银行仍然会把它们计入环节。在仔细听取了双方观点之后，我突然明白了，为什么一些西方国家没有这一环节，因为这些国家的很多开工项目，是在原址上进行的，当然不需要土壤检测与地质勘探了，因而他们的受访者普遍回答不存在这一环节，但中国和一些发展中国家，仍然在大兴土木，在新地上开工，自然要检测土壤与勘探地质，否则无法保证地基安全。语境不同，结论判然有别。

其三，重视学术与人才。营商环境评估体系，本身就是极好的比较法与法政策研究的材料，要真正理解并接受它，就要视其为有价值的学术，而不是出于意识形态的偏见而本能抵制（这样全球排名只会越发落后）。必须承认，我国在国际组织的人才储备明显不足，对相关规则体系的研究也显滞后，这一现象值得关注。6月19日，世界银行答辩间隙，学生赵颖洁介绍我认识了她的哥大校友贾苏哲，后者已经在世界银行工作近两年了，本科是北大毕业的，非常优秀。三项议程结束，格奥尔基耶娃会见了我们，肯定了中国政府所做的种种努力，并祝愿中国取得良好的排名。我送上了两本译著，感谢她在推动中国营商环境改善方面所做的贡献，她非常高兴。我今天也送了一些著作给其他世界银行专家，希望以学术的姿态与世界银行沟通：勤勉，谦逊而平和。

2018年7月9日（星期一），应国家发改委法规司邀请，我仔细审读了"中国营商便利度评价指标体系"，提出了如下修订建议：其一，营商环境评估，必须聚焦于制度性交易成本，也就是说，由于法律和政府的规制措施，给营商人士带来的不可避免的成本（程序、时间和费用），这也就解释了世界银行营商环境评估的专家团队中，拥有大量的法律人士。故而，营商环境（或称营商便利度）的评估指标，必须落实到可量化、可比较的程序、时间和费用方面。这些必须是法律要求，或者是实践中必须完成的。在这个意义上，"企业信心""市场开放度"等缺乏可量化性、可比较性的二级和三级指标，建议先不列为评估指标。其二，建议在构建我国的评价体系时，完整吸收世界银行评价指标，并以此为基础，叠加符合中国需要的评估指标，而不宜拆解为数个部分，并分别嵌入不同的板块之中。故而，中国的评估指标可以列为两类：世界银行评估指标、中国特色指标。在整体继受世界银行指标时，要剔除一些明显与我国国情不合的指标。其三，关于指标的关联性与贴合度。这份评价指标体系，引入了“反映城市吸引投资能力”“体现城市高质量发展水平”两个评价单元，但有些指标明显与营商环境的关联度不大，而且因为与城市禀赋、发展水平息息相关，很难据此衡量营商便利度。例如，“21. 生活品质”，教育资源、医疗资源、市场中介数等，似乎评价的是生活指数或者生命质量，与营商便利度并不直接挂钩，有些创业者，特别是进入“疯魔”状态的创业者，并不在乎生活品质，就像比尔·盖茨是在车库里创业那样。故而，建议放弃“生活品质”这一评价单元。其四，关于信用环境。这是一个非常有价值的附加指标。本人与世界银行专家沟通时，多次提到中国社会信用体系建设，他们很感兴趣。为了提升可比性，建议将二级与三级指标做成量化指标。例如，可以列以下指标：“是否出台有关信用的地方性法规、规章或规范性文件”（法规3分，规章2分，规范性文件1分，都有，则6分）、“是否被列为社会信用体系建设示范城市”（是则3分，不是则0分）、“政府是否被法院列入失信名单”（列入1次扣1分）……这方面，发改委的信用推进部门有一套制度体系，建议征求该部门意见。

2018年10月31日（星期三）22：46，世界银行营商环境评估结果公布。这一时刻，永当铭记，发了朋友圈：刚才，世界银行发布了《2019年营商环境报告》，我国得分73.64分，在全球190个经济体中，排名第46名，比去年提升了32名，从而跻身今年营商环境改善排名前10。自2003年始，16年来，中国首次进入全球前50。其中的“保护少数投资者”指标，在上位法没有修改的情况下，进步了55名，殊为不易！这是集体智慧与辛劳的结晶！作为工作团队的一分子，我们深深地感谢陪伴我们一路走来的同事、专家学者与律师同仁！（日后专门撰文感谢）有几点工作体会：其一，情怀无价。在家国情怀的驱动下，许多师友不计得失，坚定地支持我们，做对的事情，再把事情做对。其二，技术至上。营商环境评估，是技术性很强的工作。我们要尊重世界银行的价值观与方法论，摒弃官僚作风，让专业的人做专业的事。其三，沟通重要。无论是法律还是政策，既要让市场主体感知到，还要让世界银行专家理解和接受。“保护少数投资者”这项指标，此前就是因为沟通不够，被大量误答误判。这次未修改法律，只是加强了沟通，就直接提升了55名。明年再做针对性修法，有望再次提升排名。能够为国家发展与社会进步奉献绵薄之力，是人生之大幸！

2018年11月2日（星期五）9：00，赴京参加“优化营商环境高级别国际研讨会”。北京市副市长王红女士主持，北京市市长陈吉宁宣读了李克强总理热情洋溢的贺信，世界银行行长金墉先生致辞。在致辞中，金墉行长首先祝贺了每一个中国人。他说，在中国庆祝改革开放四十周年之际，需要新的改革驱动力。营商环境的改善，对于中国意义重大。中国在七个领域进行了卓有成效的改革，成为了全球营商环境改善最大的十个经济体之一，无论是得分还是排名的提升，均名列全球前三（均为全球第二名）。金墉特别提到了“办理建筑许可”、“获得电力”、“保护少数投资者”以及“执行合同”指标，金墉还说，中国的人力资本指数排名全球第46，与营商环境排名第46，完全一致，非常interesting。最后，金行长还简略地提到未来还需要什么改革。最有意思的是，他在感谢国家领导人时说，有时讨论问题很艰辛，但今天我们终于可以愉快地交流了。在主旨演讲环节，R女士特别提到了法律体系的重要意义，她盛赞保护少数投资者等指标的进步，并且强调了训练官员的沟通能力非常重要。作为排名领先的经济体，新加坡贸易及工业部亲商司司长杜先生（Eugene Toh）介绍的亲商经验，值得我们借鉴。亲商小组组长由政府官员担任，成员主要由商界领袖组成，沟通渠道畅通，反馈便捷迅速，值得中国学习。韩国财政经济部创新发展局局长韩勋（Hoon Han）的演讲，以印度圣雄甘地的名言结束：If you give me rice, I'll eat today. If you teach me how to grow rice, I'll eat everyday。这与“授人以鱼，不如授人以渔”，可谓异曲同工，真可谓“文明新旧能相益，心理东西本自通”。只不过在“信达雅”方面，中文可是强多啦！某官员称，如果在全国复制推广营商环境的改革成果，可以拉动一万亿的经济规模。或许有些乐观了，但无论如何，发上等愿，结中等缘，享下等福！真诚而执着地做正确的事情，加油！

2018年11月3日（星期六），参加并主持世界银行咨询专家沟通会。用心至诚，收获的也会是真诚的尊敬。随着对世界银行营商环境评估了解的深入，我越发佩服他们的价值观与方法论。今天参加了两场世界银行咨询专家团队调研与座谈会，收获良多。先是在上海金融法院进行“执行合同”与“办理破产”的交流。福州路209号，古色古香的建筑风格，书香四溢的文化陈设，令人流连忘返。参观环节，年轻的徐玮法官负责英文讲解，非常流利。座谈会环节，由高院副院长陈萌主持，金融法院院长赵红介绍了金融法院优化营商环境的努力，很令人振奋。但遗憾的是，后面的环节我无法参与，因为要赶另一场“获得信贷”的交流。到了杨浦市场监管局，见到了埃莱娜女士和魏文婷女士，她们都是世界银行的咨询专家，今天的主要工作，是了解我们所做的改革，以及介绍世界银行的方法论及全球领先经济体的最佳实践。埃莱娜介绍说，在世界银行，咨询小组与评估小组是分头工作的，他们并不相互交叉，也不相互影响。“获得信贷”一共12项指标，他们一共做两项工作：其一，查。即对比法律条文进行分析，看他们是否和世界银行的指标相吻合。其二，问。他们的私营部门向营商人士发放调查问卷，并假设两个案例情景，让他们来回答。即便法律规定是可以的，但如果私营部门回答说不可以，也无法得分。全球最佳实践来自领先国家、联合国贸发会以及世界银行自己发布的最佳实践。建议我们学习借鉴联合国贸发会的做法，建立统一整合的法律框架，规制四种功能等同的担保交易的法条，哪怕是散见在不同的法律中，只要条款保持协调一致，就可以得分。另外，表述必须非常清晰，不能用推演出来的结论。除了楼宇、土地和固定资产之外，其他所有的财产都可以设定抵押。融资租赁、应收账款、动产抵押、不动产抵押等都应当统一登记在一个平台上，可以一体查询。世界银行的方法论认为，如果中小企业可以更好地利用自身资产向银行和其他金融机构申请授信的话，就可以越做越好。如果存在一个统一的、整合的法律框架，可以更好地促进经济繁荣。两位专家确认，中国已经实现了以通知为基础的抵押制度。看来，我们面临的问题，不是技术问题，而是法律的系统集成问题。即便民法典短期不能出台，也可以通过对合同法、担保法、物权法、破产法等进行简易修订，增强法律的一致性与适应性。为了验证担保交易登记的便捷性，营商环境评估小组会要求经济体提供一个链接，自行去登记一个担保交易，然后自行注销该交易，看能否走得通。190个经济体中，只有不到10个国家拿到满分。

2018年11月5日（星期一），在《东方法学》发表文章《世界银行营商环境评估方法论：以“开办企业”指标为视角》，对完善我国“开办企业”的相关法规提出了建议，感谢吴以扬主编。

2018年12月25日（星期二），圣诞节。收到一封来自R女士的感谢信，以及其团队发来的热情洋溢的邮件：亲爱的罗培新先生，营商环境评估小组感谢您为《2019年营商环境评估：为了改革而训练》所作的重要贡献，报告成功启动，获得大量媒体的关注……我的内心非常温暖，也由衷佩服世界银行团队做事的认真细致。我回忆与R女士交往的点滴，她会就一些非常细节的问题，与我们反复讨论确认。我送给她著作时，她会问著作讨论的问题是什么。另外，世界银行营商环境评估指标“获得电力”的方法论，即源于其与另一位作者合写的《183个国家的电力连接及企业绩效》，我认真学习过，非常严谨。她们的勤勉敬业也感染着我们，激励着我们做得更好。我们正在考虑成立优化营商环境法治保障共同体，以务实高效的方式推动工作，做到“企业反映问题顺畅便捷、专家研判精准迅速、修法动议简洁高效、改革经验固化推广”。同时，我们也准备向世界银行学习，真诚地感谢帮助过政府改善工作的学者、律师、会计师等专业人士，感谢中小企业向我们反映问题。

2019年1月21日（星期一），自己额外找来一份差事。1月18日在京出差，参加司法部的立法工作会议间隙，央行征信中心的王主任找到我，与我探讨世界银行营商环境之“获得信贷”指标。两个小时的会谈后，王主任担心，在民法典的物权法分编颁布之前，我国的这项评估前景极不乐观。是的，这项指标去年不但没有进步，反而退步了若干名。我建议，可以逐项研究世界银行指标，在不伤害其他法益的情况下，对《物权法》与《担保法》的若干条款进行打包修改，或者推动最高院出台《公司法》解释，对规则不明晰之处进行适用性解释。这样，即便民法典赶不上这期评估，我们也能够取得类似的效果。与此同时，由于我在这方面并不专业，建议召开一个研讨会，进行论证。非常感谢金可可教授、纪海龙教授和丁绍宽副教授，他们接到我的邀请后，顶着寒风过来帮忙。今天下午三个小时的论证，基本上把规则梳理清楚了，与保护少数投资者指标一样，我们与世界银行存在极大的论理空间。明天整理完毕修法建议，汇总报送相关部门。一旦被全国人大采纳，有望显著提升我国的全球排名。感谢三位教授，他们精湛的法律技术能力，浓郁的家国情怀，值得我学习。

2019年2月1日（星期五），在《清华法学》发表《世界银行营商环境评估之“保护少数投资者”指标解析——兼论我国公司法的修订》，感谢汤欣老师、徐雨衡老师。这项指标，2018年大幅提升了55名。今年，世界银行新一轮评估已经启动。富有价值的事情，往往没有捷径可走。踏踏实实地研判全部46道题的得失，提出法律完善建议，已成不二之选。感谢《清华法学》提供的平台，感念过往的岁月，勇敢面对已经到来的DB2020！

2019年2月15日（星期五），这是忙碌的营商环境一周。周一，开春的第一个工作日，市里主要领导召开优化营商环境大会，播下了春天的种子。周二、周三，像去年此时一样，收到世界银行两份问卷，分别是“保护少数投资者”与“获得信贷”，要求3月9日前返回。感谢世界银行信任，我这位现职的公务人员，妥妥地成为世界银行营商环境专家了，只是面对那繁复又繁复的全英文问卷，不免心头一凛。周四，情人节，感谢便捷的高铁，与俞四海、孙洁两位同事，赶到了暮色沉沉的北京，参加司法部牵头召开的营商环境修法大会。北京地铁，四号转二号H口出。深冬的京城，寒风冷冽，路灯下的残雪，泛着昏黄的光。同行的还有发改委以及上海十个指标的牵头部门。我们绝对不算辛苦，高院与金融局的同事，凌晨1：00左右才赶到酒店。周五早上5：00醒来，整理了代表上海汇报的修法思路。9：00左右，全国人大、最高院、国办、司法部以及相关部委、北京和上海代表，共近百人与会。我代表上海汇报了几点想法：第一，为了优化营商环境，对标各项指标，在不伤害其他法益的情况下，进行针对性修法，这是通常做法。例如，2012年，俄罗斯世界银行营商环境全球排名为第124位。当年5月，俄罗斯总统弗拉基米尔·普京签署总统令，特别规定，到2017年，俄罗斯的世界银行排名要上升至全球前20位，其中一项重要举措是起草和修订法律。结果在五六年之间，俄罗斯颁布和修订了大量法律，迅速跃升至第35名。2018年则更进一进，提升至第31名。中国在2018年从全球第78名提升至第46名，靠的不是修法，而是两个指标城市艰辛的努力，通过减少流程，缩短时间，降低费用，以大量的规范性文件来固化改革措施，通过严谨的说理来纠正误答与误判，国家基本上没有进行针对性的修法，最后大幅提升了32名，但这一空间几乎用尽，修法成为不二之选。而且，世界银行非常注重被评估经济体法律的修订，这是其评估绩效的重要组成部分。第二，关于“规定”（regulation）的理解，是指一切具有约束力的文件，包括国家和地方两个层面：国家层面，包括全国人大及其常委会制定的法律，国务院的行政法规，各部委的规章，最高院的司法解释，各部委的规范性文件，交易所的上市规则等；地方层面，包括北京市和上海市的地方性法规、政府规章以及规范性文件，地方的规则，北京和上海自己解决，这次需要请全国人大和各部委支持的是国家层面的规则。第三，正确处理修法的短期与长期关系。以获得信贷为例，近三年节节败退，从第62名到第68名，又退步到第73名，其中合法权利力度指数总分12分，中国一直仅得4分。有一种观点认为，既然民法典分则将可能于2020年颁布，据说会覆盖《物权法》《担保法》，现在就不要折腾修订《物权法》《担法保》《合同法》了。我们认为，这些法律，既然明年可能被废止，不如今年发挥余热，先按照民法典物权篇的规定，把相关条款改进《物权法》《担保法》中。明年在民法典分编中固化相应的制度规范。第四，修订法律的路径考量：其一，修法有助于直接提升中国排名，符合我国的发展方向，具有明显的合理性，并且不会伤害其他法益的，可以直接修订得分；例如，明确董事长与总经理的分任制，将召集股东大会的通知时间增加1天，增加出售重大资产的议决规则，明确利润分配期限等，这既符合世界银行评估要求，又不侵害我国其他法益。其二，针对集中失分的领域，进行专门深入的研究，审慎设定规则，力争提升分数与排名。"保护少数投资者"指标，2019年评估报告中，满分为10分的"董事责任程度指数"，我国仅得1分，在这方面，应强化控股股东、利害关系董事责任，并细化董事勤勉义务的规范，进而提升分数。其三，对于规则修订与否存在争议，因而不宜立即修订并在全国范围实施的问题，可以考虑在北京和上海暂时调整实施。《立法法》第13条规定，全国人民代表大会及其常务委员会可以根据改革发展的需要，决定就行政管理等领域的特定事项，授权在一定期限内在部分地方暂时调整或者暂时停止适用法律的部分规定，例如，《电子签名法》规定，不动产的处分行为不适用电子签名，影响了登记财产的效率。可以考虑在北京和上海暂停实施该规则，试点不动产处分行为的电子签名，引入加密措施，总结经验后再行推广。会议议定，各部委要尽快研究上海和北京提出的修法建议，由司法部汇总后，提交至4月召开的全国人大常委会会议。密集修法，头脑风暴，身心俱疲。高铁返回，窗外，华北大地，倏忽而逝……唯愿国运隆昌，百姓安康！

2019年3月8日（星期五），"三八"妇女节，高铁往返，率队前来司法部汇报营商环境调法事宜。司法部领导高度重视，对于上海提出的修法建议全力支持。但没有想到，有些人却认为：其一，为了改几条就动法，不太严肃；其二，《公司法》不宜改，对市场影响太大；其三，《物权法》、《担保法》和《合同法》与民法典同步修订（作为其中三个单篇），预计2020年上会，今年无须先行修订。实在忍不住，不免吐槽几句：英国《公司法》一年改十几次，每次就动一两条，市场适应性增强了，法理更正当，技术更理性了，咋就不严肃了？有限公司与股份公司出售价值超过51%的资产，必须经股东（大）会审议通过，有限公司及非上市的股份公司，应当在作出分红决议之日起一年内完成利润分配……凡此种种，符合国际潮流，属于打法律漏洞的补丁，咋就会对市场产生重大影响了？至于《物权法》、《合同法》与《担保法》，根据民法典的最新表述，提前修订这三部法律的部分法条，让我国世界银行评估的“获得信贷”指标（此一指标，我国近三年连连败退，从第62名跌至第68名，接着跌至第73名）提前得分，提升中国排名，属于“废物利用”，咋就不行呢？无论如何，非常感谢司法部，也希望各方能够尽快达成共识，4月30日是本次世界银行营商环境数据采集的最后期限。我们可以苦一些，累一点，也可以被说服，但不能以这种方式结束大家共同的努力。海明威在《老人与海》中说：“人不是为失败而生的，一个人可以被毁灭，却不能被打败。”仍然祝福国运隆昌，百姓安康！

2019年3月14日（星期四），一分辛劳一分收获！今天收到好消息，前期完成的两份营商环境报告，均获得了认真对待。《关于完善公司法律制度，优化营商环境的若干建议》和《关于提升获得信贷指标表现，优化营商环境的若干建议》，在上海市人大常委会肖贵玉副主任的鼎力支持之下，在上海市人大财经委办公室主任姜涵康的努力协调之下，全国人大代表章伟民先生联合30位代表提出议案，前者列入了全国人大宪法和法律委员会审议的173项议案，后者被中央统战部采用，准备向上呈报。非常感谢肖主任，非常感谢章代表！尽管未必能够最后推动法律的修订，但至少留存了希望！我们坚信，两份报告，6万余字，是我们逐项对照世界银行指标提出的针对性建议，既不伤害其他法益，又能提升我国全球排名。

2019年3月17日（星期日），新闻发布会结束，忙碌多时的《市场轻微违法违规经营行为免罚清单》，终于面世。《行政处罚法》第27.2条规定，违法行为轻微并及时纠正，没有造成危害后果的，不予行政处罚。然而，法治之难，最难的是落地落实。执法人员经常面临的问题是，怎样的情形才构成“违法行为轻微”？如果这次不罚，是否会被认定为“行政不作为”，从而在随后可能发生的行政复议与行政诉讼中陷于被动？于是，最简单的做法就是一刀切，动辄亮出处罚之剑，企业由此深受法律丛林之苦。在前期调研中，我们认识到，要科学合理地确定首次及轻微违法的标准，必须分类分级，综合考量，区分传统企业与创新企业、大企业与小企业、新法出台的适应期与豁免期、容错机制与舆论宣传的协同推进等。感谢长宁区政府前期的调研安排。这份清单统一了执法标准，消解了执法压力，体现了精细治理，以审慎包容释放温情善意，符合世界银行营商环境评估降低“制度性交易成本”的价值取向。

2019年3月27日（星期三），在《环球法律评论》发表《世界银行“获得信贷”指标的法理分析及我国修法建议》一文，逐一回答了“合法权利力度指数”的20个问题。感谢陈洁师姐、姚佳编辑，感谢曾为世界银行“获得信贷”指标而奉献智识的可可教授、海龙教授、绍宽副教授、晓喆教授、韩强教授等。希望点滴的努力，能够推动社会的进步。

2019年4月2日（星期二），当天起了个大早，奉命赴京参加国务院营商环境督查工作。另外还有一项工作，与上海市第一中级人民法院副院长汤黎明、卢颖法官，审管办副主任张能一起，赴最高人民法院，共同商议如何在指标城市上海，通过优化商事裁判理念与裁判规则，助力营商环境的优化。

列车行驶在明媚的春光里，心情却始终轻松不起来。未来的数天，硬核的任务太多。中午第一站，到了最高人民法院。一株生机勃旺的皂角树，静静地生长于台阶之上，与高悬屋宇的国徽相映成景，温暖活泼与庄严肃穆，竟可以这样奇妙地合体！正当我和汤院长及几位法官寻找合影场景之时，一个声音分明响起——“罗老师，你怎么在这里？”循声看去，一个学生模样的男生，正进得院门。他自报家门：“我是冯硕，刘晓红老师的学生，在这里实习。这次到最高院实习的华政学生一共三名，其中一名是国金的林佳颖。”我当然认识佳颖，她本科就是国金的，我当即联系这位学生。紧接着，我们一行在529房间，与民二庭关丽副庭长、潘勇锋法官、麻锦亮法官等人，本着优化营商环境的共同目标，进行了愉快的交流。我们认为，一中院可以结合上海商事实践的新情况新问题，在商事裁判的理念、方法与技术方面，积极探索，为最高院提供改革经验，供其制定相关司法解释和司法政策时参考。令人感佩不已的是，最高院勇于担当，继出台破产法司法解释、严格规范民商事案件审限的司法解释之外，继续推进公司法司法解释的制定。作为指标城市的代表，我们要积极配合。14：20结束交流，我们奔赴全国中小企业股份转让系统，又见到了尊敬的徐明老师，他的敬业与专业，特别是他描绘的全国股转系统的未来，为小微企业解困、为科创板提供预备队……一切都令人振奋。正能量且有智慧的人，总能把事情做好！ 16：00，在国务院召开专项督查预备会，明天，我们要比照世界银行指标，从“工作进展、存在问题、下一步工作建议”等方面，进行逐项督查。离开海里，骑车路过天安门，又见那满墙的中国红……晚上邀请三位华政学生，在一家湘菜馆小聚，一番鼓励，几许叮咛，不禁想起自己当年在京读书的美好时光！岁月静好，背负责任的日子，此种感觉，愈发真切！祝福国运隆昌，百姓安康！

2019年4月3日（星期三）上午，依旧起了个大早，写了点文字，理了理头绪，再度赶往最高法院。递上身份证，警卫核对之后，随口说道：“来得可够早的……”我看看表，8：02，说道：“不是8：30开会吗？”“9点啊……”看来，群里通知的8：30，是给北京的晨堵留足空间啊！总公司总是有战略眼光的！感谢一位实习生的引导，到得东区二楼的审委会会议室，安静地等待。9：00前后，赵旭东教授、朱慈蕴教授、施天涛教授、叶林教授、刘凯湘教授、蒋大兴教授、邓峰教授、李建伟教授等陆续进来，师友相见，分外亲切。印象中，这似乎是公司法大伽聚得最齐的一次了。他们的学识在不同程度上滋养着我们，这次又慨然赴约，为营商环境贡献智识，我们对此深怀敬意。出席的还有相关部委法规部门负责人或者经办同志，北京、上海、江苏、浙江、山东与广东的民二庭也派员参加，最高院民二庭庭长林文学、副庭长杨永清、副庭长关丽及其他法官，悉数出席，这应当是国内公司法领域的顶级阵容了。刘贵祥专委致辞后，各方围绕“履行法定程序不能豁免赔偿责任”、“关联交易的撤销”、“不适任董事职务的解除”、“重大资产转让的决议机关”和“公司分配利润的时限”等问题展开了激烈的论争。专家学者，风格各异，有的平和沉稳，也有的犀利无比，口才都很好，启发太大了，北京高院陈丰庭长等实务专家的发言，也相当精彩……中午的时候，关庭长说，上次破产法司法解释专家论证会，会场都差点吵翻了……这是一种多么美好的氛围啊！ 11：45结束，中午简餐后，13：00继续开会，人大的诉讼法专家肖建国教授也加入了，又是一场论战……14：00，我必须前往证监会，完成国办督查任务，才依依不舍地离开气氛正high的现场……到了证监会，15：00开始，投资者保护局赵敏局长、郑锋副局长以及发行部邓舸副主任、上交所法律部副总监陈亦聪等，围绕世界银行指标，与我们沟通了情况。证监会及交易所的专业水平与敬业精神，一向值得尊敬。赵局长介绍，去年共有18个失分点，10个涉及上市公司，另外8个涉及民事诉讼程序和有限责任公司，紧接着，双方围绕“高管无因解除”、“股东优先认购权”和“母子公司交叉持股”等问题，充分交流了想法。不知不觉，夕阳西下，疏影横斜……国办督查室副主任张相国最后提了要求，要求各项工作争取往前赶，包括规则修订、翻译、磋商的准备等……用一句话来总结，这一天，是公司法研习浓缩精华的大写日子！感谢最高院，感谢证监会，感谢各位师友！

2019年4月4日（星期四），国家市场监管总局，营商环境“开办企业”的调研与督查进行之中。市场监管总局登记注册局局长熊茂平的介绍非常清晰，归纳下来，有以下数点：第一，商事登记，必须强化线上流程，要向新西兰学习，能够在线上完成的，都在线上完成。世界银行的方法论认为，通过线上完成的，只计为0.5天；如果需要线下完成的，则计为1天；第二，社保登记与员工登记，整合进企业注册登记平台和单个申请表中；第三，电子印章，引入安全数字认证系统或使用授权人员签字代替公司印章，世界银行认可电子印章；第四，引入电子发票，特别是将电子发票的覆盖范围扩大到增值税专用发票。上述工作，仍需要公安部门、税务部门的通力配合。会上，针对部分问题的论争还相当激烈。我们认为，印章的法律意义就是主体身份与意识表示的识别，既然技术已经比较成熟，在电子政务领域普遍适用了，就完全可以适用于商务领域，也就是说，企业设立者在领取营业执照的时候，自动生成一个电子印章，同时交付密钥，企业如果需要，可以自行刻制物理印章。另外，企业也可以在领取营业执照的时候申领发票，这样就可以减少两个环节，降低400元的费用，我国的排名，又可以提升。下午，应最高院民二庭庭长林文学师兄邀请，与法官们交流了世界银行营商环境评估工作，从方法论、规则与案例的角度，进行了讲解。法官的水平都很高，提问也很专业，交流非常愉快。会后将“执行合同”DB2020的英文问卷、“办理破产”DB2020的英文问卷及中译本，“执行合同”、“办理破产”、“获得信贷”的方法论英文版及中译本等，悉数与法官们分享，希望对他们迎接营商环境评估的工作有帮助。最高法今年在改善营商环境方面的努力有目共睹，接连出台了数个司法解释，相信他们会加强与世界银行的沟通，为中国全球排名提升做出贡献。此行令人欣喜之处在于，遇到了本科同学、最高院的晏景法官，在她位于西区801室的办公室里，看见迎着太阳生长的绿植生机勃旺，非常开心，匆匆交流数句，留影于皂角树下，她的从容、素净与淡定，与闪过我脑海的多年前她出版的人大博士论文中显现的智慧，构成一幅极美的图景！在529室，晏景博士与数位华政实习生进行了愉快的交流，说如果在这里有什么工作与生活上的困难，都可以找她，师姐对学妹的关心与呵护，尽在这一温暖的场景里！北京之行的任务，终于圆满结束，一个切身体会是，中国这么大，人这么多，只要大家都尽一份力，再大的困难，都能够克服！

2019年4月22日（星期一），召开“优化营商环境法治保障共同体”成立新闻发布会。在回答记者关于法治宣传的提问时，我说，法律规定千条万条，老百姓不明白不理解相当于白条，法治保障只有在相对人体验良好的情况下，才能展现出其制度价值。然后，我随机援引了泰戈尔的诗句：“世界上最遥远的距离，就是我就站在你面前，而你却不知道我爱你。”没有想到，记者居然把它写进了官方的通稿里，更没有想到，今天还有人把这句话单独摘出来发给我，说这句话好！看来，以接地气的方式来宣传推广政策，同样非常重要！

2019年4月26日（星期五），迎接世界银行营商环境评估磋商准备会。京沪一日往返。晨5∶40起，赶8∶00的飞机。北京召开“一带一路”高峰论坛，超级拥堵。所幸是最早的航班，并没有耽误公事。14∶30，皂角树下，最高院里，迎接世界银行营商环境评估磋商准备会紧张进行。最高院、全国人大财经委、国务院职能转变协调办、财政部、司法部、北京市政府、上海市政府、北京市高级人民法院、上海市高级人民法院领导与工作人员与会，紧张沟通与世界银行专家的磋商事宜。会议聚焦于司法解释的效力，因为4月16日国办组织的世界银行沟通会上，有世界银行专家指出，世界银行只认可全国人大制定的“法律”（laws），这绝对是重大误解：其一，世界银行报告所称的“regulation”，应译为“规定”，是一个规则体系，自然包括司法解释；其二，去年世界银行报告认可过司法解释的法律效力，例如，“保护少数投资者”指标的第16题与第36题；其三，世界银行把英美国家的“判例”作为重要的渊源。故而，这方面的解释工作应当没有问题。最难的是问卷的更新，因为受访律师于2019年3月20日前后已经返回了问卷，而《企业破产法》司法解释3月28日才公布，《公司法》司法解释则将于4月28日公布，因而，请受访者根据司法解释更新问卷，并重新向世界银行发送，就成为关键。另外，司法解释的英译也非常重要……感谢最高法，非常给力，短短数月，连续出台数部司法解释，非常不易！我们要用心用力、用好用足司法解释，全力提升说理水平！P.S. 周五的北京，极其拥堵，会后一路狂奔，终于没有误机！

2019年5月1日（星期三），世界银行营商环境评估之“保护少数投资者”指标答卷更新DB2020。劳动节，名副其实哈！小长假第一天，和去年一样，又在答卷中度过。从昨晚开始，根据最高院司法解释、证监会上市公司章程指引、上交所上市规则等最新修订，把世界银行这项指标的46道题目彻底更新了一遍。世界银行专家在5月20日左右抵上海核验数据，希望这份答卷能够提供有益参考，帮助律师节省时间，及时更新答卷，重新提交世界银行。P.S. 感谢上观新闻，陪我度过了一个“劳动”节！

2019年5月2日（星期四），世界银行营商环境评估——法律法规修订之英文翻译。小长假第二天，仍然在劳动中度过。与前一天完成世界银行问卷更新不同的是，今天完成的是国家法律、行政法规修订的英译工作。为优化营商环境，提升中国排名，2019年4月23日，第十三届全国人民代表大会常务委员会第十次会议通过了八部法律的修订，分别是《中华人民共和国建筑法》《中华人民共和国消防法》《中华人民共和国电子签名法》《中华人民共和国城乡规划法》《中华人民共和国车船税法》《中华人民共和国商标法》《中华人民共和国反不正当竞争法》《中华人民共和国行政许可法》，涉及数十个条款的修订。另外，国务院近期也修订了《中华人民共和国注册建筑师条例》《建设工程质量管理条例》《不动产登记暂行条例》等三部行政法规……由于与世界银行专家的磋商时间迫切，国家相关部门请上海协助完成修法英译工作，鉴于去年组织上海改革措施的英文校验工作累积的经验，本人临时受托组织完成这项工作。明知这是件苦差事，而且是难得的“五一”假期，有一百个拒绝的理由，想想还是应承了下来。非常感谢闵舒晴、李杭杭等供职于知名律所的专业律师，非常感谢王倩、王倩倩等外语娴熟的同学，还要感谢默默提供精神鼓励与智力支持的杨焯等师友，她们头一天接到邀约，牺牲了休息时间，义无反顾地投身这项工作。明确分工，列示法律名称、条款、修法之前中英文法条、修法之后的中英文法条等若干细目，有条不紊地开展工作……一直忙到12∶40，简单地吃过工作午餐，在和煦阳光的照拂下，一行人在园子里漫步十余分钟，又紧张地投入工作……终于，一天之内，我们顺利完成了任务，感谢她们！她们拥有的不仅是出色的外语与法律技术能力，更有浓郁的家国情怀！还要感谢吴斌师兄，他非常友善地提供了非常好的工作场所，让我们拥有一个非常安静的工作氛围！努力工作，本身就是成长，就是福报。感谢遇见的一切！

2019年5月12日（星期日），更新世界银行营商环境评估获得信贷问卷。新一轮的世界银行评估（DB2020）已经到来。2019年5月中旬，世界银行专家将先后奔赴上海北京，与中方密集磋商，并多渠道访问受访专家。下周将是异常忙碌的一周。其中，"获得信贷"是十项指标之一，由于动产担保立法例的不同，我国相关规定散见于《物权法》、《担保法》及有关司法解释之中，加之世界银行问卷与我国法律的语言风格存在差异，受访者未能正确理解世界银行问题，更未对我国规则进行体系化梳理，就匆忙作答，导致频频误答误判，中国大量冤枉失分。本文梳理了"获得信贷"指标之下"合法权利力度保护"指数的20道问题，逐一纠正了误答误判，并结合京沪两地分别于4月28日和4月30日起推行动产担保统一登记系统的实践，更新了问卷答复。努力的方向包括四类：其一，通过说理来纠正误答误判的，有第9、10、11、12、14题（必须得分）；其二，通过京沪开展动产担保统一登记系统来争取得分的，有第16题（争取得分）、第17、18、19、20题（争取得分）；其三，通过体系解释法律而尽量争取得分的，有第2、3、5、6、7、8题；其四，虽没有分值，但必须更新现状的，有第1题。取法其上，得乎其中；努力了，未必成功，但不努力，一定不会成功。

2019年5月15日（星期三），在《经济参考报》发表文章《为什么法治是最好的营商环境》，新华社客户端推送后，数日内阅读量达84万余。深感在中美贸易争端升级的大背景下，我们更要做好自己的事情，而营商环境的优化，则属其中的重中之重。

2019年5月17日（星期五），世界银行营商环境评估上海改革措施英译工作会。世界银行营商环境正式磋商前最后一个工作日，为了保证上海优化营商环境的改革措施及相关数据，能够简明清晰地呈现给世界银行，增强磋商的有效性，上海市优化营商环境法治保障共同体再次展开行动。来自华东政法大学、上海外国语大学的3位教师，以及来自锦天城、方达、金杜、通力、大成、海华永泰、金茂凯德、金诚同达、九州丰泽、瑾之润申达等律所的11位律师，共14人，进行了密集的数据核验与校译。校译的第一项工作，就是确定专有术语。由于8项地方指标分别由各指标牵头部门完成初译，必须按照世界银行问卷统一专有术语，例如，“指标”一词，世界银行的固定译法为indicators，另外，各部门改革措施的依据五花八门，也做了统一。第二项工作，是逐项列明改革措施对应的问题，逐一标明序号，这样便于世界银行专家核验。各部门提交的译本，大多数没有标明问题序号，也没有直接把世界银行英文问卷的问题copy过来，而是采取硬译的方式，读起来并不顺畅。校译者必须先在英文问卷中找到对应项，列明序号，并把英文问题直接copy过来。针对自主改革的措施，并不是对标世界银行问题的，可以不标明问题的序号。第三项工作，就是调整语言表达的习惯，例如，“线上线下联动”(到底是线上还是线下，在世界银行方法论中，线上算0.5天，线下算1天)、“审批服务”(是审批还是服务)……第三项工作，统一法条的翻译。我们把2019年完成的8部法律3部行政法规的标准译本，也提供给团队，以统一规范表述。迎来晨曦，送走晚霞，早9时开始，晚19时还在忙碌。我们学习世界银行的做法，为每一位参与者准备了感谢函。努力工作，本身就是成长，就是福报。感谢大家，感谢遇见的一切！下周一将迎来八场正式磋商，预祝一切顺利！

2019年5月20日(星期一)，营商环境世界银行专家磋商。早上5∶20，没等闹钟发威，自己已然醒来。儿子今天去大别山体验乡村教学，必须6∶10到学校。大包小包的，还带了一个篮球，我负责送他到学校。早起的另一个重要事由是，今天受命主持与世界银行专家的4场磋商，必须在8∶10前赶到九江路。每有重要事务，总是早醒，已成定律，即使困顿，也总能比较顺利地完成任务，必须感谢少年时期田间辛劳打下的基础。赶到世茂皇家艾美酒店，7∶36，的确来得早了点，拿出几部大部头的译著，写好赠语，准备送给世界银行专家。议程上，全国人大、最高法院、财政部及各指标的牵头国家政府部门，上海市相应的部门，林林总总，密密匝匝……事久而熟，很多同仁都成为朋友了。开幕式，简短而务实。央地各一位领导发言，世界银行专家回应性讲话，总共只用了12分钟，迅速转入了正式磋商。4轮磋商，近7个小时下来，虽然疲惫，但收获满满。其一，增进了互信。例如，世界银行专家说，通过彼此交流，他们明白了，在中国，最高院司法解释具有普遍的拘束力，他们会予以考量，并将其作为评估的依据。这实在是太重要了，最高院今年推出了3个司法解释，正着力于弥补我们自身的种种不足，如果未获认可，对评估结果影响太大了。其二，锻炼了能力。我注意到，今年法院、政府部门的陈述水平，比去年有了显著的提升。主讲人的陈述言简意赅，能针对世界银行问题，尤其是针对去年的扣分项，进行充分的说理。而且，综合运用小视频、PPT、书面材料等要素，说服效果明显提升。其三，深化了交往。牵头部门汇报前后，都会有领导上前，与世界银行专家互换名片，进行进一步的沟通，而且往往还主动表示，会全力配合世界银行，提供世界银行需要的所有材料。主动沟通的意识与能力，在当下的中国，显得尤为重要。参与世界银行营商环境评估，是一份宝贵的学习与成长！

2019年5月22日（星期三），优化营商环境法治保障共同体第一次联席会议顺利召开。在本人理解当中，这个共同体，是基于共同的价值判断、共同的技术能力、共同的理想愿景而走在一起的。跨届别、跨领域、跨专业是其组织特征，去官僚化、去科层化、去仪式化是其文化属性，问题导向、急用先行、高效务实是其运行风格。期待这个共同体含苞吐艳，桃李芬芳！

2019年5月27日（星期一），世界银行营商环境北京磋商，本人参与“保护少数投资者”“获得信贷”等涉法指标的磋商，感谢前期打下的扎实基础，磋商总体非常顺利。

2019年6月24日（星期一），参加完苏惠渔老师的告别仪式，我奔赴虹桥，取道北京，当晚入住离首都国际机场3公里的全季酒店。入住完毕，已近晚上12：00，陆续仍有飞机低空轰鸣而过，这两天经历了成长与陨落，亦悲亦喜，一时难以入睡，起身续写了苏老师的悼文……实在是撑不住了，将餐巾纸揉细，塞入耳孔，迷迷糊糊睡至早上6：00，起身继续写，直至飞机起飞前一刻，终于完成，发给上观新闻，捧上了一盏心灯，加入繁星万点的送行队伍，愿苏老师在天国，继续书写不朽与传奇！

这次组团赴京的中国营商环境磋商队伍，比去年庞大，因为去年“获得信贷”“执行合同”“办理破产”都没有参与磋商，今年则10项指标全部参与，国家部委、北京和上海，都派员参加。上海代表团吸取了去年的教训，没有从纽约转大巴，而是经北京直飞华盛顿，果然顺利多了。发生一件有趣的事情，在北京机场的有轨电车上，我们给一位坐在手推车上的小朋友让行，让他们先上，结果小朋友的家人教小孩，对着Z主任说“谢谢爷爷”！现场爆笑！真是光阴催人老！和去年一样，国家根据指标归属来确定参与磋商人员，但我必须参与所有指标的磋商，或许法律与所有指标都相关吧，这也是宝贵的学习机会。来接我们的是一辆大灰狗，在上面，我们发现，饮用水（Purified Drinking Water）的瓶盖很小，其厚度估计只有国内的一半。瓶身很轻薄，估计至少比国内薄三分之一，喝完后捏着咔咔作响。这种设计，想来非常有道理，水不同于有色饮料，即便被尖锐物品戳破，也无大碍。这种“最小够用”的理念，既省料，又环保。国内可以借鉴，通过制定标准，区分饮用水、有色饮料、有毒液体等包材的规格。精细化管理，仍然任重而道远。简单吃了晚饭，大家随机剥取小脆点心里包藏着的幸运数字或者吉语。同行的王主任，剥出了一张小纸条，上面写着“宜大功告成”，真是相当应景！领到了一张世界银行的临时通行证，未来几天，要好好努力了！

2019年6月25日（华盛顿时间），开始了与世界银行的磋商，有四个单元，上午与下午各两个。上午完成的是“开办企业”与“办理破产”，下午完成的是“缴纳税费”和“获得信贷”，我们充分感受到了世界银行严谨认真的工作作风与工作态度。一大早，上海代表团参与当日磋商的成员，赶到世界银行总部大楼，去年此地斯时，我们合了影，今日重返故地，我们再次留下了工作照片。在正式磋商之前，R女士致了简短的欢迎词。她说，近一段时间，他们接待了很多国家的磋商团队，中国派出了最大的代表团，显示了你们改革的能力与决心，以及在改善营商环境、提升全球排名方面的雄心。刚才从王市长的讲话中，“办理建筑许可”全球最佳的实践是七个环节，你们已经做到了五个环节……接着，她就人口超过三亿的经济体扩大考察城市的可能性，以及遴选城市的标准等问题，谈了自己的看法，并称在2020年1月之前，世界银行会决定是否增加城市。另外，她还谈到，俄罗斯、墨西哥和巴西等国都在与世界银行合作，进行区域营商环境评估。紧接着，她还提到，目前列入观察指标的政府采购、劳动力市场监管，有可能在一定条件下成为新的评估指标。鉴于此点，在五分钟短暂休会的片刻，我向R女士请教，目前的10项指标中，

“办理建筑许可”与“登记财产”没有方法论论文，有可能新增的两项指标，世界银行也没有推荐论文，是否以后有可能会增加？R女士回答，她们会认真考虑这一问题，并且会听取各经济体有益的建议。

短暂休息之后，正式磋商迅速展开，第一场是“开办企业”，分别由北京市市场监管局邓慧敏、上海市市场监管局施毅做主体汇报，北京税务局的张菁、上海税务局的嵇方以及国家市场监管局的李峥准备回应问题。北京与上海的汇报都非常成功，加上翻译的时间，总体控制在40分钟，世界银行专家弗雷德里克·默尼耶（Frederic Meunier）远程提问，纳迪亚·诺维克（Nadia Novik）现场提问。概括起来，一共有如下问题：其一，E窗通平台（或一窗通平台）上线与政策发布时间的差异以及办理事项的范围；其二，自行至窗口领取营业执照和政府邮寄的问题；其三，如果采取寄送的方式应当如何付费的问题；其四，关于税控盘及缴费的问题；其四，政府后台如何实现信息共享的问题；其五，如果大数据中心发生错误或泄露如何应对的问题；其六，系统如何识别错误。北京与上海的回应，既实事求是，又入情入理。上海方面，还援引了一网通办与公共数据管理办法，明确了数据共享是政府基本职责，并且对于数据存储有着专门的灾难备份的要求。

接下来进行了“办理破产”指标的磋商。最高法院的郁林法官主汇报，她非常专业，清晰地讲解了《企业破产法》司法解释（三），逐条阐释了具体条文与世界银行得分点之间的关系，简洁有力。北京高院的容红法官、上海高院的彭浩法官分别就京沪两地实践，做了非常好的补充。北京方面汇报称，北京法院系统设立了破产法庭，将全市的破产案件集中办理，提升了案件质效，提请世界银行将其作为重大改革措施予以记载。另外，对于债权债务明确、债务人财务状况明晰的案件，采取了简易程序。另外，案件审理时间也比去年同期减少5.58天，提请世界银行专家对此予以关注。上海方面聚焦于时间、成本来讲解。上海推行破产案件的全程网上办理，制定了关于简化程序加快推进破产案件审理的办案指引，实现破产案件的繁简分流。审结时间平均为311天，0.85年。成本方面，上海应当远远低于世界银行认定的22%，接下来，彭浩简要介绍几种重要成本的构成：其一，政府税费，区分债务人是一般纳税人还是小额纳税人，无论是何种纳税人，都不到1%，远远低于世界银行认定的5%，建议世界银行将其下调至1%以下。其二，会计师评估师等专业人员的费用，世界银行认定为7%，也明显高于实际水平。按照现行法律规定，审计并非法定程序，评估也可采用定向询价、网上询价等方式，并非法定要求。如果实际发生的上述两项费用，合计为9万元，占2%左右。其三，关于拍卖费用，建议控制在1%以下。

世界银行专家K先生对中国司法解释的效力很感兴趣。他问道，假设司法解释与法律的规定相冲突，如何解决？请最高法解释一下，以帮助世界银行理解中国的法律体系。郁林法官的回答非常清晰：第一，司法解释有两类：其一，对于法律法规的具体适用做出司法解释，也就是适用性解释；其二，法律法规没有规定的，根据法律精神和原理做出解释，这属于填补空白的解释。第二，司法解释在制定之后，要经过最高立法机构备案和审查，也就是说，经过最高立法机构认可了，才具有法律效力。（K先生问：你们出台《企业破产法》司法解释，也是这样的吗？答：是的，所有的司法解释都是这样的。）第三，日后如果法律法规发生了修改，司法解释也要进行相应的修改，最高法会定期进行司法解释的清理。

在郁林法官介绍完毕之后，K先生接着问：破产程序中发生的债权优先于普通无担保债权，是否突破了法律的规定？郁林法官回答：《企业破产法》第42条规定，人民法院受理破产申请后发生的下列债务，为共益债务：……为债务人继续营业而应支付的劳动报酬和社会保险费用以及由此产生的其他债务，从体系上理解，这是一项共益债务，根据《企业破产法》其他相应条款的规定，有优先权。最后一个问题是，《企业破产法》第58、59条规定债权人享有表决权，与司法解释（三）关于权利受影响的债权人才能够行使表决权之间是否矛盾。郁林法官回答说，这是一般规则与特殊规则的关系……法院的专业素养非常高，也非常努力，郁林法官甚至是克服了腰椎的疼痛前来参与磋商的，希望今年这项指标有明显提升！

第二单元的磋商结束，我们返回世界银行总部，参加与世界银行首席执行官格奥尔基耶娃的会面。在世界银行总部门口，国金学生杨雅婷等着我，谢谢她的帮助。由于忘了从宾馆带出转换插头，半天下来，笔记本的电力眼看消耗殆尽，而中午还有公务，于是拜托正在乔治城读硕士的小杨，帮忙带上一个转换插头。她非常周到，带了两个不同款式的过来，我选了一个，因为中午有公务，师生匆匆聊了两句后合影告别。由于行长马尔帕斯出访，今天格奥尔基耶娃兼世界银行的执行行长。格奥尔基耶娃是一位非常成熟的政治家，与每一位代表握手以示欢迎。北京市王红副市长代表中方发言，一如既往地全面而周到，既表达了对世界银行指导与帮助的感谢，又以大量翔实的数据展示了北京改革的成效。她特别提出，近几年的营商环境评估极大地推动了改革。她最后充分表达了与世界银行在节能环保等方面进一步深化合作的愿意，希望北京市成为世界银行改革的一块试验田。最后，王市长援引首席执行官的话说，优化营商环境工作是一场马拉松，必须一步一步地推进。Z主任转达了应市长的问候，同样感谢了世界银行对上海改革的支持与帮助。首席执行官做出了两点回应：第一，我们非常愿意将北京和上海的经验复制到中国的其他城市，世界银行正在与英国的繁荣基金合作，将北京与上海的经验推广到不是那么发达的城市，分享上海与北京的成就；第二，世界银行确实在考虑增加城市，这也是应大国的要求而做出的回应。但世界银行会广泛听取意见。我们是在不同的地形上跑马拉松。

下午第一场是"缴纳税费"：北京和上海分别汇报，北京汇报完后，上海接着汇报，汇报至16：03，世界银行专家说，因为时间比较紧，重点汇报与北京不一样的内容。上海说，基本上都是一样的（我理解，这是因为税权属于国家事权的缘故）。接下来进入提问环节：问题一，5%与7%的土地城镇使用税的问题；问题二，申请退税的时间为20个小时，获得退税的时间是6天。是针对样本企业，还是针对所有企业的？问题三，享受留底退税政策的用户数及退税金额问题；问题四，国税与地税的合并，什么时候进行的？问题五：新参保企业的工伤保险税率可以下浮20%，什么叫新参保的企业？（答：新设立的企业，或者是前一年没有发生工伤保险事故的企业。）总体而言，"缴纳税费"这一指标，几乎不存在有争议的问题。

到了"获得信贷"这项指标，画风突变，世界银行专家提出了多个需要讨论的问题。央行王主任以大量的数据来证明，在上海和北京试行的动产担保统一登记系统是全国性平台，希望能够满足世界银行的方法论要求。然而，或许世界银行专家所认定的全国统一的动产担保平台是指全担保品、全地域、全过程的平台，故我国目前的担保系统，要符合世界银行方法论，有相当的难度。接下来，双方聚焦于两个法律问题：其一，能否对担保物进行笼统描述（例如，应收账款），世界银行专家认为，不可以，因为根据我国《物权法》

第210条的规定，设立质权，当事人应当采取书面形式订立质权合同。质权合同一般包括下列条款：质押财产的名称、数量、质量、状况……我解释说，《物权法》第210条关于质权合同条款的列举规定，不属于强制性规范，只是示范性规则，并不意味着缺失其中的任一要素，会导致质权合同无效。类似地，我国《合同法》第12条也是类似的例子。该条规定，合同的内容由当事人约定，一般包括以下条款：（一）当事人的名称或者姓名和住所……（七）违约责任；（八）解决争议的方法。但在法理上及实践中，一项合同只要具备当事人名称、标的等构成合意基本要件的内容即可，缺乏"违约责任、解决争议的方法"等要素，并不会导致合同无效，可以通过合同解释来解决。而且，《应收账款质押登记办法（2017年修订）》允许用现有的和未来的金钱债权作为抵押。最后我们发现，原来是世界银行专家手中的法条英译，把"一般包括"翻译成"shall include"，真是错译误国。其实，更好的翻译是"generally includes"，这样才会避免误解。另外，关于担保权益是否及于原始担保物之上的"产品、收益和替代品"？我解释说，我国《物权法》第174条规定了担保权益可延伸至替代物，第197条和第213条分别规定了抵押权人和质权人的孳息收取权。另外，《最高院关于适用〈担保法〉若干问题的解释》（法释〔2000〕44号）第62条规定，也有类似规定，我国也应当得分。世界银行专家表示，他还要进一步与中国法专家核对，从而决定是否修正这些答案。当天的最后一项行程，是与世界银行首席执行官共进晚餐。在行长室里，一匹骏马图赫然在目。在晚餐环节，Z主任对世界银行贷款支持中国的历史，从最初的菜篮子到如今的小城镇项目，如数家珍，娓娓道来。杨副行长强调了中国代表团前来磋商的必要性：与专家在一起，面对面地讲述，可以增强世界银行对中国改革的了解。在晚宴的最后，首席执行官很智慧，对R女士及其他世界银行官员说，看来，今天不说一说对中国今年排名的预测，这顿饭是无法结束啦！众笑。R女士说，去年中国排名显著提升，是因为中国在流程、时间与费用方面进行了卓有成效的改革，今年则通过大量修改法律法规，进一步深化了改革。最后，首席执行官说了非常有智慧的一句话：我们都相信，中国的全球排名，肯定会有大幅提升，但问题在于，并不确定在什么时候会发生。中国是有长远改革眼光的，也有战略耐心，营商环境的改善，就是一场马拉松……

2019年6月26日（华盛顿时间），和昨天一样，今天要进行四个指标的磋商。磋商场地移到了世界银行国际金融公司大楼。换了地方，重新办通行证，一行人折腾了好一番时光。上得九楼，开始了“跨境贸易”的磋商。北京市商务局的领导与上海市商务委的副主任武伟先生分别做了简短的汇报。世界银行专家努诺（Nuno）说，中国的改革令人印象深刻。关于方法论，有一点需要强调。世界银行的方法论关注的是小微企业每一个集装箱的时间与成本，而不是大企业。大企业进出口量很大，分摊到一个集装箱，成本可能是很低的。另一个需要关注的是单证合规，世界银行考察的是企业从出发地到目的地整个过程需要查验的单证，如发票、装箱单，虽然时间与成本不多，但都要看。还有，关于报关委托书，中国在这方面做了很多改革，实现了无纸化，但基于我们的方法论，因为其有效期超过一年，所以也不会被我们记录在内。接着，世界银行专家提了以下问题：问题一，进口的许可证被取消了，是什么时候被取消了？问题二，关于合规的内容。港口的结港时间，主要取决于航线、航运公司及其与港口的协调。北京方面，天津港的阳光物流，是如何做的。（北京答：第一，我们改造了码头，引入新设备，提升了码头的堆存能力与作业能力，使船舶从以前的运抵后方堆场，改变为直接进码头的方式。这样既降低了物流环节，又降低了物流成本。第二，阳光物流问题。船公司、码头、船代、货代等各方主体，都会产生成本。天津港作为大型企业，产业链比较长，覆盖领域比较多，我们有自己的船代物代等，能够做很多工作。它以市场为基础，使得各港口的收费更加透明。）问题三，阳光物流利润比较低，但因为比较大，仍然能够挣钱。但实际上，从长远来看，对市场是不利的。（北京答：这实际上是对低价竞争的质疑，但是没有必要的。其一，市场上还有其他主体的价格比这还要低；其二，我们仍能保持微利的状态，尽管它不高；其三，船公司的运费和内陆的运输成本，是主要组成部分。物流成本只占很低的比重；其四，船公司要选择物流企业时，价格不一定是唯一、甚至也不是主要的决定因素。例如，沟通便利度、产业链条成熟度等。阳光物流企业并没有把市场上的其他物流企业挤倒，相反，天津与北京的物流企业，朝着更好、更健康的方向发展。当然，我们也会关注其长远发展，因为贸易便利化的目的是为了贸易的发展，而不是损害贸易本身。）问题四，报关行的费用，是一项成本，这里涉及最多的是放行的问题，这里的标准和条件就包括信用。大公司是有信用背书的，我们方法论中是指中小企业，在放行方面需要付费否，在港口停留的时间多长呢？你们说的，是仅适用于大型企业呢，还是同时适用于小企业？（北京答：我们是按照风险程度来确定，而不是按照企业规模大小来确定的。进口与出口的查验，都有一定的比率。上海答：关于费用，在上海港放行的集装箱，不分企业大小，只按照箱的大小来确定。报关代理费的确定是市场行为，小公司的业务相对单一，其报送代理费每票下来会略高于大公司。另外，在港口停放的时间，一个是海关放行的时间，另一个是码头放行的时间。是否放行，只看一个条件，即海关是否要查验，如果不要查验，一分钟就可以放行。关于查验率，与企业规模无关，不管企业大小，只看信用，如果企业信誉好，查验率低，如果信誉不好，则查验率高。）必须说，北京和上海的回应都非常得当：实事求是，诚信不欺。

结束跨境贸易的磋商之后，按照安排，代表团一行与世界银行研究局高级局长尚塔（Shantayanan Devarajan）会面。这位局长是斯里兰卡人，其貌不扬，但应当是很有学识的官员。王红副市长一如既往地轻松幽默，对他说，您特别忙，去年的会议您没有来，我们还期待着在北京与您一起做饭啊！

尚塔说，主要的工作都是你们做的，我们能够感受到你们的辛劳，最后的成就归功于你们。世界银行主要是做评价工作，最终的决定由我们的团队来作出。改革的成功大小，不分国度和经济规模，今年我们看到进步最快的是中国、阿富汗和吉布提。我们会非常注重反映中国的改革成就，并与其他经济体分享。我们非常关注营商环境的改革是如何推动经济增长的。中国肯定也不会仅仅依赖营商环境的排名来推动经济增长。企业的申请数量，并不反映经济的增长，而是要看到它们发展壮大，我们并不希望他们一直是小微企业。以突尼斯为例，他们的初创企业非常多，但其中的很多企业，一直长不大，甚至十年后还是小微企业。营商环境，是一个团体性特别强的工作，需要多部门配合和合作。我很快就要退休了，8月份将会在乔治城大学任教。

由于上午只安排了一个指标（与研究局局长的会谈，占了第二项指标的时间），下午就必须安排三项指标的磋商。13：00开始了“保护少数投资者”这项指标的磋商，来自证监会的郑晓毅、最高院的郁林、北京市高院的李广顺等人参与。晓毅对情况相当熟悉，结合最高院关于《公司法》的司法解释五、上交所上市规则等，针对得分点进行了逐项阐释，非常清晰。世界银行专家赫维·卡杜拉（Herve Kaddoura）、蒂齐亚纳·隆代罗（Tiziana Londero）感谢中方准备了很好的材料，就司法解释的效力、股东如何知道股息在宣告之后一年内必须完成分配、如何证明“控股股东利用了关联关系”等进行了提问，我们逐项进行了回应，特别是，对于司法解释的法律效力，我从《立法法》第104条、《人民法院组织法》第18条、《全国人大常委会关于加强法律解释工作的决议》、《最高人民法院关于司法解释工作的规定》第5条做出了回应。应世界银行专家要求，我还要专门置备证明材料，以期形成闭环，形成基础支撑。感谢朱敏与小赵的精彩翻译，期待这两项指标都取得好成绩！

“保护少数投资者”的磋商结束后，我叫上郑晓毅，一起走到世界银行专家边上，再次说明如何证明“利用关联关系”的问题。我解释说，由于证明行为人的主观状态非常困难，所以根据《公司法》司法解释（五），只要原告证明，第一，发生了关联交易，第二，关联交易导致公司遭受损失，即完成了“利用关联关系”的举证责任，希望世界银行能够认可。

接下来进行了“获得电力”指标的磋商。由于时差原因，前两晚加起来睡眠时间不足三小时，第三天下午，非常困顿。挣扎着陪同团队一起战斗，坚持完成了第五个磋商单元的记录。北京市电网、上海市电网的人员分别汇报了京沪两地的改革措施及绩效后，世界银行专家张先生（Erick Tjong）开始了提问。问题一：北京和上海都安装了掌上电力App，供用户申请使用，客户是否还能够到现场营业厅来申请？（答：用户可以通过App或者官网来申请，客户也可以到现场营业厅来办理。）问题二：是否拥有一套系统来跟踪申请的轨迹？可以看到多少比例的线上申请，多少比例的营业厅申请？（答：原来我们没有，现在有了，今年绝大多数的用户是通过掌上电力App来申请的。）问题三：如何确认完成电子签名的人，就是上传信息的人？如何验证信息，确保不会发生欺诈事故？（答：我们要求上传身份信息，并且通过手机号进行后台认证，后台要对其签名及身份信息进行认证。我们有专门的人员，对工单进行审核处理。）问题四：除了企业用户之外，是否还有居民用户也享受这一服务？（答：是的，有一定数量的居民用户。）问题五：问一个预算方面的问题，你们对客户采取零投资的做法，电力企业如何消化这一成本？根据电能使用情况，有些客户的成本非常高，你们是否会拨出额外预算，来吸收这一成本？（答：我们每年投资200亿左右，这方面的支出非常小，占比比较低。）问题六：你们采取零保证金的做法，如何保证电力用户缴纳电费？（答：我们通过合同约定，并且，逾期不缴电费行动会被记入信用平台。）问题七：从申请到接电，有没有追溯系统？（北京答：有的，接电完成后，我们还有反馈系统，如果客户不满意，我们还有考核机制。上海答：我们有全流程线上管控系统，对环节进行预警和超时报警。我们有客户经理与现场经理，确保按时完成。）这项指标在DB2019中进步显著，在DB2020中又有小幅提升。

当天的最后一场磋商是“办理建筑许可”指标，这是世界银行评估体系中最为复杂的一项指标。在如此高强度的工作负荷下，不少人已经撑不住了。有些不参与本项指标磋商的同事，已经在会场外的沙发上，侧着身子睡着了。我去卫生间时，瞄了他们一眼，心中满是同情和感动。容不得多想，工作还得继续，我们继续陪同。北京市规自委的王玮、上海市住建委的鲁超，分别做了改革措施的汇报，汇报逻辑清晰，效果非常好。世界银行专家贾亚(Jayashree Srinivasan)开始发问：他首先感谢两地做出的努力，接着表达了一些忧虑，说，刚才听到的很多政策与举措都是在4月份颁布的，我们的数据截至5月1日，我们访谈的企业可能还没有感受到，因此问卷的反馈情况或许并不能完全反映改革的成效。另外，支撑这些改革的法律基础，我们最近才收到相关的版本(2019年4月23日，《中华人民共和国建筑法》等八部法律才完成修订，《中华人民共和国注册建筑师条例》《建设工程质量管理条例》也是同期完成修订的，本人曾受国家部委委托，组织完成了英译，但由于法律修改得晚，提交世界银行的时间也不会太早)。世界银行专家接着开始提问。问题一：根据我们的方法论对环节的计算，线上的预约，已经是一个环节，验收又会成为一个环节。问题二：线上申请体系，是仅针对简易的、低风险的项目，还是针对所有的项目？案例有吗？（城市一答：我们每个区都有案例。目前只针对简易低风险的项目，其他项目，政府部门内部的整合流程要复杂得多，我们正在开发新的系统。城市二答：我们的在线申请系统覆盖了所有的投资项目，所有私人与外资的项目申请都可以在线办理。对于低风险的项目，我们的程序更加简化。）问题三：土地勘察，是否应当计为一个环节？（答：土地勘察是政府应当完成的工作，之后才交给建设单位，不应当计为一个环节。）问题四：以风险为基础的建设项目管理体系是什么？（答：这是根据用途、面积、周边情况等，形成的一个全方位的风险管理体系。）作为代表团的成员和并肩战斗的战友，对于鲁超付出的智慧与辛劳，极为感佩。同样感谢外办的朱敏与赵琰，翻译很精准，也非常辛苦。

2019年6月27日（华盛顿时间），世界银行磋商的最后一天，我们早到了约半小时。在正式开始之前，我结合在上海主持“执行合同”磋商的经验，请北京高院的李广顺法官与上海高院的彭浩法官，共同商量一个问题：目前的司法解释规定，如果发生不可抗力或者意外事件，可以延期审理，但最长不得超过两次，但如果延了两次之后，又发生不可抗力或者意外事故，能否再次延期？我们决定实事求是回答：这种情况在实践中还没有发生，如果确实接二连三发生不可抗力或意外事件，导致无法组庭审理，仍然必须继续延期。但这种情况在现实生活中基本不可能发生。与世界银行磋商，尊重方法论与基于事理的诚实，同样重要。

9：00开始“执行合同”的磋商。北京高院的李广顺法官与上海高院的彭浩法官，分别介绍了京沪两地改革措施。两地在推行无纸化网上立案（网上预约立案和微信立案）、电子送达、在线处置财产等方面的改革措施，两地都强调了延期审理最多不超过两次的司法解释。北京法院执行合同时间缩短为231天，北京法院案件受理时间为4天，送达时间包括在审理时间在内，一审买卖合同时间100天，执行合同为112天，这些时间更新在法院官网上，诉讼法上诉时限为15天，这样总体时间为231天。上海也逐项梳理了各项数据，整体感觉，汇报得非常清晰。

世界银行专家玛丽安·克萨达（Marian Quesada）说，北京和上海在“执行合同”方面的表现，令人印象深刻。我觉得还是有必要把世界银行的方法论做个阐释：时间方面，你们反映的是4天的立案时间。按照我们的方法论，当地律师撰写初步诉状、收集立案所需文件，包括在必要情况下对其进行认证或公证的时间，都应当涵括在内。你们把很多流程电子化了，提升了效率，我们会跟进核验。其二，世界银行专家问：互联网法院审理哪些案子？答：通过互联网发生的买卖合同纠纷等。（世界银行问卷假设的家具合同纠纷，如果通过网络交易完成，也可由互联网法院受理。）其三，法院的线上调解如何进行的？答：对于小额的纠纷，如果当事人愿意调解，法院就可以通过线上进行调解，我们在微信上还有专门的调解窗口。调解员会发配给当事人一个网上登录的账号，就可以进行调解了。

最后一项指标“登记财产”，由北京市规自委的王宏娟、上海市规自委的胡进分别做主汇报，自然资源部的赵燕司长发表了支持性意见。汇报总体非常成功，特别是两地的视频效果特别好，世界银行专家没有太多的问题，只是对两个城市的财产登记平台很感兴趣，希望能够现场演示一下。我对M博士说，也许能够查到您在北京和上海有财产哈！幸好我现场带有电脑，借给汇报人现场演示，只差一步就能够实现的时候，结果可能是因为国外访问国内的政府服务平台存在安全措施的原因，无法登录"北京通"。M博士说，他在北京和上海都查询过的，可以证明。在此过程中，我同时完成最高法司法解释有效性的说明，把《立法法》、全国人大的决定等法律性文件整理完毕，并附上英文，趁着指标间隙，向世界银行专家张木桥请教，她非常友善地提出修改建议，根据她的建议，我改定了相关内容，并按照世界银行专家K先生的要求，发给了对方，对方称会和世界银行团队分享这些信息。司法解释的效力能否获得世界银行认可，关系重大，希望能够成功。最后，M博士代表世界银行感谢大家。他说，他和10个指标的团队此前都有过沟通，中国的改革令人印象深刻。7月份会出来数据结果，8月份会有反馈，10月底正式发布排名。阶段性工作结束，上海代表团与国家部委、北京代表团告别，到世界银行总部，留下最后一张合影！尽了全力，无愧于心！祝福国运隆昌，百姓安康！

当天飞离美国。飞机落地后，我收到了来自K先生的邮件："亲爱的培新教授，我收到了这份非常有意思(interesting)的文件，我随后会与其他指标团队分享。"从这份中性的回复里，无法读出世界银行专家的态度，我隐隐有些不安。当天早上，我请教了两位上海外办的翻译专家朱敏与赵琰，她们说，"有意思"这个词，不但没有肯定的意思，而且，往往传递的是偏负面的信息。这一判断验证了我的预感。如果世界银行最终不认可我国司法解释的效力，我国的三项指标"办理破产"、"保护少数投资者"与"执行合同"将会受到重大影响。

人世间，有太多的不得已。对于熟悉中国法的人来说，最高院司法解释具有法律效力，属于常识般的基本认知。但对于必须面对诸多不同法域的世界银行专家而言，他们却很难理所当然地接受。他们的核心疑虑是，法院不是立法机关，中国又没有判例法，最高院凭什么可以造法？

思来想去，除了将法律文件提供给世界银行之外，一项更重要的工作是，针对世界银行的疑虑，形成说理闭环，进一步强化司法解释的效力。

世界银行专家的三大疑虑是：其一，最高院的司法解释，是否在立法机关之外，创造了法律？其二，如果法律保持沉默，司法解释将其进一步细化了，是否超越了权限？其三，法律保持沉默，只是由司法解释予以细化，当事人如何能够获悉并行使此种权利？

针对世界银行的疑惑，我连夜形成以下说理，并自行译成英文，发给世界银行专家：

其一，世界银行问卷的方法论所认可的规则，囊括了一切具有拘束力的规则。以“办理破产”DB2020问卷为例，该问卷第4.6题的设问是“What laws and supporting regulations/rules will apply in Mirage’s case?”，也就是说，“在问卷假设的米拉其案件中，哪些法律、法规或者规则将予以适用？”在问卷的多处，还出现了“法律框架”（legal framework）或“合法基础”（legal basis）的表述。因而，世界银行认可的规则，绝不限于全国人大制定的法律，还应包括对其假设的案例具有拘束力的所有规则，甚至包括北京和上海的地方性法规、政府规章和规范性文件，以及上交所颁布的上市准则等。在DB2019中，司法解释曾经运用于“保护少数投资者”指标，世界银行也予以认可，中国因此也得了分。故而，司法解释自然属于世界银行方法论认可的“规则”。

其二，司法解释并不创造基本权利与义务，只是对法律的适用进行解释，具有相应的法律效力。司法解释的法源基础是《中华人民共和国人民法院组织法》第18条“最高人民法院可以对属于审判工作中具体应用法律的问题进行解释”，以及《全国人民代表大会常务委员会关于加强法律解释工作的决议》的规定“凡属于法院审判工作中具体应用法律、法令的问题，由最高人民法院进行解释”。基于以上两点，《最高人民法院关于司法解释工作的规定》第5条规定，最高人民法院发布的司法解释，具有法律效力；第27条规定，司法解释施行后，人民法院作为裁判依据的，应当在司法文书中援引。

其三，司法解释可以对法律规定不明确之处，予以具体化；或者对法律规定的空白之处，予以补白，这属于填补法律漏洞，必须符合法律原理与法律精神，并不创造或者消灭基本权利，当然不属于超越法律。前者如我国《企业破产法》第42.4条规定，人民法院受理破产申请后发生的下列债务，为共益债务：……为债务人继续营业而应支付的劳动报酬和社会保险费用以及由此产生的其他债务。由于“其他债务”并不明确，《企业破产法》司法解释（三）第2条规定，破产案件受理后，为继续经营债务人企业而新发生的借款，应当作为《企业破产法》第42.4条规定的共益债务，由债务人财产随时清偿。此条司法解释，即属于对“其他债务”的具体化规定。后者如我国《公司法》司法解释五第4条规定：“决议、章程中均未规定时间或者时间超过一年的，公司应当自决议作出之日起一年内完成利润分配。”此条规则，依据的即是公司法理，即年度股利当然应当至迟在一年内完成分配，我国公司法在此处留白，应当属于立法漏洞，司法解释很好地填补了漏洞。

其四，最高院出台司法解释之前，必须事先征求全国人大常委会的意见；出台司法解释之后，还要经全国人大常委会备案审查，这为司法解释的合法性，奠定了坚实的基础。《中华人民共和国立法法》第104条规定：最高人民法院作出的属于审判工作中具体应用法律的解释，应当自公布之日起30日内报全国人民代表大会常务委员会备案。就事先征求意见而言，此次破产法的司法解释征求意见稿，最高院向全国人大法工委征求意见后，有一条因全国人大明确提出异议，最高法院最后删除了该条，充分体现了司法解释的严肃性。就事后备案而言，第十二届全国人民代表大会已对128件最高人民法院的司法解释进行了审查，发现5件存在与法律不一致的情形，及时进行了纠正。这就意味着，成功通过全国人大备案审查的司法解释，具有法律效力。

基于以上分析，最高院的司法解释，并没有在法律之外创设基本权利与义务，并不超越权限，经全国人大常委会备案后，向社会公开，具有与其解释的法律同等的法律效力。日后如果法律修订，司法解释也将进行相应的清理，以保证其合法性。

以下是这篇小论文的英译（限于自己英文能力，讹误之处，请予谅解）：

Legal Basis Explaining Why the Judicial Interpretations of PRC Supreme Court Should Have Legal Effect

Based on the policy dialogues in the past few days, we acknowledge that some experts of WB still have concerns about Judicial Interpretations as follows: **First**, have the Judicial Interpretations of PRC Supreme Court (hereafter referred as Judicial Interpretations) created laws beyond its authority? **Second**, if the law remains silent and Judicial Interpretations specify the rules, would that constitutes the breach of court's jurisdiction? **Third**, in the second case, how will the parties be aware of these and excise their rights accordingly?

These are really great questions, which we hope could be responded properly with the followings:

First, the rules recognized by the WB questionnaire include all rules enjoying legal binding force. For example, the question of 4.6 of "Resolving Insolvency" DB2020 states "What laws and supporting regulations/rules will apply in Mirage's case?" With such methodology in mind, the rules in China should include laws produced by National People's Congress and Judicial Interpretations, which has been the case in DB2019, where the WB experts referred to Judicial Interpretation as legal basis in the Indicator of Protecting Minority Investors.

Second, Judicial Interpretations deal with the application of laws, creating no essential rights and obligations, and have legal effect based on the followings: **1. Organization Law of the People's Court of the PRC** (Article 18: The Supreme People's Court can explain the issues that are specific to the application of the law in the trial). **2. Resolutions of Standing Committee of the National People's Congress on Strengthening the Law Interpretation** (Any issue concerning the specific application of laws and decrees in the court's trial shall be interpreted by the Supreme People's Court.) **3. Provisions of the Supreme People's Court on Judicial Interpretation Work** (Article 5: The judicial interpretation issued by the Supreme People's Court has legal effect. Article 27: After the judicial interpretation is implemented, itshould be cited by the people's courts in the judicial documents as the basis for the judgment).

Third, Judicial Interpretations could specify the rules where laws do not make clear, and fill up the loopholes where laws remain silent. In both cases, Judicial Interpretations should strictly conform to the legal spirits and principles and be subject to the examination of National People's Congress to make sure they do not go beyond its authority. For instance, article 42.4 of China's Enterprise Bankruptcy Law states: The following debts incurred after the people's court accepts an application for bankruptcy are debts incurred for the common good of creditors:

remunerations for work and social insurance premiums payable for sustaining the debtor's business operations, and other debts arising therefrom. Because the meaning of the phrase of "other debts" is not clear, the Judicial Interpretation on the Bankruptcy Law provides in its article 2 that the new loans incurred for sustaining the ongoing business of the debtor-enterprise after the case acceptance by the court is the debt incurred for the common good of creditors…In addition, based on article 43 of China's Enterprise Bankruptcy Law, the debts incurred for the common good of creditors shall be paid off with the debtor's property at any time. With the two provisions combined, the new loan for the ongoing business of the debtor-enterprise after the case acceptance by the court shall be paid off anytime. For another example, article 4 of the Judicial Interpretation on Company Law states that ... company should distribute its dividends within one year after declaration. In so doing, the Judicial Interpretation fills up the loophole of the Company Law while conforming to the legal spirit because that annual dividend should be paid within one year is the common knowledge.

Fourth, the examination of the Standing Committee of National People's Congress on the Judicial Interpretation sets the solid foundation for its legal basis. Article 104 of **Legislation Law of PRC** states that the judicial interpretations produced by the Supreme Court should be filed with the Standing Committee of National People's Congress within 30 days. Ever since 12th session, the National People's Congress has been examining the Judicial Interpretations all the time and has confirmed that 5 among 128 judicial interpretations have some inconsistencies with the law and corrected them thereafter. That is to say, the judicial interpretations that have passed the examination of National People's Congress shall have legal effect. In the process of producing the Judicial Interpretation of Bankruptcy Law in 2019, the Standing Committee of National People's Congress did insist on abolition of one provision, which turns out to be deleted from the final version.

Based on the above mentioned, the Judicial Interpretations do not go beyond their authority and, after being examined by the National People's Congress and going public, shall enjoy legal effect.

世界银行专家于2019年7月2日回复：亲爱的培新教授，我确认收到了您的论文，它将对我们的分析很有帮助。这篇文章，我会在我们的评估团队中传阅。2019年7月3日，在全国民商事审判工作会议上，最高人民法院主要领导高度评价这篇文章，称其对促进世界银行理解我国最高院司法解释的效力，发挥了重要的作用。9月3日，世界银行发来备忘录，认可了最高法院司法解释的法律效力。2019年10月24日，世界银行发布《2020年营商环境报告》，我国提升15位，名列全球第31名。所有的辛劳，在这一刻都获得了偿报！

优化营商环境，是一项庞大的系统工程，事项纷繁，人员众多，在一定意义上，本书是共同创作的结果。例如，本书每一章的方法论部分，初译由华东政法大学国际金融法律学院的研究生完成，我在每一章的注释部分标明了译者，并进行了逐一校译与选编，特别是纠正了一些错误或者不准确的翻译。例如，在"执行合同"指标中，将"法院判令"改为"法院裁决"，将"索赔"(claim)改为"请求权"，将"败方"改为"败诉方"，将"诉书"改为"诉状"；在"办理破产"指标中，将"进入的(entered into)交易"改为"达成的交易"，将"破产资产分配"改为"破产财产分配"；通篇将"手续"(procedure)改为"程序"；在"登记财产"指标中，将"当这个买卖对第三方除外"改为"当该笔买卖对第三方具有排他效力"，将"尽管不同国家采用不同的法律来建立公司"改为"尽管不同国家采用不同的法律形态来设立公司"；在"缴纳税费"指标中，把"答复人"改为"受访者"……另外，本书在相当程度上是一本编著，选用了指标牵头部门的许多素材。期待本书能够对上海乃至国家层面的营商环境改革措施，进行较为系统的介绍，对于即将新加入的营商环境评估指标城市，本书关于世界银行评估方法论的阐释，或许有些许助益。

优化营商环境，永远在路上。感谢一路相伴的同事、老师与同学们！有了你们的陪伴，这一路，风光无限，温情无限！

罗培新

2019年11月1日